陇上学人文存

LONGSHANG XUEREN WENCUN

陇上学人文存

王尚寿 卷

王尚寿 著　杨小兰 编选

甘肃人民出版社

图书在版编目（ＣＩＰ）数据

陇上学人文存. 王尚寿卷 ／ 范鹏，陈富荣总主编 ；
王尚寿著 ；杨小兰编选. -- 兰州 ：甘肃人民出版社，
2019. 8
ISBN 978-7-226-05469-7

Ⅰ. ①陇… Ⅱ. ①范… ②陈… ③王… ④杨… Ⅲ.
①社会科学－文集②丝绸之路－文化史－文集Ⅳ.
①C53②K203. 53

中国版本图书馆CIP数据核字(2019)第163390号

责任编辑：袁　尚
封面设计：王林强

陇上学人文存·王尚寿卷

范鹏　王福生　陈富荣　总主编

王尚寿　著　杨小兰　编选

甘肃人民出版社出版发行

（730030　兰州市读者大道 568 号）

兰州新华印刷厂印刷
开本 890 毫米 × 1240 毫米　1/32　印张 12.25　　插页 7　字数 310 千
2019 年 8 月第 1 版　　2019 年 8 月第 1 次印刷
印数：1~1000

ISBN 978-7-226-05469-7　定价：60.00 元
（图书若有破损、缺页可随时与印厂联系）

总　序

陇者甘肃，历史悠久，文化醇厚。陇上学人，或生于斯长于斯的本地学者，或外来而其学术成就多产于甘肃者。学人是学术活动的主体，就《陇上学人文存》（以下简称《文存》）的选编范围而言，我们这里所说的学术主要指人文社会科学研究。《文存》精选中华人民共和国成立以来，甘肃人文社会科学领域成就卓著的专家学者的代表性著作，每人辑为一卷，或标时代之识，或为学问之精，或开风气之先，或补学科之白，均编者以为足以存当代而传后世之作。《文存》力求以此丛集荟萃的方式，全面立体地展示新中国为甘肃学术文化发展提供的良好环境和陇上学人不负新时代期望而为我国人文社会科学事业做出的新贡献，也力求呈现陇上学人所接续的先秦以来颇具地域特色的学根文脉。

陇原乃中华文明发祥地之一，人文学脉悠远隆盛，纯朴百姓崇文达理，文化氛围日渐浓厚，学术土壤积久而沃，在科学文化特别是人文学术领域的探索可远溯至伏羲时代，大地湾文化遗存、举世无双的甘肃彩陶、陇东早期周文化对农耕文明的贡献、秦先祖扫六合以统一中国，奠定了甘肃在中国文化史上始源性和奠基性的重要地位；汉唐盛世，甘肃作为中西交通的要道，内承中华主体文化熏陶，外接经中亚而来的异域文明，风云际会，相摩相荡，得天独厚而人才辈出，学术思想繁荣发达，为中华文明做出了重要贡献。

近代以来，甘肃相对于逐渐开放的东南沿海而言成为偏远之地，反而少受战乱影响，学术得以继续繁荣。抗日战争期间作为大后方，接纳了不少内地著名学府和学者，使陇上学术空前活跃。新中国成立之后，人文社会科学领域的专家学者更是为国家民族的新生而欢欣鼓舞，全力投入到祖国新的学术事业之中，取得了一大批重要的研究成果，涌现出众多知名专家，在历史、文献、文学、民族、考古、美学、宗教等领域的研究均居全国前列，影响广泛而深远。新中国成立之后，人文社会科学几次对当代学术具有重大影响的争鸣，不仅都有甘肃学者的声音，而且在美学三大学派（客观派、主观派、关系派）、史学"五朵金花"（史学在新中国成立之后重点研究的历史分期、土地制度史、农民战争史等五个方面的重点问题）等领域，陇上学人成为十分引人注目的代表性人物。改革开放以来，甘肃学者更是如鱼得水，继承并发扬了关陇学人既注重学理求索又崇尚经世致用的优良传统，形成了甘肃学者新的风范。宋代西北学者张载有言："为天地立心，为生民立命，为往圣继绝学，为万世开太平"，此乃中华学人贯通古今、一脉相承的文化使命，其本质正是发源于陇原的《易》之生生不已的刚健精神，《文存》乃此一精神在现代陇上得到了大力弘扬与传承的最佳证明。

《文存》启动于中华人民共和国成立六十周年之际，在选择入编对象时，我们首先注重了两个代表性：一是代表性的学者，二是代表性的成果，欲以此构成一部个案式的甘肃当代学术史，亦以此传先贤学术命脉，为后进立治学标杆。此议为我甘肃省社会科学院首倡，随之得到政界主要领导、学界精英与社会各界广泛认同与政府大力支持，此宏愿因此而得以付诸实施。

为保证选编的权威性，编委会专门成立了由十几位省内人文社会科学领域著名学者组成的专家指导委员会，并通过召开专题会议研讨、发放推荐表格和学术机构、个人举荐等多种方式确定入选者。为使读者对作者的学术成就、治学特色和重要贡献有比较准确和全面的了解，在出版社选配业务精良的责任编辑的同时，编委会为每一卷配备了一位学术编辑，负责选编并撰写前言。由于我院已经完成《甘肃省志·社会科学志》（古代至 1990 年卷，1990 至

2000 年卷）的编辑出版工作，为《文存》的选编提供了坚实的基础和基本依据，加之同行专家对这一时期甘肃人文社会科学发展的研究，使《文存》能够比较充分地反映同期内甘肃人文社会科学的基本状况。

我们的愿望是坚持十年，《文存》年出十卷，到 2019 年中华人民共和国成立七十周年之际达至百卷规模。若经努力此百卷终能完整问世，则从 1949 至 2009 年六十年间陇上学人以"人一之、我十之，人十之、我百之"的甘肃精神献身学术、追求真理的轨迹和脉络或可大体清晰。如此长卷宏图实为新中国六十年间甘肃人文社会科学全部成果的一个缩影，亦为此期间甘肃人文社会科学学术业绩的一次全面检阅，堪作后辈学者学习先贤的范本，是陇上学人献给祖国母亲的一份厚礼。此一理想若能实现，百卷巨著蔚为大观，《文存》和它所承载的学术精神必可存于当代，传之后世，陇上学人和学术亦可因此而无愧于我们所处的伟大时代，并有所报于生养我们的淳厚故土。

因我们眼界和学术水平的局限，选编过程中必定会出现未曾意料的问题，我们衷心期望读者能够及时教正，以使《文存》的后续选编工作日臻完善。

是为序。

2009 年 12 月 26 日

目 录

二、美学研究

三、丝绸之路文化研究

编选前言

　　王尚寿(1934—2018),笔名尚文,1934年出生于甘肃文县。少时家贫,学业曾几度中断。1949年考入文县初级中学,1952年进入武都中学就读。1955年考入兰州大学中文系。1959年毕业分配到甘肃师范大学(今西北师范大学)任教,历任讲师、副教授、教授。曾为《丝绸之路》杂志常务副主编、甘肃作家协会会员、阴平文化研究会顾问。发表论文40余篇,主编出版了《丝绸之路文化大辞典》(红旗出版社,1995年)、《丝绸之路诗选注》(甘肃文化出版社,2010年)等著作;作为主要撰稿人参与编著的《简明文学知识辞典》(甘肃人民出版社,1985年)和《中国历代美学和文学评论研究资料索引》(敦煌文艺出版社,2001年)分别荣获1988年少数民族地区文艺读物优秀图书二等奖、甘肃省第二届精神文明建设"五个一工程"奖。王尚寿先生是甘肃当代有影响力的文学理论家和批评家,也是中国西部文学与丝绸之路文化研究的积极倡导者和实践者。

　　王尚寿先生的学术研究涉及文艺理论研究、美学研究和丝绸之路文化研究几大范畴,其中文艺理论研究成为其学术研究的"重镇",也是先生用工最勤、出力最多的部分。

一

　　王先生的文艺理论研究始于20世纪70年代末,成熟于八九十年代。这一阶段他的研究主要集中于三个方面:一是文艺理论研究,尤其以对文学审美特质及艺术创作思维特征的研究为代表；二是文学批评，其中既包含古典诗学批评，也包含对当代批评家的批评研究；第三是文学评论，主要是西部文学评论和研究。这些研究从总体上来看，与当时文艺发展的整体态势保持一致，同时又具有鲜明的个人特征：一是他的研究始终保持对文艺重大问题、热点话题的关注；二是在普遍研究的基础上，又突出本土文学研究；三是这些研究均体现出对文艺政治维度的反思和对文艺工具论的批判，以及恢复和确立文艺的审美特性的努力。

20世纪七八十年代正是中国社会的历史转型时期，这一时期文艺界在总结、反思过去的历史经验方面都取得了一系列前所未有的进步。这些进步突出表现为文艺理论努力挣脱政治工具主义的枷锁，逐步从机械反映论走向能动的、审美的反映论，并进一步通过对于艺术反映论、艺术生产论的思考与探索，恢复了文艺的审美特性。王先生在这一阶段连续写出多篇文章，试图为文学的审美特质做出辩护。

完成于1978年的《形象思维一辩》是王先生在新旧历史转折时期写的一篇重要的理论文章。形象思维是文学艺术领域里思想观念的一种主要运动方式，关于形象思维问题的争论，是我国当代文艺论争中的一个重要事件。新中国成立后曾经出现过两次关于"形象思维"的大讨论。第一次出现在20世纪50年代后期到60年代初期，第二次出现在20世纪70年代末期到80年代初期。王尚寿先生所写的《为形象思维一辩》是针对《文艺领域里必须坚持马克思主义的认识论——对形象思维的批判》一文而作的，文章以商榷的方式对该文当中存在的错误意识和激进观点提出自己不同的看法，试图对理论界长期存在的文艺工具论和机械反映论等观点进行批驳。

1966年，《红旗》杂志第5期上发表了署名郑季翘的文章《文艺领域里必须坚持马克思主义的认识论——对形象思维的批判》。在文章中,郑季翘提出形象思维是一个反马克思主义的认识论体系,是现代修正主义文艺思潮的一个认识论基础,"每当某些文艺工作者拒绝党的领导,向党进攻的时候,他们就搬出形象思维论来,宣称:党不应该'干涉'文艺创作,因为党委是运用逻辑思维的,而他们这些特殊人物却是用形象来思维的。"同时文章认为形象思维是不存在的,要思维,要发现事物本质,就必须用抽象思维的方法。据此,作者对形象思维观点逐一进行了批判。针对该文提出的观点,王尚寿先生从形象思维的特征、形象思维是否违反认识论以及概念转化形象的问题三个方面对郑文一一进行驳斥。

王先生认为形象思维不仅是一种客观存在的思维活动,而且有其特点,这种特点体现为形象思维的过程总伴随着具体的感性形象。"毛主席说:诗要用形象思维,不能如散文那样直说,所以比、兴两法是不能不用的。'比''兴'离开具体的感性形象,也就不成其为'比''兴'了。"中外古今许多作家的创作经验都证明,形象思维是不能抛弃具体的感性形象的,形象思维的过程总伴随着具体的感性形象。"作家对自己孕育人物的情景的描述,正说明了形象思维的上述基本特征。"①

对于郑文提出的形象思维"不用抽象、不要概念、不依逻辑"的观点,王先生认为作家在构思作品的过程中固然会使用一些概念,但不能用概念代替形象,更不能把形象当作概念的演绎。"在文艺创作中,不能完全排斥抽象,但主要不是抽象。如果主要是抽象,就必须抛弃具体材料和感性形象,剩下的主要是概念,这样做实际上是在消灭艺术"。在创作中无疑要遵循逻辑思维,但对于形象思维来说,它只适用于一定的范围,不能同逻辑思维一样强求一律。辩证逻辑的规律是对

①王尚寿:《为形象思维一辩》,《甘肃师范大学学报》1978 年第 3 期。

立统一。因此，从这一点来说，形象思维不仅不违反辩证逻辑，而且可以使它得到形象的表现。"文艺创作遵循的是生活逻辑，而辩证逻辑正是生活逻辑在人的主观意识中的反映。"①

郑季翘认为形象思维"是一个反马克思主义的认识论体系"，理由是他认为形象思维论"是一种直觉主义因而也是神秘主义的体系"。王先生以别林斯基和高尔基的形象思维论做说明，指出别林斯基的形象思维论虽然有种种错误和矛盾，但他在理解"直感性和不自觉性"这一对关系上，认为"这两个词绝不是同一个东西，甚至也不是同义语"。而高尔基一贯主张文艺创作要把感性和理性统一起来。他反对把"直觉"与"无意识"混为一谈，强调"把作家所缺少的那些环节放到经验里去，以便写出一个非常完美的形象——这就叫作直觉。然而不能把这个叫作无意识的东西。这虽然还没有包括到意识里去，但在经验里是已经有了的"②。因此，高尔基的形象思维论既不是"直觉主义"的体系，也不是反马克思主义的认识论体系。而就认识和实践的关系来说，王先生指出，认识来源于实践，又能动地反作用于实践；从认识的过程说，它要从感性认识能动地发展到理性认识。"某种思维方式，如果违背这些原则而又自成体系，才能叫作反马克思主义的认识论体系，而形象思维论并不违背这些原则"，因此所谓的"反马克思主义"也就无从谈起。

在概念转化形象的问题上，郑季翘提出了一个"先有主题思想"的创作论，并据此给作家创作的思维过程制定了一个公式："表象（事物的直接映象）——概念（思想）——表象（新创造的形象），也就是个别（众多的）—— 一般——典型。"按照这一公式作家在创作中要先

---

① 王尚寿：《为形象思维一辩》，《甘肃师范大学学报》1978 年第 3 期。
② 《高尔基文学论文选》，人民文学出版社，1958 年，第 403—404 页。

把现实生活抽象成概念,然后再把概念转化为形象。郑季翘认为只有制定出这样的公式,才能用马克思主义认识论说明并指导文艺创作;只有按照这个公式进行创作,才是符合马克思主义认识论的。针对郑季翘的上述观点,王先生指出,认识是一个由物质到精神,由精神到物质的多次反复的过程,客观事物反映到人们的头脑里,形成一定的思想,这就是从物质到精神。人们又用这种思想指导社会实践,它就会变成改造社会、改造世界的物质力量。也就是说,通过人们的社会实践活动,可以把精神变成物质。但是,"郑季翘说的从概念到形象的转化,并不是从精神到物质的过程。因为文艺作品里的形象,是社会生活的反映,是一种精神现象。因此郑文所说的从概念到形象的转化,指的是作品的构思过程,还谈不到对读者或观众的影响,因此也就不能说是把精神转化成了物质"。因此,要克服公式化、概念化,就要用马克思主义的立场、观点和方法观察社会生活,对待文艺创作;要深入生活,获得雄厚的生活积累;在马克思主义指导下从生活出发,而不是从概念出发。"我们不主张'排斥抽象、弃绝概念,回到动物状态去',也不主张把文艺变成某种概念的图解。"①

形象思维的概念最早来源于别林斯基"诗是寓于形象的思维"这一命题。后人对别林斯基这一黑格尔式的命题进行了改造,形成了艺术活动是形象思维的理论。20世纪五六十年代展开的形象思维的讨论,核心是如何认识文学艺术的本质特征。认识论始终是形象思维讨论无法超越的一个理论框架。从这一理论框架出发,文学艺术被认为是对于社会生活形象的认识。而20世纪七八十年代以来出现的形象思维的讨论,依然是围绕文学的本质特征展开的,在这一讨论中王尚寿先生立足于形象思维的特征,肯定形象思维过程中的主体因素、情

---

①王尚寿:《为形象思维一辩》,《甘肃师范大学学报》1978年第3期。

感因素,强调文学艺术的主体性和情感本质,由此拓宽了形象思维的认识论维度。

20世纪七八十年代之交,理论界对文学创作过程中的灵感问题又重新展开了讨论。这些讨论大多集中于"什么是灵感""灵感是怎样产生的""灵感的特点"以及"灵感在文艺创作中的作用"等问题上,而对灵感与意识、灵感与理智的关系问题则少有论述,为了弄清这个既带有普遍意义又确实存在着的实际问题,王尚寿先生于1980年撰写了《灵感·意识·理智》一文,以希望对灵感问题作出更科学、更深入的解释和研究。

作为人类社会中精神活动产物之一的灵感,是人们在社会实践和艺术活动中所产生的一种精神现象。这种精神现象,自从人类出现了意识和思维以后便开始产生了。早在公元前5世纪,古希腊的唯心主义哲学家德谟克利特和柏拉图对灵感就提出过他们的看法。柏拉图认为:诗人的灵感,是诗神的附着,是诗人"失去理智而陷入迷狂"凭借"神力"的"驱遣"而进行的"创造"。之后,奥地利的精神病理学家弗洛伊德,把这种灵感说又做了进一步的发挥。他认为艺术创作是被压制了的个人欲望如生存、享受、性要求等的一种特殊形式的宣泄,而灵感产生的基础则是所谓"潜意识"或"无意识"。1977年,《英国美学杂志》主编H.奥斯本发表了《论灵感》一文,在这篇文章中奥斯本继承了弗洛伊德的观点,提出了在艺术家的无意识精神状态中去发现艺术灵感源泉的理论。

奥斯本认为灵感的源泉在于无意识的精神状态,因而文学的审美特质来自无意识;他又认为,创作不必遵循一定的规律,艺术家也不能用语言说明自己作品的特征,艺术作品都不可缺少审美特质。而审美特质不能通过有意识的和仔细考虑过的计划去获得,这样,直觉因素就成为不可缺少的了;而直觉因素并不包含有意识地和深思熟虑地运用逻辑推理,在这种意义上说它是无意识的。①对这种认为灵感和意识没有关系,甚至因灵感包含无意识的因素而把文艺创作看成无意识的观点,王尚寿先生提出了不同意见。

王先生从文学的审美特质入手,指出文学的审美特质主要是意识活动的结果,它不会自动显示出来,它是创作实践的产物。艺术作品的审美特质,由各种因素构成,表现在许多方面,而且在各种艺术中的表现也不尽相同。"这种特质不完全是深思熟虑地运用逻辑推理的结果,但却是在意识作用下形成的;它不完全是按仔细考虑过的计划而获得的,却是自觉学习和实践的结果。"与此同时,文学创作必须遵循自己的规律,也要学习那些可以传授的技巧,"由此来看创作就并非无意识的而是一种自觉的活动了"。尽管创作过程中有无意识的因素,但从根本上说,它是有意识的。"人和动物不同,动物只以个体的经验和有限的本能遗传为基础来反映现实,而人除此之外,还以社会的经验为基础来反映现实——人对现实的反映,总要通过语言。当人们借助语言中的词来反映现实的时候,关于客观事物的直接印象就成为有意识的了",有意识的反映不是人反映现实的唯一形式,但却是人类反映现实的高级的和主要的形式。"中国诗歌发展的历史和诗论中的'言志'说,也证明创作不是无意识的"。②

柏拉图的"灵感说"不仅把灵感看作受"神力驱遣"而进行的"创造",而且认为在神让诗人代言时,就要夺去他们的平常理智,使他们的心理受一种迷狂支配。柏拉图所说的"迷狂",其实就是一种非理性支配下的创作状态,"这种观点,是西方反理性的文艺理论的滥觞,也正因为这样,有些立意要否定灵感的人,总把排斥理智作为一条理

①H. 奥斯本:《论灵感》,转引自《国外社会科学》1979 年第 2 期。
②王尚寿:《灵感·理智·意识》,《甘肃师范大学学报》1990 年第 3 期。

由"。对此王尚寿先生以普希金和车尔尼雪夫斯基的创作为例,指出他们的创作既有"倏忽的意兴",也有"冷静的头脑的记录";既注重灵感,也注重思考,这说明灵感和理智是能够统一的。此外与灵感密切相关的情绪、情感与理智之间也存在着一种辩证关系。"情绪、情感与理智有矛盾的一面,但也有统一的一面,它们同处于一个过程之中,互相依存,互相渗透,互相影响,并在一定的条件下互相转化,因而它们是矛盾统一的关系。"尽管有时在激情状态下人会有不同程度的缺乏理智的表现,但不能由此得出这样的结论:灵感以至整个创作过程是丧失理智的。"因为创作过程一般都不像激情那样短暂,因而不会一直处于激情控制之下。作家、艺术家如果在激情状态下创作出好作品来,那么这种激情状态就不会是完全丧失理智的。"

"灵感问题"一度是我国理论研究中的一个禁区。粉碎"四人帮"之后,学界对灵感问题进行了新的讨论,旨在给灵感恢复名誉。随着灵感问题的深入探讨,它在认识论研究中所具有的重要意义,也越来越充分显示出来。而王尚寿先生对于灵感与理智、情感、意识关系的考察则是从艺术思维的特殊性这一角度展开的。他的文章充分肯定了艺术创作思维的特殊性,强调艺术创作中"感性与理性""偶然性与必然性"的辩证统一关系,这是文学本质认识上的一种突破。正确地从理论上分析、揭示出艺术家创作过程中的思维特点,不仅具有理论的意义,更重要的是能够使在文艺实践第一线的人们摆脱某些不合实际的创作戒律的束缚,从而进一步推动文艺创作的繁荣和发展。

1987年,王尚寿先生为自己编著的《中国历代美学和文论资料索引》一书撰写了一篇《前言》,1996年,《前言》摘要发表在了《西北师范大学学报》第6期上,题目为《80年来的中国历代美学和文论研究述论》。2001年,《中国历代美学和文论资料索引》一书由敦煌文艺出版社出版,王先生对《前言》又做了修改。可以说,《前言》是王先生在中国古代文论研究方面花时间最长写就的一篇文章。《前言》共计27000余字,对1910—1986年间学术界在中国历代美学、文论研究上所取得的研究成果、研究现状、研究特点,成就与不足做了全面而细致入微的梳理与分析。文章史料翔实,引证、例证丰富,是一篇体现出研究者扎实的文论功底与研究功底的理论文章。

在《前言》中,王尚寿先生以新中国成立为分界,将自1910年以来的历代美学、文论研究一分为二,对不同阶段的研究做出动态的考察,确认其特点,肯定其成就,同时更不忘指出其存在的缺点与不足。王先生认为,1910—1949年这40年是历代美学文论研究的第一个阶段。先生以大量数据、例证和考证说明这一阶段相关研究的具体态势,指出这一阶段的研究虽取得了一定的进展,但仍有很多不足:"这一阶段的研究对历代文艺理论系统进行了初步梳理,对一些文论作家的美学观点、文艺学说、文论范畴等,进行了有意义的考释和论证,无论在理论或方法上,都有许多有价值的东西。不过由于时代局限,由于当时思想观念、思维方式、研究方法等方面的缺陷,研究又有一些不足之处。如有的研究者主要是罗列有关资料,把文章变成了资料的堆积……有的文章主要是以古证古的还原性考释,而不是站在更高理论水平上对一般原理的阐发,理论性不足。"①

在文章中,王先生将新中国成立之后至1986年的37年视为研究的第二个阶段,这一阶段的研究曾一度因政治原因而中断,"文革"结束后,才迎来了真正的研究高潮。从1976年到1986年,"仅短短10年间,就出版论著110余种,发表论文约4700多篇,占新中国成立后发表论文的85%以上"。王先生总结了这一阶段研究的两个特

---

①王尚寿:《中国历代美学和文论资料索引·前言》,敦煌文艺出版社,2001年。

点:一是"研究领域迅猛扩大",它表现为对文论家的研究和介绍数量猛增,新的学术增长点的出现;二是"薄弱方面得到了加强",它体现为除诗论以外的其他文论如小说论、戏曲论及乐论、画论、书论的研究逐渐得到重视,研究数量逐渐增加,成果也日趋多元。但同时又指出这一阶段研究的不足也很明显,突出体现为:其一,"微观研究较多,宏观研究较少";其二,"对少数名家研究较多,对众多非名家研究较少";三是"重视纯理论研究,忽视联系创作和鉴赏实际";四是"资料的搜集整理工作仍然滞后",并对这些问题提出了自己的见解。

中国历代文论研究一向是学术界研究的重点,成果卓著。但这些研究多以微观为主,更鲜有对这些研究去做整体性评述的。《中国历代美学和文论资料索引》是一部工具书,王先生编著此书的目的,是为了方便文论研究者查找资料,更好地服务于科研、教学工作。在编书的过程中,他收集了不少相关材料,并对这些材料做了充分的消化、梳理和总结归纳,得出了一些极有价值的见解。在《前言》中,他将历代以来的中国文论研究被视作一个整体性的历史存在,立足于宏观来把握其特色、构成及发展的规律,在联系和比较中鉴别其合理和不合理因素,并用文艺实践加以检验,以显示其价值和分量,同时又在具体分析的基础上,将带有规律性和原理性的东西加以综合概括,形成了一种新的理论成果,这对推进历代文论研究无疑是大有裨益的。

在从事文艺理论研究的同时,王先生也致力于文艺批评,1988年发表于《西北师院学报》第4期上的批评文章《谈不可解——读〈诗家直说〉一得》,是王先生诗学批评的代表性文章。

《诗家直说》又名《四溟诗话》,是明代诗人谢榛的诗论著作。在论著中,谢榛提出了:"诗有可解、不可解、不必解"的"三解"之说。"三解"说描述了诗歌语体的弹性特征,涉及诗语读解的复杂问题。针对谢榛的"三解"说,后世论者众说纷纭,各有见解。何文焕《历代诗话考索》明确反对"不可解"的说法,认为诗歌"断无不可解之理"。吴雷发《识诗菅蒯》指出,有悖常情的诗句,"皆宜细参,不得强解"。也有论者认为,诗应在"可解"和"不可解"之间。从批评论的角度看,谢榛的"三解"说打破了诗歌读解中平面接受、机械对应的观念,具有重要的理论突破意义。

在阅读《诗家直说》的过程中,王尚寿先生对"三解"形成了自己的理解。首先,他认为"可解""不可解"是具有相对性的,这种相对性体现为:其一,有些作品对一部分读者是"可解"的,对另一部分读者则是"不可解"的;其二,有些作品原来是"不可解"的,后来却成为"可解"的了,也许还有相反的情形;其三,"可解"与"不可解"还有内容和程度上的差异:内容上的差异,指各个读者"可解"与"不可解"之点不尽相同,程度上的差异,指各个读者酌"可解"与"不可解"并非全在一个水平上。

其次,他认为文学作品"不可解"的原因是复杂多样的,可从作品和读者两方面来探讨。从作品本身看,若作品意蕴模糊,迷离恍惚,就会使人感到"不可解"。"作家创作,并不都是有了明确的思想,意念之后再寻求表现的。有时,作家有了一点朦胧的感触,即漫然成篇,其中到底寄寓着什么意旨,连他自己也很难说得清楚。对要表现的东西在自己头脑里还没有确定性时写成的作品,要别人易解是很难办到的。有些作品蕴含复杂纷繁,也使人很难理出头绪。"①但另一方面,还有读者方面的原因。文学作品只有与读者发生联系,即成为读者的阅读对象,才会产生"可解"与"不可解"的问题。作品要使人"可解",它自

---

①王尚寿:《谈不可解——读〈诗家直说〉一得》,《西北师院学报》1988年第4期。

身必须具有可解性、可接受性,然而,读者也不能不具备一定的条件,即相当的知识基础和接受能力。因此,要使"不可解"变得"可解","一方面对创作要引导,使其不失民族特色,为中国广大读者喜见乐闻;另一方面,读者也要适应。要适应,就不能不调整我们的文学观念、知识结构、思维方式和欣赏习惯"①。

王先生认为谢榛所说的"不可解"还有别种意义,即它是针对穿凿而言的,包含着"不可这样解"的意思。与形式相比,王先生提出内容上的穿凿是谢榛着力要反对的。穿凿主要表现为在无寄托的作品里找寄托,比如把山水诗与政治联系起来,从中"挖掘"政治寓意。"有些人解诗,往往不考虑被解对象的实际和它的承受能力,而把儒家的文学观念落实到具体作品里,'以为物物皆有所托'。这种解诗方法把文学的价值取向单一化、政治化了,至少是一种片面性。同时,这种解诗方法牵强附会、主观武断,与文学批评的科学性大相径庭。它不利于我们对文学作品的正确认识,有害于我们的文学鉴赏,因而必须警惕它的重现。"②

王先生还认为谢榛"不可解、不必解"之说也是对朦胧美的肯定,这种朦胧美即"含糊"。朦胧美是具有朦胧性的审美对象引起的审美主体的一种感受,缺乏明晰性。同时,对具有朦胧性的诗歌,应从总体上去感受、领悟,一般不宜做"开膛破肚"的解剖。正因为这样,有些诗是"不可解"也"不必解"的。

从古至今,诗可解还是不可解?中外诸家众说纷纭。谢榛说"诗有

---

①王尚寿:《谈不可解——读〈诗家直说〉一得》,《西北师院学报》1988年第4期。

②王尚寿:《谈不可解——读〈诗家直说〉一得》,《西北师院学报》1988年第4期。

可解、不可解、不必解，若水月镜花、勿泥其迹也"。但同时谢榛又说过："黄山谷曰：'彼喜穿凿者，弃其旨大，取其发兴于所遇林泉、人物、草木、鱼虫，以为物物皆有所托，如世间商度隐语，则子美之诗委地矣。'予所耀'可解、不可解、不必解'与此意同。"①从上述表述中，我们可以看出谢榛并不一概反对诗可解，他反对的是一种错误的解诗观念和方法。这种方法放弃了对诗歌本意的把握，从"物物皆有所托"的先隐观念出发，穿凿附会，对一些琐碎的物象，一一强求索解，把诗当成"隐语"猜测，不当成整体的艺术品来把握理解，使诗失去了诗歌本身的价值。王尚寿先生对诗歌"不可解"的理解抓住了谢榛诗歌批评论的核心，从艺术鉴赏的角度解释了"不可解"现象出现的原因，这与当时绝大多数研究者的观点非常一致，特殊之处体现于在强调鉴赏过程客观、理性的同时，又强调了一般读者的知识和阅读能力培养在诗歌解读中的重要性，这种从文学接受的角度去研究"不可解"的原因在当时还是较为少见的，给人以耳目一新的感觉，显示出他在这一问题上的真知灼见。

1991 年，由西北师范大学中国西部文学研究所编写的《西部风情与多民族色彩——甘肃文学四十年》一书由红旗出版社正式出版。该书由季成家任主编，王尚寿先生作为本书的副主编之一，不仅承担了该书部分章节的编写工作，还承担了部分内容的修改任务，为图书的出版付出了大量的心血。该书出版后在当时的甘肃文学界引起极大关注，学者称它的出现"为原本倾斜的文学史研究增加了些许平衡，使得厚古薄今的局面在地区性文学史研究中有了某种程度的改观。这不能不说是'零'的突破——既是甘肃'零'的突破，在全国、在

---

① 谢榛：《四溟诗话》,《历代诗话续编》,中华书局,1983 年,第 1137、1143 页。

撰写地区性当代文学史这一点上，也属首创。"①

王先生为本书撰写的内容涉及"小说""文艺理论""美学"等多个领域，从研究对象看既包括新中国成立以来甘肃出现的重要小说家、作品、文艺思潮、文学现象，也包含近40年来甘肃文艺理论界涌现出的知名学者、重要学术观点及主张，研究成果包含文学评论、文学批评、述评等多种形态。这些研究不仅对读者了解甘肃文学的历史、把握其特点、总结其成就与局限都有重要的意义，也对甘肃文学自身发展起到了推动作用。

新中国成立以来，甘肃文学得到了长足的发展，尤其是新时期以来，文学创作的数量与质量都有重大的变化。这些变化对甘肃文学研究和批评亦提出了新的要求，需要研究视角和批评范式的反思与调整。转变视角和范式，以适合甘肃文学创作实践的批评话语解读甘肃文学作品，是甘肃文学对甘肃文艺理论家、批评家提出的新的要求。《甘肃文艺四十年》一书，突破了一般文学史单一时间维度的桎梏，以文学为本位、以文学地域研究为重心，把文学的地域性作为一种新的观照视角，更注重文学空间维度的拓展，从更广阔的视野论述甘肃文学的发生、发展轨迹，立体化地展示了甘肃文学的基本风貌。该书既重视关于文学实践的探讨，又注重用文学理论来评析甘肃文学，做到了理论与实践互动，为甘肃文学研究提供了生动的研究样本。王先生对这部书的重视也体现出一个甘肃本土理论家的文学自觉和对家乡文学的关注与厚爱。

---

①陈德宏：《论从史出　史论统一——评〈西部风情与多民族色彩——甘肃文学四十年〉》，《西北师范大学学报》1992年第1期。

二

美学研究在王先生的学术研究中比重虽较小，但分量颇重，被视为最有代表性的研究成果即出自于这一领域。值得注意的是，王先生的美学研究主要是围绕洪毅然先生的美学思想展开的。

洪毅然原名洪徵厚，是20世纪中国著名美学家、艺术理论家和画家。1931年考入国立杭州艺专（现为中国美术学院）西画系，1937年艺专毕业，先后任教于西南美专分校、成都南虹工艺学校、四川省立艺术专科学校、西北师范学院、兰州艺术学院等。兼任中华全国美学学会理事、中国美术家协会会员、甘肃省美术家协会副主席、甘肃省美学学会会长、中央美院艺术研究所校外研究员等。从20世纪30年代开始探索了艺术领域的诸多问题，著有《新美学评论》《美学论辩》《新美学纲要》《大众美学》《艺术教育学引论》等著作，这些著作及理论为20世纪中国美学、美术的现代理论建构和学术发展做出了重要的贡献，并对以后中国的美学家、艺术家们进一步研究相关问题产生了直接影响。

王先生与洪先生相识于20世纪50年代末期，因工作结缘（洪先生是王先生的授课指导教师），由此二人开始交往，这种师生情谊一直持续到洪先生病逝。20世纪80年代起，随着二人交往日深，王先生将洪先生的艺术创作和美学理论、美学思想纳入自己的研究范畴，并形成多篇研究成果。

王先生对洪先生的研究主要从三个方面展开，一是对其美学思想和主要观点、论著进行介绍和述评，这主要以《西部风情与多民族色彩——甘肃文学四十年》中的相关内容及《洪毅然（小传）》《新美学纲要（述评）》等文章为代表；二是从交往经历入手，回顾其美学思想的形成与演进，主要以《洪毅然，生命有限精神永存》《洪毅然逸事》

《忆洪毅然》等文章为主;三是对其美学思想的特点进行总结,并对其主要美学观点进行辨析,以《洪毅然美学思想的特点》一文为代表。这篇文章是王先生研究洪毅然美学思想的第一篇文章,也被视为他学术研究的代表作,论文完成于 1989 年洪先生去世之前,得到了洪先生本人的认可。

王先生认为洪毅然的美学观是由论美、论美感和论美育三部分构成的。"就三个部分来讲,论美,主要探讨美的本质、美的构成、美的种类、美的产生和发展等问题;论美感,主要探讨美感的性质、美感的产生与发展、美感的基本心理过程、美感的种类等问题;论美育,主要讲美育的意义、内容、基本手段和实施等问题。这就是洪毅然美学的大致框架。"①

王先生指出,洪先生曾多次著文阐述三个问题:美是什么? 美在哪里?美从何来?在洪先生看来,"美是客观世界中作为审美对象的事物诉诸人的感觉上的形象特征本身所具有的一种客观价值。它是事物好本质的外在表征,是内容与形式的辩证统一"②。美与真、善既相互区别,又相互联系,所以,他不承认有严格意义上的"形式美"。对"美在哪里"的问题,洪先生给出的回答是"美在物,不在心,在客观,不在主观,也不在主客观的统一。美在物却又不是物的自然属性,而是以事物的自然性为基础,以物的社会性为决定因素的自然性与社会性的矛盾统一"。至于"美从何来",王先生指出,洪先生认为事物的审美特性起源于"自然的人化"和"人的本质力量对象化"的过程,而且随之不断发展、深化、丰富,提高其程度并开拓其审美观所涉及的

---

①王尚寿:《洪毅然美学思想的特点》,《西北师范大学学报》1991 年第 1 期。

②方克立等主编:《二十世纪中国哲学 第二卷·人物志》上册,华夏出版社,1994 年,第 556 页。

范围。

至于美感问题，王先生在论文中谈到，洪先生认为"美感是对客观事物形象之美的直观感受"。美感以感觉为基础，却不限于一般的感觉。美感是美的反映，因而并非美感产生美，而是美引起美感。美感与快感不同，快感是感官的一种偏于生理性质的快适与舒服，只涉及对象的形式；美感是精神性质的喜乐爱悦，是对于事物从形式到内容的直观感受。

王先生还特意强调了美育在洪毅然美学体系当中的重要性。王先生认为洪先生作为一名美学家，其美学思想带有鲜明的"社会功利性"，是典型的"实践美学"代表，因此坚持"美学从实践中来，又回到实践中去"的观点，大力提倡美育。对于美育，洪先生有系统性的思考，认为美育的任务是培养人们的审美能力，端正人们的审美观点。其目的是促进人们的审美实践。"在洪先生看来，实施美育的基本手段是艺术；实施美育的场所主要是学校、社会和家庭。为了进行美育，他主张普及美学，因而提倡大众美学。在美育与大众美学方面他做出了巨大努力，影响较大，推动国内出版了一些这方面的读物，"由于他在大众美学上的建树，被誉为大众美学的开拓者。"①

对洪毅然美学思想特点的研究和总结概括，是王先生美学研究的另外一个重心。在《洪毅然美学思想的特点》一文中，王先生将洪毅然美学思想的特点概括为三个方面：一是坚持"美学研究的对象是美"的观点；二是坚持马克思主义辩证唯物论的美学观，反对唯心主义美学、形而上学唯物主义美学和形式主义美学；二是提倡美育，积极主张美学的普及。

---

①方克立等主编：《二十世纪中国哲学　第二卷：人物志》上册，华夏出版社，1994年，第557页。

关于美学的研究对象,学界历来说法不一。有"艺术研究说""审美关系说""审美心理说""哲学说"等多种提法,洪毅然对上述提法均不以为然,提出了"美学的研究对象是美"的观点。对此王先生回顾了洪毅然美学观的形成过程,指出,早在1949年出版的《新美学评论》里洪先生就提出了美学研究的"第一是美的本质——即何谓美?第二是美的构成——即怎样才美?第三是美的效用——即美与人生之关系,诸问题"。到20世纪50年代中期,他又发表《论美学的研究对象》,对此进行专门论述,提出了美学既要研究自然界与艺术中一切客观现实事物本身的美——即美的存在诸规律,又要研究作为那种美的存在反映于人类头脑中的一切审美意识——即美感经验和美的观念的形成及发展诸规律的观点。"具体说来,就是美的性质,美感的性质,美的社会内容与自然条件,美感的心理及生理基础,美与美感的类别,美的功用,审美标准,形象思维的特殊规律……""这样,就使'美学是关于美的科学'这个本来显得空泛的定义,有了较为具体的内容。"[①]

不仅如此,王先生还指出洪毅然在其美学思想构建中对那些将美学与"艺术学""哲学"等混为一谈的观点做出了批判,指出了美学与艺术学是各自有其特定研究对象和特定研究范围的两门互相区别的独立科,"两者既不能互相混淆,也不能互相代替"。"美学并不仅仅从哲学角度研究对象,在它的全部研究内容里,有些部分已超出了哲学范围以外。"对于洪毅然认为美学最终会发展成为一门真正独立的科学的判断,王先生是认同的。他认为洪毅然对美学研究对象的认定和由此而形成的美学体系体现出密切联系人民生活的特征,"是为了

---

①王尚寿:《洪毅然美学思想的特点》,《西北师范大学学报》1991年第1期。

让美学走出书斋",这种精神"是值得称道的"。①

坚持马克思主义辩证唯物论,是洪毅然美学思想的另一个特点。王先生认为,从20世纪50年代开始,洪先生就提出了唯心主义美学和唯物主义美学的区别。"凡肯定美存在于客观事物本身,不受主观意识所左右,却又可以被感知者,为美学中的唯物主义路线;凡主张美不是客观事物所具有,而是主观意识之'外化',而又不可知者,是美学中的唯心主义路线。"

对于洪毅然的辩证唯物主义美学观,王先生是这样总结其特点的:"他(洪毅然)认为,美存在于事物本身,不是由人的审美意识外射而赋予审美对象的,不为人的主观意识所左右,美也不单纯是物的自然属性,而是自然性与社会性的矛盾统一体。美产生于'自然的人化'。当'自在之物'演变、发展成为人类的生存环境、生活资料、生产对象,成了'为人之物'时,就打上了人的烙印,成了'人化的自然'。这时,它就成了以自然性为基础、以社会性为决定因素的自然性与社会性的矛盾统一体。它处于一定的社会关系之中,依据它在人的社会实践中所起或可能起的作用,便呈现出美或不美的形象,诉诸人的感官,就使人感受到它一定的审美价值。这种审美价值是客观的,不是人的主观评价,不以人的意志为转移。美的存在决定美感和美的观念,因为美感和美的观念是对美的存在的反映。同时,美感和美的观念也不全是被动的,它也反作用于美的存在。"②

对于洪先生的唯物论美学观,王先生认为其并非就是彻底的马克思主义的辩证唯物论美学观,因为马克思主义美学观尚在探讨中,并未形成绝对一致的观点。但洪毅然在美学研究上坚持运用马克思

①王尚寿:《洪毅然美学思想的特点》,《西北师范大学学报》1991年第1期。
②王尚寿:《洪毅然美学思想的特点》,《西北师范大学学报》1991年第1期。

主义辩证唯物论是有足够自觉性的，"解放以来，自觉运用马克思主义研究美学的人的确不只洪毅然一个，但他的坚持有一贯性，而且有异于他人之处。把这看作他的特点，是有道理的"。

在研究洪毅然的过程中，王先生特别强调了提倡美育是洪毅然美学思想的重要特点，对于这个特点，他反复提到。在王先生看来，美育是洪毅然美学思想体系的一个重要组成部分，这体现在一方面洪先生投入大量精力专门著文探讨美育、推广美育，"在成书于七十年代而出版于1982年的《新美学纲要》里，美育是全书三章中的一章，他还在多种刊物上发表文章，对美育进行了多方面的论述和鼓吹"。"1980年，他与朱光潜、伍蠡甫等联名致函党中央，建议将美育列入国家教育方针。他还担任全国美育研究会顾问，《美育》和《美育天地》两杂志顾问，《美育知识》丛书编委等职。他为《美育知识》丛书的编写出力不少，其中《艺术教育学引论》一书，就是他辛勤劳动的果实。"另一方面洪先生还积极推进美学的普及，《大众美学》就是这一想法的产物。"《大众美学》1981年出版以后，由于社会的需求，印刷三次。同时，不少读者希望作者继续写下去。"《大众美学》的成功，充分说明了"一切人文学科，若不能最终接触实际，不能为大众所喜闻乐见，只能被注定关在象牙塔里。"①

对于洪先生的美育观，王先生认为他把美育和审美实践联系起来的思想是完全正确的。"因为美育的目的不在于传播美学知识或在它自身，而在于有助于人们的审美实践。它对人们的审美实践是必不可少的。"而审美实践，不管是物质方面的还是精神方面的，不管是创造方面的还是欣赏方面的，都需要美学理论的指导，而这些都要以美

---

①李骅：《心系苍生建大厦 卓然成家耀学界》，《甘肃社会科学》2013年第4期。

育为中介。"从洪毅然的观点看,美育是从美学知识到审美实践的桥梁,这在一定意义上是对的。"[1]

此外,王先生对洪毅然的文艺观也做了研究。他指出,在文艺观上洪毅然坚持的是马克思主义的反映论,认为文艺是人对世界的审美关系的集中体现,是以典型形象对现实的审美反映。为此,文艺创作要运用形象思维。形象思维有自己的特点,但不排斥逻辑思维。文艺应为政治服务,但不能忽视它的特点。文艺有独特的功能和作用,能使人产生美感共鸣,使人的思想感情潜移默化。"这些观点,从大处看不算新鲜,但在具体论证中又能看到独到见解的闪光。"[2]

洪毅然作为当代中国的马克思主义美学的代表人物,其美学思想形成于现代,成熟于当代。其美学观的系统表达,最早见于1949年出版的《新美学评论》。在该书中,洪毅然初步阐述了美学是"规范与说明兼而有之的学问"。新中国成立后,经过了中国美学的第一次大辩论,他的美学观有所修正、深化和发展。1958年出版的《美学论辩》的11篇讨论文章,合起来就成了他"新美学"理论体系的雏形。而1982年的《新美学纲要》是他对自己美学思想的总结,更是他的"新美学"理论的全面要点与简明提法。

在艺术学方面,他坚持马克思主义反映论,认为艺术是以典型形象对现实的审美反映。同时艺术韵审美意义与认识意义是统一的,艺术必须为人生。艺术应该形、神、意俱全。他认为中国艺术只宜在继承发扬民族优良传统的基础上适当借鉴、吸收外来的有益成分而创新,不应盲目追逐西方现代派。

---

①王尚寿:《洪毅然美学思想的特点》,《西北师范大学学报》1991年第1期。

②王尚寿:《美学研究》,见《西部风情与多民族色彩——甘肃文艺四十年》,红旗出版社,1991年,第483页。

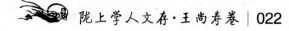

在艺术教育学方面,他长期呼吁必须建立科学的艺术教育学,以指导艺术教育实践;对艺术教育与美育的关系,艺术教育的实施、艺术教育的原则等,他都提出了自己的看法。探究洪毅然美学理论,对梳理我国 20 世纪美学的发展历史及现当代文化艺术历程都有着重要的意义

王尚寿先生对洪毅然美学思想的内在建构、学理内涵、价值特点以及发展嬗变的轨迹的研究和探讨,既是对于洪毅然个人学术思想的一次系统梳理,也是从一个特定方面对于 20 世纪中国美学学术史的追问。他的研究一方面可以使我们客观评述洪毅然先生在 20 世纪美学史上的学术功绩,也可以使我们合理定位此位美学家研究的局限性,"将洪毅然美学研究的成果拉入现当代语境中考察其美学思想与现当代文化的关系。我们就可以在这个无数学者研究递进的学术链条中理出一个有意义的线索。"①

三

丝绸之路文化研究是王尚寿先生学术研究的另一重要领域。从时间上来看,王先生的丝路文化研究起步于 20 世纪 90 年代。1992 年《丝绸之路》杂志正式创刊,王先生积极参与刊物的各项工作,1997 年担任了该刊物的常务副主编一职,主持刊物的日常工作。因工作关系,他不仅多次撰写有关丝路沿岸的历史文化、风物古迹的文章,而且还编著了《丝绸之路文化大辞典》(红旗出版社,1995 年)、《丝绸之路诗选注》(甘肃文化出版社,2010 年)两部著作,对丝路文化做了系统而全面的介绍与梳理。

---

①刘军平:《洪毅然大众美学理论对中国现当代文化的暗示》,见《文艺美学研究》第 5 辑,山东大学出版社,2011 年,第 235 页。

王先生的丝路研究包括评论、综述、著作等多种形式,内容涉及历史、地理、宗教、文学等各个方面,这些研究从总体上呈现出以下几个特点:

一是以宏观视角展示丝路文化的丰富性与多样性。丝绸之路是一条具有强大的文化传播力的"黄金路",曾经创造过中华文明经济、文化的辉煌与繁荣。分布在这条文化之路上的高山、大河、沙漠、戈壁,还有各种文物和古迹,至今散发着诱人的魅力。无论从历史发展还是现实的作用看,丝绸之路不仅仅是一条经济和商贸之路,也是人类文明史上具有巨大创新价值的文化典范。

丝绸之路作为人类物质与精神的重要载体,其突出的价值即在于文化资源的多样性和丰富性。它不仅在艺术方面积累和保留了门类齐全的大量经典艺术珍品,而且创造了异彩纷呈的文艺作品类型。丝绸之路作为巨大的文化遗存,已成为当代文化的资源宝库。

就丝绸之路研究现状来看,对这条长期担负东西方经济贸易、外交往来和文化交流重任的世界交通大动脉的重要性,早已在国际学术界取得共识,但对这条集经济、文化诸多因素于一身的文明通道的研究,涉及历史、地理、语言、文化、经济、民族、民俗、宗教、艺术诸多学科,以前的研究著作虽取得了很大成就,却不够完整和系统。正是在这一背景下,由王先生与季成家先生任主编,80 余名学者共同参与的《丝绸之路文化大辞典》的出版就具有了别样的意义。"它是迄今为止丝绸之路研究著作中部头最大、观点最新、内容最丰富的学术成果","在一定意义上可以称作一部关于丝绸之路的百科全书"。[1]

作为一部全面反映丝绸之路历史文化概貌的大型工具书,《丝绸

---

[1] 古跃:《求全　求精　创新——评〈丝绸之路文化大辞典〉》,《丝绸之路》1996 年第 2 期。

之路文化大辞典》浓缩了自汉至明代丝绸之路的各个方面,收录词条12500条,总计273万余字。其内容分为正编与附录两部分。正编又分为丝绸之路、历史地理、政权建置、军政人物、民族、民俗、科技与教育、宗教、文学、乐舞百戏与体育、美术、建筑、遗址和墓葬、城址、文献、文物16类,各大类又分若干小类,反映了丝绸之路各个侧面,各个历史阶段的历史文化面貌;附录设置了新兴城市、博物馆和考古所、图书馆、旅游景点、现代民俗、名土特产、风味食品七大类,目的在于对当代丝路文化设施、文化发展、文化现象做相应的反映。

以往的丝绸之路研究,基本局限于"西北地理""西域史""东西方交通史"的等专门史的研究范畴,往往难以反映出丝绸之路文化的多元性与复杂性,而该辞书则突破了以往研究的局限,吸收了各专门史研究的成果,反映了丝绸之路各个历史阶段的文化风貌,虽然不是一部综合地论述丝绸之路的整体性的著作,但它无疑为这份工作提供了全面的、翔实的、有价值的资料,打下了良好的基础。丝路学研究专家、著名学者杨建新就赞扬《大辞典》的编撰是一项巨大的文化系统工程,它的出版"无疑是丝绸之路研究中一个非常重要的里程碑。"。作为一部观点新颖、内容丰富的著作,辞书既有学术性又有知识性,既有科学性又有实用性,是一部集学术性、知识性、资料性、实用性于一体的大型历史文化工具书,它的出现对全面反映丝路文化的多元性,推进今后的丝路文化研究具有重要的意义。

二是鲜明的本土色彩和浓郁的西部风情。丝绸之路贯穿西北全境,其主干线仅在甘肃境内东西绵延就长达一千六百公里,约占其全程总长度的五分之一,因而丝绸之路文化既是甘肃又是西部历史文化资源宝库中最具光彩和魅力的文化成分。丝绸之路西部段历史文化遗存十分丰富,沿途洒满了璀璨的文化教育珍宝,不仅有高山草原、大漠戈壁,更有雄浑的黄土高坡。文化遗址繁星般遍布全境,各种出土文物、艺术品内涵丰富,为中外文化的交流提供了极为丰富的资料。

甘肃作为丝绸之路的黄金地段,其重要的城镇均分布在丝绸之路上,境内的众多名胜古迹也是丝绸之路的重要遗迹。从1992年到1996年,王先生在《丝绸之路》杂志上先后发表数篇文章,介绍西部尤其是甘肃境内丝绸之路沿线的各种历史文化现象、名胜古迹。无论是富有佛教寓意的莲花山、天井峡,还是盛产石榴的安息,无论是驰名中外的莫高窟,还是张掖大佛寺、麦积山石窟,都在王先生笔下成诗。他从这些景点的历史背景谈起,追溯其历史演变,探寻其文化源流,为西部文化增添了富有诗情画意的一笔。2010年出版的《丝绸之路诗选注》将西北五省区(陕、甘、宁、青、新)境内的自然景观、文物古迹、历史名胜做了专论,详细地说明和介绍了西部五省共计151处景点,这些介绍呈现了西部历史文化、地理文化、民间文化、民族文化的独特、丰厚和灿烂。

三是丝路文学与文学丝路的诗意呈现。丝绸之路既是一条经济之路,也是一条文化之路。从古至今,历代文人骚客写下了无数以丝绸之路为题材的文学作品,尤以诗歌最为瞩目。丝绸之路独特的自然景观,诸如雪山草地、黄土沟壑、长河落日、大漠孤烟,成为历代文学反映的对象,也成为历代作家借以抒情的形象,更成为西部文学独特的意象;而丝绸之路独特的人文景观如风景名胜、文物古迹、历史人物、宗教文化、民族风情等也在各个时代的文艺作品中多有表现;独特的地域文化特点和艺术个性结合在一起,成为丝路文化中最富有特色的部分。

出于对丝路文化的兴趣和喜爱,1996年王尚寿先生即着手"丝绸之路旅游景点诗歌"的收集和选注工作,之后这一工作因故中断。2002年开始,王先生全力以赴投入到该书的编撰工作中;2007年,王先生及其女儿王向晖共同完成《丝绸之路诗选注》的写作，该书于2010年由甘肃文化出版社正式出版。

该书出版后获得业界的广泛好评。著名文学评论家陈涌称本书为"系统工程"。西北师范大学教授侯丕勋认为，此书"是真正的学术著作，很有价值"。洛阳师范学院教授许可权认为，此书是一项巨大的工程，收集资料丰富，填补了丝绸之路旅游诗选的空白，具有很高的旅游价值和学术价值。①2012年，该书获第九届甘肃省优秀图书奖二等奖。

《丝绸之路诗选注》收录并介绍了陕、甘、宁、青、新5省区丝绸之路沿线的华山、秦陵兵马俑坑、华清池、大雁塔、崆峒山、麦积山、莫高窟、沙湖、塔尔寺、青海湖、天山天池、喀纳斯湖等151个旅游景点（区）。同时对每个景点选收古今作者描写它的古体诗或近体诗若干首，并加以注释。全书选收唐代至今487位作者的诗作1340余首，是描写丝绸之路旅游景点诗作的第一部选集。王先生将此书定位为"普及读物"，强调它的通俗易懂，认为它应为丝绸之路旅游景点及旅游诗的研究提供可靠而丰富的资料。但同时也不否认该书具有一定学术性，"对旅游景点的介绍，对诗作的注释等，也要有一定的学术价值"②。

《丝绸之路诗选注》是迄今为止有关丝绸之路中国段（涉及陕、甘、宁、青、新五省区）古今诗作的最为完善的选本，该书不仅介绍了大量的景点，而且以景带文，将丝绸之路沿途的一个个自然景观转换成文学景观呈现在读者面前。这些文学景观不仅展示了丝绸之路瑰丽神奇的自然之美，表达了人们对各种异地风光的认知、感受和想象，以及不同文化背景的人们在文化交流中的观念、情感和心态，同

①王尚寿：《就〈丝绸之路诗选注〉答读者问》，《甘肃文史》2016年第1期。
②王尚寿：《就〈丝绸之路诗选注〉答读者问》，《甘肃文史》2016年第1期。

时也构成了文学丝路的地理版图,具有重要的文学价值和文化价值。

四

作为老一辈学人,王尚寿先生的学术研究呈现出几大特色,一为"杂",二为"细",三为"勤",四为"通"。"杂"为先生自己所言,具体来看,其研究横跨"文学""美学""文化"三大领域,所列成果包括"评论""批评""述评""专论""专著"多种类型,内容涉及从古至今,从特殊到普遍,从重要到一般的多种文学命题、话题,其研究兴趣广泛,不可谓不杂。"细"指的是先生的学术研究讲究资料收集,注重考据、考证,强调案头工作,从问题的发生史入手,抽丝剥茧,一点点梳理出问题实质,最后给出结论和答案,讲究学术研究的规范、严谨。"勤"指的是先生在研究过程中勤读书,勤研究,勤思考,勤写作,勤修改。古人有云:'勤能补拙。'先生的每一部著作、每一篇文章都是他是天天跑图书馆、资料室,早去晚归,翻看摘录大量文献资料而完成,迄今为止仍有相当资料在其个人收藏中,先生在有生之年仍不遗余力独自整理这些宝贵文献,直至去世,其"勤"可见。"通"是指先生在学术研究中除对一些具体问题展开研究外,更有相当一部分研究是跨越时间和空间不同维度作整体性关照和宏观描述的。他的《中国历代美学和文论资料索引》《丝绸之路文化大辞典》《丝绸之路诗选注》等著作均跨越几千年历史,涵盖不同地域,对期间重要的文学历史文化文化现象进行全面把握,一气贯通。上述特点既是先生治学的特点亦是优点,它反映山老一辈学人在治学方面踏实、严谨、认真、好学的态度,值得后辈学子学习。

在与先生的初次会面中,先生表达了自己治学方面的一些遗憾。他告诉我,他的研究有很多是出于单位学术和科研需要"遵命"而为的,为完成这些组织分配的任务,他投入了大量的精力和时间,也因此无暇顾及自己感兴趣的一些问题。先生说的问题是实情,故而省社科院马廷旭副院长在评价先生的学术生涯时,说他这一生是"为他人做嫁衣"。但在我看来,先生的遗憾恰恰是老一辈学人不计较个人得失、淡泊名利、爱岗敬业的体现,这也正是是陇上学人所推崇的一种精神品格。

与王先生匆匆一面之缘,尚未来得及细谈,先生便猝然而逝。但先生提供的成果清单和资料为我扫清了编书过程中的最大障碍。而先生的女儿王向晖女士和女婿岳天明先生在后续的编写过程中提供了大量的资料文献,并给予宝贵的意见和建议,这对成书起了重要的作用,在此一并致谢! 因本人能力有限,本书编写尚有很多不足,还请批评指正。

杨小兰

2018 年 8 月于兰州

一、文艺研究

发展和繁荣社会主义文艺的正确方针

"百花齐放、百家争鸣"的方针，是毛主席革命文艺路线在社会主义时期的重大发展，是毛主席对马克思列宁主义宝库的一个新贡献。1951年，毛主席在为中国戏曲研究院的题词里提出了"百花齐放"的口号。1956年5月，毛主席把"百花齐放"和"百家争鸣"并列提出，作为党对文艺和科学工作的方针，在最高国务会议上予以公布。毛主席运用唯物辩证法的对立统一规律制定的这个方针，既体现了党的群众路线，体现了无产阶级的根本利益，又反映了包括文艺和科学在内的文化发展的客观规律，因而"是促进艺术发展和科学进步的方针，是促进我国的社会主义文化繁荣的方针"[1]。二十一年来我国文艺和科学发展的历史，已雄辩地证明了这一点。但是，祸国殃民、十恶不赦的"四人帮"，在这个问题上也和毛主席唱对台戏，不论在理论或实践上，都制造了不少混乱。在深揭狠批"四人帮"，彻底肃清其流毒和影响的今天，有必要加以澄清。

毛主席指出："艺术上不同的形式和风格可以自由发展，科学上不同的学派可以自由争论。利用行政力量，强制推行一种风格、一种学派，禁止另一种风格、另一种学派，我们认为会有害于艺术和科学的发展。艺术和科学中的是非问题，应当通过艺术界、科学界的自由

---

[1]《关于正确处理人民内部矛盾的问题》，见《毛泽东选集》第5卷，人民出版社，1977年，第43页。

讨论去解决，通过艺术和科学的实践去解决，而不应当采取简单的方法去解决。"①要发展，繁荣社会主义文艺，就必须按照毛主席的教导，坚持贯彻"双百"方针。

我们的文艺，是为工农兵服务的。在文艺上贯彻"双百"方针，使它发展、繁荣，正是为了更好地达到这个目的。工农兵占我国八亿人口的绝大多数，他们精神生活需要的方面之广是可想而知的。工农兵多方面的、正当的需要，我们的文艺难道不应当给以满足吗？拿题材来说，工农兵要求多样化。当然，题材有差别，工农兵要求描写重大题材，但其他题材并非对他们毫无意义，不能说一律不准问津。是的，工农兵要求着重描写现实斗争的题材，然而对于历史题材的作品，也并不是不欢迎。京剧《逼上梁山》，影片《甲午风云》《林则徐》，小说《李自成》等拥有不少观众和读者，就是最好的证明。毛主席在 1944 年就肯定了延安评剧院的《逼上梁山》。1951 年，毛主席在《应当重视电影〈武训传〉的讨论》一文里认为，1840 年鸦片战争以来的 100 多年中，中国发生的一些向旧经济形态及其上层建筑做斗争的"新的阶级力量，新的人物和新的思想"，应当称赞或歌颂。可见，历史题材也应当在我们的文艺园地里占有一席地位。当然，描写历史题材，必须运用历史唯物主义的观点，正确反映历史上的阶级斗争，歌颂人民革命运动对历史的推动作用，决不能像"四人帮"那样，古为帮用，随心所欲地歪曲、篡改历史。工农兵对于描写中国共产党领导下的革命斗争史的作品，有着异常浓厚的兴趣。因为它们对于进行阶级斗争、路线斗争和革命传统教育有着巨大的意义。正因为这样，这类题材就更应该受到重视。

①《关于正确处理人民内部矛盾的问题》，见《毛泽东选集》第 5 卷，人民出版社，1977 年，第 43 页。

欣赏文艺作品,是一种自觉自愿的活动,谁也不能强迫人们去读小说或看电影(只有"四人帮"例外)。文艺作品要受读者或观众欢迎,发生广泛的社会作用,就必须有吸引力。事实证明,这种吸引力不属于那种群众厌恶的千篇一律的东西,而属于那些别开生面、新颖独创、不落旧套、不拘一格的作品。如果不是百花齐放,而是一花独放,即使这花是花中之王的牡丹,也不能不使人感到单调。单调的文艺是不容易引起人们的兴趣的。

革命文艺,是人民生活在革命作家头脑里反映的产物,人民生活是文艺取之不尽、用之不竭的唯一源泉。既然这样,文艺的题材和形式就要受现实生活的制约。现实生活的每一个领域,每一个有机组成部分,都有理由受到文学艺术家的重视。人民生活的无限丰富性,为文艺提供了多种多样的素材;只有题材的多样化,才能反映出人民生活的丰富多彩、气象万千。百花吐艳,可以显示出大自然的丰美;文艺园地的万紫千红,可以反映出社会主义祖国欣欣向荣的春天。这样的文艺,才有可能反映出人民生活的真实面貌;反映出人民生活真实面貌的文艺,它的发展、繁荣才是有价值、有意义的。

毛主席指出:"一切危害人民群众的黑暗势力必须暴露之,一切人民群众的革命斗争必须歌颂之,这就是革命文艺家的基本任务。"①所以,我们要求革命文学艺术家,长期地无条件地全心全意地到工农兵群众中去,到火热的斗争中去,到唯一的最广大最丰富的源泉中去,"观察、体验、研究、分析一切人,一切阶级,一切群众,一切生动的生活形式和斗争形式,一切文学和艺术的原始材料","根据实际生活

---

① 《在延安文艺座谈会上的讲话》,见《毛泽东选集》第 3 卷,人民出版社,1953 年,第 871 页。

创造出各种各样的人物来，帮助群众推动历史的前进"。①毛主席为革命文艺的题材、形式和风格，开拓了无比广阔的天地；也以自己的创作实践，做出了多方面、多样化地反映现实的光辉典范。

人民生活的丰富性，也要求用各种形式加以反映，而生活内容的丰富性，又为文艺形式的多样性提供了内在的依据。那种单调、死板的形式，不利于反映丰富多样的现实生活。同时，文艺形式的多样性也和文艺反映现实的特点有着密切的关系。文艺作为人们认识和掌握现实的一种特殊形式，有它自己的特点。它是通过具体的艺术形象反映现实的，因而在文艺里一般的事物出现在个别的具体的形式里，这就不能不使它的形式呈现出多样性来。

文艺作品的产生，是文学艺术家辛勤劳动的结果。文艺的发展、繁荣，总与能否调动专业和业余文学艺术家的积极性有着直接的关系。"百花齐放、百家争鸣"是党的群众路线在文化领域的体现，是调动各类文学艺术家积极性的好方针。伟大导师列宁在强调文学事业应当成为党的工作的一部分时，也没有忘记"文学事业最不能作机械的平均、划一，少数服从多数"，"在这个事业中，绝对必须保证有个人创造性和个人爱好的广阔天地，有思想和幻想，形式和内容的广阔天地"。②"双百"方针保证了个人创造性和个人爱好，思想和幻想、形式和内容的广阔天地，给文学艺术家以充分发挥其才能和专长的机会，自然就可以促进文艺的发展和繁荣。

各个文学艺术家，由于生活经历、世界观、思想水平、创作经验、文艺素养、所受传统的影响，以及爱好、个性、才能和习惯等的不同，

---

①《在延安文艺座谈会上的讲话》，见《毛泽东选集》第 3 卷，人民出版社，1953 年，第 871 页。

②《党的组织和党的文学》，见《列宁选集》第一卷，人民出版社，第 648 页。

都有自己熟悉和擅长的形式、体裁和题材。虽然这些并不是一成不变的，但就像它们的形成一样，改变要有一个过程，并不十分容易，何况有些改变也是不必要的。我们应当允许每个人发挥自己的特点，在为工农兵服务的前提下，写他比较熟悉、能胜任的题材，运用他擅长的体裁和形式。只有对自己非常熟悉、有独特感受、理解深刻的题材，他才有可能给以创造性的、本质的反映。不顾每个人的具体情况而强求一律，并没有什么好处。如果说在写什么题材的问题上还有轻重主次之分的话，那么在怎样写，即运用什么形式和体裁的问题上，就没有这种区别了。在这些问题上，文学艺术家有更多的自由，有更广阔的发挥创造性的天地。

再拿风格来说，比较成熟的文学艺术家，在取材、布局、人物刻画、语言运用，以及因此而产生的作品的韵味等方面，都有自己的特点，因而形成了各自独特的艺术风格。马克思引过18世纪法国自然科学家布封的一句话，"风格就是人"。中国也有"文如其人"的说法。文学艺术家的生活经历、创作经验、所受文艺传统的影响和兴趣、个性等不同，他们在创作中表现出来的艺术特色自然不一样。风格犹如人的性格，千差万别，多种多样。有的人善于多方面地描绘波澜壮阔的生活，有的人善于在某一方面向纵深挖掘，有的人长于从正面反映尖锐激烈的阶级斗争，有的人长于从侧面反映日新月异的现实，有的人总把人物放在重大的阶级斗争中经受严峻的考验，有的人则在平凡的工作岗位上和日常的生活中揭示人物崇高的精神境界，有的人以情节的单纯明快见长，有的人以情节的复杂曲折取胜。不同作家的作品，或粗犷豪放、奔放不羁，或玲珑剔透、细腻隽永，或色彩浓烈、调子高亢激越，或色彩浅淡、调子委婉柔和，或如重峦叠嶂、异峰迭起，或如行云流水、自然平易，或深厚，或清丽，或蕴藉，或犀利，或幽默，或严峻，或淳朴平实，或雄伟瑰奇。这些，没有必要定于一尊，也很难强求一律。强求一律的结果，必然是束缚文学艺术家的手足，妨害文艺的发展。

当然，个人风格要民族化、群众化，要为中国老百姓所喜闻乐见。毛主席在《对晋绥日报编辑人员的谈话》里，要求党的一切宣传工作都要具有生动的、鲜明的、尖锐的、毫不吞吞吐吐的无产阶级的战斗风格。这对文艺也是适用的。但这只不过要求个人风格和民族风格、阶级风格相一致，并不意味着取消个人风格、民族风格。阶级风格和个人风格，是一般和个别的关系，是对立统一的关系，不能把它们割裂开来、对立起来。一般存在于个别之中，没有个别就没有一般。取消了个人风格，还有什么民族风格、阶级风格？

文艺上实行"双百"方针，就是要在斗争中发展文艺，这是合乎辩证法的。文艺的内容、形式和风格，总随着时代的推移，适应着客观现实的变化在不断发展，而这种发展，总是在各种内容、形式和风格的文艺互相斗争、互相影响、互相交流中出现的。各种文艺之间，有斗争，就有新陈代谢；有交流，就有互相吸收。在百花齐放中，各种"花"互相影响、互相促进，自然会共同提高。同时，文艺上不同形式和风格自由发展，还有互相竞赛的意思。在社会主义建设中可以用竞赛促进生产发展，那么文艺的发展当然也可以用竞赛的方法加以促进。至于文艺理论、文艺批评和文艺创作中的是非问题，则必须通过文艺界的自由讨论去解决，通过文艺实践去解决。通过讨论、通过斗争，就可以发展马克思主义的文艺理论和文艺批评，促进社会主义文艺的发展和繁荣。

二十年来，在"双百"方针问题上，一直存在着复杂、激烈的斗争。这里只谈"四人帮"怎样用资产阶级文化专制主义取代"双百"方针。从1969年到"四人帮"垮台，他们一方面不准提"双百"方针，另一方面则大肆鼓吹他们的"一家做主"论。叛徒江青霸气十足地宣布："文艺界只能有一个中心""直接领导是我、春桥、文元,任何人不得插手。谁插手,老娘要骂的"。国民党特务张春桥也说,"我们在上海是百家争鸣,一家做主,最后听江青的"。"四人帮"把党的文艺事业,当作他们的行帮事业,实行一帮独裁。他们不是要把文化部变为"公安部""保卫部"吗?事实上,被他们控制的文化部,也确实成了对革命文化实行法西斯专政的机构。"四人帮"的"旨意",就是它的原则。江青喊一声"我最不喜欢民歌",民歌就抬不起头来;江青宣布"广东戏不可救药",是"靡靡之音",广东戏就倒霉;江青给越剧和评弹戴上"资产阶级"的帽子,越剧和评弹就被判了死刑;江青说河南梆子"嗲","越往南越嗲",于是半个中国的地方戏曲就被关了禁闭。"四人帮"一会宣判这个艺术品种"表现力太差",一会硬说那个艺术品种"没有基本功",忽而说这种艺术"黑",忽而说那种艺术"怪",于是,民族舞剧、民族歌剧、民族音乐、民族舞蹈、话剧、山水花鸟画、漫画、相声和喜剧片等艺术品种,都被打入了冷宫。他们出于不可告人的政治目的反对"写真人真事",于是报告文学、革命回忆录、传记文学等体裁就成了非法的。他们还有这样一条"帮规":"题材问题不能百花齐放。"你画工业学大庆、农业学大寨、加速实现四个现代化的题材,他们就诬蔑你宣扬"唯生产力论";你写历史题材,他们就指责你是"发思古之幽情",甚至是"让帝王将相,才子佳人永远霸占文艺舞台";革命历史题材也严加控制,据说"那些东西都是为老家伙评功摆好的",是"为错误路线翻案"的,革命知识分子不准写,因为这是他们"封"下的"臭老九",指定的"专政对象"。如此等等,不一而足。那么,他们到底要求写什么呢?那就是曾鼓噪一时的"写与走资派做斗争"的题材。1976年2月,江青和张春桥密谋后,亲自布置写"与走资派做斗争的戏",以便取代那些抢来的、作为敲门砖的、据说"老掉牙"的样板戏。"与走资派做斗争"怎么成了"整个社会主义时期的中心题材"呢?江青交过底:因为这种题材"能和当前斗争配合"。而所谓"当前斗争",就是"四人帮"阴谋篡党夺权的反革命活动的公开提法。所以张春桥说,这是一项非常重要的"政治任务"。的确,这不是简单的文艺题材问题,而是一个重大的政治问题。他们为了篡党夺权,居心险恶地提出了"老干部是民主派,民主派就是走资派"的反动政治纲领。他们的阴谋文艺,就是这个反动政治纲领在文艺上的表现。他们强令按照这个纲领的模式去搞文艺创作,要求把执行毛主席革命路线的老干部歪曲、丑化成"走资派",让作为"四人帮"及其死党、亲信化身的"一号英雄人物"去夺他们的权,并"始终占领第一把交椅"。反动影片《反击》《盛大的节日》《春苗》等,就是他们"满腔热情、千方百计"树立的"样板"。问题很清楚,他们要把文学艺术家封闭在他们划定的狭小圈子里,拴在他们篡党夺权的战车上。

对于风格,"四人帮"也不准百花齐放。马克思认为,给作家指定一种风格是错误的。当时普鲁士书报检查令只允许有一种风格,马克思就给以严厉批判:"法律允许我写作, 但是我不应当用自己的风格去写,而应当用另一种风格去写","我是一个幽默家,可是法律却命令我用严肃的笔调。我是一个激情的人,可是法律却指定我用谦逊的风格",这是"要求世界上最丰富的东西——精神只能有一种存在形式",是让精神的太阳照耀下的各种个体,"只准产生一种色彩,就是官方的色彩"。[①]在这一点上,"四人帮"和普鲁士当局颇为相似。不同的是,他们规定的是染上"四人帮"色彩的"帮风格"。这种风格,完全是为他们篡党夺权服务的东西。

在文艺理论、文艺批评问题上,"四人帮"及其喉舌梁效、初澜、江天之流,极尽胡说八道之能事,却不准别人发表一点不同意见。例如,

①《评普鲁士最近的书报检查令》,《马克思恩格斯全集》第1卷,第7页。

他们炮制的"三突出""三陪衬""三对头""三打破""多浪头""多侧面"之类的唯心主义大杂烩,给文艺创作套上了层层枷锁,带来了无穷的灾难,在理论上造成了极大的混乱,广大革命文艺工作者无不义愤填膺。但是"四人帮"却把这套"三字经"和"多字诀"强加在样板戏头上,美其名曰"样板戏的创作经验",并把它"钦定"为"唯一的创作原则",作为凌驾于毛主席提出的辨别香花毒草的六条政治标准之上的"高标准的要求",强令文艺工作者"不能走样"地予以贯彻。你要突破这个框框,甚至对它稍有触犯,他们就倚势定你"攻击样板戏""和样板戏唱对台戏""离经叛道"等罪名,轻则批判,重则打成"反革命"。正鲁迅所说:"他们的嘴就是法律,无理可说。"①

　　"四人帮"除了在实践上和"双百"方针"对着干"之外,还制造了种种否定"双百"方针的谬论。1975 年 8 月,张春桥对其文化部的亲信于会泳说:"你现在能充分地放吗?放了,你这个部长能收得了吗?"毛主席明明说"党中央的意见就是不能收,只能放"②,张春桥却与毛主席、党中央大唱对台戏。放和收,是领导我们国家的两种不同的方针,反映了两种根本对立的路线。"放,就是放手让大家讲意见,使人们敢于说话、敢于批评、敢于争论,不怕错误的议论,不怕有毒草的东西,发展各种意见之间的相互争论和相互批评,既容许批评的自由,也容许批评批评者的自由,对于错误的意见,不是压服,而是说服,以理服人。"③这种方针,体现的是毛主席的无产阶级革命路线。我们的国家,是工人阶级领导的以工农联盟为基础的人民民主专政的国家,

---

　　①《鲁迅书信集》,人文学出版社,1976 年,第 720 页。

　　②《在中国共产党全国宣传工作会议上的讲话》,见《毛泽东选集》第 5 卷,人民出版社,1977 年,414 页。

　　③《在中国共产党全国宣传工作会议上的讲话》,见《毛泽东选集》第 5 卷,人民出版社,1977 年,414 页。

在人民内部实行民主集中制。放的方针，就是给予人民内部以民主；不实行放的方针，就改变了我们国家的性质。"收,就是不许人家说不同的意见,不许人家发表错误的意见,发表了就'一棍子打死'。"①这种方针,体现的是资产阶级法西斯独裁的路线。"四人帮"是地富反坏和新老资产阶级在党内的典型代表,是无产阶级不共戴天的死敌,自然要推行这条路线,成为"帽子工厂""钢铁工厂"和"鞋子工厂"的老板。他们手中无真理,周围无群众,只收不放是一点也不奇怪的。简单一个"收"字,既勾画出了他们法西斯独裁者的凶恶面目,也暴露了他们色厉内荏、外强中干的纸老虎的虚弱本质。这一"收",固然给我国社会主义文化的发展带来了不小的损失,但也宣告了他们唯心史观的破产。

　　阶级异己分子姚文元认为,一提"双百"方针,就会"被敌人利用",以此作为他反对"双百"方针的理由。我们说,有了"双百"方针,敌人免不了要利用;没有"双百"方针,敌人也不会束手待毙。他们对于亡国、共产是不甘心的,尽管我们公开宣布:凡是毒草,凡是牛鬼蛇神,都要进行批判,决不能让他们自由泛滥,敌人还是会进攻的。阶级斗争是客观存在,怎么会依人的意志为转移呢? 再说,敌人利用"双百"方针,也没有什么可怕,不过出点毒草罢了。毒草有毒,当然是坏的,但它也有用。"人需要正反两方面的教育"②,毒草可以作为反面教员,发挥一点它的特殊作用。所以毛主席说毒草"并不可怕,在一定条

---

①《在中国共产党全国宣传工作会议上的讲话》,见《毛泽东选集》第5卷,人民出版社,1977年,414页。

②《打退资产阶级右派的进攻》,《毛泽东选集》第5卷,人民出版社,1977年,第446页。

件下还有益"①。毒草长出来，才好对它鉴别和斗争，才好把它锄掉。"双百"方针就是一个扶植香花、铲除毒草的锐利武器。敌人利用这个方针，只能搬起石头砸自己的脚，不会有别的结果。当然，姚文元并不是怕无产阶级的敌人利用"双百"方针向党向社会主义猖狂进攻，而是在革命的幌子下，反对党的这个正确方针，是以冠冕堂皇的借口，为他们实行的资产阶级文化专制主义辩护。事实证明，这是徒劳的，帮不了他们多少忙。

若要选在百花园里驰马的能手，"四人帮"可谓举世无双。他们飞扬跋扈，横冲直撞，致使百花园枝断叶落、奇葩委地，一度造成了"万花纷谢一时稀"的冷落局面。毛主席对"四人帮"的这种胡作非为进行过多次批评。仅1975年7月，就两次尖锐指出："样板戏太少，而且稍微有点差错就挨批。百花齐放都没有了。别人不能提意见，不好。""怕写文章，怕写戏。没有小说，没有诗歌。"毛主席还指出："党的文艺政策应该调整一下，一年、两年、三年，逐步逐步扩大文艺节目。""一两年之内逐步活跃起来，三年、四年、五年也好嘛。"但"四人帮"却顽固对抗，并借反击右倾翻案风大搞反攻倒算，把矛头指向毛主席。邓小平同志坚持毛主席的革命路线，反对他们取消党的"双百"方针，他们就给他加上种种莫须有的罪名，大肆挞伐。这些，都充分表现了这伙新老反革命结成的黑帮的顽固性和垂死挣扎的疯狂性。

本来，张春桥和姚文元在"文化大革命"前就歪曲、篡改"双百"方针，胡说它是搞"八仙过海，各显其能"，是搞超阶级的"友谊竞赛"，否定它的无产阶级性质，狂热鼓吹资产阶级自由化。然而"文化大革命"以后，他们为什么又实行资产阶级文化专制主义？这是阶级斗争的形

①《在省市自治区党委书记会议上的讲话》，《毛泽东选集》第5卷，人民出版社，1977年，第359页。

势所使然。过去，他们的地位和力量决定了他们只能为资产阶级争自由，用和平演变的方式复辟资本主义。"文化大革命"以后，他们和王洪文、江青结成了一个帮派，篡夺了党和国家的相当一部分领导权，一度控制了舆论阵地。他们"得意于一时，似乎天下就是他们的"了，于是端出了资产阶级文化专制主义。不过，资产阶级自由化也罢，资产阶级文化专制主义也罢，形式不同，实质一样，是一个问题的两个方面，"自由"是为资产阶级而争的，"专制"是用于无产阶级的，都是资产阶级根本利益的表现，都是要用资产阶级专政代替无产阶级专政。我们和"四人帮"在"双百"方针问题上的斗争，说到底，是要不要无产阶级专政的斗争，这就是问题的实质。

（原载《甘肃师范大学学报》1977 年第 4 期）

为形象思维一辩

《毛主席给陈毅同志谈诗的一封信》公开发表以后，被"四人帮""枪毙"了十余年的形象思维复活了。文艺界、学术界畅所欲言，对形象思维问题又展开了广泛的讨论。这不仅在文艺理论和创作实践上是有意义的，而且是对"四人帮"实行的文化专制主义的批判。

毛主席指示我们："艺术和科学中的是非问题，应当通过艺术界科学界的自由讨论去解决，通过艺术和科学的实践去解决，而不应当采取简单的方法去解决。"[①]"四人帮"出于反革命的政治目的，利用郑季翘同志的《文艺领域里必须坚持马克思主义的认识论——对形象思维论的批判》一文，用简单粗暴的方法宣判了形象思维的死刑，这是不能不辩的。

下面，我们本着毛主席指示的精神，对郑季翘同志这篇文章的观点，提出自己不同的看法。

一、形象思维的特征问题

郑季翘同志否认形象思维的存在，就因为他认为作家的构思过程没有自己的特征。这和他分析问题的方法分不开。毛主席指出："我

---

①《关于正确处理人民内部矛盾的问题》，见《毛泽东选集》第 5 卷，人民出版社，1977 年。

们讨论问题,应当从实际出发,不是从定义出发。"①讨论形象思维问题,就应当研究作家的创作过程,由此得出合乎实际的结论。郑季翘同志却不是这样,而是根据所谓"形象思维论者"对形象思维的解释和一般对"思维"所下的定义进行推理的。"形象思维论者"说"形象思维是用形象来思维",而一般所说的"思维",指人脑对客观事物间接和概括的反映,也就是通过概念、判断和推理等形式来反映客观现实的能动过程。于是他得出结论:形象思维"不用抽象、不要概念、不依逻辑",所以是"根本不存在的"。我们要肯定形象思维的存在,就不能不研究形象思维的特征。对于形象思维的特征,曾有不少人从各个方面、各个角度论证过。各人的说法虽然不大一样,但大都肯定它不能脱离各种人物和事物的感性形象,而这正是郑季翘同志坚决否定的。因此,这一点仍有重新加以肯定的必要。

我们认为,形象思维的过程总伴随着具体的感性形象。毛主席说:"诗要用形象思维,不能如散文那样直说,所以比、兴两法是不能不用的。""比""兴"离开具体的感性形象,也就不成其为"比""兴"了。中外古今的许多作家的创作经验都证明,形象思维是不能抛弃具体的感性形象的。歌德就说:"作为一个诗人,努力去体现一些抽象的东西,这不是我的做法。我在内心接受印象,并且是那类感官的、活生生的、媚人的、丰富多彩的印象,正如同一种活泼的想象力所呈现的那样。我作为一个诗人,是要把这些景象和印象艺术地加以琢磨与发挥,并且通过一种生动的再现,把它们展露出来,使别人倾听或阅读之后,能得到同样的印象。"②列夫·托尔斯泰进行创作,也反复考虑

---

①《在延安文艺座谈会上的讲话》,见《毛泽东选集》第 5 卷,人民出版社,1977 年。

②《歌德和艾克曼的谈话》,见伍蠡甫:《西方文论选》上卷,上海译文出版社,1979 年,第 477 页。

"作品的未来人物可能遭遇到的一切"①。他构思《复活》时,正是这样想的。曹雪芹"一一细考较去"了"当日所有之女子"的"行止见识"(《红楼梦》第1回),才创造出《红楼梦》里那样多栩栩如生的女子的形象。

不仅如此,形象还应该在作者的脑子里活起来。脑子里有了活的形象,笔下才会有活的人物。屠格涅夫说,当他塑造的人物还没有成为他的老相识之前,当他还没有看见他,还没有听到他的声音之前,不会动手来写。冈察洛夫说:"工作仍在脑子里进行,人物不让我安宁,总是纠缠不休,做出各种姿态,我听得见他们谈话的片断。"在写《阿Q正传》之前,阿Q的形象就在鲁迅的心目中存在了好几年。茅盾同志曾说,他创作时,凝神片刻,便觉得自己已经不在小房间里,便看见无数人物扑面而来。这些作家对自己孕育人物的情景的描述,正说明了形象思维的上述基本特征。

现在就来谈一下"要概念""用抽象"和"依逻辑"的问题。先谈"要概念"。形象思维完全"不要概念"吗?不是,但是,不能完全"要概念"。郑季翘同志认为,创作过程运用的全是逻辑思维,因而只能"要概念"。他说:语言是思维的工具。而"语言是由词组成的。概念就寓于词之中"。由此得出结论:"不用概念的思维,是不存在的。"这个三段论式中的大前提是正确的,要得出形象思维不存在的结论,小前提就应该是:形象思维不用语言。令人不能不提出异议的是,他把"语言"换成了"概念"。为什么这样换呢?据说是因为"语言是由词组成的。概念就寓于词之中"。其实,词并不等于语言。因为,语言是由词汇与语法结合起来构成的。所以斯大林说:"语言的词汇也并不就是语言,虽

---

① 《文艺理论译丛》1957年第1期,第229页。

然没有词汇,任何语言都是不可想象的。"①同时,词与概念之间也不能画等号。这不仅因为存在着不表示概念的词,还因为有些可以表示概念的词在某些场合也不用来表示概念。概念是反映事物本质的思维形式,具有抽象性。词除了和概念相联系之外,还有指物性,有形象色彩等非概念因素。因此,不能把"语言"换成"概念"。如果"语言"等于"概念",作为语言艺术的文学要用形象反映生活,就成为难以想象的了。再说,我们也不反对构思过程中运用概念,而是不主张用概念代替形象,或把形象当作概念的演绎。高尔基也只说想象"主要是用形象来思维",并没有把问题绝对化。法捷耶夫虽然说"科学家用概念来思考,而艺术家则用形象来思考",然而他指的是"艺术家传达观象的本质不是通过对该具体现象的抽象,而是通过对直接存在的具体展示和描绘"。②

再谈"用抽象"。抽象指形成概念的一种思维方法。它要求抛弃事物非本质的属性,抽出其本质属性,并用概念反映出来。在科学研究中,主要运用这种思维方法认识事物的本质和内部联系。在文艺创作中,不能完全排斥抽象,但主要不是抽象。如果主要是抽象,就必须抛弃具体材料和感性形象,剩下的主要是概念,这样怎么能"用形象、图画来描写现实"③呢?所以法捷耶夫认为,这样做"实际上是在消灭艺术"④。

这里有必要谈一下文艺创作中的想象问题,郑季翘同志引过高

①斯大林:《马克思主义和语言学问题》,人民出版社,1971年,第17页。

②古典文艺理论译丛编委会:《古典文艺理论译丛》第11册,人民文学出版社,1966年,第153页。

③高尔基:《论文学》,人民文学出版社,1960年,第279页。

④古典文艺理论译丛编委会:《古典文艺理论译丛》第11册,人民文学出版社,1966年,第154页。

尔基的这样一段话:"想象,在本质上,也是关于世界的思维。不过它特别是凭借形象的思维,是'艺术的'思维。想象,可以说是一种甚至能给予自然的自发现象和事物以人的性质、感觉和意图的能力。"(这里用的是郑季翘同志引的旧译文)他说这是"含糊语句",是"有些形象思维论者"把想象"说成是一种作家特有的用形象来进行的思维,而反对思维中运用抽象"的"依据"。不用解释,他引的高尔基的话意思是明确的,只不过高尔基没有说想象就是抽象或主要是抽象。什么是创作上的想象?那就是根据一定的目的,用已经积累的生活素材创造艺术形象的过程。既然是用生活素材创造艺术形象,那么,作家主要"想"的就不能不是"象"。如果主要是抽象,那就名不副实了。诚然,作家是在一定思想指导下去想象的,但想象的过程不是思想的形成过程,所以不能因此把想象说成抽象,或以不赞成抽象为反对创造性想象要有思想指导。

最后谈"依逻辑"。我们知道,形式逻辑的规律,是进行推理和证明的规律,逻辑思维无疑要遵循。对于形象思维来说,它只适用于一定的范围,不能同逻辑思维强求一律。别林斯基说:"哲学家用三段论法说话,诗人则以形象和图画说话","一个是证明,另一个是显示"①这个说法还是对的。三段论法的规律能和创造形象与图画的规律没有差别吗?辩证逻辑的规律是对立统一。从这一点说,形象思维不仅不违反辩证逻辑,而且可以使它得到形象的表现。文艺创作遵循的是生活逻辑,而辩证逻辑正是生活逻辑在人的主观意识中的反映。文艺创作怎样遵循生活逻辑呢?还是让作家自己来回答吧。列夫·托尔斯泰说:"人物自己要做他们性格所需要做的事,即是说,结局是合情合

①古典文艺理论译丛编委会:《古典文艺理论译丛》第11册,人民文学出版社,1966年,第78页。

理的,是因人物性格和状况而产生的,因而也很好地描绘了人物。"①
这就是渥伦斯基完全出乎他的意料,"毫不迟疑地开枪"的原因。②高
尔基也认为:"决不能向人物暗示应该怎样行动。他们每个人都有自
己生物的和社会的行动逻辑,都有自己的意志。"③当作者"强制自己
主人公的社会本性,迫使他们讲他们不会讲的话,做他们根本不可能
做的事情,那他也会损害自己的材料"④。鲁迅开始写《阿Q正传》时,
"没有料到""大团圆"的结局,但阿Q只能有这样的结局。正如鲁迅所
说:"阿Q自然还可以有各种别样的结果,不过这不是我所知道的
事。"(《阿Q正传的成因》)因为阿Q的命运是由生活逻辑所决定的,
不能由作者"随意"安排。因此,不能笼统说形象思维"不依逻辑"。

二、形象思维论是否违反认识论的问题

郑季翘同志给形象思维论戴了一顶大帽子:"是一个反马克思主
义的认识论体系。"这主要是由于他认为形象思维论"是一种直觉主
义因而也是神秘主义的体系"的缘故。因此,这里要从直觉主义谈起。

说到直觉主义,其代表应该首推法国哲学家柏格森。他把"直觉"
看作认识的唯一源泉,而否定实践。他所谓"直觉",指一种特殊的神
秘的"下意识"的能力。他认为,人们不经过从感性认识到理性认识的
飞跃,就可以直接认识真理。他从这种观点出发,把艺术看作与现实
的决裂,认为艺术家进行创作,用不着观察、认识现实,而是要以自己

---

①《文艺理论译丛》1957年第1期,第235页。

②古典文艺理论译丛编委会:《古典文艺理论译丛》第11册,人民文学出版
社,1966年,第231页。

③高尔基:《论文学》,人民文学出版社,1960年,第263页。

④高尔基:《论文学》,人民文学出版社,1960年,第262页。

的"直觉"去把握生命或意识。另外,意大利的唯心主义美学家克罗齐,也是直觉主义的鼓吹者。他认为艺术就是"直觉"。他所谓"直觉",指来源于"情感"的感性认识的低级阶段。因此,他把艺术看作认识的"萌芽"形式,是与概念或逻辑无关的活动。这才是不折不扣的直觉主义的创作论体系。我们的形象思维论和这种直觉主义的创作论体系,有多少共同之处?

当然,在形象思维论的主张者中,也有人把形象思维看作感性认识,甚至看作动物都有的"机能"。然而,这也不能证明形象思维论就是"直觉主义"的"体系"。对于客观存在的任何一种思维方式,各人的认识不一样,产生不同的解释是正常现象。有人解释错了,难道能据此否定被解释者吗?同时,对解释有错误的人的观点,也要"具体地分析具体的情况",笼统否定的做法,也有悖于马克思主义。

拿别林斯基的形象思维论来说,虽然有种种错误和矛盾,但说它"充满"了"直觉主义",未免不尽合乎事实。前期,别林斯基受黑格尔影响,他的形象思维论是唯心主义的,却不是"直觉主义"的。黑格尔要求"在艺术创造里,心灵的方面和感性的方面必须统一起来"①。别林斯基在"引申"黑格尔的美学观点时,也接受了这个"合理的因素"。不错,他也用过"直感性"之类的词,但他解释说:直感性和不自觉性,"这两个词绝不是同一个东西,甚至也不是同义语"。他认为,"现象的直感性是艺术的基本法则,确定不移的条件,赋予艺术崇高的、神秘的意义;可是,不自觉性不但不是艺术的必要的属性,并且是跟艺术敌对的,贬低艺术的"②。后期,他的形象思维论建立在唯物主义基础

①黑格尔:《美学》第 1 卷,人民出版社,1959 年,第 47 页。
②古典文艺理论译丛编委会:《古典文艺理论译丛》第 11 册,人民文学出版社,1966 年,第 64 页。

上之后，也仍然主张文艺创作中要有理性，要使想象与理智发生活生生的、有机的相互关系。他说："为了善于描绘现实，甚至单有创作才能也还不够，还需要理智去理解现实。"①有人说科学需要理智和思考力，创作则需要想象，认为这样就干脆地解决了问题，可以把问题束之高阁。他则反问："难道艺术就不需要理智和思考力吗？"②我们并不否认，在文艺创作是自觉的或不自觉的问题上，他的有些说法也有矛盾，但从主导方面看，他是自觉论者，而不是直觉主义者。

高尔基的形象思维论，则是与直觉主义大相径庭的。他一贯主张文艺创作要把感性和理性统一起来。他在列举了许多民间文艺创造的英雄典型之后说："这样一些形象之所以完美，是因为这一切都是理性和直觉、思想和感情和谐地结合在一起而创造出来的形象。"③他认为："艺术家是善于给语言、声音和色调以形式和形象的人，艺术家应该努力使自己的想象力和逻辑、直觉，理性的力量平衡起来。"④他所说的"直觉"，并不是直觉主义。他解释说："直觉的东西不能理解为某种先于知识的、'预言的'东西，它只有在作为假设或作为形象组织起来的经验缺乏某些环节和细节的情况下，才能完成经验。"⑤有人说什么"形象的创造，是一种无意识的创造工作"，他则给以反驳："根本不能说有什么无意识的工作。"他反对把"直觉"与"无意识"混为一谈。他说："把作家所缺少的那些环节放到经验里去，以便写出一个非

---

①古典文艺理论译丛编委会：《古典文艺理论译丛》第 11 册，人民文学出版社，1966 年，第 68 页。

②古典文艺理论译丛编委会：《古典文艺理论译丛》第 11 册，人民文学出版社，1966 年，第 74 页。

③高尔基：《论文学》，人民文学出版社，1960 年，第 104 页。

④高尔基：《论文学》，人民文学出版社，1960 年，第 350 页。

⑤高尔基：《文学书简》下卷，人民文学出版社，1965 年，，第 371—372 页。

常完美的形象——这就叫作直觉。然而不能把这个叫作无意识的东西。这虽然还没有包括到意识里去,但在经验里是已经有了的。"①可见高尔基的形象思维论不是"直觉主义"的"体系",也不是"反马克思主义的认识论体系"。

我们的形象思维论,是在马克思主义认识论指导下研究创作过程的结果,同时,也批判地继承了别林斯基等人的形象思维论的合理成分,特别是借鉴、吸收了高尔基等革命作家的这方面的正确观点。它既不是"直觉主义"的"体系",也不是"反马克思主义的认识论体系"。

什么是马克思主义的认识论?毛主席指出:"通过实践而发现真理,又通过实践而证实真理和发展真理。从感性认识而能动地发展到理性认识,又从理性认识而能动地指导革命实践,改造主观世界和客观世界。实践、认识、再实践、再认识,这种形式,循环往复以至无穷,而实践和认识之每一循环的内容,都比较地进到了高一级的程度。这就是辩证唯物论的全部认识论,这就是辩证唯物论的知行统一观。"②从认识和实践的关系说,它来源于实践,又能动地反作用于实践,从认识的过程说,它要从感性认识能动地发展到理性认识。某种思维方式,如果违背这些原则而又自成体系,才能叫作反马克思主义的认识论体系,我们的形象思维论,并不违背这些原则。

我们说的形象思维和逻辑思维一样,也是以实践为源泉和检验标准的。毛主席指出:"要作今诗,则要用形象思维方法,反映阶级斗争与生产斗争。"文艺要用形象思维方法反映阶级斗争与生产斗争,作者就非参加阶级斗争与生产斗争的实践不可。高尔基指出:"艺术

①《高尔基文学论文选》,人民文学出版社,1958年,第403—404页。
②《实践论》,见《毛泽东选集》,人民文学出版社,1951年,第273页。

家的形象思维,以对现实生活的广博知识为依据。"①所以他说,要创造艺术形象,"只有在创作者直接参加创造现实的工作,参加革新生活的斗争才有可能"②。同时,形象思维的结果还要接受实践的检验。经过这种检验证实了的好作品,就能对人们的社会实践产生一定的推动作用。革命文艺"能使人民群众惊醒起来、感奋起来,推动人民群众走向团结和斗争,实行改造自己的环境"③,说的就是这种作用。鲁迅在谈到文艺和社会的关系时说:"文学与社会之关系,先是它敏感的描写社会,倘有力,便又一转而影响社会,使有变革。这正如芝麻油原从芝麻打出,取以浸芝麻,就使它更油一样。"④这段话可用来说明形象思维与社会实践的辩证关系。

我们说的形象思维和逻辑思维一样,也要从感性认识发展到理性认识,因而也能够认识事物的本质。然而郑季翘同志认为,"不扬弃感性材料、不脱离感性形象而能认识事物本质的形象思维,是根本没有的"。我们不同意这种观点。从一般与个别,即共性与个性的关系说,"一般只能在个别中存在,只能通过个别而存在"⑤。"共性,即包含于一切个性之中,无个性即无共性。"⑥因而我们可以通过个别认识来表现一般,通过个性认识来表现共性。从现象和本质的关系说,"现象是本质的表现"⑦。那么,通过现象认识来表现本质也就是可能的了。

---

①高尔基:《文学书简》下卷,人民文学出版社,1965年,第371页。

②《列宁选集》第2卷,人民出版社,1972年,第370页。

③《在延安文艺座谈会上的讲话》,见《毛泽东选集》第3卷,人民出版社,1953年,第818页。

④《鲁迅书信集》上卷,人民文学出版社,1976年,第464页。

⑤《列宁选集》第2卷,人民出版社,1972年,第713页。

⑥《矛盾论》,见《毛泽东选集》,人民文学出版社,1951年,第294页。

⑦列宁:《哲学笔记》,人民出版社,1956年,第184页。

从形象思维的过程看,它并不执着于生活的表面现象,而要挖掘其意义,探求其本质。不过,这种挖掘和探求,要以丰富的生活素材为依据,又要以具体、感性的形象为表现手段。正因为这样,它不仅不抛弃具体的生活现象和细节,反而要选择富有意义的生活现象和富有表现力的生活细节。在创作过程中,作家总要对生活素材进行加工、提炼。这也是一种去粗取精、去伪存真、由此及彼、由表及里的改造制作工夫,只不过是感性和理性交织在一起的,是具体化与概括化统一在一起的。既然形象思维中有理性的作用,当然就可以通过它认识现实的本质。

从形象思维的结果看,也证明它能够认识生活的本质。莎士比亚认为,诗人满脑子想象,"他的想象为从来没人知道的东西构成形体,他笔下又描出它们的状貌,使虚无杳渺的东西有了确切的寄寓和名目"[1]。而马克思却赞扬说:"莎士比亚把货币的本质描画得很中肯。"[2]屠格涅夫是"诗人用形象来思维"的赞同者。他公开宣言,他创作"从来不是从观念,而永远是从形象出发"[3]。这样写出来的作品,被列宁一遍又一遍读着。因为,那些作品反映了当时俄国社会生活的某些本质方面,如地主与农民的尖锐矛盾等。列宁在《纪念葛伊甸伯爵》一文里,就用《猎人日记》里写的一个表面温文尔雅、实则凶狠残酷的地主,揭露了沙龙民主主义者所谓"人道"的本质。列夫·托尔斯泰构思时,也总伴随着感性形象,而他的作品仍然"无情地批判了资本主义的剥削,揭露了政府的暴虐以及法庭和国家管理机关的滑稽剧,暴露

---

①古典文艺理论译丛编委会:《古典文艺理论译丛》第 11 册,人民文学出版社,1966 年,第 10 页。

②马克思:《1844 年经济学—哲学手稿》,人民出版社,1956 年,第 116 页。

③古典文艺理论译丛编委会:《古典文艺理论译丛》第 11 册,人民文学出版社,1966 年,第 102 页。

了财富的增加和文明的成就同工人群众的穷困、野蛮和痛苦的加剧之间极其深刻的矛盾"①。所以列宁说:"如果我们看到的是一位真正伟大的艺术家,那么他就一定会在自己的作品中至少反映出革命的某些本质的方面。"②作家能够反映出生活的本质,是由形象思维决定的吗?不是,这原因是多方面的。和逻辑思维一样,形象思维也可以反映出生活的本质,也可以歪曲生活的本质,这就要看作者的立场、观点、方法以及对生活的了解和观察等因素了。我们既不能说所有运用了形象思维的作家的每篇作品都反映了生活的本质,也不能否认形象思维反映生活本质的可能性。不仅要承认这种可能性,而且要把它变为现实。只有这样,才能充分发挥文艺推动历史前进的作用。

三、概念转化形象的问题

郑季翘同志在否定形象思维的同时,提出了一个"先有主题思想"的创作论。按照这个创作论,他给作家创作的思维过程制定了一个公式:"表象(事物的直接映象)——概念(思想)——表象(新创造的形象),也就是个别(众多的)——一般——典型。"他要求先把活生生的现实生活抽象成概念,然后再把概念转化为形象。他认为,只有制定出这样的公式,才能用马克思主义认识论说明并指导文艺创作;只有按照这个公式进行创作,才是符合马克思主义认识论的。为什么?因为这个公式是从"思想和存在的辩证同一性即由物质到精神、由精神到物质的辩证转化的原理出发"的。现在就让我们从物质和精神的辩证关系来看看这个公式吧。

我们知道,认识是一个由物质到精神、由精神到物质的多次反复

①《列宁选集》第2卷,人民出版社,1972年,第370页。
②《列宁选集》第2卷,人民出版社,1972年,第369页。

的过程。客观事物反映在人们的头脑里,形成一定的思想,这就是从物质到精神。人们又用这种思想指导社会实践,如果实践证明这种思想是正确的,它就会变成改造社会、改造世界的物质力量。这就是说,通过人们的社会实践活动,可以把精神变成物质。但是,郑季翘同志说的从概念到形象的转化,根本不是从精神到物质。因为文艺作品里的形象,是社会生活的反映,是一种精神现象。列宁说得好:"反映可能是对被反映者的近似正确的复写,可是如果说它们是等同的,那就荒谬了。"①当然,作为社会意识形态之一的文艺也要转化为物质,即通过对读者或观众的影响变成物质力量,以改造世界,推动历史前进。然而,郑季翘同志说的从概念到形象的转化,指的是作品的构思过程,还谈不到对读者或观众的影响,怎么能说把精神转化成了物质呢? 这和精神转化物质的原理有什么关系呢?

为了用精神转化物质的原理说明从概念到形象的转化,郑季翘同志把艺术形象称为 "由作家用一定的艺术手段描绘出来的第二阶段的表象",又把"第二阶段的表象"规定为"由思想到物质所必经的中间环节"。且不说"第二阶段的表象"的说法是否科学,仅就它作为"中间环节"来说,也无法与物质等同。正因为这样,尽管我们否认了概念转化形象之说,也并没有"相应地否认了物质和精神或存在和思想的辩证同一性"。

关于概念转化形象之说,黑格尔早就主张过。他认为,文艺作品"是概念从它自身出发的发展,是概念到感性事物的异化"②。这是一种唯心主义观点。当然,郑季翘同志是想用马克思主义认识论说明文艺创作的,他说的概念来源于实践,因而不能把他的观点与黑格尔的

①《列宁选集》第 2 卷,人民出版社,1972 年,第 330 页。
②黑格尔:《美学》第 1 卷,人民出版社,1959 年,第 14 页。

观点混为一谈。但是,他的概念转化形象的公式和马克思主义的文艺观是有一定距离的。马克思主义告诉我们,文艺是社会生活的反映,社会生活是文艺的唯一源泉。正因为这样,毛主席才要求"革命的文艺应当根据实际生活创造出各种各样的人物来",要求把各处存在着的"事实"即"日常现象"集中起来,把其中的矛盾和斗争典型化,造成文学作品或艺术作品。这才是深知文艺创作的符合马克思主义认识论的正确提法。

我们不赞成"先有主题思想"的创作论,即先抽象化后形象化的两段论公式,还因为它不符合很多作家的创作实际,尽管我们也不否认有人按照这个公式进行创作。郑季翘同志说:"作家创作,都是为了表达来自实践的一定的思想意图;而作品中所要表现的总的思想意图,就是主题思想。"这似乎就是他的两段论公式的依据。我们不否认作家创作有思想意图,但这种思想意图是长期社会实践的结果,往往在创作之前就有,它的产生算不上某一创作过程的一个阶段。法捷耶夫在谈到自己的创作情况时就说:"全部积聚起来的材料在一定的时候会和一些主要的思想与概念起一种有机化合,而这些主要的思想与概念是艺术家作为任何一个思想着、斗争着、有爱、有欢欣也有痛苦的活生生的人在自己的意识里原来就有着的。"[1]同时,作品里所要表现的思想意图,不一定就是主题思想。如白居易作诗的思想意图是"救济人病,裨补时阙"(《与元九书》),这能说是他每首诗的主题思想吗?又如巴尔扎克要通过《人间喜剧》描写法国十九世纪的风俗史,这却不能说是《高老头》或《欧也妮·葛朗台》的主题思想。即使思想意图就是主题思想,也不能证明主题思想一定"先有"。主题思想是整个创作过程的产物,总是在创作过程中逐渐定型和深化的。法捷耶夫就认

---

[1]法捷耶夫:《论写作》,人民出版社,1955年,第176—177页。

为，在创作的构思阶段，作家要从意识中存在着的大量印象与形象中挑选最有价值的材料，在一个方向上浓缩事实和印象，"以便尽可能全面地和清晰地表现出、传达出意识中愈来愈定型的作品的主要思想"①。不错，有些作家进行创作，要先提炼主题，但主题的提炼，不能看作简单的抽象过程。王汶石同志就说，主题的提炼绝不是孤立地、抽象地进行的。主题的提炼，"总是通过形象或与形象血肉相连地进行的；是和人物形象的塑造，和人物典型化的过程，自始至终血肉相连地进行的。……所以我们便常常会见到，在构思的过程中，作者对作品的主题思想每一次深化，人物形象便会跟着变化、跟着成熟；反过来，作者对人物性格有了新认识新体会新创造，作品的主题思想也跟着发生某种改变和深刻化"。（《人民日报》，1961 年 2 月 2 日）既然如此，就不能用创作要有主题思想证明它一定先有一个抽象化的阶段。

那么，怎样解释郑季翘同志转述的高尔基的下面一段话呢？高尔基在《谈谈我怎样学习写作》里说："神也像文学的'典型'那样，是根据抽象化和具体化的法则创造出来的。把许多英雄人物的有代表性的功绩'抽象化'——分离出来，然后再把这些特点'具体化'——概括在一个英雄人物的身上，譬如说概括在赫拉克勒斯或梁赞的农民穆罗姆人伊利亚的身上；把每个商人、贵族、农民身上最自然的特征分离出来，并概括在一个商人、贵族、农民的身上，这样就形成了'文学的典型'。"②从字面上看，这似乎就是先抽象化后形象化的"两段论"，其实不然。我们认为，这里说的"抽象化"有引号，是"示意图"性质的说法，它和鲁迅说他的作品里的人物是"拼凑"起来的一样，不是对创作过程的具体描绘。请看高尔基对文学家的工作是什么回答：

---

① 法捷耶夫：《论写作》，人民出版社，1955 年，第 177 页。
② 高尔基：《论文学》，人民文学出版社，1960 年，第 162 页。

"他想象自己的观察、印象、思想和自己的生活经验——把它们放进形象、画面、性格里去。"①"创作是记忆活动所达到的这样一种紧张程度，此时记忆活动的迅速足以从知识和印象的蕴积中抽出最显著和最有代表性的事实、景象、细节，并把它们包括在最确切、鲜明、家喻户晓的言辞里。"②一家出版社问他："您常常根据什么样的感觉来构成形象，视觉的、听觉的、触觉的，等等？"他回答："当然是根据一切的感受。"③既然这样，创造形象就不能像进行科学研究那样去抽象，然后再把抽象的概念加以"形象化"。高尔基的话的主要意思是说，创造典型要进行综合、概括，要用个性表现出共性。他认为，只写"一个失掉了社会意义与教育意义的肖像"，"在扩大和加深我们对人和生活的认识上，它几乎是毫无用处的"④。因此，他主张要写人物的共性。这种共性，在社会科学上可以抽象成简单的几条；在文学作品的典型人物身上，则只表现在个性之中。作家创造典型时，也要把概括化与个性化不可分割地联系起来，形成一个统一的过程。

先抽象化后形象化的创作公式，弊多利少，容易导致创作上的公式化、概念化。当然，创作上的公式化、概念化有着多方面的原因，统统归之于这个公式是不公允的。但是，说它有助于公式化、概念化的产生，总不为过吧。生活本身丰富多彩、气象万千，如果在先进世界观指导之下从生活出发，就能够使艺术形象既具有一定的思想意义，又千姿百态、不拘一格；相反，把活生生的现实生活变成了抽象概念，就抛弃了具体、感性的特征，根据它怎样创造活的艺术形象？有的作者从概念出发，或搜集生活现象来图解概念，或把自己掌握的生活素材

①高尔基：《论文学》，人民文学出版社，1960年，第225页。
②高尔基：《论文学》，人民文学出版社，1960年，第124页。
③高尔基：《论文学》，人民文学出版社，1960年，第264页。
④高尔基：《论文学》，人民文学出版社，1960年，第160页。

硬塞入某种概念的框框，结果把人物变成了某种概念的传声筒或解说员。我们看到过一些构思雷同、画面大同小异的绘画，这除了作者生活贫乏等其他原因外，也与某种概念束缚了作者分不开。我们认为，要克服公式化、概念化，就要用马克思主义的立场、观点和方法观察社会生活，对待文艺创作；就要深入生活，获得雄厚的生活积累；就要在马克思主义指导下从生活出发，而不是从概念出发。我们不主张"排斥抽象、弃绝概念，回到动物状态去"，也不主张把文艺变成某种概念的图解。

形象思维是一个比较复杂的问题，需要做许多专门的研究。这里不可能谈到郑季翘同志的文章里涉及的全部问题，只就其中的几个主要问题谈些不同意见，并以此作为探讨这些问题的起点。

（原载《甘肃师范大学学报》（哲学社会科学版）1978 年 3 期）

灵感·意识·理智

近两年来,国内一些报刊就文艺创作中的灵感问题展开了讨论,这是真正解决灵感问题的良好开端。就笔者读到的有关讨论文章看,虽然各有侧重,但总起来看,有关灵感的许多问题都谈到了。其中谈得较多的是下述几个问题:什么是灵感?灵感是怎样产生的?灵感有哪些特点?灵感在文艺创作中起什么作用?灵感的概念是怎样演变的?等等。关于这些问题,虽然讨论者的意见大体一致,却也有这样或那样的分歧。由于种种原因,这些问题我们就不谈了,这里要谈的是大家讨论较少的灵感与意识的关系和灵感与理智的关系两个问题。这是两个老问题,但它们的正确解决关系到对灵感的科学解释,也和文艺创作的发展有着密切的关系,因而有必要进一步探讨。

灵感与意识

灵感具有突然性,常出于作者的意料之外,因而容易被人看作无意识的产物。从灵感的来去和具体表现出于作者的意料来说,可以叫作无意识,但认为灵感和意识没有关系,甚至因灵感包含无意识的因素而把文艺创作看成无意识的,那就大有商榷的必要了。

这里,我们打算谈一下对 H.奥斯本在《论灵感》①中提出的一个基本观点的看法。该文概述了从古希腊以来灵感理论的演变之后,提出

①H.奥斯本:《论灵感》,见《英国美学杂志》1977 年 9 夏季号。

了"在艺术家的无意识精神状态中去发现艺术灵感源泉的理论"。他所说的"无意识",原文为"unconscious",包含这样几个意思:(1)不省人事的,失去了知觉的;(2)不知道的,未发觉的;(3)无意识的,不知不觉的。可见,它和心理学上所说的意识,即有意识的或自觉的反映是相对的。为什么要到"无意识的精神状态"中去发现艺术灵感的源泉呢?他认为,艺术作品都不可缺少审美特质。审美特质不能通过有意识的和仔细考虑过的计划去获得,这样,一种直觉因素就成为不可缺少的了,而直觉因素并不包含有意识地和深思熟虑地运用逻辑推理,在这种意义上说它是无意识的。

让我们先从审美特质说起。所谓审美特质,如果不把它神秘化,就应该是指文艺作品之所以为文艺作品的特征,它能给人以美感的特征。说审美特质完全是通过有意识的和仔细考虑过的计划而获得的,未免太机械、太绝对,但直觉因素也最好只让它是因素之一,而不由它来决定审美特质的命运为好。在创作过程中,应该说直觉不是主要因素,不起主要作用。审美特质主要是意识活动的结果。审美特质不会自动"显现"出来,它是创作实践的产物,也和艺术欣赏实践密不可分,也要随着创作实践和艺术欣赏实践而变化、发展。人们对它的认识是经过由不自觉到自觉、由肤浅而逐渐深化的过程的。当人们对它有了认识之后,就会有意识地掌握它、发展它。

艺术作品的审美特质,由各种因素构成,表现在许多方面,而且在各种艺术中的表现也不尽相同。在文学作品中,它主要表现在对内容的体现、形象的塑造、情节结构的安排和语言的运用等方面,即由这些因素构成了文学作品的审美特质。强烈的现实主义精神、典型的艺术概括、鲜明生动的形象、沉郁顿挫的风格、锤炼精工的语言、铿锵的音韵等因素,就构成了杜甫诗的审美特质。当然,这种特质不完全是深思熟虑地运用逻辑推理的结果,但却是在意识作用下形成的,它不完全是按仔细考虑过的计划而获得的，却是自觉学习和实践的结果。杜甫说自己"为人性僻耽佳句，语不惊人死不休"，又说"新诗改罢自长吟"，可见他对作品的审美特质是刻意追求的。他学习上"读书破万卷""转益多师"，又从另一个方面表现了他对审美特质的自觉追求。

奥斯本曾谈到这样一个"经验事实"：艺术作品不是通过遵循某一组规律就能创造出来的，也不仅仅是某些可以传授的技巧的产物。他说他的灵感理论才能解释这个"经验事实"。其实，他是用这个"经验事实"证明他的灵感理论。我们不否认他说的这个"经验事实"，但不认为它能成为他的灵感理论的证明。

文艺创作有没有规律？有的话，该不该遵循？人类是"依照美的规律来造形"①的。事实证明，文艺创作有规律可循，而且它也应该遵循自己的规律。歌德把违反艺术的基本规律看作一种错误。冈察洛夫就不赞成把文学上的创新和它的基本规律对立起来。契诃夫也主张研究艺术的法则。这些作家的创作，就是自觉地运用了文艺创作规律的。自然，只遵循规律并不保证一定能创作出好作品，但要创作出好作品却不能违背基本规律。只遵循规律之所以不能创作出好作品，是因为要创作出好作品还必须具备其他条件。

至于可以传授的技巧，奥斯本也没有说它对作品的创造完全没有用，而是说艺术作品"不仅仅是某些可以传授的技巧的产物"。这就是说，他也承认可以传授的技巧是艺术创造的一个条件。不错，文艺作品中要有独特的东西，这种东西不能完全依靠可以传授的技巧来创造。然而，独特的东西的创造，也需要吸收、借鉴前人的技巧，在这个基础上推陈出新，才能更上一层楼，在更高的水平上有新的发展。

①马克思：《经济学—哲学手稿》，人民出版社，1956年，第59页。

有成就的作家、艺术家,都通过学习把前人的技巧融合到自己的艺术实践中来;他们也教导后辈向前辈学习,在此基础上开辟自己前进的道路。列夫·托尔斯泰说得好,"正确的道路是这样,吸取你的前辈所做的一切,然后再往前走"。

既然创作要遵循自己的规律,可以传授的技巧也要学习,那么创作就是自觉的活动了。

是的,有时会出现这样的现象:有些妙手在创作过程中,有时并不经意,但并没有影响他的作品成为好作品。这样的现象多出现在技术性强的艺术作品的创作过程中。这是"习惯成自然"和"熟能生巧"的表现。"自然"来自"习惯","巧"来自"熟"。"习惯"和"熟",意识的支配程度不大;"自然"和"巧",是意识运动的习惯性和升华。这种现象虽然是从意识向无意识的转化,但它在创作过程中居于非常次要的地位,因而改变不了整个创作活动的根本性质。

奥斯本还谈到一个证明他的理论的"经验事实",优美的艺术品或具有审美价值的作品所具备的那些特征,连艺术家本人也不能用语言加以清楚地说明。其实,这只是部分的事实,而不少作家、艺术家都能在不同程度上说明自己作品的特征。杜甫说:"文章千古事,得失寸心知。"①他懂得自己的作品,对它的特征自然就不会全然无知。我们说杜诗的风格是"沉郁顿挫",这也是作者自己概括出来的。鲁迅就指出,他的小说比较严肃,不及左拉的快活。他还指出,《狂人日记》"意在暴露家族制度和礼教的弊害,却比果戈理的忧愤深广"②。鲁迅小说的艺术特色之一是白描。鲁迅说,白描的"秘诀"是:"有真意,去

---

①杜甫《偶题》。

②鲁迅:《〈中国新文学大系〉小说二集序》,见《鲁迅全集》第6卷,人民文学出版社,1957年,第244页。

粉饰,少做作,勿卖弄。"①谁能说鲁迅不能说明自己作品的特征!屠格涅夫也指出,他是懂得自己作品的,说他不懂得自己的作品是对他的侮辱。

其实,奥斯本在《论灵感》一文里谈的审美特质从何而来的问题,创作要不要遵循规律和学习前人的技巧的问题,艺术家能不能用语言说明自己作品的特征的问题等,都牵涉整个创作活动,对这些问题的回答,自然就牵涉创作活动的性质。奥斯本认为,灵感的源泉在于无意识的精神状态,因而审美特质来自无意识。他还认为,创作不必遵循一定的规律,艺术家也不能用语言说明自己作品的特征。请问,由此得出什么结论呢? 结论自然就是:文艺作品是无意识的产物。

我们认为,尽管创作过程中有无意识的因素,但从根本上说,它是有意识的。人和动物不同,动物只以个体的经验和有限的本能遗传为基础来反映现实;而人除此之外,还以社会的经验为基础来反映现实。人是社会关系的总和,不是生物学上的动物。动物只有第一信号系统,而人还有第二信号系统。人对现实的反映,总要通过语言。当人们借助语言中的词来反映现实的时候,他关于客观事物的直接印象就成为有意识的了。词都具有一定的意义,它表明客观现实中的某一事物,性质、特征、行为或关系等,当把它和客观事物的直接印象联系起来时,也就确定了客观事物的意义。自然,有意识的反映不是人反映现实的唯一形式,但却是人类反映现实的高级的和主要的形式。所以恩格斯指出:"在社会历史领域内进行活动的,全是具有意识的,经过思虑或凭激情行动的、追求某种目的的人;任何事情的发生都不是没有自觉的意图,没有预期的目的的。"②

---

①鲁迅:《作文秘诀》,见《鲁迅全集》第 4 卷,人民文学出版社,1957 年,第471 页。

②《马克思恩格斯选集》第四卷,人民出版社,1972 年,第 243 页。

文艺创作就是有目的的。莎士比亚通过哈姆雷特的口说："自有戏剧以来，它的目的始终是反映人生，显示善恶的本来面目，给它的时代看一看自己演变发展的模型。"①这就是一种目的。正因为这样，创作活动也就不是无意识的。歌德曾说："艺术家对于自然有着双重关系。他既是自然的主宰，又是自然的奴隶。他是自然的奴隶，因为他必须用人世间的材料来工作，才能使人理解；同时他又是自然的主宰，因为他使这种人世间的材料服从他的较高的意旨，并且为这较高的意旨服务。"②作家、艺术家要依据一定的目的选择、提炼素材，考虑人物形象的塑造，情节、结构的安排等，这些都是自觉的心理活动。契诃夫说："如果否认创作包含着问题和意图，那就得承认艺术家事先没有意图、没有预谋，只是一时着了魔才进行创作，因此，假如有个作家对我夸耀说，他写小说并没有事先想好的意图，而只是凭一时的兴会，那我就要说他是个疯子。"③

奥斯本曾谈到中国文学"表现'道'的普遍原则"这一事实，无意间为自己的理论提供了一个反证。不管刘勰说的"道沿圣以垂文，圣因文而明道"，还是柳宗元说的"文者以明道"，或周敦颐说的"文所以载道"，虽然各人说的"道"内容不一定相同，但在有意识"明"或"载"这一点上却是一致的。同时，中国诗歌发展的历史和诗论中的"言志"说，也证明创作不是无意识的。在《尚书》《左传》里就有了"诗言志"的说法。李白有一首诗的题目就是《春日醉起言志》。白居易不仅在诗的题目里标明"言志"，还在《与元九书》里阐明了他"言志"的理论。毛泽东同志，也还有"诗言志"的题词。当然，所谓"志"，对不同时代的不同

①《莎士比亚全集》第九册，人民文学出版社，1978年，第68页。
②朱光潜译：《歌德谈话录》，人民文学出版社，1978年，第137页。
③汝龙：《契诃夫论文学》，人民文学出版社，1958年，第110页。

阶级和世界观的人来说，内容不尽相同，但"言志"属于人的自觉活动，则是无疑的。

灵感与理智

柏拉图不仅把灵感看作"神力凭附"，而且认为，在神让诗人代言时，就要夺去他们的平常理智，使他们的心理受一种迷狂支配，如果诗人"不得到灵感，不失去平常理智而陷入迷狂，就没有能力创造，就不能作诗或代神说话"①。他所说的"迷狂"，就是"神智不清醒"。这种观点，是西方反理性的文艺理论的滥觞，而且影响深远。

正因为这样，有些立意要否定灵感的人，总把排斥理智作为一条理由。其实，灵感是客观存在的一种现象，对它的错误解释是不能当作否定它的理由的。同时，过去谈论灵感的人也并没有一律把它和理智完全对立起来。普希金谈到灵感时说："它是一种心灵状态，乐于接受印象，因而乐于迅速地理解概念——这是有助于对这些概念进行阐述的。"②在他的灵感的概念里，就包含着理智。他反对把灵感和狂喜混为一谈，根本原因就在于"狂喜不是以理智的力量为前提"的。他"祝缪斯们万岁"的同时，并没有忘记"祝理智万岁"③。他说，他的《欧根·奥涅金》是随着"倏忽的意兴在自娱和失眠中写成"，而里面也"有冷静的头脑的记录"④。车尔尼雪夫斯基是肯定灵感的。同时，他也很注意创作中的思考，如思考作品的基本思想、人物性格和情节发展等，这就是构思。他认为，当构思成熟、充满灵感的一刹那来临，作者

①伍蠡甫：《西方文论选》上卷，上海译文出版社，1978年，第19页。
②徐继增译：《古典文艺理论译丛》第二册，人民文学出版社，1961年，第158页。
③罗果夫主编：《普希金文集》，时代出版社，1955年，第30页。
④查良铮译：《欧根·奥涅金》，上海文艺版社，1954年，版，第8页。

完全沉潜到自己的思想的涌泉里去的时候，才能迅速地把它倾注到纸上去。"因此要是没有把应当写的东西经过明白而周到的思考，就不该动手写。"①他所说的思考，正是理智作用的表现。可见，肯定灵感的人并不都把它看作排斥理智的。这两个作家的创作实践也证明，灵感和理智能够统一。

我们知道，没有意识障碍的人，一般都不会丧失理智，即不会失去辨别是非、利害关系以及控制自己行为的能力，他们的各种活动也都和理智有着直接或间接的联系。正常人有别于狂人的地方，就在于有理智而没有意识障碍。文艺创作是一种意识活动，有意识障碍、丧失理智的人根本无法进行。所谓"狂人日记"，其实是很理智的人创作出来的。

也许有人会问，灵感总有情绪和情感相伴随，而情绪和情感都与理智有程度不同的矛盾，难道灵感不因此而与理智发生矛盾吗？关于这个问题，只要弄清情绪、情感与理智的关系，就可以得到解决。情绪、情感与理智有矛盾的一面，但也有统一的一面，它们同处于一个过程之中，互相依存，互相渗透，互相影响，并在一定的条件下互相转化，因而它们是矛盾统一的关系。黑格尔认为，创作中的想象是理性内容和现实形象互相渗透融合的过程，在这个过程中，"艺术家一方面要求助于常醒的理解力，另一方面也要求助于深厚的心胸和灌注生气的情感"。当然，黑格尔是从他所谓"把绝对理性转化为现实形象"的唯心主义观点出发来论述文艺创作的，但是他的辩证观点却使他看到了文艺创作过程中理智与情感的统一，这就是应该肯定的"合理内核"。

---

①H.R.车尔尼雪夫斯基：《车尔尼雪夫斯基论文学》中卷，人民文学出版社，1965年，第232页。

创作与情绪、情感有着不解之缘。歌德认为，没有情感也就不存在真正的艺术。列夫·托尔斯泰认为，艺术起源于一个人为了要把自己体验过的情感传达给别人，它是传达感情的手段。中国古代也有"情动于中而形于言""有情且赋诗"等说法。但是，情绪和情感的参与并没有使创作摆脱理智的约束。作家、艺术家创作时，除了情绪和情感的激动之外，还要进行思索，这就是理智在起作用。不用说复杂的巨著，即使一首短诗，也往往是这样。中国古代就有"吟安一个字，捻断数茎须""为求一字稳，耐得半宵寒"的说法。贾岛不仅有"推敲"韵佳话，而且说他的"独行潭底影，数息树边身"是"二句三年得"。王安石的"春风又绿江南岸"中的"绿"字，也几经更换才定下来。这些都是理智在起作用的证明。

应该承认，在激情状态下各人会有程度不同的缺乏理智的表现。如不能约束自己的行为，不能正确评价自己行为的意义和后果，就表现了理智分析能力和自制力的减弱。但不能由此得出这样的结论：灵感以至整个创作过程是丧失理智的。为什么呢？且不说灵感以至整个创作过程并非都伴有激情，仅就伴有激情的情况说，也不能说都是丧失理智的。

第一，激情是突然猛烈爆发的、为时短暂的情绪状态，而创作过程一般都不像激情那样短暂，因而不会一直处于激情控制之下。曹雪芹的《红楼梦》，是"十年辛苦"的结果，《儒林外史》的创作，吴敬梓也用了将近十年时间，歌德创作《浮士德》断续花了六十年工夫，罗曼·罗兰的《约翰·克利斯朵夫》的创作，虽然开始于在山上眺望时的灵机一动，却经历了十年构思、十年写作的漫长历程。当然，短小作品的创作，经历的时间相对短一些，但一般也比激情的时间要长。激情的短暂，是为神经的生理机制所决定的。我们知道，神经有应激性，受到刺激时会产生兴奋。激情状态，是兴奋达到极点的表现。但神经系统又必然通过反馈联系自动进行调节，于是出现由负反馈作用而形成的超限抑制，使神经从兴奋过程转化为抑制过程，从而使激情迅速平息。抑制到了一定的限度，又会由于正反馈作用而向相反的方面转化。由于反馈作用，就使兴奋和抑制这两个对立的过程在标准线上"摆动"，使人经常处于正常状态。既然如此，而"事物的性质，主要地是由取得支配地位的矛盾的主要方面所规定的"①，因而从整个创作过程来说，仍然是理智的。这就是说，在整个创作过程中，虽然有时会出现激情波涛的汹涌澎湃，但主导的却是理智江流的款款而行。在《红楼梦》《儒林外史》《浮士德》《约翰·克利斯朵夫》等作品的创作过程中，不管作者是否有过激情，即使有，也不影响它们是作者理智的产物。

第二，作家、艺术家如果在激情状态下创作出好作品来，那么这种激情状态就不会是完全丧失理智的。郭沫若在1919年创作《地球，我的母亲！》时，就处于激情状态之下。他说，当时他在图书馆看书，突然受到诗兴的袭击，他便出了馆，在馆后僻静的石子路上，脱掉木屐，赤着脚踱来踱去，时而又倒在路上睡着，想真切地和"地球母亲"亲昵，去感触她的皮肤，接受她的拥抱。在十七年之后，他还回忆说，当时"是有点发狂"。他所说的"发狂"，不是丧失理智的"迷狂"，而是"狂"而不"迷"。所谓"狂"，指上述异于常态的表现。这表现了他自制力的减弱，但他当时并没有失去理智的分析能力。作品里明显表现出来的他对地球的认识和态度，就是理智分析的结果，不管这种认识和态度来自他切身的感受，还是由于受布鲁诺思想的影响。

有的作家、艺术家在激情状态下，有时是缺乏理智的，但表现很不一样，一般来说，不表现在"神智不清醒"，而在其他方面。如对刺激

①《矛盾论》，见《毛泽东选集》第1卷，人民出版社，1951年，第308页。

反应强烈而富于表情动作的人，往往主要表现在表情、动作方面。这时，作者神志清醒，能够辨别是非、利害关系。郭沫若的例子就是如此。

灵感是个比较复杂的问题，要把它弄清楚，就必须先弄清人的意识活动。但到目前为止，人们只了解大脑皮层五分之一部分的分工和功能，至于意识活动，还不能用观察和实验等方法去了解，因而还弄得不大清楚。这样，就使人们很难对灵感做出完全科学的解释。这个任务的完成，有待于作家、艺术家、美学家、心理学家、神经生理学家以及其他有关科学家的共同努力。

（原载《甘肃师范大学学报（哲学社会科学版）》1980 年第 3 期）

"文艺必须有批评"

——略谈鲁迅关于文艺批评的见解

鲁迅是伟大的作家,也是卓越的文艺批评家。他有丰富的文艺批评的实践经验,又有许多关于文艺批评的精辟见解。这些,都是非常值得我们学习和借鉴的。

一

"文艺必须有批评。"鲁迅特别强调这一点,不过他指的是正确的文艺批评。文艺批评之所以不得不有,是因为它既有利于文艺的繁荣和发展,又有助于读者的阅读和鉴赏。鲁迅是把文艺的"前进"和文艺批评联系在一起的,他希望"文艺和批评一同前进"。他还指出:"必须更有真切的批评,这才有真的新文艺和新批评的产生的希望。"这是因为,"真切的文艺批评"可以帮助作者扬长补短,提高创作水平;可以与有碍于文艺"前进"的东西做斗争,为文艺的发展护航、清道;还可以引导、帮助读者阅读、理解文艺作品,提高他们的理解能力和鉴赏水平,培养他们健康的艺术趣味。

也许有人会问,鲁迅不也"每当写作,一律抹杀各种的批评"吗?的确,鲁迅说过这样的话,不过这不是否定文艺批评。这话见《我怎么做起小说来》,文中说,当初他从事小说创作的时候,"中国的创作界固然幼稚,批评界更幼稚,不是举之上天,就是按之入地,倘将这些放在眼里,就要自命不凡,或觉得非自杀不足以谢天下的"。可见,他"抹杀"的是那种形而上学的批评,绝不是"真切的批评"。

批评有对的,也有不对的,这是正常现象。鲁迅认为,"批评如果不对了,就得用批评来抗争",而不能"一律掩住嘴,算是文坛已经干净",因为这样得到的结果是相反的。所以尽管文艺界出现过"速成和乱评"的"风气",也不能笼统否定批评和批评家。鲁迅主张"用批评的批评"矫正不良风气,认为"只在批评家这名目上涂上烂泥,并不是好办法"。有人一见笔战,就认为是"文坛的悲观""文人相轻",甚至于不问是非,统谓之"互骂",指为"漆黑一团"。对此,鲁迅则给以否定。

今天,我们的文艺批评也要加强。当然,我们的文艺界也出现过庸俗社会学的,形而上学的、教条主义的、"棍子"式的文艺批评;还出过一个"金棍子"姚文元。特别是"文化大革命"中的"大批判",使文学家艺术家和整个文艺事业深受其害。因此,有些文学家艺术家像惊弓之鸟,怕批评,对批评有戒心,是情有可原的。不过,中央已再三声明要实行"三不主义",不搞运动,不搞围攻,我们应该放下包袱。同时,谁也不能保证自己的创作没有一点缺点和错误,不应该拒绝同志式的、充分说理的批评,讳疾忌医并没有什么好处。

二

鲁迅指出:"批评家的职务不但是剪除恶草,还得灌溉佳花——佳花的苗。""佳花"需要培育,自然少不了园丁,文艺批评家应该承担这个任务。然而,有"佳花"也就免不了有"恶草"。要使"佳花"繁茂,就不能放任"恶草"丛生,因而"剪除恶草"就为"灌溉佳花"所不可缺少了。

要"灌溉佳花""剪除恶草",首先要把"佳花"和"恶草"区别开来,这就需要一定的标准。鲁迅是主张文艺批评要有标准的。1934年1月,鲁迅在《批评家的批评家》一文中说,"去年以来,文学家和非文学家都来批评批评家。最彻底的是不承认近来有真的批评家。即使承认，也大大的笑他们糊涂。为什么呢？因为他们往往用一个一定的圈子向作品上面套，合就好，不合就坏"。接着鲁迅反驳说："但是，我们曾在文艺批评史上见过没有一定圈子的批评家吗？都有的，或者是美的圈，或者是真实的圈，或者是前进的圈。没有一定的圈子的批评家，那才是怪汉子呢。……我们不能责备他有圈子，我们只能批评他这圈子对不对。"用（"圈子"硬套作品）合就好，不合就坏，未免过于简单，但不能因此反对文艺批评有一定的"圈子"。

所谓"圈子"，指文艺批评的标准。鲁迅举的"真实的圈""前进的圈"和"美的圈"如果结合在一起，可以叫作"真、善、美"，这样的"圈子"应该是得到肯定的。鲁迅曾谈到这样的情况："唯美主义者"的编辑，见到合于私意的"为艺术而艺术"的作品，就选一篇赞成这种主义的评论文章，捧着它上天。这里用的"圈子"就不对，是为鲁迅所否定的。因为文艺创作和人的其他活动一样，总是有一定的功利目的的。还有要求文艺"超时代"的，鲁迅一针见血地指出："超时代其实就是逃避"，"是和说自己用手提着耳朵，就可以离开地球者一样地欺人"。由此可以看出鲁迅对错误的"圈子"的态度。

近年来反对文艺批评上的"框框"的呼声很高，事出有因。在我们的文艺批评上，那种"难道生活就是这样的吗"的"框框"，以某些"首长"的好恶所做的"框框"，"三突出"的"框框"等曾经横飞过，束缚了文学艺术家的手足，阻碍了文艺的发展，这样的"框框"必须反对。然而，我们不能因此而反对一切"框框"——文艺批评的标准。量布要用尺，称物要用秤，评价文艺作品怎么能不要标准呢？当然，标准总有一定的限制作用，但要文艺绝对不受限制是不可能的。限制应该合理、适当，却不能一概否定。

三

鲁迅要求文艺批评家要"有明确的是非,有热烈的好恶"。批评家要有明确的是非观念,要"好"其所"是","恶"其所"非",不能"彼亦一是非,此亦一是非"不偏不倚,一律拱手低眉,或一律视如敝屣。

但是,有"是非"和有"好恶"必须和实事求是联系起来,所以他主张"批评必须坏处说坏、好处说好",不能"捧着它上天"或"捺它到地里去",不能"乱骂"或"乱捧"。他的《骂杀与捧杀》就批评了"乱骂"与"乱捧"的现象。文中认为,指英雄为英雄,说娼妇是娼妇,表面上虽像捧与骂,实则说得刚刚合适,不能责备批评家的。批评家的误处,是在乱骂与乱捧,例如说英雄是娼妇,举娼妇为英雄。所以他说:"批评的失了威力,由于'乱',甚而至于'乱'到和事实相反,这底细一放大家看出,那效果有时也就相反了。"这就是"被骂杀的少,被捧杀的却多"的原因。

是的,鲁迅不主张笼统反对"骂",如说做卖笑生涯的妇女是婊子之类,但他并不主张"乱骂"或"漫骂"。即使对于敌人,辱骂也绝不是战斗。鲁迅并不主张对故人赔笑脸、三鞠躬,而是要求"应该注重于'论争'"。在人民内部,更不能靠"骂"来解决文艺上的问题,也"应该注重于'论争'"。"四人帮"把那么多中外古今的作家和作品骂了个"一佛出世、二佛涅槃",结果不是有目共睹的吗?

文艺批评上的"乱捧"也是一种不良作风。特别是青年作者,往往容易被"捧杀"。鲁迅对于新生的幼芽,总是热情支持、关怀和爱护的。他对"在嫩苗的地上驰马"的"恶意的批评家",对新生力量"因为幼稚,当头加以戕贼"的"恶意的批评",对"对于青年作家的迎头痛击、冷笑、抹杀",总要"用批评来抗争"。但他反对"乱捧"而主张"诱掖奖劝",这里既包括热情的鼓励和扶持,也包括必要的引导和对缺点、错误的恰如其分的批评。"倘没有鼓励和切磋，恐怕也很容易陷于自足。"鲁迅对于青年作者，总是热情"诱掖奖劝"的，收到了良好的效果，为青年作者所钦佩。今天，某些只主张"捧"而反对引导和批评的同志，应当以此为鉴。

对于作家和作品，也不能"求全责备"，这也是鲁迅的一贯主张。1925 年，他就对"于初兴之事""求全责备"表示过异议，"对生下来的倘不是圣贤、豪杰、天才，就不要生；写出来的倘不是不朽之作，就不要写"的"开导"，进行了反驳。1928 年，他在一篇题记里指出："倘要完全的书，天下可读的书怕要绝无；倘要完全的人，天下配活的人也就有限。每一本书，从每一个人看来，有是处，也有错处，在现今的时候是一定难免的。"这里也否定了"求全责备"。1933 年，他反对过这样一种"脾气"：首饰要"足赤"，人物要"完人"。不能一有缺点，就全部不要了。他主张"指出坏的""奖励好的""剜烂苹果"。只要苹果不是穿心烂，就应该去掉烂的，留下好的。他希望刻苦的批评家来做"剜烂苹果的工作"。这些宝贵的经验，对于我们今天正确地开展文艺批评，仍然是有借鉴意义的。

四

在后期，鲁迅作为一个马克思主义者，他总强调用马克思主义和马克思主义文艺理论武装文艺批评家，指导文艺批评。当一些青年读者迷于"广告式批评的符咒"，大口吞下"新袋子里的酸酒""红纸包里的烂肉"的时候，他发出了"我们要批评家"的呼声。要怎样的批评家？要"坚实的、明白的，真懂得社会科学及其文艺理论的批评家"。这里说的"社会科学"，指马克思主义。他为当时出版界、读书界转向"社会科学"而欣喜，称它为"好现象""正当的转机"，认为这"不唯有益于别方面，即对于文艺，也可催促它向正确、前进的路"。这是他 1930 年的认识。其实在 1928 年他就说过这样的话："以唯物论批评文艺的书，我也曾看了一点，以为那是极直接爽快的，有许多暧昧难解的问题，都可说明。"这就是他主张批评家"真懂得社会科学及其文艺理论"的原因。他期待"能操马克思主义批评的枪法的人"出现，即使"狙击"他自己，也在所不惜。

所谓"能操马克思主义批评的枪法"，应该指能运用马克思主义的立场、观点和方法。鲁迅自己后期关于文艺批评的主张和实践来看，大都是符合这个要求的。他在《"题未定"草》里说："我总以为倘要论文，最好是顾及全篇，并且顾及作者的全人，以及他所处的社会状态，这才较为确凿。要不然，是很容易近乎说梦的。"这就是说，评论一篇作品，要顾及"全篇"，不能断章取义；评价一个作家，要顾及"全人"，不能只看他的某一方面。正因为这样，他认为不能依靠选本去研究作家和作品。因为选本所显示的，往往并非作者的特色，而是选者的眼光。即使有眼光的选者所选的本子，也不如全集全面。例如东汉作家蔡邕，选家一般只取他的碑文，使读者仅觉得他是典重文章的作者，你必须看了《蔡中郎集》里的《述行赋》，才明白他并非只是老学究，也是一个有血性的人。对一个作家如果仅依靠选本去评价，往往得到的是片面的结论。鲁迅不主张以"摘句"评定作品和作家，原因也在于此。他认为"摘句"好像衣裳上撕下来的一块绣花，如果再经摘取者一吹嘘或附会，读者没有见过全体，就会"被他弄得迷离惝恍"。例如陶潜，被捏成"单是一个飘飘然"，就是这摘句作怪。因为有的人只推崇他的"采菊东篱下，悠然见南山"，而不注意他还有《读山海经》之类的"金刚怒目"式。鲁迅指出："这'猛志固常在'和'悠然见南山'的是一个人，倘有取舍，即非全人，再加抑扬，更离真实。"这就是要求全面地、实事求是地看待一个作家。

此外，不管评论作家还是作品，都不能离开特定的社会环境。从作家说,他总生活在一定的社会环境里,他的思想、感情和作品等无不打上这个社会环境的烙印,不了解这个社会环境,就很难深刻认识这个作家;从作品说,它是一定的社会生活在作家头脑里的反映的产物,总要和一定的社会环境发生这样或那样的联系,要分析它,就不能不首先了解产生它的社会的状态。因此,只有把作家和作品放在特定的社会环境里历史地看待,才可能对它做出中肯的分析和评价。鲁迅不止一次强调研究作家所处的社会的状态,根本原因就在于此。

作为作家和文艺批评家,鲁迅的贡献是伟大的、卓越的,我们应该很好地总结和继承。不过,本文无力承担总结鲁迅之类的重任,只对他的一百周年诞辰表示一点纪念之忱。

1981 年 9 月于兰州

我们的文艺不应脱离人民①

　　我们的文艺是只为少数人服务，还是应该为最广大的人民群众服务？这是关系到我们社会主义文艺今后发展方向的大是大非问题，现在却有了一些不同的意见。下面谈谈我们的看法，与持不同意见者商榷。

一

　　我们主张文艺为人民服务。马克思和恩格斯就有这样的思想。从马克思对《织工歌》的热烈赞扬里，从恩格斯对"新的但丁"的热切期望里，就可以看出这一点来。列宁继承和发展了马克思和恩格斯的文艺思想，1905 年在《党的组织和党的文学》里，第一次提出了文艺"为千千万万劳动人民服务"的口号。他指出："这将是自由的文学，因为它不是为饱食终日的贵妇人服务，不是为百无聊赖、胖得发愁的'几万上等人'服务，而是为千千万万劳动人民，为这些国家的精华、国家的力量、国家的未来服务。"②后来，他在同蔡特金的谈话里，对这种思想作了发挥，他说："艺术是属于人民的。它必须在广大劳动群众的底层有其最深厚的根基。它必须为这些群众了解和爱好。它必须结合这

---

　　①1981 年在延安召开了毛泽东文艺思想研究第一次年会。此文是为年会提交的论文。

　　②列宁：《党的组织和党的文学》，见《列宁论文学与艺术》（一），人民文学出版社，1960 年，第 69 页。

些群众的感情、思想和意志,并提高他们。它必须在群众中间唤起艺术家,并使他们得到发展。"①这里较全面地讲了文艺和人民群众的关系。

在中国的具体历史条件下,毛泽东同志继承和发展了马克思、恩格斯和列宁的文艺思想。1940年,他在《新民主主义论》里指出,新民主主义的文化是人民大众的,"它应为全民族中百分之九十以上的工农劳苦民众服务,并逐渐成为他们的文化"。1942年,他在《在延安文艺座谈会上的讲话》里指出:文艺有为地主阶级的,有为资产阶级的,有为帝国主义者的;"在我们,文艺不是为上述种种人,而是为人民的"。这里说的"人民",包括工人、农民、兵士和城市小资产阶级劳动群众与知识分子。当时他把工农兵放在首位,所以他说:"我们的文学艺术都是为人民大众的,首先是为工农兵的,为工农兵而创作,为工农兵所利用的。"这就是他代表中国共产党为文艺指出的正确方向。在这个方向的指引下,文艺工作者与人民大众结合,促进了文艺和人民的联系,推动了我国文艺事业的发展。

社会发展的历史告诉我们,人民是历史的推动者、创造者。因为,社会发展的历史,首先是生产发展的历史,而生产的发展是决定于生产者的。拿无产阶级所领导的革命和建设事业来说,就不能不依靠广大人民群众。列宁认为,把千百万劳动群众组织起来,这是革命胜利最深的源泉;没有千百万觉悟群众的革命行动,就不可能消灭专制制度。他还认为,群众生气勃勃的创造力是新社会的基本因素,生气勃勃的创造性的社会主义是由人民群众自己创立的。既然如此,作为人民事业一部分的文艺为人民服务,就成为它的宗旨了。毛泽东同志在

---

①蔡特金:《回忆列宁》,见《列宁论文学与艺术》(二),人民文学出版社,1960年,第912页。

《讲话》里论述文艺要为人民大众服务这一原则时，就是以其中的各种人在革命中的地位和作用为出发点的。

文艺为人民服务，这是毛泽东文艺思想的核心，是毛泽东思想的活的灵魂的三个基本方面之一的群众路线在文艺思想上的体现。"为什么人的问题，是一个根本的问题、原则的问题"，在这个问题上，我们不能在"坚持"二字上有什么动摇。是的，我们要反对"两个凡是"，但这不仅不否定反而正为了更好地坚持毛泽东思想正确的基本原则。今天，文艺为人民服务的原则，基本上摆脱了教条主义的狭隘解释，特别是扯去了林彪、"四人帮"蒙上的重重帷幕，揭穿了他们的种种歪曲和篡改，使它显得更有活力。

但是，现在却有人把这个原则看作"框框"，扬言要"突破"，这就是我们不能同意的了。当然，如果这个原则确实成了束缚文艺发展和繁荣的"框框"，那自当"格破勿论"。然而，事实上它不仅不是这样的"框框"，反而推动了人民的文艺的发展和繁荣。同时，要文艺为人民服务，只为文艺指明方向，并没有捆绑住文艺的手脚。列宁早就指出：文学事业"绝对必须保证有个人创造性和个人爱好的广阔天地，有思想和幻想、形式和内容的广阔天地"[①]。党的"双百"方针的制定和贯彻，就使文艺为人民服务开辟了更加广阔的道路。花总是向上长的，这却没有妨碍群芳吐艳、万紫千红景象的出现；千条江河归大海，这又何害于每条江河不同的风姿？

是的，我们承认，坚持为人民服务的方向对文艺有一定的限制，既限制文艺为剥削阶级、压迫阶级，以及一切阻碍社会前进的势力服务，也限制文艺为个人或小集团狭隘的私利服务。不过，这样的限制

---

①列宁：《党的组织和党的文学》，见《列宁论文学与艺术》（一），人民文学出版社，1960 年，第 66 页。

是合理的，不能叫作"框框"，更不能去"突破"。事实上，在今天"绝对自由"的文艺是没有的，它总要受某种限制，只不过限制的性质、程度及其表现等各有不同罢了。对于那些有害于文艺的限制，我们则要坚决打破。例如，现在有的人重弹"为艺术而艺术"的老调，要把文艺引向脱离社会、脱离人民的"艺术之宫"里去，这就是必须"突破"的"框框"。不过，这种"框框"早已被"突破"，在今天是不会有多大市场的。

有人问："文艺就是文艺，为什么一定要为什么服务？"不错，文艺就是文艺，但这并不否定它的外在目的，就像数学就是数学，历史学就是历史学，但又为人类服务一样。鲁迅"五四"时期的小说，是为冲破隆冬般的寂寞，为寂寞中的战士助威，为揭出旧社会的病根，催人留心，设法加以疗治而写的，这也就是在"为什么服务"。

有极少数作者，把创作看成自己和自己小集团的事业，不愿为人民服务。他们忘了，工人、农民以及其他各行各业的人都在为他们服务，即使工农兵中的业余作者，也不可能"万事不求人"。社会上的人是互相服务的，只求别人为自己服务，自己却不愿服务于人，这未免太不公道、太自私了吧。

请看古人：白居易除主张创作"为君""为臣"外，也强调"为民"。普希金要求俄罗斯剧作成为真正的人民艺术。涅克拉索夫写道："我把诗献给我的人民，也许我到死还未被人民了解，可是我为他们服务过——我就心安理得。"列夫·托尔斯泰主张，艺术界人士要以精神食粮服务于那些给他们吃穿、免除他们劳动的人们。雨果说："艺术的目的是为了人民。"裴多菲要求诗人安慰穷苦的人民，为他们歌唱。尽管这些作家由于时代和阶级的局限，他们关于"人民"的概念和所谓"为民""为人民服务"与我们所说的不尽相同，但他们并没有主张文艺背离广大劳动人民。这些作家尚能如此，难道今天号称"无产阶级"的作家倒要落后于他们吗？

二

文艺要表现人民，这也是我们的主张。马克思读了拉萨尔的剧本《弗兰茨·冯·济金根》后指出，剧本不应当让贵族代表占去全部注意力，而应当让农民和城市革命分子的代表"构成十分重要的积极的背景"。恩格斯曾在《大陆上的运动》里引述一家报纸的话，赞许当时一些小说的主人公由国王和王子变为"穷人和受轻视的阶级"。后来他又在给哈克奈斯的信里指出：工人阶级对他们四周的压迫环境所进行的叛逆的反抗，他们为恢复自己做人的地位所做的剧烈的努力，都应当在现实主义领域内占有自己的地位。毛泽东同志不赞成像旧戏舞台上那样，人民成了渣滓，由老爷太太少爷小姐们统治舞台，而要求把这种颠倒的历史再颠倒过来，恢复历史的面目。他主张文艺要"表现工农兵群众"。

表现人民，这是文艺为人民服务的表现之一。尽管表现其他内容的作品也可以为人民服务，但不能否定表现人民和为人民服务之间的密切联系。文艺为人民服务，从作者说，就是要为人民而创作，使作品符合人民的根本利益；从作品说，就是要反映人民的思想、感情、要求和愿望，对人民有教育、鼓舞作用，有益于人民的身心健康。文艺要直接反映人民的思想、感情、要求和愿望，就要把人民作为表现对象。从教育、鼓舞人民来说，描写人民的生活和斗争，歌颂人民的丰功伟绩和高尚品德的作品，对人民有着更直接的教育、鼓舞作用。当然，表现其他内容的作品也可以教育、鼓舞人民，但表现人民的作品对人民的教育、鼓舞作用却是表现其他内容的作品所不能代替的。

应该说明，我们只是强调表现人民，并非主张只表现人民。比如敌人，也应该描写。一则，要表现人民的斗争，如果不写与人民为敌的势力，这个斗争又怎样表现呢？二则，"反面教员"对人民也有教育作用,这种教育作用往往是"正面教员"很难起到的。

对于人民,凡是值得表现的方面,我们的文艺都不应回避。特别是人民的丰功伟绩,人民的英勇斗争、忘我劳动以及从这里表现出来的高尚情操和美好心灵,我们的文艺必须给以表现。人民日常生活中的悲欢离合、喜怒哀乐等,只要有意义的,也不应该忽略。人民也会受时代的局限,也会有这样或那样的缺点和错误,他们在前进的道路上也经历过种种挫折和失败。为了帮助他们继续前进,对这些给以正确反映,也是完全必要的。

现在,"崛起"了一种"新的美学原则",即"自我表现"。不过,这种"美学原则"的主张者各人的具体说法不尽相同:有的说诗歌"只是诗人的自我表现",有的说"艺术就是自我表现",有的说这种"美学原则"是"不屑于表现自我感情世界以外的丰功伟绩","甚至于回避去写那些我们习惯了的人物的经历、英勇的斗争和忘我的劳动的场景","不是直接去赞美生活,而是追求生活溶解在心灵中的秘密"。尽管说法稍有差异,"原则"却没有什么不同。

说"自我表现"的"美学原则"是"新的",这并不确切。例如,法国十九世纪象征派诗人兰波,就主张诗歌表现"自我",英国十九世纪作家王尔德,也鼓吹艺术"不去复制它所处的时代",还说什么"一切真正的艺术家丝毫不去理睬群众";后来苏联的丘赫莱伊干脆说"真正的艺术——它永远是自我表现"。那么,今天为什么有人要说它是"新的"呢? 因为,一方面革命导师都没有这样主张过,它的确异于我们"传统的美学观念";另一方面,他要用这种"美学原则"取代"传统的美学观念","新的"取代"旧的"是常理,"新的"旗号更具有吸引人的力量。

我们向来主张文艺表现人民。如果要把表现什么规定为美学原则,我们的美学原则就是"表现人民",用"表现人民"比用"自我表现"

更合理。"人民"是总体，它可以包括"自我"，而"自我"却不能代替"人民"。假如作者是人民的一分子，就没有必要在"表现人民"之外另树"自我表现"的旗帜。也许有人会说：我是人民的一分子，表现了"自我"，也就表现了人民。然而作者也只是人民的一分子，他可以通过"自我"去表现人民，却不能说表现了"自我"就必然表现了人民。因为，有些作者的"自我"与人民是有相当距离的。我们不赞成"自我表现"的"美学原则"。中国是个有十亿人口的大国，不会和不从事创作的人在九亿九千九百万以上，我们的"美学原则"怎么能无视这么多人呢！

我们的文艺，是人民的事业，不是个人事业，不能把它变成作者"自我表现"的工具。歌德认为，只能表达自己那一点点主观情感的人，是不配称为诗人的。裴多菲也认为，世界并不需要只能歌唱自己的悲哀和欢笑的诗人。这些古人在对"自我表现"的认识上，似乎比我们的某些同志还高明一点。鲁迅在《〈中国新文学大系〉小说二集序》里评论某些作家的创作时指出："一切作品，诚然大抵很致力于优美，要舞得'翩跹回翔'，唱得'宛转抑扬'，然而所感觉的范围却颇为狭窄，不免咀嚼着身边的小小的悲欢，而且就看这小悲欢为全世界。"我们赞同鲁迅的这个批评。当然，我们并不否定个人的感情，个人的悲欢，个人的心灵世界有存在的价值，有表现的必要，但如果把它"提高"到社会之上，人民之上、把它看作社会和人民的"敌对力量"，看作全世界，让"美学原则"成为它的仆从，这不是又走向另一个极端了吗？世界是浩瀚的海洋，"自我"只是沧海之一粟。我们不能把自己仅仅局限在"自我"里，而要放眼于广阔的客观现实，时时关怀广大的人民。表现世界的目的不是表现"我"，恰恰相反，我们应当通过"我"达到表现世界的目的。

难道作者的"自我"就一概不能表现吗？不是的，只要正确解决下面两个问题,作者的"自我"就应该允许表现。一是表现"自我"与表现人民的关系问题。我们主张把表现人民放在首位,并把二者统一起来。放在首位不难理解,但怎样统一呢?比如通过"自我"表现人民,或表现与人民相通的"自我",或在表现人民时表现出"自我"。不管怎样,不能把表现"自我"与表现人民对立起来。二是表现什么样的"自我"。我们认为,并非任何"自我"都值得表现,文艺只能表现那种值得表现的"自我"。文艺是一种精神食粮,应当有益于人民,如能提高人民的认识和觉悟,培养人民高尚的道德和情操,能焕发精神、鼓舞志气,能增进人民的知识和智慧,给人民以美的享受和健康的娱乐等。只有有益于人民的"自我",才是值得表现的。那种轻视甚至敌视人民的思想、渺小的感情、消极颓废的情绪、庸俗低级的趣味、莫名其妙的感受、不可捉摸的幻觉、变态心理等,于人民无益甚至有害,理应在排斥之列。

"自我表现"的"美学原则",似乎是归纳"年轻的革新者"的主张和总结他们的创作实践的产物,其实很多"年轻的革新者"都算不上这种"美学原则"的臣民。他们的作品不管直接描写人民的欢乐和痛苦,还是间接表达人民的心声和希求,都没有脱离开人民,他们还表示,要和人民在一起,与人民心灵相通,要传达人民的心声,这才是我们应当肯定和鼓励的。对于其中某些人的错误主张和不良倾向,也应当给以善意的、恰如其分的批评。鼓励好的方面,批评不好的方面,这才是对年轻的革新者的真正爱护。其实,有的人是推波助澜,又借题发挥,这是引导年轻的革新者往哪里去的问题,有必要加以讨论。

三

文艺作品应该对人们发生一定的作用,如提高认识,给人们以思想、道德等方面的教育,使人们得到美的享受等。而这种作用正是建立在读者和欣赏者懂得的基础之上的。有些科学著作，一般人不懂并不影响它的客观价值，因为它是以它解决的理论或实际问题为人类造福，不是供人们阅读和欣赏的。文艺作品则不然，如果不供人们阅读和欣赏，或不让人读懂，就失去了它存在的意义。同时，这类作品的发表，不仅糟蹋人力、物力和财力，而且浪费读者的精力和时间。我们赞成鲁迅的主张："为了大众，力求易懂。"他还指出："文艺本应该并非只有少数的优秀者才能鉴赏，而是只有少数的先天的低能者所不能鉴赏的东西。"我们的文艺不应该把人民群众关在鉴赏者的大门之外。

但是，现在不仅有人把写一些晦涩难懂甚至使人不知所云的东西当作时髦，而且有人为这类作品鼓吹和辩护。作者自以为这才是高级的东西，越写越玄；捧之者把它誉之为"创新"，越吹越"美"。

那种晦涩难懂、使人不知所云的作品，在一些年轻作者写的所谓"朦胧诗"里较为多见。有些同志支持和鼓励年轻作者的探索和创新，这是完全应当的，但一味吹捧，对他们的缺点和创作倾向上存在的问题不去指出，反而加以袒护和鼓励，这就很难说是一种正确的态度了。年轻作者存在某些缺点，出现某些问题，既不足为怪，也应当允许，但不能混淆优点与缺点、是与非的界限。就拿以创作晦涩难懂、使人不知所云的作品为时髦来说，这是一种不良倾向，如果从人民的文艺事业和作者的成长来说，就不应该袒护和鼓励，而应该对有这种倾向的作者进行引导和帮助。只要态度端正、注意方法，就不至于挫伤作者探索和创新的积极性。

有人认为，晦涩是一种"诗风"或"风格"，应当允许存在。若要说晦涩是一种"诗风"或"风格"的话，它也是一种不值得称道和提倡的"诗风"或"风格"。晦涩不是含蓄，含蓄指含而不露、耐人寻味，而晦涩却指隐晦僻奥、令人费解。所谓"朦胧诗"，其中有属于或近于含蓄的，有的则是不折不扣的晦涩，不应笼统肯定或否定。艺术的生命决定于它真、善、美高度统一的质量，同时也不能不受人们是否能懂的影响。唐代的樊宗师和 20 世纪二三十年代李金发的诗被人遗忘，固然与它的质量有关，就苦涩难懂这一点说，也不能不是原因之一。

有人抬出了李贺与李商隐，想以这两位在文学史上占有一定地位的诗人为今天某些晦涩难懂的作品保驾。这两位诗人的某些作品晦涩难懂是事实，然而这历来为人诟病，并不是可以称道的长处。至于他们在文学史上的地位，那是由多数能为人读懂的优秀篇章奠定的。同时，他们是并不懂得为人民服务的封建文人，今天的无产阶级作家为什么要以他们的短处为自己护短？据我所知，有相当一些人喜欢李商隐的诗，不管各人理解的程度如何，却都是以读懂为前提的，不像有的评论者把某些作品大加吹捧，其实连自己也莫名其妙。

有的作者有这样一种误解，似乎作品越难懂，就越显得自己高明，越显得作品高级。因此，他宁可创作为一千人理解的"阳春白雪"，也不愿为八亿的"下里巴人"去创作。如果能创作出真正的"阳春白雪"，哪怕只有"一千人"能理解，也不应反对。但是把创作"阳春白雪"和为八亿人民创作对立起来，这就是不对的了。八亿"下里巴人"，其中也有不少是具有一定文化水平和艺术修养的。他们有权享受"阳春白雪"，我们不能把"阳春白雪"只限定在"一千人"内。对于那些文化水平低、艺术修养差的群众，我们也不能采取"不愿"的态度，而要创作一些适应他们的阅读能力和欣赏水平的作品。说到是不是"阳春白雪"，也不能以懂的人少或多为依据。鲁迅说："倘若说，作品愈高，知音愈少。那么，推论起来，谁也不懂的东西，就是世界上的绝作了。"这样的"绝作"，恐怕很难有人承认。还是鲁迅的话对："伟大也要有人懂。"人们不懂的"阳春白雪"，只能是自封的。一部作品得不到社会的承认，不管作者自认为如何高级，也是没有意义的。

有人出来说话了,他说,过去每当艺术与群众发生矛盾的时候,我们总是责难艺术脱离群众,这是一种"偏见"。怎么办呢?大约只有责难群众脱离艺术了。事实证明,现在有些作品使群众不懂,主要还是艺术脱离群众。因为读不懂这类作品的,不仅是一般文化水平的人,而且有作家、评论家这样的高级知识分子。老诗人艾青,就自认是读不懂这类作品的高级知识分子之一。本来,有的诗是学习法国的象征派的,而曾留学法国、对象征派并不陌生的艾青却在它面前成了"诗盲",责任难道是在艾青吗?有一首诗叫《珠贝——大海的眼泪》,连那些推崇它的评论者也在猜谜:这个说,珠贝"是人民泪水的结晶,是时代的悲哀和欢乐的见证者,是人民感情最忠实的凝结物";那个说,它"所表现的是被抛弃者的痛苦,被践踏的愤恨";又一个说"这首诗使我们回味那些鱼目混珠的残忍年月,它给我们以光明磊落才是无价之宝的人生启示";再一个说,它的成功之处,"就在于作者运用丰富的联想,把时代风云的变化、人民的命运与大海留下的普普通通的珠贝巧妙地联系起来"。在众说纷纭的时候,有位同志对这首诗的主题推测了几种可能,直接去问作者,结果他的推测全被否定了。作者告诉他,这首诗揭示的是诗歌与生活的关系。这就大大出乎评论者的意料了。这样的作品,群众读不懂,你还要去责怪他们,这难道就不是"偏见"吗?

我们承认今天中国的人民群众文化水平不高,缺乏相当的艺术修养,欣赏、理解能力有限,这是需要培养和提高的,不过,这不是几百几千人的问题,也不是几月几年能解决的问题,面对这样的现实,责怪群众又有什么用?当然,他们不会以不懂为荣,但也不必以看不懂作家、评论家也不懂的作品为耻。在我们看来,写一些别人看不懂的东西也不是可以夸耀的光荣。是的,群众需要提高,然而要把他们提高到能读懂作家、评论家也深感难懂的作品的水平,既不可能,也无必要。请相信,读得懂的作品比读不懂的作品不知要多多少倍,作品有权选择读者,读者更有权选择作品。不要一见群众读不懂就想到"化大众",为什么自己不"大众化"呢?

有位作者听到有人说读不懂她的诗,她就回答说:"读不懂?可是你的儿子或孙子将会读得懂。"也许存在这样的可能,不过我们还是要求使我们一读就懂。我们能懂,也就用不着操心儿子或孙子了。今天的作品,就应该让今天的人懂。今天的人不懂,就应该探求原因,以求改进,不能用空头支票来解脱。有自信是好的,但肯定我们的儿子或孙子"将会读得懂"的预言未免过早,因为连他们是否去读都很难料定。

有的评论者说:"时间能解谜。"对于人类探测自然界的奥秘来说,这可能是真理,但对文艺作品就很难这样说了。相反,时代离我们越远的作品,由于语言、历史环境、风土人情等的变化,反而造成更多理解上的障碍。李商隐的某些诗,宋代人感到"僻涩",今天的人也没有因"时间"而把"谜"解开。

四

我们应该使文艺为人民群众喜闻乐见。对文艺作品的阅读和欣赏,谁也无法强迫命令,主要靠作品自己去吸引读者和欣赏者。让读者和欣赏者喜闻乐见,就是吸引他们的必要条件之一。

要使文艺作品为人民群众喜闻乐见,除了其他条件之外,还应当使作品适应人民群众的艺术兴趣和欣赏习惯。在这个问题上,有的同志不赞成我们的意见。他认为中国"传统的、流行的"艺术兴趣[①]和欣

---

①"兴趣"原为"趣味",而实指"兴趣",故改。

赏习惯是"偏狭"的、"保守"的,致使群众的喜闻乐见成了一种"固定的僵化的成见",成了"只允许现成的艺术趣味通过的关卡","有害"于"革新",因而必须"改造",代之以"新的"艺术兴趣和欣赏习惯。

人的艺术兴趣和欣赏习惯,是在一定的社会历史条件下经过培养、熏陶和实践而逐渐形成的。它有相当的稳定性,又要随着时间、地点、条件的变化而变化,不会永远是一个样子,主要差别在于大小和迟速。群众的艺术兴趣和其他兴趣一样,以需要为基础,与认识和情感相联系。比如群众对看不懂的作品不感兴趣,就因为这类作品和他们的需要、认识和情感不发生关系。既然这样,对于群众正当的兴趣倾向就应当肯定,不能因为对某种"风格""流派"和"表现方法"不感兴趣,就指责他们"偏狭"。当然,艺术兴趣偏狭者也有,但不能对整个群众都作如是观,因为实际上他们的艺术兴趣还是很广泛的。群众的欣赏习惯也属于比较巩固的暂时神经联系系统,不易改变。不过,也并非不可改变。如果眼睛只盯着它的"保守性",恐怕也是一种片面性。

说到中国"传统的、流行的"艺术兴趣和欣赏习惯,该同志提出了"意境的美学原则",从而把"意境的美学原则"列入了"改造的对象"。他主张"讲究激情的抒发",并用它"冲破""意境的美学原则"。意境是中国文学批评史上常用的概念,今天也有许多人在运用。它指文艺作品里由于思想感情和生活图景的融合而形成的一种艺术境界。这种艺术境界,可以由不同时代的不同作者在不同的作品里去独具匠心地创造,不是什么创作模式,对作者并没有什么妨碍。具体作品里的意境各有不同,读者可以感兴趣或不感兴趣,却不能否定它存在的价值。讲究风格,在中国也是"传统的、流行的",却没有人否定作家要有风格。"讲究激情的抒发"并没有错,但不必让它去"冲破""意境的美学原则"。其实这二者并非水火不相容,而是并行不悖的。在中国古代就是如此。何休所谓"男女有所怨恨,相从而歌",孔颖达所谓"作诗者,所以抒心志愤懑,而卒成于歌咏",这已和"激情的抒发"有了瓜葛。至于《毛诗序》所说的"情动于中而形于言,言之不足故嗟叹之,嗟叹之不足故永歌之,永歌之不足,不知手之舞之,足之蹈之也",就是一种"激情的抒发"。李贽说,作者蓄极积久,势不能遏,见景生情,触目兴叹,诉心中之不平。文章写成了,仍流涕恸哭、不能自止,这说的不是激情的突出表现吗? 矛盾是存在的,却没有必要制造冲突,各人的爱好可以不同,却不能褒贬失当。对"激情的抒发",还要看"抒发"什么样的"激情",不能一律打躬作揖、三拜九叩。

再拿该同志否定的我们对 "忘我劳动和英勇奋斗的场景描绘和豪壮感情的夸耀"的习惯来说,从我们对"主题的鲜明和直接"的兴趣来说,都是不对的。且不说他对"忘我劳动和英勇奋斗的场景",对"豪壮感情"的态度,仅就表现方法的角度说,也欠"宽容"。作者反映生活,可以运用具有诗意内涵的细节把抽象的感情形象化的方法,也可以用直接描绘生活场景的方法。我们不能用一种方法去否定、代替另一种方法, 因而我们不赞成 "回避豪壮感情的夸耀和现实场景的描绘"。当然,过去主要是强调直接描绘生活,现在适当强调一下别种表现方法也有必要,但不能因此而否定直接描绘生活。至于"主题的鲜明和直接",也不应受到"蔑视"。是的,我们的创作上有过标语口号式的倾向,有过图解政治概念和政策的现象,但这和"主题的鲜明和直接"是两码事,不能混为一谈。主题鲜明、直接的作品,读者易懂,这并非坏事。群众欢迎、习惯这样的作品,也不应当受到指责。对"刻意追求某种朦胧的意象"的情况,也要具体分析。如果"朦胧"而使人能懂,也不应反对;如果"朦胧"到使人不知所云,即使对"肯动脑筋的读者",恐怕也会大伤脑筋,就应该允许读者不感兴趣了。

总之,我们不同意把"传统的、流行的"艺术兴趣和欣赏习惯一律打入"改造的对象"。不过,我们也不认为一律用不着"改造",问题在于怎样"改造","改造"后的"新的"又是怎样的。

现在有一种盲目崇拜外国文艺的倾向,有人还提出了部分"全盘欧化"与暂时"移植"和"嫁接"的口号。有人主张要"更侧重继承他民族的习惯",要"用外来的美学原则改造我们的新诗",用欧美人的艺术兴趣和欣赏习惯"改造"中国人的"感受心理""鉴赏心理",以实现他们"化大众"的理想。

我们也反对盲目排外,主张学习外国文艺,吸收、借鉴它的一切有营养价值的东西。但是,完全否定自己的传统、拜倒在外国文艺脚下的主张和做法,却是不足取的。中国文艺的现代化,当然要吸收、借鉴外国的经验,但要洋为中用,要民族化,不能"全盘欧化",也不能用"自我表现"之类的"外来的美学原则'和"他民族的习惯""改造"我们。同时,还有个学习、吸收什么的问题。现在最时髦的是学习、模仿象征派、意象派等现代派。我们并不反对向这些流派学习,但必须批判地吸收。且不说这些流派的作品的内容,仅就其表现方法看,有值得吸收和借鉴的,也有应当抛弃的。比如象征派能运用各种手段把抽象的主观世界形象化,丰富了诗歌表现主观世界的能力,这是可以借鉴并经过消化以后加以吸收的;然而,它刻意追求朦胧性,有时就陷入了神秘性,形象支离破碎,隐喻的意义极为模糊,使诗歌成了诗谜,这就不是我们应当学习的了。又如意象派用"客观的对应物"来暗示和象征人的内心世界,我们未尝不可以借鉴;但这种表现方法主观性很浓,加之用得失当,往往达不到预期的效果,因而不能盲目照搬。现在有的同志所追求的是欧洲十九世纪不好的东西,如果我们这样在外国人屁股后面亦步亦趋,等我们追上人家的"现代化",人家不知又"化"到哪里去了,岂不可悲!

我们对中国的文艺传统,也要吸取其精华,剔除其糟粕,不能"盲目崇拜"。不过,群众对某些"传统的、流行的"表现方法感兴趣,觉得习惯,也不能以"盲目崇拜"目之。中国人有自己的民族尊严,有对于自己不算"保守"的艺术兴趣和欣赏习惯保留的权利。这并不是"固定的僵化的成见",就像西方人吃西餐,中国人吃中餐一样。事实上中国群众的兴趣也不那么"狭隘",喜闻乐见也不"僵化",只不过不像有的人只喜欢、只习惯外国现代派的东西。有人为"全盘欧化"辩护时说,"穿衣戴帽,各人所好""萝卜白菜,各人所爱",有人大声疾呼"读者宽容"。既然如此,为什么不"宽容"群众喜闻乐见民族化的、具有中国作风和中国气魄的作品?为什么要用"外来的美学原则"和"他民族的习惯""改造"群众,即"化大众"?同志,你的爱好群众可以不干涉,同时也消不要强迫群众爱你之所爱、好你之所好。群众可以"宽容"你,也请你"宽容"群众吧。

文艺不能脱离人民,要为最广大的人民群众服务,这是我们党一贯坚持的文艺方向。为了社会主义文艺的健康成长、繁荣发展,我们认为,文艺决不能脱离人民,决不能倒退到为个人、为小集团服务的死胡同里去,而必须坚定不移地沿着为人民服务、为社会主义服务的方向胜利前进!

(原载《毛泽东文艺思想研究》第一辑,湖南人民出版社 1982 年版)

谈"不可解"

——读《诗家直说》一得

谢榛在《诗家直说》里提出"诗有可解、不可解、不必解"①一说之后，有人赞同或与他的观点一致。叶燮在《原诗》里说："诗之至处，妙在含蓄无垠，思致微渺，其寄托在可言不可言之间，其指归在可解不可解之会，言在此而意在彼，泯端倪而离形象，绝议论而穷思维，引人于冥漠恍惚之境，所以为至也。"②马星翼以"善观诗者，亦自不求甚解"作为"不必解"的依据③。吴雷发在《说诗菅蒯》里认为，有些诗"宜细参，不得强解"。因为，"诗亦有浅深次第，然须在有意无意之间。向见注唐诗者，每首从始至终，必欲强为联络，遂至妄生枝节，而诗之主脑反无由见，诗之生气亦索然矣"④。朱庭珍《筱园诗话》说："诗以超妙为贵，最忌拘滞呆板。故东坡云：'赋诗必此诗，定知非诗人。'谓诗之妙谛，在不即不离，若远若近，似乎可解不可解之间。即严沧浪所谓'镜中之花，水中之月，但可神会，难以迹求'，司空表圣所谓'超以象外，得其环中'是也。"⑤

---

①（明）谢榛著，李庆立、孙慎之笺注：《诗家直说笺注》，齐鲁书社，1987年。

②叶燮：《原诗·内篇下》，人民文学出版社，1979年，第29页。

③马星翼：《东泉诗话》卷2（清道光辛丑秋宝汉斋刻本）。

④王夫之：《清诗话》，中华书局，1963年，第903页。

⑤朱庭珍：《筱园诗话》，见郭绍虞主编：《清诗话续编》，上海古籍出版社，1983年，第2342页。

然而,诟病"不可解"之说者也不乏其人。俞弁《逸老堂诗话》说:"蒋少傅冕云:'近代评诗者,谓诗至于不可解,然后为妙。夫诗美教化,敦风俗,示劝诫,然后足以为诗。诗而至于不可解,是何说邪?"①何文焕在《历代诗话考索》里认为,诗"断无不可解之理。谢茂秦创为'可解、不可解,不必解'之说,贻误无穷"②。李重华《贞一斋诗说》认为,"有以'可解,不可解'为诗中妙境者,此皆影响惑人之谈。……如果一味模糊,有何妙境? 抑何取于诗? "③

在上述辩论中,涉及不少问题。这里仅就"不可解"一点,略陈浅见,以就正于大方之家。

一

这里所谓"解",包括懂得、知道、晓悟、理解、分析、解释等义。在具体运用时,可以包括各种意义,也可以专指某一种意义。

"可解""不可解"具有相对性:其一,有些作品对一部分读者是"可解"的,对另一部分读者则是"不可解"的;其二,有些作品原来是"不可解"的,后来却成为"可解"的了,也许还有相反的情形;其三,"可解"与"不可解"还有内容和程度上的差异:内容上的差异指各个读者"可解"与"不可解"之点不尽相同,程度上的差异指各个读者酌"可解"与"不可解"并非全在一个水平上。

"解"什么呢? 从谢榛的文学观和批评实践看,应"解"的方面较多,特别是风格、技巧方面,而我们这里只谈解"志"和"意"。谢榛的文学观和"诗言志"一脉相承。他把"志"看作诗的要素之一,并主张"志

①朱庭珍:《筱园诗话》,见郭绍虞主编:《清诗话续编》,上海古籍出版社,1983年,第2342页。
②(清)何文焕:《历代诗话》下册,中华书局,1981年,第823、750页。
③王夫之:《清诗话》,中华书局,1963年,第903页。

贵高远"①。他写的《留穷诗》，就是"以述其志"的②。不过，他所谓"志"不像先秦时代与政治、教化分不开③，其可指性较为宽广。他常谈的"意"或"意思"，即可为"志"所涵盖。本来，"志"和"意"紧密联系。《史记·五帝本纪》引述舜的话时，就将"诗言志"改为"诗言意"。孔颖达《尚书正义》《毛诗正义》解释"诗言志"说："诗言人之志意也。"④郑玄注《礼记·檀弓》时，释"志"为意。⑤言"志"与表"意"，在谢榛的观念里是相通的。他说的"志"，也包含"情"。他多次谈到诗歌创作中"情"与"景"的关系："情景相触而成诗。"⑥"作诗本乎情景，孤不自成，两不相背。""景乃诗之媒，情乃诗之胚，合而为诗。"⑦"诗乃模写情景之具，情融乎内而深且长，景耀乎外而远且大。"⑧如果说先秦时代"还没有'诗缘情'的自觉"⑨，那么，这种自觉在魏晋南北朝时就出现了。谢榛更不用说。他说的"情"与"志"相联系。《春秋左传》已将"好、恶、喜、怒、哀、乐"称作"六志"。《礼记》称此"六志"为"六情"。孔颖达《春秋左传正义》说："在己为情，情动为志，情志一也。"⑩正因为这样，谢榛评诗既解其中之"意"，也注意对其中所抒之"情"的揭示。

谢榛主张"解"的，是诗中表现出来的作者之"意"。他要求"立意""措辞"同时进行，不赞成先立意后措辞。他说："诗有不立意造句，以兴为主，漫然成篇，此诗之入化也。"⑪所谓"不立意"，指写作前不先"立意"。他认为，"得句意在其中"，所以他说："诗以一句为主，落于某韵，意随字生，岂必先立意哉！"⑫《四库全书总目提要》指责这种观点

---

①②⑥⑦⑧⑪⑫(明)谢榛著，李庆立、孙慎之笺注：《诗家直说笺注》，齐鲁书社，1987年。

③⑨《诗言志辨》，见《朱自清古典文学论文集》上海古籍出版社，1981年，第183、187页。

④⑤⑩阮元：《十三经注疏》(影印本)，中华书局，1980年。

"似高实谬,尤足误人",认为它背离了诗"以言志为本"的信条。显然,这是未中要害的批评,谢榛的观点的确有欠全面,但他反对的是"先立意",而非"诗言志"。"立意"先后是方法问题,它和"诗言志"的目的并不是对立的。反对"先立意"是为了防止诗歌创作从概念出发,流于议论。这从他对唐宋诗的评论里可得到证明。他说:"宋人谓作诗贵先立意。李白斗酒百篇,岂先立许多意思而后措辞哉?盖意随笔生,不假布置。"因此,唐人"婉而有味,浑而无迹。宋人必先命意,涉于理路,殊无思致"①。对谢榛来说,作品所显示出来的"意"和作者在作品里表现的"意"是一致的。因此,他不主张在作者的宣言里去找作品之"意"。他对作者之"意",也总是从作品的描写里去感受和认识的。

时至20世纪80年代的今天,我们仍然要"解"作品里表现的作者之"意",这大约不算是过时的观念吧。然而,我们的文学观念和批评方法又不能囿于古人的陈规。20世纪以来,西方各种文学理论和文学批评流派先后兴起,如形式主义、"新批评"、结构主义,精神分析、原型批评、接受美学等,就是其中有代表性的几个。这时,文学批评从过去的作者中心转向文本中心,又转向读者中心。众多文学理论和文学批评流派的出现,为文学批评提供了新观念、新方法,扩展了人们的视野,开拓了人们的思路。各个流派总有这样那样的缺陷,但它们也有或多或少的贡献。我们要借鉴和吸收西方现代新的批评观念和方法,以助于我们今天文学批评的发展和更新。不过,我们不赞成"全盘西化",也反对固守老祖宗的成法,而主张将西方和我们传统的东西有分析地加以选择,在融会贯通的基础上革新。近年,有些批评文章有简单照搬西方某些批评模式的倾向,这是值得警惕的。但传统的排他性也显得相当强烈,这才是革新道路上的最大障碍。我们认为,

① (明)谢榛著,李庆立、孙慎之笺注:《诗家直说笺注》,齐鲁书社,1987年。

恰如其分地借鉴和吸收西方现代批评流派的某些观念和方法，对我们有益无害。如英美"新批评"等流派，奉行"文本中心主义"，把文本看作独立于作者和读者经验和意识之外的自足的实体，从而把文学批评限定任文本自身，而且主要在语言、形式技巧方面。这种批评模式的主观片面性是很显然的，但它启示我们重视作品自身，特别是语言、技巧的分析，这对扭转长期以来我们偏重作品外部关系的偏向是有裨益的。又如接受美学，它把文本看作一个多层面的、未完成的开放式图式结构，认为只有经过读者的阅读活动，作品的意义才能得到实现，作品才算最后完成。因此，它把文学批评的视点放在读者的阅读活动上。尽管这种理论把读者的作用强调到了不适当的程度，但它可启示我们纠正不重视读者的偏向。

总之，我们今天"解"文学作品，仍要"解"其中所表现的作者之"意"。同时，也要"解"作品自身显示出来而作者还未能意识到的"意"，这一点是谢榛没有涉及的。对于这种"意"的"解"，不是纯客观的，总有"解"者建立在自己生活阅历、文学修养，感受能力、认识水平、习惯爱好基础上的主观意识参与。因此，我们要重视读者在阅读活动中的主观能动性。这也不是谢榛能认识到的。

二

就作品表现的"意"来说，"不可解"的作品的确存在。对这类作品，谢榛并不首肯。他不止一次对唐代樊宗师的文章提出批评。樊宗师著作不少，但存于今天的，只有收入《全唐文》的《绛守居园池记》和收入《全唐诗》的《蜀绵州越王楼诗并序》。他的文章，字奇句怪，佶屈聱牙，艰涩难懂，当时人称为"涩体"。后来，也有人指出其文"大奇涩"。"欧阳公《跋绛守居园池记》云：'元和文章之盛极矣，其奇怪至于如此。'又诗曰：'尝闻绍述《绛守居》，偶来登览周四隅。异哉樊子怪可吁,心欲独去无古初。穷荒探幽入无有,一语诘曲百盘纡。孰云已出不剽袭,句断欲学《盘庚》书。'"①谢榛的看法与前人一致,也认为樊文"造语艰深奇涩,殊不可解"②。他又引陶宗仪《南村辍耕录》的记载说,樊宗师《绛守居园池记》,艰深奇涩,人莫能诵,宋王晟、刘忱为之注释,赵仁举为之句读。他为此感到"诚可怪也"。韩愈在《南阳樊绍述墓志铭》中说樊文"文从字顺各识职",谢榛说:"盖讥之也。"③这个"讥"字很难说符合韩愈的原意,却表明了他对樊文艰深奇涩的不满。直到鲁迅,还批评"樊宗师的文章做到别人点不断"④。

谢榛对韩愈和柳宗元,有赞誉,也有批评。对他们有些作品的批评,即与"不可解"分不开。他说:"韩昌黎、柳子厚长篇联句,字难韵险,然夸多斗靡,或不可解。"⑤他还批评韩愈《城南联句》"意深语晦",与樊宗师"相去几何"⑥。他劝后学说:"《诗》曰'游环胁驱,阴靷鋈续。'又曰:'钩膺镂锡,鞹鞃浅幭。'此语艰深奇涩,殆不可读。韩、柳五言,有法此者,后学当以为诫。"⑦

"不可解"的文学作品,中外古今都有,其中有不成功的,但也有些是名作。李商隐的《锦瑟》广为传诵,却很难"解"。黄庭坚读它,"殊不晓其意"⑧。元好问读它,曾有"独恨无人作郑笺"的感慨⑨。王士禛也感叹:"一篇《锦瑟》解人难。"⑩艾略特的《荒原》,是英美现代诗歌的里

①《南阳樊绍述墓志铭》,见《韩昌黎集》卷 34,国学基本丛书本,商务印书馆,1936 年。

②③⑤⑥⑦(明)谢榛著,李庆立、孙慎之笺注:《诗家直说笺注》,齐鲁书社,1987 年。

④《门外文谈》,见《鲁迅全集》第 6 卷,人民文学出版社,1981 年,第 84 页。

⑧(宋)黄朝英《缃素杂记》,见《学海类编·集余五》(影印本)。

⑨郭绍虞:《中国历代文论选》中册,中华书局,1962 年,第 204 页。

⑩吴世常:《论诗绝句二十种辑注》,陕西人民出版社,1984 年,第 163 页。

程碑。当它 1922 年发表时,不少人认为看不懂,有人指责它是"疯人院的肮脏梦呓",有人批评它是"假冒博学的胡诌"。同年出版单行本时,应编者要求,作者加了 50 多条注释,但读者并未因此而一览即解。1948 年,艾略特获诺贝尔文学奖,瑞典学院常任秘书安德斯·奥斯特林在颁奖辞里说:"在《荒原》那些艰涩与苦心经营的'字谜'尚未完全被'揭穿'之前,它真的充满了很多匪夷所思的内涵。"①今天,《荒原》的"字谜"已被解开,但人们仍然感到它是很难"解"的作品。

"不可解"的原因复杂而多样,总归可从作品和读者两方面来探讨。从作品本身看,若意蕴模糊,迷离恍惚,就会使人感到"不可解"。作家创作,并不都是有了明确的思想、意念之后再寻求表现的。有时,作家有了一点朦胧的感触,即漫然成篇,其中到底寄寓着什么意旨,连他自己也很难说得清楚。对要表现的东西在自己头脑里还没有确定性时写成的作品,要别人易解是很难办到的。有些作品蕴含复杂纷繁,也使人很难理出头绪。谢榛说李商隐的《无题》诗"格新意杂,托寓不一,难于命名"②。冯浩也说,它"寄托者多,直作艳情者少,夹杂不分,令人迷乱"③。从《李商隐诗集疏注》里标名《无题》的十九首诗看,表现了多种感受,即使有寄托的也各不相同,加之隐晦曲折,自然"令人迷乱"。此外,还有表现问题。表现上若有失误,如文理不通、语言含混、剪接错乱等,就可能使读者如堕五里雾中。有时表现过于隐晦、怪异,也会使人难以捉摸。如李贺的诗,早有人说"不易窥其意旨"④。鲁

---

①陈映真主编:《诺贝尔文学奖全集》第 24 卷,远东出版事业公司,第 163 页。

②(明)谢榛著,李庆立、孙慎之笺注:《诗家直说笺注》,齐鲁书社,1987 年。

③冯浩笺注:《玉溪生诗集笺注》卷 1,上海古籍出版社,1979 年。

④(清)陈本礼:《协律钩元序》,江都陈氏丛书。

迅也指出,李贺的诗"晦涩难懂"①,"别人看不懂"②。其主要原因之一,是表现上的"奇"而"怪"。朱熹说他"怪"③。周紫芝说他"语奇而入怪"④。谢榛说他的诗"险怪""苦涩""造语奇古"⑤。他的诗想象丰富奇特、构思诡奇,语言雕琢险怪,色彩秾丽,所以陆游说:"贺词如百家锦衲,五色炫耀,光夺眼目,使人不敢熟视。"⑥同时,李贺诗歌起结转换不定,跳荡变化较大,使读者难于追踪,且不易把一首诗联结成一个整体。

在西方现代派文学中,有一种晦涩思潮,因而"不可解"的作品比比皆是。现代派文学着重表现西方社会的精神危机,普遍运用象征、超现实、荒诞、意识流等手法,使作品晦涩、神秘,极缺乏"透明度"。拿象征派来说,他们认为现实世界是虚幻的,美只存在于另一个更真实的世界里,诗则要暗示另一世界的神秘。他们追求神秘美,坚持"陌生化"的原则,寻求一种反传统的、非理性的创作方式。为了表现神秘莫测的内心世界,就去寻找与之契合的"对应物",通过隐喻、暗示、联想和想象等手段在两者之间架起桥梁。由于这种联系有很大的主观性、随意性,自然给"解"作品带来很大困难。不仅如此,他们还把晦涩作为一种自觉的美学追求,公开宣言要让读者去猜谜。因此,《法国文学史》的著者格兰吉斯说,象征派诗人波特莱尔的诗"极其暧昧难懂"。

20世纪80年代以来,欧风东渐,我国在西方现代派影响下,出现了一些"自我表现"的作品,被人称为"中国式的现代派"。且不管这

---

①解放军报社主编:《鲁迅佚文辑》,第469页。

②《门外文谈》,见《鲁迅全集》第6卷,人民文学出版社,1981年,第84页。

③《朱子语类》第8册,中华书局,1986年,第33、28页。

④《古今诸家乐府序》,见《李贺诗歌集注》,上海古籍出版社1978年,附录第19页。

⑤(明)谢榛著,李庆立、孙慎之笺注:《诗家直说笺注》,齐鲁书社,1987年。

⑥陈治国:《李贺研究资料》,北京师范大学出版社,1983年,第18页。

种称谓是否恰当,仅就晦涩难懂一点看,两者相仿。在"懂"与"不懂"的论争中,否定者只指责作品,辩护者只责怪读者,这至少是片面的简单化的观点。我们认为,有些作品晦涩难懂是事实,毋庸讳言,但这只是问题的一个方面。另一方面,还有读者方面的原因。辩护者归因于读者并非全无道理,只不过不能把探寻的目光只投向读者。

文学作品只有与读者发生联系,即成为读者的阅读对象,才会产生"可解"与"不可解"的问题。作品要使人"可解",它自身必须具有可解性、可接受性,然而,读者也不能不具备一定的条件,即相当的知识基础和接受能力。李商隐的《无题》诗和鲁迅的《野草》,对于小学生来说是"不可解"的,对于素有研究的专家则是"可解"的。因为,专家在生活阅历、人生经验、文化水平、文学修养、理解能力等方面都远远高于小学生,这些就是专家能"解"上述作品的条件。同时,条件也是一个变量,必然随人们的实践而变化,而读者也必须依据现实的变化对已获得的条件不断加以调整,否则,就可能向相反的方向转化。近年"读不懂"现象的发生,除作品自身的原因之外,也与有些读者的条件未能得到调整分不开。现在的读者,主要是在传统文学,特别是现实主义和浪漫主义文学熏陶下成长起来的,又受到新中国成立后大力宣传的文学观念的影响,受到传统思维方式、欣赏习惯的束缚,因而面对反传统的,具有新观念、新手法的作品即感到茫然、困惑,"不可解"。这种"不可解"是"可解"的,也必须而且能够改变。文学的发展变化是必然的。现代中国文学接受西方影响也成了不可阻挡的潮流,就像"五四"以后接受西方文学的影响一样。在这样的情况之下,一方面对创作要引导,使其不失民族特色,为中国广大读者喜见乐闻;另一方面,读者也要适应。要适应,就不能不调整我们的文学观念、知识结构、思维方式和欣赏习惯。问题就是这样尖锐:谁要死守旧"城堡",谁就会使自己远离当代文学读者的行列。

不过,话说回来,尽管有些名作也是"不可解"的,我们也不赞成把"不可解"作为作家自觉的美学追求。我们不认为"不可解"的作品一定都是高层次的,是"阳春白雪",作者可以引以为荣。文学作品是为读者而存在的,失去了读者,它就失去了存在的意义。作者也总希望自己的作品为更多的读者接受,并引起社会较大的反响。当然,一个作家要征服所有读者是不可能的,人们也不应当有这样的奢望和要求,但他作品的接受者多一些总比少一些好。作家总希望自己作品有可观的发行量,把自己的作品限制在低印数的作家毕竟是罕见的。

三

谢榛所谓"不可解",还有别种意义。他说:"黄山谷曰:'彼喜穿凿者,弃其大旨,取其发兴于所遇林泉、人物、草木、鱼虫,以为物物皆有所托,如世间商度隐语,则子美之诗委地矣。'予所谓'可解、不可解、不必解',与此同意。"[1]由此可见,谢榛的"不可解"是针对穿凿而言的,包含着"不可这样解"的意思。

他认为有些诗是有"托寓"的,即所谓"托物寓意"。如《孺子歌》:"沧浪之水清兮,可以濯我缨。""孟子、屈原两用此语,各有所寓。"[2]鲍防的《杂感》说:"五月荔枝初破颜,朝离象郡夕函关。"他认为"此作托讽不露"[3]。但他不认为所有的诗都有寄托、寓意,因而反对脱离作品实际而穿凿作解。这是有的放矢。吴雷发不赞成"强解诗中字句",这是他对谢榛主张的支持。

在中国文学批评史上,穿凿并不罕见,而开风气之先的,大约要算《毛诗序》。如说:《关雎》,后妃之德也","《葛覃》,后妃之本也";

---

①②③(明)谢榛著,李庆立、孙慎之笺注:《诗家直说笺注》,齐鲁书社,1987年。

"《卷耳》，后妃之志也"，"《樛木》，后妃逮下也"；"《螽斯》，后妃子孙众多也"；"《桃夭》，后妃之所致也"；"《兔罝》，后妃之化也"；"《芣苢》，后妃之美也"①。这些诗全是歌颂后妃的，而且安排周全而有条不紊，似乎是按计划写作的，这有多少可能性？从诗的内容看，这种解释更难找到多少依据。正因为这种解释是穿凿附会的，所以今天已很少有人认同其说。就我们看到的十多种今人著《诗经》注释一类著作来说，不管具体说法有怎样的出入，但在否定这些诗为后妃歌功颂德一点上却是一致的。

计有功撰《唐诗纪事》载："或说维咏《终南山》诗，讥时也。诗曰：'太乙近天都，连山接海隅。'言势焰盘踞朝野也。'白云回望合，青霭入看无。'言有表而无其内也。'分野中峰变，阴晴众壑殊。'言恩泽偏也。'欲投人处宿，隔水问樵夫。'言畏祸深也。"②王维此诗是以终南山为描写对象的山水诗，虽有感情流露，却并非托寓政治。有人判定为"讥时"之作，将它的价值取向政治化，这无异于宣判它审美价值的死刑。显然，此人不是在分析文学作品。就他对四联诗句寓意的判断来说，也找不出什么足以服人的根据。赵殿成笺注此诗时引了上述一段话，并指出："其说甚凿。"③

已往穿凿解诗的情况，谢榛不会无知。对于有些人的穿凿附会，他也表示了自己的态度。元人范德机在《木天禁语》里，为诗规定了"篇法、句法、字法、气象、家教、音节"等"六关"，并认为"合此六关方为佳"。他在"音节"里，将杜甫赋黑鹰和白鹰的两首诗，分别作为"明"

①《十三经注疏》(影印本)，中华书局，1980年。
②刘逸生：《王维诗选》，广东人民出版社，1986年，第60页。
③(清)赵殿成笺注：《王右丞集笺注》卷7，上海古籍出版社，1984年。

和"暗"的例子①。谢榛指出:"范德机阴暗之说凿矣。"②这种穿凿不是内容上的,而内容上的穿凿才是谢榛着力要反对的。

梅尧臣《续金针诗格》里说:"诗有内外意,内意欲尽其理,外意欲尽其象,内外意含蓄,方入诗格。若子美'旌旗日暖龙蛇动,宫殿风微燕雀高'是也。"谢榛认为:"此固上乘之论,殆非盛唐之法。"因为,贾至、王维、岑参有关早朝大明宫的诗"皆非内意",不能说"不入诗格"。他又举李白诗:"划却君山好,平铺湘水流。巴陵无限酒,醉杀洞庭秋。"并指出:"谓有含蓄,则凿矣。"③这里所谓"含蓄",指有寄托,有寓意。《续金针诗格》引了杜甫上述两句诗后,还有一段解释:"'旌旗'喻号令,'日暖'喻明时,'龙蛇'喻君臣,言号令当明时,君所出,臣奉行也。'宫殿'喻朝廷,'风微'喻政教,'燕雀'喻小人,言朝廷政教才出,而小人向化,各得其所也。"④谢榛没有引这一段话,而他批评的"凿矣",则是包含这段话在内的。从杜甫《奉和贾至舍人早朝大明宫》全诗看,"旌旗"两句正如仇兆鳌、浦起龙、杨伦等注家指出的,是写早朝时的大明宫景。如果一定要说这两句诗表现了什么,那么王嗣奭说的"描写出太平暇豫景象"⑤也许较能为人接受。

北宋刘攽《中山诗话》评论严维"柳塘春水慢,花坞夕阳迟"一联诗说:"夕阳迟则系花,春水慢何须柳也。"谢榛指出:"此联妙于状景,华而不靡,精而不刻,贡父之说凿矣。"⑥谢榛"妙于状景"的判断是符合实际的。这是一联写景的名句,并没有别的意思。如果按"夕阳迟则

---

①(清)何文焕:《历代诗话》下册,中华书局,1981年,第823、750页。

②③⑥(明)谢榛著,李庆立、孙慎之笺注:《诗家直说笺注》,齐鲁书社,1987年。

④《苕溪渔隐丛话·后集》卷三十四,人民文学出版社,1962年版;《诗人玉屑》卷九,上海古籍出版社,1978年。

⑤(明)王嗣奭:《杜臆》第2卷,上海古籍出版社,1983年,第62页。

系花"的思维方式去解"柳塘春水慢",不仅无法说清"春水慢何须柳",而且会使诗意顿消。这种拘执牵强的解诗法也是谢榛所不取的。

穿凿这种不正的学术风气,并不因有人反对而绝迹。《千家诗》(王相注),释韦应物的《滁州西涧》说:"此亦托讽之诗。草生涧边,喻君子生不遇时。鹂鸣深树,讥小人谗佞而在位。春水本急,遇雨而涨,又当晚潮之时,其急更甚,喻时之将乱也。野渡有舟,而无人运济,喻君子隐居山林,无人举而用之也。"①王士禛早在《花草蒙拾》和《唐人万首绝句选·凡例》中批评过这种观点。但今天仍有人坚持。汤霖、姚枫著《千家诗注析》就对上说做了详尽发挥。不过在无确证的情况下,我们很难接受依据作品所写景物所做的附会。就我们见到的从清至现代十数家的解释看,认为此诗是无寄托的山水诗者居多。也有人认为,它既写山水又有寄托,只不过寄托的是某种心绪、志趣、情怀之类,而不是政治现实。也许这种主张更有说服力。

穿凿主要表现为在无寄托的作品里找寄托,特别是把山水诗与政治联系起来,从中"挖掘"政治寓意。其原因固然与这类作品的存在有关,但主要是儒家功利主义文学观起作用。儒家特别强调美刺兴寄,特别注重诗歌的政治软化功能,有些人解诗往往不考虑被解对象的实际和它的承受能力,而把儒家的文学观念落实到具体作品里,"以为物物皆有所托"。这种解诗方法把文学的价值取向单一化、政治化了,至少是一种片面性。如果说这种观念和做法曾经是天经地义的,那么,在今天则不应继续维护它的"绝对权威"。同时,这种解诗方法牵强附会、主观武断,与文学批评的科学性大相径庭。它不利于我们对文学作品的正确认识,有害于我们的文学鉴赏,因而必须警惕它的重现。

---

①谢枋得、王相:《千家诗》,浙江人民出版社,1980年,第10页。

四

谢榛"不可解、不必解"之说也是对朦胧美的肯定。美可以是清晰、明朗的,也可以是模糊、朦胧的。作为审美对象之一的文学,有些属于前者,有些属于后者。谢榛在严羽等前辈启迪下重视文学的朦胧美,这在美学上是值得称道的。

他说:"诗有可解、不可解、不必解,若水月镜花,勿泥其迹可也。""水月镜花"的比喻,出自严羽《沧浪诗话》:"诗者,吟咏情性也。盛唐诸人,惟在兴趣,羚羊挂角,无迹可求。故其妙处,透彻玲珑,不可凑泊,如空中之音,相中之色,水中之月,镜中之像,言有尽而意无穷。"[1]"水中之月"一喻,在佛经中多用,只不过各处用意不尽相同。如《文殊师利向经·杂问品》第十六:"佛从世间出,不著世间,亦有亦无,亦现不现,可取不可取,如水中月"[2]。严羽借这种比喻形容模糊美、朦胧美。谢榛在这一点上,与严羽的感受、认识相契合。

谢榛《诗家直说》卷三:"凡作诗不宜逼真。如朝行远望,青山佳色,隐然可爱,其烟霞变幻,难于名状。及登临非复奇观,惟片石数树而已。远近所见不同,妙在含糊,方见作手。"他曾与人游西山,"夜投碧云寺,并憩石桥,注目延赏。时薄霭濛濛,然涧泉奔响,松月流辉,顿觉尘襟爽涤,而兴不可遏,漫成一律。及早起临眺,较之昨夕,仙凡不同,此亦逼真故尔。"这里赞赏的正是"含糊",即与"逼真"相对的朦胧美。这种美,像"水月镜花","无迹可求",因而他反对"泥其迹"。在这种意义上,他认为有些诗不可解",也"不必解"。

从对朦胧美的追求说,叶燮、吴雷发、朱庭珍与谢榛是"心有灵犀

---

①何文焕:《历代诗话》下,中华书局,1981年,第688页。
②钱钟书:《谈艺录》,中华书局,1984年,第305页。

一点通"的。叶燮所谓"寄托在可言不可言之间,其指归在可解不可解之会",吴雷发所谓诗"须在有意无意之间",朱庭珍所谓"诗之妙谛,在不即不离,若远若近,似乎可解不可解之间",可说是谢榛观点的发挥。至于俞弁、何文焕、李重华等人,既不理解谢榛"不可解、不必解"的本意,又缺乏谢榛所具有的审美眼光,加之囿于儒家的诗教观,采取抵制的态度是很自然的。李重华攻击的"模糊",即指谢榛说的"含糊",也就是朦胧美。

有些诗歌具有朦胧性,决定于多种原因。从人类思维说,除精确性,还有模糊性,特别是具有直观的整体性特征的中国传统思维,模糊性更为突出。文学创作过程中的形象思维,更是如此。从语言说,也具有模糊性的一面。诗歌意象的创造,往往不用量化语言,而用模糊语言。此外,还有作品意蕴的复杂、多向和淡化,表现手法的隐晦曲折等,都可能助成诗歌的朦胧性。这种朦胧性,是决定朦胧美的先决条件。

对于具有朦胧性的诗歌,用得着一句中国的老话:"可以意会,不可以言传。"之所以"不可以言传",与语言的局限性分不开。作为"心声",作为表情达意、交流思想的工具,语言的确是较能尽责的,然而人的感觉、感受、感情有时很微妙,在语言里还找不出恰当的词、句子去表达。老残听了王小玉说的鼓书,只用"五脏六腑里,象熨斗熨过,无一处不服帖,三万六千个毛孔,像吃了人参果,无一个毛孔不畅快"形容当时的心情①。他出于无奈,借助读者的想象,这样做又不失为一妙法。朦胧美是具有朦胧性的审美对象引起的审美主体的一种感受,缺乏明晰性,要用具有上述局限的语言对它做出精确的界定是很困难的。同时,对具有朦胧性的诗歌,应从总体上去感受、领悟,一般不

①刘鹗:《老残游记》,中华书局,1975 年,第 13 页。

宜做"开膛破肚"的解剖。叶嘉莹谈到李商隐的《燕台四首》时指出："这种作品原来就不属于理念的有限的解说之内，它的不可指说正是它的好处所在，如果要对这一类作品加以指实的解说，那反而将是对其丰美幽微之含蕴的一种斲丧和损害了。"①正因为这样，有些诗是"不可解"也"不必解"的。

（原载《西北师院学报》1988 年第 4 期）

---

①叶嘉莹：《迦陵论诗丛稿》，中华书局，1984 年，156 页。

关于以镜子比喻文艺的考索

　　20 世纪 80 年代伊始，我国文艺界展开了以镜子比喻文艺的是与非的讨论。本来，文艺是一种具有审美价值的社会意识形态，镜子不管用青铜还是玻璃制成，都指能照见形象的器具，它们是根本不同的东西。由于古今中外不少人以后者比喻前者，就使它们有了瓜葛。过去有人对这个比喻发表过不同看法，或进行过修正；20 世纪 80 年代以来的讨论，有的则反映了争论者对文艺本质的不同认识。我们认为，对这个比喻做一些考索，对于认识文艺的本质是有意义的。

　　自古以来，以镜子比喻文艺者，举不胜举。古希腊哲学家柏拉图认为，画家"像旋转镜子的人一样，他也只在外形上制造床"[①]。古罗马思想家、散文家西塞罗说："喜剧是对人生的模仿，是生活习惯的镜子，是真理的形象。"[②]印度檀丁大师说："上古帝王的荣誉的影像，获得了由语言构成的镜子，尽管他们已经不在眼前，这些影像却并不消失。"[③]意大利画家达·芬奇把画家的心比作镜子。西班牙作家塞万提斯把戏剧比作镜子[④]。英国戏剧家莎士比亚也把戏剧比作镜子。法国

---

　　①拉图著，朱光潜译：《文艺对话集》，人民文学出版社，1963 年，第 69 页。

　　②④中国社会科学院外国文学研究所外国文学研究资料丛刊编辑委员会主编：《欧美古典作家论现实主义和浪漫主义》（一），中国社会科学出版社，1980 年，第 72、181、157、106—108、213、212、157、247—248 页。

　　③中国社会科学院文学所主编：《古典文艺理论译丛》第 10 册，人民文学出版社，1965 年，第 19、112—113、122 页。

喜剧家莫里哀说："舞台上扮演的种种滑稽画面，人人看了，都该不闹脾气。这是一面公众的镜子，我们千万不要表示里面照的只是自己。"①英国小说家菲尔丁说，他写的人物也是给人"照一面镜子"②。英国作家约翰生说，莎士比亚"是一位向他的读者举起风俗习惯和生活的真实镜子的诗人"③。意大利诗人白尔谢认为，"诗歌的任务是要成为最激动心灵的事情的镜子"④。法国作家司汤达把小说比作镜子。英国诗人雪莱说："一个史实故事有如一面镜子，模糊而且歪曲了本应是美的对象，诗也是一面镜子，但它把被歪曲的对象化为美。"⑤法国小说家巴尔扎克，把"一个国家的作品"比作"一面照出这个国家全貌的镜子"。俄国作家普希金说，每一个民族的面貌，"多多少少反映在诗歌的镜子里"⑥。俄国作家果戈里以俗谚"脸歪莫怪镜子"作为《钦差大臣》的题词。俄国文学批评家别林斯基说："文学是一面镜子。"俄国作家冈察洛夫认为，典型形象像镜子。法国小说家福楼拜说，"对着作品的镜子，人类可以坦白地、纯洁地端相自己"⑦。俄国作家陀思妥耶夫斯基把文学看作"社会的镜子"。俄国作家列夫·托尔斯泰把艺术看作"生活的镜子"。俄国作家柯罗连科认为，艺术家是"活的镜子"。法国作家罗曼·罗兰评论巴比塞的小说《火线下》（一译《火线》）时说："我们在本书中看到一面反映战争的无情的镜子。"苏联文艺评论家卢那

---

①②③伍蠡甫主编：《西方文论选》上册，上海译文出版社，1979年，第281、511、527、183页。

④中国社会科学院外国文学研究所外国文学研究资料丛刊编辑委员会主编：《欧美古典作家论现实主义和浪漫主义》（一），中国社会科学出版社，1980年，第72、181、157、106－108、213、212、157、247—248页。

⑤中国社会科学院文学所主编：《古典文艺理论译丛》第1册，人民文学出版社，1965年，第83、149、184、145、182页。

⑥满涛译：《文学的战斗传统》，新文艺出版社，1953年，第42—43、1、178页。

⑦李健吾译：《包法利夫人》，人民文学出版社，1978年，第57页。

察尔斯基说,喜剧"是摆在人跟前的一面镜子,不是使他一照就人为惊慌、只好准备上吊的镜子,而是使他一照就能看出他需要洗洗脸、刮刮脸的镜子"①。法国作家阿拉贡认为,司汤达"是他那个时代的一面最可珍贵的镜子"。法国作家萨特说:"小说必须是人的镜子。"②法国批评家雷米·德·古蒙说:"一个人要写作,所能有的借口只是要写下他自己,在其他人眼前揭开那个印在他自己镜子中的世界。"③1925年伦敦出版的艾斯库编译的一本中国古代诗选,即取名《中国人的一面镜子》。美国文艺批评家亚伯拉姆斯的《镜与灯》,就把作家的心灵比作镜子。美国的诺尔·格洛夫评论马克·吐温的一篇文章的标题,就是《马克·吐温——美国的一面镜子》。

在中国,以镜子比喻文艺的虽不如外国多,但也可以举出一些。东汉的王充,说他的著作"如衡之平,如鉴之开"④。宋代的严羽谈到诗的妙处时说:"如空中之音,相中之色,水中之月,镜中之象。"⑤明代的谢榛、胡应麟也阐发了"镜花水月"之说。冯梦龙把传奇比作青铜镜⑥。清代的金圣叹批《水浒》时说"可见才子之心,烛物如镜",并多次以镜子比喻作品里的人物描写。薛雪说杜甫的诗"如大圆镜,无物不现"⑦。闲斋老人认为,读《儒林外史》的人,"无论是何人品,无不

---

①蒋路译:《卢那察尔斯基论文学》,人民文学出版社,1978年,第70页。

②转引自《社会科学》,1982年第6期,第68—70页。

③裘小龙译:《意象派诗选》,漓江出版社,1986年,第161页。

④郭绍虞:《中国历代文论选》第1册,上海古籍出版社,1979年,第124页,。

⑤郭绍虞:《中国历代文论选》第2册,上海古籍出版社,1979年,第423页。

⑥冯梦龙:《酒家佣叙》。

⑦张声怡、刘九州:《中国古代写作理论》,华中工学院出版社,1985年,第480页。

可取以自镜"①。天目山樵也说,《儒林外史》"可以镜人,可以自镜"②。黄人认为,"小说之描写人物,当如镜中取影"③。忧患余生说,《官场现形记》的作者"使一般之蠕蠕而动,蠢蠢以争者,咸毕现于菩提镜中"④。鲁迅说,叶永蓁的《小小十年》"将为现在作一面明镜"。文学研究会把文学看成"人生的镜子"⑤。周扬也"把文学比作一面镜子"。何干之称鲁迅的作品是"中国和中国人的镜子"。

以镜子比喻文艺主要有两个视角:一是从文艺反映社会、时代而言,一是从文艺与读者的关系而言。上述例子两者都有,而以前者为主。两者角度虽异,从本质上说却是相通的。由于意见分歧主要在前者,所以我们的考索以前者为主。就前者来说,还有以镜子喻作品或作者的不同。由于二者一致,故不再分开来谈。

许多人都以镜子比喻文艺,但由于各人所处的时代、社会不同,他们的思想、认识、文艺观点和主张不一致甚至对立,其比喻的内涵往往不大一致甚至根本不同。这里要谈的是以这个比喻说明文艺与现实生活是反映与被反映关系的观点。

德国谚语说,任何比喻都是有缺陷的。以镜子比喻文艺也不例外。因为,比喻中的喻体和本体往往是根本性质不同的事物,之所以

---

①曾祖荫、黄清泉、周伟民、王先霈选注:《中国历代小说序跋选注》,长江文艺出版社,1982年,第168页。

②夏传才:《中国古代文学理论名篇》第2册,南开大学出版社,1987年,第384页。

③朱一玄、刘毓忱:《水浒传资料汇编》,百花文艺出版社,1981年,第410页。

④黄霖、韩同文:《中国历代小说论著选(下)》,江西人民出版社,1985年,第102页。

⑤赵家璧主编《中国新文学大系史料索引》第10集,良友图书印刷公司,1936年,第72页。

把它们联系起来,是因为二者有相似之点。在做比喻时,只取一点,不及其余。有些人用镜子比喻文艺,只说明文艺是现实生活的反映,并要求文艺真实反映生活。由于这个比喻自身的缺陷,有些人对它进行了修改,以使喻体与本体更贴近,使喻体和本体的关系与比喻者对本体的理解和认识更加吻合。法国作家雨果就不同意把戏剧比作"平面镜",因为这样的镜子"只能照出事物暗淡、平板、忠实,但却毫无光彩的形象"。他认为,"戏剧应该是一面集聚物像的镜子,非但不减弱原来的颜色和光彩,而且把它们集中起来、凝聚起来,把微光变成光彩,把光彩变成光明"①。波兰作家奥若什科娃不赞成把小说比作普通的镜子,而主张比作"魔镜"。因为,"这种魔镜不仅能反映出事物的外貌及它的为众人所能看到的日常秩序,同样也能表现出事物的最深邃的内容,它们的类别和五光十色以及在它们之中所进行的相斥相引,它们产生的原因及其存在的后果"②。朱光潜用放大镜比喻悲剧。他说:"悲剧是人类激情、行动及其后果的一面放大镜,一切都在其中变得更宏大。"③同时,还有人从一定意义上把不同的文艺作品比作望远镜、显微镜、万花镜、哈哈镜、照妖镜和《红楼梦》里写的"风月宝鉴"等。它们虽名为"镜",却不同于一般的"镜子"。至于魔镜、照妖镜、"风月宝鉴"之类,也只存在于想象之中。此外,英国作家、艺术理论家罗斯金用手术刀比喻艺术,晚清人狄葆贤把小说比作"社会之X光线"④,这连"镜"也不是了。这些喻体,对某些文艺作品在一定意义上是可以成立的;然而对整个文艺来说,仍然是有缺陷的,都难免有蹩

①柳鸣九译:《雨果论文学》,上海译文出版社,1980年,第62页。

②中国社会科学院文学所主编:《古典文艺理论译丛》第4册,人民文学出版社,1965年,第28页。

③朱光潜:《悲剧心理学》,人民文学出版社,1983年,第88页。

④郭绍虞:《中国历代文论选》第四册,上海古籍出版社,1980年,第237页。

脚之处。

一些人之所以不满于把文艺比作镜子，原因之一是这个比喻不太贴切。因为，镜子是一种物理事实，它对事物的反映是纯客观的、表面的；文艺对现实的反映带有主观性，是主客观的统一，而且能够深入生活的深层结构。但是，我们的讨论不应只看到这个比喻本身，更不能望文生义，一看到"镜子"就想到"机械""被动""冷漠"一类词。事实证明，许多以镜子比喻文艺的人都不是作家主观能动作用的否定者。

意大利画家达·芬奇说："画家的心应该像一面镜子，永远把它所反映事物的色彩摄进来，前面摆着多少事物，就摄取多少形象。"但他同时主张"把比较有价值的事物选择出来，把这些不同的事物捆在一起"。这里就有画家的能动作用。他又说："画家应该研究普遍的自然，就眼睛所看到的东西多加思索，要运用组成每一事物的类型的那些优美的部分。用这种办法，他的心就会像一面镜子真实地反映面前的一切，就会变成好像是第二自然。"[1]通过"思索"创造的"第二自然"，不可能不带有画家的主观色彩。他说："让劳作超越自己的思考，这是微不足道的画家；让思考超越自己的劳作，是走向艺术完美境地的画家。"这里更表现了他对画家能动性的充分褒扬。在描写人时，他主张通过姿态和动作表现人的心灵。"凡是构思的动作符合人物的精神状态，就应该非常果敢地画出来，使它展示人物蕴含的巨大激情"[2]。可见他说的"镜子"，也并非只描绘外形。认真研究一下他的名作《蒙娜

①伍蠡甫主编：《西方文论选》上册，上海译文出版社，1979年，第281、511、527、183页。

②中国社会科学院外国文学研究所外国文学研究资料丛刊编辑委员会主编：《欧美古典作家论现实主义和浪漫主义》（一），中国社会科学出版社，1980年，第72、181、157、106—108、213、212、157、247—248页。

丽莎》《最后的晚餐》等，即可看出其艺术实践和文艺主张的一致性。

英国戏剧家莎士比亚借哈姆雷特的口说："该知道演戏的目的，从前也好，现在也好，都是仿佛要给自然照一面镜子，给德行看一看自己的面貌，给荒唐看一看自己的姿态，给时代和社会看一看自己的形象和印记。"①在戏剧这面"镜子"里，不会没有作者对"德行""荒唐""时代和社会"的态度的流露。他在《仲夏夜之梦》里说，诗人"是由想象构成的"。作为一种心理过程，想象是具有创造潜力的。有想象参与的创作活动，不会是完全机械、被动的反映。"诗人的眼睛，灵活狂放地一转，就能从天上看到地下，从地下看到天上；诗人的想象把别人不知道的事体现出来的当儿，他那支笔就给了它们形体，虚无缥缈的东西就有了住所和名字。"②这里和他《冬天的故事》里对想象的描述，与刘勰在《文心雕龙》里对神思的描述有异曲同工之妙，都肯定了想象的创造能力。从莎士比亚的创作实践看，他是怀着和谐的最高理想来反映现实的，他的人物形象是通过想象创造出来的。

作为亚里士多德模仿论的继承者，英国古典主义作家约翰生认为，"剧本的最大好处就在于模仿自然和指导生活"。从模仿自然的意义上，他说莎士比亚"是独一无二的自然诗人，他是一位向他的读者举起风俗习惯和生活的真实镜子的诗人"。他称赞莎士比亚的"戏剧是生活的镜子"。他认为"莎士比亚的思想来自活的世界，他所表现的东西也不外乎他实际看到的事物"。他的戏剧"表现了普遍人性的真实状态"；除了乔叟，"没有别的英国作家，或者也许没有几个用近代文字写作的作家，像他这样真实地描写生活的本来面貌"③。但是，约

---

①②中国社会科学院外国文学研究所外国文学研究资料丛刊编辑委员会主编：《欧美古典作家论现实主义和浪漫主义》（一），中国社会科学出版社，1980年，第72、181、157、106—108、213、212、157、247—248页。

③《莎士比亚戏剧集·序言》，见《文艺理论译丛》，1958年第4期。

翰生反对为模仿而模仿，而主张用文艺传播真理、指导生活。他认为应选择描写对象，而且描写必须正确。他要求文艺表现"人类所能达到的最高的和最纯洁的美德"，表现恶德则为了让人永远憎恨它。可见，他说的"镜子"并不是机械的、被动的。

意大利浪漫主义诗人白尔谢以镜子比喻诗歌。他指出，古典主义诗人希冀再现希腊人和罗马人身上体现出来的令人神往的美，复制"古代民族的风尚、思想、激情和神话"。这种古典主义诗歌可叫作"死人的诗歌"。浪漫主义诗人"直接诉诸自然；自然向他们启示的不是古代的思想和激情，而是当代的情感和原则"。浪漫主义诗歌可叫作"活人的诗歌"。他说"当常理向我们指出，诗歌的任务是要成为最激动心灵的事情的镜子"，它就是在支持肯定浪漫主义精神的意见①。浪漫主义诗歌作为一面镜子，其中充分体现着诗人的主观精神。

法国小说家司汤达说："小说好像一面镜子，摆在大路上。有时它照出的是蔚蓝的天空，有时它照出的却是路上的泥沼。"②这面"镜子"，既照社会，也照读者。对于社会，它要表现"时代的真实的东西"。作家在表现"时代的真实的东西"时，要有"思想"和"热情"。他在《复巴尔扎克信》里谈到《帕玛修道院》的写作时说："我谈的是我心爱的东西。"③爱是人的一种感情，它和憎往往是作品重要的主观因素。在他的作品里，真实性与倾向性是有机统一的。阿拉贡评论司汤达时说："司汤达自己就是他那时代的一面最可珍贵的镜子，是照透法国资产阶级内部矛盾的一面镜子，也是前进中的民主革命的一面镜

①中国社会科学院外国文学研究所外国文学研究资料丛刊编辑委员会主编：《欧美古典作家论现实主义和浪漫主义》（一），中国社会科学出版社，1980年，第72、181、157、106—108、213、212、157、247—248页。

②罗玉君译：《红与黑》，上海译文出版社，1981年，第476页。

③李健吾译：《巴尔扎克论文选》，新文艺出版社，1958年，第195、104页。

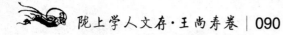

子。"①这说明司汤达不是木然不动、冷漠无情的镜子。

法国小说家巴尔扎克说:"作家应该熟悉一切现象、一切感情。他心中应有一面难以明言的把事物集中的镜子,变幻无常的宇宙就在这面镜子上面反映出来。"②他又说:"一个国家的作品,既然星罗棋布,形成一面照出这个国家全貌的镜子,活在民族之中的大诗人,就该总括这些民族的思想,一言以蔽之,就该成为他们的时代化身才是。"③这里已表明,作家和作品不是机械、被动地反映生活。他认为文学"获得全世界闻名的不朽的成功的秘密在于真实",但"文学的真实在于选取事实与性格,并且把它们这样描绘出来,使每个人看了它们,都认为是真实的"④,并不在于一味模仿事实。"艺术的任务不在于摹写自然,而在于反映自然。你不是可怜的摹写者啊,你是一个诗人!"⑤他的态度是再明确不过的。他谈到"史诗式的主人公"时说:"他们身上的生动丰富的色彩就表现出了作家所再现的实在人物的真实性,并且他还高于实在的人物。"⑥他把创造典型视为作家的使命,主张通过想象、虚构塑造典型形象。这里就离不开作家的主观能动作用。他的创作实践和文艺主张基本一致。那包括 90 多部小说的《人间喜剧》,就是他的文艺主张的见证。他在《人间喜剧》前言里说:"法国社会将要作历史家,我只能当它的书记。"⑦这只表示他将真实反映法

———————

①阿拉贡:《论司汤达》,见《阿拉贡文艺论文选集》,人民文学出版社,1958年,第 225 页。

②⑥中国社会科学院文学所主编:《古典文艺理论译丛》第 10 册,人民文学出版社,1965 年,第 19、112—113、122 页。

③李健吾译:《巴尔扎克论文选》,新文艺出版社,1958 年,第 195、104 页。

④⑤段宝林主编:《西方古典作家谈文艺创作》,春风文艺出版社,1983 年,第 308、313 页。

⑦《文艺理论译丛》,1957 年第 2 期。

国社会,并不是说他只被动记录事实。他以对当时法国社会关系的深刻理解为基础,在广阔的背景上形象地反映了19世纪上半叶法国社会从封建主义向资本主义转换的总趋势。他通过当时社会各行各业人物的描写,展示了那个特定时代的风貌。其中形形色色的人物,是在他的文艺观指导下创造出来的。作为现实主义作家,巴尔扎克有面向现实、忠于现实的一面;同时,又有在自己的思想、感情、理想和愿望支配下去创造的一面。这两方面在他是统一的。

俄国作家果戈里谈到普希金时说:"在他身上,俄国大自然、俄国精神、俄国语言、俄国性格反映得这样明朗、这样净美,正像风景反映在光学玻璃的凸面上一样。"①这是把作家比作镜子。他以俗谚"脸歪莫怪镜子"作为《钦差大臣》的题词,是把作品比作镜子。他说:"如果喜剧应当成为我们社会生活的图画和镜子,则它应当全面地、正确地反映生活。"②这就是他把文艺比作镜子的要义。果戈里反对说教,不反对作者表现自己的思想、感情,不反对作品的倾向性。他在自己的作品里就对当时的社会制度进行了愤怒的鞭挞和无情的揭露。他曾说:"我决意在《钦差大臣》里把我那时看到的所有一切俄国的坏东西收集在一起……一下子把这一切嘲笑个够。"③这正是《钦差大臣》的倾向所在。他写的人物,自然以现实生活为依据,但他"从来没有在依样画葫芦照抄照搬的意义上描画过一张肖像"。他作品里的人物是经过深思熟虑创造出来的,是艺术概括的产物。

俄国文学批评家别林斯基不止一次把文学比作镜子。1835年,他就指出,"现实的诗歌"的显著特点,就"在于对现实的忠实;它不再

---

①③满涛译:《文学的战斗传统》,新文艺出版社,1953年,第42—43、1、178页。

②钱中文:《果戈里及其讽刺艺术》,上海文艺出版社,1980年,第70页。

造生活,而是把生活复制、再现,像凸面玻璃一样,在一种观点之下把生活的复杂多彩的现象反映出来,从这些现象里面汲取那构成丰满的、生气勃勃的、统一的图画时所必需的东西"①。既然是在"一种观点之下""汲取",就不会是完全被动的。1838年,他说:"一个民族的诗歌是一面镜子,在这面镜子里,反映出它的生活,连同全部富有特征的细微差别和类的特征。"②1841年,他说,"文学是一面镜子,反映着民族的精神和生活"③。直到他去世的1848年发表的文章,还说纳列日内等一批作家"共同的努力方向",是"使小说靠近现实,使之成为现实的一面镜子"④。他用镜子比喻文学,是说明文学是生活的反映,文学应该真实反映生活,并不是说文学反映生活要像镜子那样机械、冷漠、被动。他在1843年发表的一篇文章里说:"现在,艺术已经不限于作一个被动的角色——就是像镜子一样冷漠而忠实地反映自然了;艺术要在自己的反映中传达生动的个人思想,使反映具有目的和意义。"⑤他认为,"艺术是现实的再现,是被重复了的、重新被创造了的世界"⑥。这种创造是通过想象的,因而他高度重视作家的想象。他认为在艺术中"起着最积极和主导的作用的是想象"⑦,并把"创造性想象"看成"诗人之所以有别于非诗人的特长"⑧。他的典型论,他的典

①《别林斯基选集》第一卷,上海译文出版社,1979年,第154页。

②中国社会科学院文学所主编:《古典文艺理论译丛》第11册,人民文学出版社,1965年,第52、121—122页。

③《别林斯基选集》第二卷,上海译文出版社,1979年,第396页。

④《别林斯基选集》第二卷,上海时代出版社,1953年,第395页。

⑤梁真中译:《别林斯基论文学》,新文艺出版社,1958年,第51页。

⑥⑦⑧中国社会科学院外国文学研究所外国文学研究资料丛刊编辑委员会:《外国理论家作家论形象思维》,中国社会科学出版社,1979年,第75—76、75、67页。

型形象是"熟识的陌生人"的名言,也证明他的文艺观不是机械反映论。

俄国作家冈察洛夫说:"如果形象是典型的, 它们就一定要或大或小地反映出它们所生活的时代, 而正因为如此,它们才是典型的。就是说,它们像镜子一样地反映了社会生活现象、风俗习惯和生活方式。如果艺术家本人是深刻的,那么形象就表现出心理活动的方面。"①李尔和唐·吉诃德就是"反映了旧的、新的和未来的人类社会中的无数相似的人物的镜子"②。他谈到自己的《奥勃洛摩夫》和《悬崖》时说,它们"彼此是紧密和首尾一贯地联系着的,它们像一滴水似的反映出俄国生活两个时期之间的相互联系"③。不管是"镜子"还是"一滴水"的比喻,都不影响冈察洛夫对作者主观能动性的肯定。他批评了"新现实主义"者对艺术上的理想、想象和典型性的否定。他认为,艺术的任务是完成教育事业和使人趋于完善,其目的是追求某些理想,其手段是想象。"艺术家创造真实的类似物","因此,艺术的真实和现实的真实并不是同一个东西。从生活中整个儿搬到艺术作品中的现象,会丧失现实的真实性,不会变成艺术的真实"④。艺术要创造典型,这种典型凝聚着作者的思想和感情。冈察洛夫决不会承认奥勃洛摩夫是他纯客观地照抄生活的结果。

俄国作家陀思妥耶夫斯基说:"文学——这是一幅图画, 即某种意义上的一幅图画和一面镜子;是激情的表现,是一种异常巧妙的批评,是醒世教谕和文献。"⑤从这里可以看出,他说的"文学是人民生活的一种反映,是社会的镜子",决不无视文学创作里作家的主观能动

①②③④中国社会科学院文学所主编:《古典文艺理论译丛》第 1 册,人民文学出版社,1965 年,第 83、149、184、145、182 页。

⑤《文艺理论研究》,1980 年第 3 期。

作用。他用镜子比喻文学,却没有把文学和镜子等同起来。正如他自己所说,"镜子不表示自己的观点,而只是消极地、机械的反映。一个真正的艺术家不允许这样做;无论是一幅画,一个短篇,一部音乐作品,都必然反映出作者本人(的思想)"①。所以,他把小说的艺术性与通过人物和形象清楚地表现作者的思想联系在一起。他的小说《穷人》和《恶魔》、《卡拉马佐夫兄弟》的相反的政治倾向,证明他的创作实践与镜子反映事物是根本不同的。

俄国小说家柯罗连科就"完全不赞成奴隶式地临摹"。他自称"是奴隶式地临摹自然的敌人",说"自己从来没有采用过这种方式"。有位作家主张艺术家把自己的"世界幻象"描绘给读者看;而人们通常把艺术作品比作反映现象世界的镜子。他认为可把这两种定义做一定的结合:"艺术家是镜子,不过是活的镜子。他从现象世界中接受了需要直接感受的东西;可是后来,他所感受到的一些印象在他的生动的想象力的深处发生了一定的交互作用,适应了艺术家心中的一般世界概念而组成了新的配合。然后在这过程的末了,这面镜子显出自己的影像、自己的'世界幻象',我们在那里看到我们所熟悉的现实要素以从来不曾见过的新结合出现了。"②经这一阐释,他弥补了原比喻的不足。

罗曼·罗兰这位法国作家在评论巴比塞的小说《火线下》时说:"我们在本书中看到一面反映战争的无情的镜子。在那镜子里,战争一天天被反映着,连续十六个月。"③这是一部暴露真相的作品,罗曼·

---

①《文艺理论研究》,1980年第3期。

②中国社会科学院文学所主编:《古典文艺理论译丛》第11册,人民文学出版社,1965年,第52、121—122页。

③孙梁辑译:《罗曼·罗兰文钞》,上海译文出版社,1985年,第94、452页。

罗兰把它比作镜子是有道理的。他"倾听巴比塞的《火线下》所散布的崇高而阴郁的哀怨",他看到了《火线下》所表现的"愤怒"。显然,他说的"镜子"包含着这些内容。他谈到苏联文学时认为,苏联文学的"社会的重要性,首先在于它勇敢地献给广大读者的正直的镜子。伟大的艺术家是时代的眼睛。通过这眼睛,时代看见一切,看见自己"[①]。他还认为,"艺术的伟大意义的本质在于它能显示灵魂的真正感情、内心生活的奥秘以及热情的世界"[②]。可见,他说的"镜子"是由主客观两方面构成的。这也可从他的"革命戏剧"《罗伯斯庇尔》,小说《约翰·克利斯朵夫》《欣悦的灵魂》等得到证实。

鲁迅在为叶永蓁的长篇小说《小小十年》写的《小引》里说:"他描出了背着传统又为世界思潮所激荡的一部分的青年的心,逐渐写来,并无遮瞒,也不装点,虽然间或有若干辩解,而这些辩解,却又正是脱去了自己的衣裳。至少,将为现在作一面明镜,为将来留一种记录,是无疑的罢。"[③]《小小十年》虽然并不成熟,但它比较真实地反映了20世纪20年代在世界革命思潮影响下一部分中国青年对旧传统的反叛、对革命的向往。也通过"我"的"爱和憎的纠缠,感情和理智的冲突,缠绵和决撒的迭代,欢欣和绝望的起伏",较真实地反映了当时部分青年的心曲。《小小十年》是一部自传体小说,但它不是作者经历的客观记录,而是有鲜明倾向的。从鲁迅的文艺观和创作实践看,也很难把他和机械、被动的镜子式的反映论联系起来。他认为,"文艺是国

---

①中国社会科学院外国文学研究所外国文学研究资料丛刊编辑委员会主编:《欧美古典作家论现实主义和浪漫主义》(一),中国社会科学出版社,1980年,第72、181、157、106—108、213、212、157、247—248页。

②孙梁辑译:《罗曼·罗兰文钞》,上海译文出版社,1985年,第94、452页。

③叶永蓁:《小小十年》,上海春潮书局出版,1929年。

民精神所发的火光,同时也是引导国民精神的前途的灯火"。他希望作家"真诚地、深入地、大胆地看待人生并且写出他的血和肉来"①。他还说:"我以为文艺大概由于现在生活的感受,亲身所感到的,便影印到文艺中去。"②既然如此,作品中就不可能没有作者意识的作用。他说自己的作品所写的事迹,"大抵有一点见过或听到过的缘由,但决不全用这事实,只是采取一端,加以改造,或生发开去,到足以几乎完全发表我的意思为止"③。艺术的真实虽然来自生活的真实,但它不等于生活的真实;文艺作品是作家创作出来的,不同于镜子对外物的反映。

①《坟·论睁了眼看》,见《鲁迅全集》第 1 卷,人民文学出版社,1981 年,第237 页。

②《集外集·文艺与政治的歧途》,见《鲁迅全集》第 7 卷,人民文学出版社,1981 年,第 115 页。

③《南腔北调集·我怎么做起小说来》,见《鲁迅全集》第 4 卷,人民文学出版社,1981 年,第 511 页。

1966—1976 年的甘肃文学

导 言

1966 年 5 月到 1976 年 10 月的"文化大革命",是中国当代历史上的一个倒退时期。这十年,中国经历了新中国成立后最大的一场浩劫,给党、国家和全国人民带来了深重的灾难,造成了巨大的挫折和损失。《中国共产党中央委员会关于建国以来党的若干历史问题的决议》指出:"实践证明,'文化大革命'不是也不可能是任何意义上的革命或社会进步。"又指出:"历史已经判明,'文化大革命'是一场由领导者错误发动,被反革命集团利用,给党、国家和各族人民带来严重灾难的内乱。"

"文化大革命"是从文艺上开刀的,文艺战线自然成了重灾区。林彪委托江青召开的部队文艺工作座谈会炮制的《纪要》,为林彪、"四人帮"推行封建文化专制主义制定了策略和方针,是他们在文艺上实行"全面专政"的纲领。他们抛出"文艺黑线专政"论,否定党对文艺事业的领导,否定十七年的文艺成果和创作队伍。"四人帮"是摧残、破坏社会主义文艺的罪魁祸首。"四人帮"在甘肃的代理人,对主子的旨意心领神会、亦步亦趋、紧跟照办,因而使甘肃的文艺事业也深陷浩劫,遭到空前破坏。

第一节　洗劫在甘肃文学界

十年动乱期间,甘肃文学界和全国一样,也经历了一场前所未有的灾难。"四人帮"在甘肃的代理人紧跟主子,诬蔑甘肃"文化大革命"前十七年是"文艺黑线专政""黑帮统治",因而先从文艺界的领导开刀。1966 年 7 月,"揪"出了一个所谓"阮吴黑帮集团"。派定前省委常委、宣传部长、《甘肃日报》总编阮迪民和省委宣传部副部长吴坚为"黑帮头目",铁军、莫耶、雪凡等为"骨干"。这个所谓"反党反社会主义的黑帮集团",还有"一百单八将"。"四人帮"在甘肃的代理人利用《甘肃日报》、甘肃人民广播电台等宣传工具和群众集会,进行了声势浩大的声讨,并发表了社论和大块批判文章。接着层层揪、层层斗,文艺工作的各级领导干部都成了"走资派""复辟派"或"修正主义分子"等,被打翻在地,又踏上一脚。

文联、作协等文艺组织全被解散。文联主席常书鸿,被扣上"资产阶级反动权威"的帽子批斗,文联副主席、作协副主席李秀峰,于1966 年被迫害致死;作协秘书长徐刚,《甘肃文艺》负责人杨文林等,被当作"修正主义分子"关进"牛棚"。至于其他年纪大一些的作家,也无一幸免。如武玉笑、程士荣、刘万仁、赵戈、姚运焕、赵燕翼、张承智、曹杰、林草等,都曾是"牛棚"的成员。汪钺被批斗后遭送回陇西。何嶽被遣送回湖南武陵山区,弄得家破人亡。李松涛 1966 年失踪,至今下落不明。有些青年作者,被定为"修正主义苗子""业务挂帅的尖子",列为批判对象。经过"斗批改",文艺界的领导干部和作家,有的进干校或农场劳动,有的去工厂当工人,有的下放专县或公社,文艺队伍被完全打散。文艺刊物全部停办,《甘肃文艺》停刊七年之久。

"文化大革命"前十七年的文学作品,也被进行了规模空前的、彻底的"横扫"。十七年里,甘肃也产生过相当数量的和比较好的作品,这是不容抹杀的事实。然而,"四人帮"在甘肃的代理人却对它们进行了不同形式、不同程度的批判,以"封资修""毒草"等罪名加以禁锢。结果,作品批光了,社会主义文艺园地成了"毒草丛生"的荒野。"四人帮"及其在甘肃的代理人"革"文化之"命"如此"彻底",这在人类历史上亦属罕见。以下略举几例,以见他们洗劫甘肃文艺的一斑。

刘万仁、程士荣、吴乙创作的电影文学剧本《红河激浪》,1963年8月由北京电影制片厂拍摄成影片。影片未上映,即被康生定为"反党作品"。1966年5月,江青又说它是"为反党分子高岗翻案"的"大毒草"。1968年,经"四人帮"及其在甘肃的代理人策划,在《人民日报》《解放军报》《光明日报》《甘肃日报》发表大块文章,围攻《红河激浪》,以所谓它"竭力鼓吹陕北救中央"为由,定罪为"高岗反党集团的变天账""高岗的功德碑""高岗反党集团的招魂幡"等等,一时帽子满天飞,棍子遍身打,使一部影片承受了它根本无法承受的压力。结果,作者被批斗,导演、作曲及支持过作品创作的领导干部受株连,给他们扣上"三反分子""反革命""高岗的亲信"等帽子,被整得死去活来。竟连提供过素材的老游击队员赵铁娃,也被迫害致死。这是一起株连千余人,包括从中央到地方的党、政、军负责同志30余人的政治大冤案。事实上,《红河激浪》写的是1935年遵义会议以后,陇东地区中国共产党领导下的一支游击队发动群众、开展武装斗争、建立革命根据地的故事,表现的是"枪杆子里面出政权"的主题思想。试问,这与"反党"有何联系?又从哪里看出是为高岗翻案?其实,醉翁之意不在酒,他们要借此否定老一辈无产阶级革命家的历史功绩,以便实现他们罪恶的政治阴谋。

陈工一的话剧《"8·26"前夜》,写的是兰州解放前夕共产党领导的地下斗争,也在劫难逃。"四人帮"在甘肃的代理人硬说它是"为彭德怀树碑立传","攻击和诋毁毛主席人民战争思想"的"反党反社会主义的大毒草"。为此,作者蒙冤,有关同志被株连。且不说毛泽东在庐山会议发动的对彭德怀的批判和中共八届八中全会关于"彭德怀、黄克诚、张闻天、周小舟反党集团"的决议的错误,仅就作品内容而言,它并没有描写彭德怀如何指挥第一野战军激战兰州,歼灭马步芳匪军,何以见得是"为彭德怀树碑立传"?即使这样写了,也是事实,何罪之有?不直接写人民解放军攻克兰州,就是"攻击和诋毁毛主席人民战争思想",写了不又是"为彭德怀树碑立传"吗?他们利令智昏,为了反动的政治目的,连起码的逻辑也不顾了。

话剧《教育新篇》肯定半耕半读这种办学形式,歌颂了教育革命。1966年初,人们为它的创作和演出而"欢呼",称它是"戏剧革命的新成果",是"教育革命的赞歌"。但是,时过两年,它就和《红河激浪》《"8·26"前夜》等一起被置于"毒草"之列,受到挞伐。中共八届十二中全会批准了《关于叛徒、内奸、工贼刘少奇罪行的审查报告》,宣布"把刘少奇永远开除出党,撤销其党内外一切职务"。于是,《教育新篇》就成了"为修正主义教育路线鸣锣开道","为刘少奇一伙复辟资本主义制造反革命舆论的大毒草"。本来,半耕半读是适应中国当时农村的具体情况出现的一种办学形式,其长短利弊是可以讨论并通过实践进行检验的。然而,由于刘少奇肯定这种办学形式,就说它是修正主义教育路线的产物,称赞它就是"为修正主义教育路线鸣锣开道",就是为"复辟资本主义制造反革命舆论",这就成了罗织罪名。谁被打倒,谁肯定过的事物就被否定,赞扬这种事物的文艺作品也跟着遭殃,这是荒谬的逻辑。何况对刘少奇的处理是中国革命史上的一大冤案。

汪钺创作的话剧《岳飞》,在1964年的文艺整风中就遭到批判,说它"配合蒋介石窜犯大陆,号召牛鬼蛇神进行反革命复辟"。因为它写于蒋介石叫嚣反攻大陆的1962年,其中又表现了"还我河山"的主题。"还我河山"是岳飞向金人收复失地的誓言,集中表现了他的爱国精神,和蒋介石反攻大陆是风马牛不相及的。作品里塑造的岳飞,也与蒋介石没有共同之处。批判者又制造了一桩冤案。1969年,《岳飞》又被定"罪"为"替右倾机会主义分子鸣冤叫屈,反党反社会主义"。此剧是为岳飞鸣冤叫屈,岳飞与"右倾机会主义分子"是拉扯不到一块的,更谈不到什么"反党反社会主义"。1974年,对该剧的定性降调为"歌颂帝王将相"。对历史现象,应该采取历史唯物主义的态度。岳飞作为历史人物,自然有其局限和错误,但他是中国历史上家喻户晓的爱国名将,歌颂他的爱国精神并没有什么错误。

由石兴亚、金行健、陈文鼐、李迟、姚肪等依据传奇剧本《渔家乐》改编的《枫洛池》,标志着陇剧的诞生。它鞭挞了残害百姓的封建统治者,讴歌了人民的反抗精神,是推陈出新的优秀成果。周恩来两次观看并向毛泽东推荐,又亲自决定该剧参加国庆十周年汇报演出。1960年前后,甘肃省陇剧团带该剧赴上海、江苏、浙江、安徽、河南、河北、陕西等省市巡回演出,受到观众欢迎,并为评剧、越剧、豫剧等剧种移植。

但是,在"文化大革命"中,《枫洛池》仍遭批判,说它是"影射十大建筑、攻击三面红旗"的"毒草",是习仲勋支持的"反党作品"。我们知道,为迎接国庆十周年,人民大会堂、中国人民革命军事博物馆、北京工人体育场、民族文化宫、民族饭店、全国农业展览馆、中国革命博物馆、中国历史博物馆、北京火车站等,在1959年10月前先后建成。但这与《枫洛池》里写的汉末太师梁冀修建的别墅枫洛池毫无共同之处,从作品里也看不出影射的痕迹。至于"攻击三面红旗",也属子虚乌有。且不说今天怎样评价当时的"总路线、大跃进、人民公社"三面红旗,就作品的内容看,并不包含攻击它们的成分。因此,"毒草""反党"之类的罪名是不能成立的。将《枫洛池》与习仲勋联系起来,不但无助于他们对作品的否定，而且透露了他们否定作品的政治目的。

事实证明，"四人帮"及其在甘肃的代理人对"文化大革命"前十七年文艺作品的否定是一个政治问题，是为他们篡党夺权的政治目的服务的。他们批判文艺作品时总把矛头指向老一辈无产阶级革命家，就表现了这种狼子野心。为此，他们对作品定"罪"不是依据事实，而是以康生、江青之流的定性或当时的政治需要为依据。断章取义、穿凿附会、颠倒是非、混淆黑白、无限上纲等，就是他们罗织罪名常用的手法。所以，这种定"罪"是随意性的，想定什么就定什么，即使同一部作品，也可随政治气候的变化或新的政治需要更换帽子。由此足见他们对文艺作品进行的政治批判的荒唐。

同时，当时批判作品并不限于具体作品本身，而影响到以后的作品写什么和怎样写的问题，文艺创作怎样发展的问题。因为，对具体作品的批判是与设置禁区联系在一起的。批判一部作品，就设一个禁区：批判了《红河激浪》，就不准写陕甘宁边区；批判了《"8·26"前夜》，就不准写西北解放战争；批判了《岳飞》，就不准写历史题材；批判了《远方青年》，就不准写爱情。可以写的，也只能照"样板"依样画葫芦。用条条绳索捆住了作家的手足，文艺创作就不会有生气、有活力，它的发展也就成了一句空话。

我们说"四人帮"及其在甘肃的代理人洗劫文艺，是指洗劫不符合他们政治需要的文艺，并不是说他们不要任何文艺。江青就"抓"了"样板戏"，以示他们也关心人民的精神需要；同时，也可为自己树立起"文化革命旗手"的形象。为了为他们篡夺党和国家最高领导权制造舆论，他们鼓吹"写与走资派做斗争的作品"，并炮制了话剧《盛大的节日》、电影《反击》等阴谋文艺。"四人帮"在甘肃的代理人也大捧"样板戏"，组织大演"样板戏"，普及"样板戏"，以张扬"旗手""呕心沥血"的功绩。1976 年，甘肃也有《努力反映无产阶级同走资派的斗争》

之类的报告和文章公之于众。"四人帮"在甘肃的代理人叫嚷,要写经过土地革命、抗日战争和解放战争的"走资派"。在他们策划、指挥下,短短八九个月之内,甘肃就写出了"与走资派做斗争"的戏剧、曲艺作品130多件,小说、散文、诗歌及音乐作品也有近百篇,其中具有代表性的,是话剧《战长年》和电影剧本《主要战场》等。且以《战长年》为例,看看他们提倡的是什么文艺。

《战长年》是在江青、张春桥等策划下出笼的,是"四人帮"在甘肃的代理人直接指挥下"赶紧抓"出来的。"战长年"虽是作品里"一号英雄人物"的名字,却包含着长期与老一辈无产阶级革命家作战的意思。剧本写以临江铁路分局党委第一书记战长年为代表的"反复辟英雄"与以联运指挥部总指挥范逸民为代表的"走资派"的斗争。范逸民是按"老干部=民主派=走资派=反革命"的反动逻辑捏合成的"死不改悔的走资派"的形象。他在临江铁路分局搞整顿,免了战长年的职。这种整顿,就是"举逸民",就是"复辟",于是战长年这个"造反派领袖"对着干,经过一番较量,范逸民被打倒,战长年重新登上原来的宝座。由此可见,他们所提倡的文艺是为他们的政治阴谋服务的。不过,机关算尽,什么文艺也挽救不了他们灭亡的命运:《战长年》还在赶排之中,"四人帮"的丧钟已响彻神州大地。

第二节 文学工作的局部恢复

全国人民对精神食粮的极端匮乏已无法忍受,"八亿人看八个样板戏"的状况不能再维持下去了。1971年,由于毛泽东、周恩来等干预,恢复了《人民文学》《诗刊》等少数儿家文学刊物;"样板戏"之外的文学著作也开始准予出版。这是文学工作恢复的开始。在这样的背景下,甘肃的文学工作也逐步展开。《甘肃日报》开始发表文学新作,并从1971年3月起,开辟《春风》文艺副刊。1972年3月至6月,《春风》为纪念毛泽东《在延安文艺座谈会上的讲话》发表30周年,刊登征文11次。同年甘肃省"革命委员会"成立了"5·23"办公室。该办公室下设的文学组由杨文林主持,举办了创作学习班。参加创作学习班的有于辛田、师日新、李云鹏、张国宏、赵燕翼、郑重、曹杰、王家达、景风、王守义、李镜、李茂林、金吉泰、李田夫等50余人。这是被打散的文学队伍的第一次收集结。在近百天里,创作、编辑结合,出版了短篇小说集《登高望远》《山花》,叙事诗集《进军号》,儿童小说集《虎子敲钟》,报告文学集《风展红旗》。同时,甘肃人民出版社还出版了诗集《陇原新歌》,小戏集《春风杨柳》和《开锁记》等。

1973年5月,《甘肃文艺》复刊。从1973年到1976年6月,甘肃人民出版社又出版了小说集《油田春早》《新绿的腾格里》《闪亮的钢枪》《战旗飘扬》,诗集《甘山歌谣》《金色的熔炉》《红牧歌》《山塬春》《冲锋号》,剧本《毕业新歌》,儿童小说集《欢乐的手鼓》等。这些,都是"文化大革命"后期文学工作局部恢复的收获。

文学工作局部恢复,作家也局部解放。"文化大革命"前期被迫停笔的作家,这时又有部分操笔在手。赵燕翼、曹杰、郑重、王家达、王守义、景风、李禾、刘玉、芦振国、金吉泰、高平、汪玉良、夏羊、伊丹才让、师日新、赵之洵、李云鹏、何来、李老乡、廖代谦、姚运焕、王坤、任家春等,就是其中的一部分。同时,一批新作者发表了他们最初的作品。这些作者里很多是血气方刚的青年,但也有已过而立之年或到不惑之年的中年人,如张锐、张俊彪、李本深、姜安、何生祖、冉丹、浩岭、李民发、李百川、李田夫、余振东、林染、姚学礼、高戈、马自祥、唐光玉、张世元、黎廷刚等。

下面分别谈谈甘肃本时期小说、诗、戏剧和散文创作的基本情况。

甘肃本时期的小说,除散见于《甘肃文艺》《甘肃日报》等报刊的,主要有八本小说集:《登高望远》《山花》《虎子敲钟》《油田春早》《新绿的腾格里》《欢乐的手鼓》《闪亮的钢枪》和《战旗飘扬》。这些小说,全是短篇,少数出自专业作家之手,大部分是基层干部和工农兵作者创作的。

甘肃这个时期的小说,以写农村题材为多。赵燕翼的《三月风雪》写阿尔金山区红旗牧场转场的故事,集中塑造了牧羊姑娘叶尔罕和库班爷爷两个形象。叶尔罕和库班爷爷赶一群三类羊转场,中途遇暴风雪,历尽艰辛,在解放军协助和场部关怀下到达目的地,而且次年羊群上升为一类。这篇作品虽未摆脱时尚的影响,但在当时的作品里还是有可读性的、有特色的。何生祖的《采棉时节》和《红沙河边》都写农业。前者写前进路上不停步、不断提高棉花产量和质量问题,后者写引洪灌田问题。前者虽然说教也不少,但艺术上稍胜于后者。李益裕的《春满》写春满研制"溪水断流"水泵。他的《特别试验田》写老支书种试验田,塑造了一位前进路上永不停步的老支书形象,颇有生活气息。此外,李禾的《登高望远》《金兰子》《钟声嘹亮》和《金水洞前》,余振东的《新班长》,金吉泰的《饲养院里》《新任队长》等,都写农村题材,其中也有一些在艺术上有可取之处。还有写插队知识青年的,如杨忠的《钢钎姑娘》;有写"赤脚医生"的,如王家达的《山村医生》;有写合作医疗的,如浩岭的《艳山红》;有写少数民族地区兽医的,如尕藏才旦的《红十字药箱》;有写民兵的,如辛耀午的《朝阳桥》等。这些作品,只能是那个特定时代的产物。

写工业题材的小说,有郑重的《新来的书记》,曹杰的《路标》,海飞的《钢人铁马》,李茂林的《主人》和《金色的螺钉》,土秉才的《翠霞》等。《新来的书记》塑造了一位深入群众、依靠工人的党委书记谢琛的形象,《路标》塑造了武铁柳等钻井工人的形象,《主人》塑造了炼钢工人王铁虎的形象,《翠霞》塑造了矿山现场卫生所赤脚医生向翠霞的形象。其中性格较为鲜明的是向翠霞。在写铁路职工的小说较少的情况下，蔡其康歌颂车站站长的《女站长》，则别是一个天地。

写部队生活的有李镜的《任务》，景风的《脚印》，曹永安的《发光的驼铃》等。这些作品写的是和平时期部队的日常生活，其中所展现的是人民军队的精神风貌。此外，焦炳琨的《山花》写商店，王萌鲜的《灯下》写农村教育，歌颂商业和教育战线的新人新事。

这里还要谈一下儿童小说。这是以儿童为主要描写对象和读者的小说，符合儿童的心理和生理特点，为儿童所喜爱，一般列入儿童文学。儿童小说集《虎子敲钟》收作品 14 篇，《欢乐的手鼓》收作品 10 篇，还有散见于报刊的。这些作品，农村题材占绝对优势。其中塑造了各种各样少年儿童形象，展现了他们可贵的思想品德和崭新的精神风貌。李田夫的《虎子敲钟》是有一定影响的作品。其中写虎子替父亲敲钟集合社员、派工等，俨然是个大人。作品通过心理和行动的细致描写，使人物虎虎有生气。冉丹的《金色的大雁》写解放军派飞机到草原撒灭蝗药粉，红小兵华尔丹等插信号旗，并与破坏撒药粉的牧主展开斗争。陈礼的《欢乐的手鼓》歌颂一个少年宣传队的优良品质。法兰的《红珊瑚腰刀》，王守义的《红亮的心》，金吉泰的《公社小主人》，艾力布扎木苏的《骑上银鬃驹》，孙志诚的《英雄小羊倌》，张顺欣的《烽火少年》等，都塑造了较生动的少年儿童的形象。曾万谦、李百川等，也写了儿童小说。

总之，这个时期的小说不能简单否定，但其缺点也是明显而严重的。之所以不能简单否定，是因为它们产生于一个非常时期，我们不能用今天的标准去衡量它们、要求它们，同时，有些作品在思想内容和艺术表现上也有值得肯定的地方。但是，非常时期的作品里留下的时代烙印则是不容抹杀的事实，而这种时代烙印又是当时小说创作背离文艺特殊规律的表现。如紧密配合"文化大革命"中的各种政治宣传、图解政策，脱离生活结构情节、塑造形象等，就是当时小说创作普遍而严重的缺陷。

甘肃"文化大革命"时期的诗歌，除大量散见于报刊者外，编辑成集的就有《陇原新歌》《进军号》《甘山歌谣》《甘山新歌谣》《高原大寨歌》《青春似火》《金色的熔炉》《战鼓集》《征途新歌》《红牧歌》《山塬春》和《冲锋号》等。其中有总集，也有别集。其主要内容的范围，大体可以从《陇原新歌》看出来。这本诗集，选诗百首，按内容分为八类：颂歌献给毛主席、高唱战歌永向前、阶级斗争永不忘、共产主义蓝图咱来画、大寨红花遍地开，战士红心永向党、军民鱼水谱新篇、广阔天地炼红心。除"共产主义蓝图咱来画"看不出它写的是工业题材之外，其余各类的内容范围，都可从各类的总题上看出来。有的诗集，题材范围专一，如《金色的熔炉》写工业，《高原大寨歌》写"农业学大寨"等。还有专写"批林批孔"的《战鼓集》。

甘肃这时期的诗歌是赞歌，大赞大颂"文化大革命"，大赞大颂当时所谓的"新生事物"，又是"战歌"，为"阶级斗争""路线斗争"呐喊助阵，以便消灭"鬼怪妖魔"。与此相适应，作品往往主题浅露，构思大同小异，充满豪言壮语和标语口号。当时的客观环境迫使作者按照别人的意志、观念和爱好匆匆表态，这样写出来的当然只能是应景之作。至于独特感受和激情的表现和抒发，新的意象和意境的创造，含蓄而意蕴丰富的诗句的提炼等，被迫排斥于作者的艺术追求之外。那些组织、发动工农兵写的作品，如《甘山歌谣》《甘山新歌谣》等，往往是为某些政策服务的，自然不必考虑诗味的有无。这里讲的是一般情况，并没有全盘否定的意思。

本时期个人出版的诗集有三种：《山塬春》《红牧歌》和《冲锋号》。《山塬春》是夏羊的短诗集。夏羊在新中国成立后的诗以"歌颂光明"为主调，"文化大革命"期间的诗，主要歌颂农业学大寨和当时的"新生事物"，形式接近歌谣。这些诗和他此前此后的诗在内容、形式和格调上都有很大不同。1986年他出版了诗集《呼哨的季风》，其中选收他20世纪40年代至80年代的诗作，却不见他"文化大革命"中的作品，可看出那些诗在他心目中的地位。《红牧歌》是农民诗人刘志清的诗集，收作者1955年至1973年写的民歌体诗作50余首，其中包括一部分"文化大革命"期间的作品。这些诗的语言质朴，而套话、口号不少；虽有激情，但缺乏感人的艺术力量。傅金城的《冲锋号》包括红日的赞歌、军营冲锋号、车间进行曲、革命青春颂四类作品，充满战斗激情，语言简练，却豪言壮语较多。

经过"文化大革命"的冲击，一些老诗人改变了诗风，夏羊如此，高平等也是这样。他们的改变是向工农兵作者靠拢。工农兵作者，在我国向来受到重视，本时期更甚。对工农兵作者的大力支持和鼓励，对于在更广范围发现人才、培养人才，壮大创作队伍是有积极意义的。现在有些作者在当时开始发表作品时都冠以"工人""农民"或"解放军某部"字样，可见他们是从工农兵中成长起来的。但是在"文化大革命"中，压抑知识分子出身的作者，打击专业作者，却是不利于文艺事业发展的。

甘肃的戏剧本为强项，产生过一些较有影响的作品。然而，到了"文化大革命"时期，猛然掉入低谷：作品数量很少，艺术质量不高。我们看到的，主要有一个七场话剧《油海怒涛》和收入小戏集《春风杨柳》《开锁记》及散见于报刊的共20余出小戏。小戏中有话剧、歌剧、陇剧、秦腔、眉户和高山戏等各种样式，其中出自老剧作者之手的较少。

甘肃省话剧团集体创作，姚运焕、任家春等执笔的话剧《油海怒涛》，写的是1960年一个油田钻井队的故事。钢铁钻井队在钻井过程小，粉碎了阶级敌人的破坏，排除了保守思想的干扰，克服了种种困难，终于取得胜利。作品表现了"独立自主，自力更生"和"艰苦奋斗"的精神。1960年，由于自然灾害和"左"的错误，我国正处在"三年困难"时期。加之苏联撤走专家，中断合同，形势更为严峻。剧作宣扬的精神正是我们克服困难的一种力量，也是当时的国家方针。作品在敌我矛盾和人民内部矛盾的交织小展开情节、塑造形象，虽没有多少新鲜之感，却保持着戏剧文学的特性，而且反映了生活本身的复杂。

　　20余出小戏，多是通过某些事件宣传某种思想的，情节依据所宣传的内容安排，人物按所宣传的内容设置并刻画。塑造的先进人物高大完美，远离生活，甚至是某些概念的化身或符号。这样就影响了作品的社会效果。当然，它们当中也有少数可看作当时较好的作品。黄婴的歌剧《紫曲河畔》写阶级斗争：女民兵卡尔玛在江指导员带领下，在紫曲河渡口抓住了一名伪装的反革命逃犯，并教育了眼睛不亮的民兵尼扎。情节较简单，人物性格不鲜明。武威地区文工团集体创作、王坤执笔的小歌剧《一包红糖》写人民内部矛盾：巧凤爹用怀驹的马拉车，饲养员大爹进行了批评，大爹老伴大妈送了一包红糖安慰，并反对批评。在大爹和未来媳妇巧凤的帮助下，思想问题解决，皆大欢喜。剧情安排有巧妙之处，却又掺杂一些生硬的说教。甘肃省陇剧团创作组创作，田沛执笔的陇剧《风雪马蹄声》也写阶级斗争：反革命铁似木谎称兽医，将患传染病的马偷换到牧马场的马群里，被牧马场组长朗洒揭穿。剧情有跌宕，但构思缺乏新意。康县业余文艺创作组和武都地区文艺创作组创作的秦腔《领路》，赞誉了商业战线全心全意为人民服务的作风和思想。其中塑造了一心为群众着想的女营业员李华的形象。在她带领下，经过群众帮助和事实教育，服务态度不好的小王提了认识。剧情尚可，但语言缺乏特点。平凉地区戏曲创作学习班集体创作、张世元和黎廷刚执笔的话剧《毕业新歌》，赞颂大学生当农民这个"社会主义新生事物"，以配合当时对"资产阶级法权"的批判。这是此剧当时受到重视和赞誉的主要原因。

在"文化大革命"中,学习、移植、普及"样板戏"是一大任务。不能说它毫无意义,但对创作来说,消极作用是主要的。当时的戏剧创作,以"样板戏"为范本,以"主题先行"论、"根本任务"论、"三突出的创作原则"为指导。因此,不少作品都图解事先确定的概念,都按照概念塑造英雄人物,都让主要英雄人物占据中心位置,而且英雄人物都是高大全式的。这样,就创造不出性格鲜明、血肉丰满的艺术形象,作品就失去了它特有的本性。同时,许多作者也不屑于写这样的东西。由此可以窥见当时甘肃戏剧创作陷入低谷的主要原因。

甘肃"文化大革命"期间的散文,以专书与读者见面的,是报告文学集《风展红旗》和散文集《深山明珠》。《风展红旗》收作品 19 篇,内容涉及工人、农民、战士、医生、科学工作者、城镇居民等各个方面。作品不管写干部或写群众,写集体或写个人,都是歌颂先进、表彰模范。其中所歌颂的,有些是有历史意义或于我们有益;但有些已随时间的流逝,成了明日黄花;更有一些是错误的。在文风上往往实事求是不足。兰州军区政治部宣传部编的《深山明珠》,收兰州部队业余作者的散文 17 篇,写到战士、知识青年、赤脚医生、马背小学、"五七"干校等,但都为"批林批孔"大唱赞歌。其中也有一些真情实感的抒发和生动描写,但过多的豪言壮语和标语口号又起了相反的作用。

就当时散见于报刊的散文来看,数量也很有限。除了那些随"文化大革命"过去而被人遗忘者外,也有一些可读的篇章。尉立青当时先后发表了《丁香盛开》《战斗的春天》和《骆驼背上的医院》等散文。《丁香盛开》是富有意境的感人之作。它把读者带到风光绚丽的陕南山村,去见到了那位热情直爽、泼辣能干的大牛媳妇。作品以朴实的语言,一暗一明、交错有致地勾画出了姜大牛和他媳妇充满活力的形象,既赞中坦友谊,更赞民众拥军。《骆驼背上的医院》写解放军医疗队不辞辛苦为牧民治病的故事，赞颂军爱民。两篇作品合起来表现军民团结。这些散文，以叙事见长，结构严谨，语言质朴。冉丹发表了《向阳花》《幸福姐妹》和《珠玛》(后改为《金翅鸟》)。后两篇较好。《幸福姐妹》写北京医疗队的"眼镜曼巴"给藏族姑娘卓玛草和坎召草姐妹治好了聋哑病，使"盲人重见红太阳，哑人唱出了心里话。"这是藏族生活史的缩影，既是写实，又有象征意义。《珠玛》写藏族姑娘去北京上大学的故事，既有生动之处，又嫌未脱俗套。芦振国有《红枣树下》《戈壁红柳》《红窗花》等散文发表。《戈壁红柳》写解放军边防部队艰苦奋斗、扎根边疆的先进事迹，表现了边防战士斗风沙、战酷暑、抗严寒、扎根戈壁的红柳精神。与这篇散文精神一致的，是黄凤谦、白圣如的《火红的枸杞》，只不过这一篇写上海知识青年扎根西北的先进事迹，表现手法上又有特点。曹永安发表了速写《报喜》，散文《朝阳路》和《洪波曲》等作品。其中《朝阳路》通过通向朝阳大队的路和菊奶奶一家的变化，反映了陇南山区的变化，使人感受到了陇南山区的清爽气息。但从构思上看，仍是忆苦思甜的旧套路。

与上述作品不同，铁军的《阿克塞散记》没有"文化大革命"的烙印。铁军在"文化大革命"前曾数次去阿克塞访问，又到新疆阿勒泰、伊犁、哈密等地深入生活，还查阅了大量资料、档案，准备写长篇小说。然而十年动乱使他的计划成了泡影。他在被迫交代《红河激浪》的"反党罪行"之余，抱病卧床，"偷偷"写成此书。但它的出版，是在1981年。深知底细的程士荣称此书为他要写的那部长篇小说的雏形①。

作品以生活在甘肃、青海一带的哈萨克族的历史和现实生活为题材，从他们遥远的传说写起，写他们所受盛世才、马步芳和头人的

---

①程士荣:《蜜成花不见》(代序)，见《阿克塞散记》，甘肃人民出版社，1981年。

摧残,写他们的流浪生活,写他们获得解放和与叛匪乌斯满的斗争,写合作化运动,直到1964年庆祝阿克塞哈萨克族自治县成立十周年结束。作品以质朴生动的笔墨,描述了哈萨克族经历的苦难和他们英勇剽悍、不屈不挠的性格与斗争精神。作品语言朴素,而且纯熟地运用了哈萨克民族的格言、谚语,更使其富有民族色彩。

总之,"文化大革命"后期文学创作的恢复是值得庆幸的。

然而,当时"四人帮"还掌握着一部分国家权力,他们的思想影响也较深广,甘肃文学仍然不可能完全摆脱其思想桎梏。"四人帮"把文学看作政治斗争的舆论工具。为了实现他们的政治阴谋,强使文学紧跟"文化大革命"的步履,宣传一时一事的具体政策,图解概念,从而使一些作品成了"文化大革命"的形象化传单。即使那些较好的作品,也难免留有"文化大革命"的烙印,因而达不到更高的水平。所以,本时期文学创作上存在的问题,是"文化大革命"的必然结果,是一种历史现象。

事实证明,"四人帮"推行的封建文化专制主义,是社会主义文学发展的枷锁,是社会主义文学繁荣的大敌。文学作品应该是创造性劳动的成果,最忌树立"样板",规定统一的一成不变的"创作原则",强求一律。因此,必须全面贯彻执行党的"百花齐放,百家争鸣"的方针,在文艺为人民服务、为社会主义服务的方向下,发扬艺术民主,充分调动作家的创作积极性,使其八仙过海,各显其能。只有这样,我们社会主义文艺的百花园才有可能万紫千红、群芳吐艳。

《中国历史美学和文论研究资料索引》前言

　　《中国历代美学和文论研究资料索引》是一种专科性资料目录。这里对 1910 年至 1986 年中国历代美学和文论的研究情况做一概略述评，也许对本书的读者不无益处。

一

　　这 70 多年的中国历代美学和文论研究，大体可分为两个时期：一是 1950 年以前的 40 年；二是 1950—1986 年的 37 年。

　　第一个时期的头 10 年，即 20 世纪的第二个 10 年，只能算起步期。当时的主要成绩是编辑了几种文艺论著丛书。周钟游辑《文学津梁》收梁、宋、元、清各代 12 家的 12 种文学论著，是 20 世纪最早的文论丛书。丁福保辑《历代诗话续编》是继清人何文焕辑《历代诗话》而编成的一部诗话丛书，收唐至清代诗话 29 种。董康辑《诵芬室读曲丛刊》收元、明、清戏曲论著 9 种，是 20 世纪最早的戏曲论著丛书。黄宾虹和邓实编《美术丛书》汇辑绘画、书法、文房四宝、摹印、文艺、杂记等类著作 250 余种。此书虽有一些缺陷，但仍是有价值的。此外，还出版了梁廷楠著《曲话》、吴梅著《顾曲麈谈》等个人论著单行本。发表研究文章 10 余篇。陈受颐的《文学评论发端》属概论，其余仅论及孔子的文艺思想、《毛诗序》、《文心雕龙》、朱熹的《诗序辨》、桐城派和王国维的"隔与不隔"等。

　　20 世纪 20 年代，受五四运动洗礼的一批年轻学者，在西方学术思想和研究方法影响下从事中国历代文论研究，推动这一研究步入成熟期。当时编辑了几种文论丛书。一是况周颐辑《词话丛钞》，收明清词话 10 种，当为 20 世纪最早的词话丛书。一是丁福保辑《清诗话》，收清代诗话 43 种，数量不小。其缺点是不少有代表性的诗话未能收入，对版本不加选择，校勘又多疏漏。一是郭绍虞辑《文品汇钞》，收有关文学批评的著作 9 种，主要是诗品、词品和文品类。一是陈乃乾辑《曲苑》和《重订曲苑》。《曲苑》收唐至清代戏曲史料、论著 15 种；后扩大为 20 种，称《重订曲苑》。

单行本文论专著注本也有几种，如范文澜的《文心雕龙讲疏》、冯葭初编言文对照《文心雕龙》、陈延杰的《诗品注》、古直的《钟记室诗品笺》、靳德峻的《人间词话笺证》等。《文心雕龙讲疏》初版于 1925 年，1929 年修订本改名《文心雕龙注》，并一直沿用。这是现代人撰成的第一部完整而详细的《文心雕龙》注本，附有许多相关资料，有较高学术价值。《诗品注》注文简要，并附有其中论列的作品。

曹聚仁以李渔著《闲情偶寄》中《词曲》《演习》两部编成《李笠翁曲话》出版。刘熙载著《艺概》、陈衍著《石遗室诗话》、章炳麟著《文学论略》、王国维著《人间词话》、刘师培著《论文杂记》等，均单行出版。

研究专著首先要提到的是 1927 年出版的陈钟凡著《中国文学批评史》。此书仅 7 万余字，内容简约，"似随手掇拾而成，并非精心结撰"[1]。但它宣告了中国没有文学批评史的时代的结束，首创之功不可埋没。同年出版了黄侃著《文心雕龙札记》。此书对《神思》以下 20 篇的要旨多有中肯阐发，在《文心雕龙》研究史上占有一定地位。张陈卿著《钟嵘诗品之研究》是全面评述《诗品》的一部专著，并附有《诗品》

---

①朱自清：《评郭绍虞〈中国文学批评史〉：(上卷)》，见《朱自清序跋书评集》，生活·读书·新知三联书店，第 235 页，1983 年。

原文。当时发表的研究论文百余篇,有概述中国古代或某一时期文学批评或文学观的,有对文论概念、范畴如文道、文气、六义等进行探讨的;有对《毛诗序》、《文赋》、《文心雕龙》、《诗品》等专著的研究,也有对孔子、王充、曹丕、刘知几、杜甫、韩愈、白居易、欧阳修、严羽、王若虚、元好问、金圣叹、李渔、王夫之、王士禛、赵翼、章学诚、王国维等的文学观的评论。研究中国古代文论的人多了起来,文学批评史家郭绍虞即崭露头角于20年代后期。

20世纪三四十年代,中国古代文论研究得到了空前发展。资料编辑整理工作又有新成果。王焕镳编注《中国文学批评论文集》辑先秦至清代有关文学批评的著作55篇(有些系节录),每篇附作者传略、内容要旨和注释。许文雨著《文论讲疏》,收汉至近代文学论著14篇,每篇有详细注解和讲疏。李华卿编《中国历代文学理论》收先秦至清代的文论著述,编排以时代先后为序。程会昌编《文论要诠》选收文学论著10篇,卷上5篇属文学概论,卷下5篇为创作论,各篇都有注释和按语。郭绍虞辑《宋诗话辑佚》收补辑和全辑宋代诗话33种,另有附辑3种,经过校勘,间有按语。罗根泽辑《两宋诗话辑校》收宋代诗话21种,均为宋代已佚诗话的辑本,并经过校勘。唐圭璋辑(词话丛编)1934年版收唐至民国间评述词人、词作、词派等的著作60种,1937年再版时增加25种,为研究词话提供了方便。上海圣湖正音学会增校《增补曲苑》和任二北辑《新曲苑》为戏曲论著丛书。前者收唐至近代戏曲论著26种,是在《重订曲苑》的基础上增补而成的;后者辑元至近代戏曲史料、论著34种,内容与前书不相重复。还有几种画论丛书,即朱剑芒编《艺林名著丛刊》、于安澜编《画论丛刊》和沈子丞编《历代论画名著汇编》。其中《画论丛刊》收关于画法、画理的著作51种,附录两种。所收著作经过校勘,书前有作者事略,每篇后附《四库全书提要》等评介资料,是较好的古代画论丛书。

此外，还有历代文论专著的单行本。先说《文心雕龙》。清人黄叔琳注本在20年代就有沈子英、陈益的两种"新式标点"本出版，30年代除《万有文库》《国学基本丛书》本外，又出版冰心主人、侯毓珩、薛恨生、诸纯鉴的4种"新式标点"本。当时的注本有杜天縻的《广注文心雕龙》。选本有庄适选注的《文心雕龙》，选注24篇被收入《万有文库》《学生国学丛书》和《新中学文库》。刘永济的《文心雕龙校释》是在诸家的基础上进行的，有参考价值。诗话、词话也有出版。《诗品》被收入《国学基本丛书简编》和《万有文库》，注本有杜天縻的《广注诗品》。胡才甫的《沧浪诗话笺释》，既有详细注释，又引各家评语为笺，自有特点。葛立方著《韵语阳秋》、胡仔编《苕溪渔隐丛话》、洪迈著《容斋诗话》、胡应麟著《诗薮》、吴景旭著《历代诗话》、王士祯著《渔洋山人诗问》、袁枚著《随园诗话》、洪亮吉著《北江诗话》、陈衍著《石遗室诗话续编》、梁启超著《饮冰室诗话》等，也得到出版。张炎著《词源》有陈能群的《词源笺释》，沈义父著《乐府指迷》有蔡嵩云的《乐府指迷笺释》，后者引证较博。徐幼著《词苑丛谈》、陈廷焯著《白雨斋词话》也有出版。王国维著《人间词话》有许文雨的《讲疏》和徐调孚的《校注》，还有沈启无编校《人间词及人间词话》和徐泽人编《人间词话·人间词合刊》。章学诚著《文史通义》有叶长青注本。戏曲论著有的鲍赓生标点的《李笠翁曲话》。有关画史、画论的专著也出版过几种，如夏文彦著《图绘宝鉴》、汪珂玉著《珊瑚网》、秦祖永著《画学心印》和王概三弟兄论订的《芥子园画谱》等。

20世纪三四十年代，文学批评史研究成绩最为突出。郭绍虞著《中国文学批评史》，取材范围广，重在各代文学理论发展概况及其传承关系的评介。作者在融会贯通的基础上提出了自己的见解，是他影响较大的一部力作，多次再版。方孝岳著《中国文学批评》"以史的线索为经,以横推各家的意蕴为纬"①,即按史的线索阐述各家的文学见解,因而不名为"史"。此书既有创见,在方法上也有可取之处。罗根泽著《中国文学批评史》,资料详赡,论断较客观,体例独具特色,曾为朱自清、郭绍虞所称道,可惜缺宋代以后部分,是一部未完成的著作。朱东润著《中国文学批评史大纲》又自有特点:以人列目,不标宗派;综合论述,不分门类;远略近详,注重近代。

还有几种文论专书,也应述及。如朱自清著《诗言志辨》,收论文4篇,分别举例解释"诗言志""诗教""比兴""正变"四个概念的本义和变义,源头与流派。这是诗论史的基础性研究,很有意义。朱东润著《中国文学批评论集》收作者30年代前期发表的论文9篇,分别评论了唐至清代的几位文论家的文艺观,是当时重要的古代文论研究著作之一。傅庚生著《中国文学批评通论》是对文学理论批评问题的探讨。另有两种研究《文心雕龙》的著作:叶长青著《文心雕龙杂记》主要以敦煌本《文心雕龙》校勘今本之失,朱恕之著《文心雕龙研究》则对书中的主要内容作了评述。

20世纪三四十年代发表历代文论研究文章有五六百篇(包括专著有关部分)②,领域有很大拓展,深度有不少开掘。过去已为人关注的文道等问题,仍有人们关注;过去论述较少的盲志、文质、寄托、意境、动静等范畴,也进入了研究者的视线。不仅如此,对文学理论批评、文学批评家、文评流派、文学批评史分期、研究方法等问题,也有文章评述。有些文章是谈诗话和词话的。作为中国古代诗词批评特有形式的诗话和词话,是20世纪30年代开始大力研究的,以罗根泽、

①方孝岳:《中国文学批评》,生活·读书·新知三联书店,1986年。

②"专著有关部分",指中国文学批评史、美学史及其他专著中论及文论家、美学家的章节或段落。不注明者,仅指书刊发表的论文。

郭绍虞用力最勤,成绩最著。就被研究的历代文论作者、著作的时代分布来看,几乎遍及各个时代。其中新增入的不少,如老庄、孟子、皎然、李白、柳宗元、司空图、苏轼、陆游、姜夔、方回、宋濂、何景明、王世贞、李贽、袁宏道、朱彝尊、方苞、沈德潜、曹雪芹、姚鼐、翁方纲、刘熙载、况周颐、黄遵宪、林纾、严复、刘师培、章炳麟等,就是其中最主要的部分。作为阶段性成果,有些论文已达到当时同类文章的最高水平。

总之,新中国成立前的 40 年出版历代文艺论著资料约 60 种,研究专著 10 多种,发表论文(包括专著有关部分)约 1590 篇。当时的资料搜集整理工作确有成绩,应该得到充分肯定。当然,有些资料在材料取舍、版本选择和校点等方面还有不少问题,有些注本也有着这样或那样的缺点,这是可以理解也能得到改进或改正的。研究著作对历代文艺理论系统进行了初步梳理,对一些文论作家的美学观点、文艺学说、文论范畴等,进行了有意义的考释和论证,无论在理论或方法上,都有许多有价值的东西。不过由于时代局限,由于当时思想观念、思维方式、研究方法等方面的缺陷,研究又有一些不足之处,如有的研究者主要是罗列有关资料,把文章变成了资料的堆积。资料的引证是必要的,但抽绎出有关的理论才是目的。有的文章主要是以古证古的还原性考释,而不是站在更高理论水平上对一般原理的阐发,理论性不足。必要的考释是阐发一般原理的基础,有的文章专事考释也无可厚非,但要摆正这二者的关系。我们的研究是要使理论得到科学的解释,仅有还原性考释是很难达到目的的。

二

1950—1986 年的 37 年,可分为前后两个阶段,大体以 1977 年为界。

先说前一阶段。20世纪50年代初期,两个历史时期交替,人们还在适应新形势,观察新动向,安排新生活,古代美学和文论的研究尚未提上日程。50年代中后期,学术界开始动起来了,报刊发表了几篇文章,呼吁重视我国古代文艺理论遗产的整理和研究。1955年,郭绍虞著《中国文学批评史》经修改后再版。1957年,罗根泽著《中国文学批评史》和朱东润著《中国文学批评史大纲》再版。这就是动向和信息。文论资料开始编辑出版。1958年,《中国古典文学理论批评丛刊》(后改为《中国古典文学理论批评专著选辑》)出版,到次年即出11种。其中除范文澜著《文心雕龙注》和徐调孚注《人间词话》外,其余如刘大櫆著《论文偶记》、吴德旋著《初月楼古文绪论》、林纾著《春觉斋论文》、周济著《介存斋论词杂著》、陈廷焯著《白雨斋词话》、梁启超著《饮冰室诗话》、刘师培著《论文杂记》等,均是当时校点的。1959年出版了人民文学出版社中国近代文论选编选小组编《中国近代文论选》。此书选近代作家论文学的诗文240余篇,大体按时代分为3辑,每辑又按流派分若干单元。傅惜华编《古典戏曲声乐论著丛编》,选辑元至清代戏曲声乐论著9种,据善本标点,并经过校勘。中国戏曲研究院编《中国古典戏曲论著集成》,选收唐至清代戏曲史料、论著48种,注重版本选择,又经过校勘,并有提要介绍作者、著作内容及版本流传情况,是很有价值的一套丛书。此外,还出版有各种历代文艺论著的单行本。《文心雕龙校注》系黄叔琳注本,由李详补注,杨明照校注拾遗。文学方面还有孟棨著《本事诗》、辛文房著《唐才子传》、钱谦益著《列朝诗集小传》、章学诚著《文史通义》等。俞平伯辑《脂砚斋红楼梦辑评》则是《红楼梦》评点资料的第一个辑本。戏曲方面有王灼著《碧鸡漫志》、吕天成著《曲品》、李渔著《李笠翁曲话》等。《录鬼簿新校注》是钟嗣成著《录鬼簿》的马廉校注本。《王国维戏曲论文集》收辑王国维戏曲论著《宋元戏曲考》等8种,是研究王国维戏曲理论的重要资料。乐论资料有吉联抗译注的《孔子孟子荀子乐论》和《乐记》。画论资料汇编有俞剑华编著的《中国画论类编》。此书分类摘编历代各家画论著作,并附作者传略、提要、解题和按语等。画论专著单行本有王伯敏注译的谢赫著《古画品录》和姚最著《续画品》、王森然注释的王维著《山水诀、山水论》、温肇桐注的朱景玄著《唐朝名画录》、马采注释的黄公望著《写山水诀》、邓以蜇注释的饶自然著《绘宗十二忌》、马采注释的汤垕著《画鉴》、俞剑华译注的《石涛画语录》、史怡公注释的沈宗骞著《芥舟学画编》、郑拙庐标点的方薰著《山静居画论》等。

20世纪50年代面世的历代文论研究专著仅见郭绍虞著《中国古典文学理论批评史》上册一种。这是对作者所著《中国文学批评史》的改写,虽不成功,却是当时历代文论研究开始勃兴的一种反应。研究论文渐多起来。1956—1958年,郭绍虞即发表有关古代文论的文章5篇,其中两篇是专论《文心雕龙》的。刘绶松也发表了代表当时《文心雕龙》研究最高水平的《〈文心雕龙〉初探》和《刘勰论文学批评》。这是《文心雕龙》研究好势头的开始。此外,对孔子的文艺观、陆机的《文赋》、钟嵘的《诗品》、杜甫的创作论、韩愈的古文理论、白居易的诗论、苏轼的文学主张、严羽的(沧浪诗话)、王士禛的"神韵"说、王国维的"境界"说等,都有研究文章发表。

20世纪60年代初,在有关领导者倡导下,中国历代文论研究进一步得到重视。《文艺报》从1961年第5期开始,在"文艺笔谈"专栏讨论"批判地继承中国文艺理论遗产"问题,先后发表文章20多篇。同时,《光明日报》《文汇报》等多家报刊也发表了讨论文章。1960—1963年,《中国古典文学理论批评专著选辑》又出版24种,是50年代的1倍以上。其中除陈延杰的《诗品注》和蔡嵩云的《乐府指迷笺释》初版于新中国成立前外,其余均初版于60年代。有些是校点本,如胡仔纂集《苕溪渔隐丛话》、陈骙撰著《文则》、李涂著《文章精义》、谢榛著《四溟诗话》、王夫之著《薹斋诗话》、王士禛著《带经堂诗话》、袁枚著《随园诗话》、赵翼著《瓯北诗话》等。有些是校注本，如郭绍虞的《诗品集解》《续诗品注》和《沧浪诗话校释》，郑文校注《六一诗话》和《白石诗说》，夏承焘的《词源注》，殷孟伦的《汉魏六朝百三家集题辞注》等。这些著作，在版本选择、校勘或注释方面，大多是比较好的。1962—1963 年，郭绍虞主编的《中国历代文论选》三卷本出版。此书是为大学中文系编选的教材，所以正文仅选先秦至近代 120 家的文论著作 147 篇，均有注释和说明。同时，为了顾及科学研究，另选 137 家的文论著作 420 余篇作为附录，分别附于有关正文之后，不加注释和说明。选入的文章，有全篇，也有节录，而都进行过校勘。这是一种选材较广、编排有序的中国历代文学理论著作选集，对学习中国历代文学理论和文学批评史都很有参考价值。对专著《文心雕龙》除在一些刊物发表不少单篇译注外，又出版两种选本：陆侃如、牟世金的《文心雕龙选译》和郭晋稀的《文心雕龙译注十八篇》。清人孙联奎的《诗品臆说》、杨廷芝的《廿四诗品浅解》经校点出版，又出版了祖保泉的《司空图诗品解说》。

小说戏曲论著汇编有阿英编《晚清文学丛钞·小说戏曲研究卷》。其中收录晚清小说戏曲论文、序跋等 300 篇，是研究中国近代文论的重要资料之一。周贻白的《戏曲演唱论著辑释》虽仅辑 4 种戏曲论著，但注释详明。音乐论著除中央音乐学院中国音乐研究所编《中国古代音乐史料辑要》第一辑和邱琼荪校释《历代乐志律志校释》第一分册外，还有吉联抗译注《墨于·非乐》《吕氏春秋音乐文字译注》和《嵇康·声无哀乐论》等。上海人民美术出版社约请于安澜编辑的《画史丛书》，选辑唐至清代较重要的画史 22 种，归入断代、地方、别史、笔记 4 类，选择版本较好，文字上也做了校勘，是研究画史和历代画论的重要资料。有些画史、画论著作，另有单行本出版，如张彦远撰《历代名画记》、黄休复撰《益州名画录》、郭若虚撰《图画见闻志》、邓椿撰《画继》、庄肃撰《画继补遗》等,均出版有校点本。同时,还出版有俞剑华注释的《历代名画记》《图画见闻志》和《宣和画谱》。荆浩撰《笔法记》由王伯敏注译。黄兰波有《石涛画语录译解》。朱建新有《孙过庭书谱笺证》。

20世纪60年代前期的文学批评史著作,先有黄海章著《中国文学批评简史》出版,后有刘大杰主编《中国文学批评史》上册问世。前者比较简单,后者则预示着一种有分量的《中国文学批评史》即将产生。《文心雕龙》研究专著有陆佩如、牟世金著《刘勰论创作》。此书由引言、译注和几篇附录组成:引言概述《文心雕龙》的理论概貌和创作理论,译注选注《文心雕龙》中属创作论的8篇。历代文论研究论文大幅增长。1960—1964年,发表研究《典论·论文》《文赋》和《文心雕龙》的文章分别为6篇、15篇和140余篇,各为50年代的6倍、4倍和5.5倍,由此可见一斑。然而好景不长,学术即受到政治运动的干扰和冲击。特别是1966年开始的"文化大革命",迫使正常的学术活动全面停止,学术界万马齐喑。至于70年代前期配合"批林批孔""评法批儒"发表的批判以孔子为代表的儒家文艺思想和张扬"法家"文艺观的文章,纯系政治宣传品,不在正常的学术研究范围。因此,1965—1976年就成了历代文论研究的空白期。

对20世纪五六十年代的中国历代文论研究应该做历史的肯定,同时也要看到它的缺陷。当时由于"左"的教条主义和庸俗社会学的流行,历代文论研究是深受其害的。有的著作简单以作者的观点属唯物或唯心论定其文论的是非,有的著作用现实主义与反现实主义的斗争或现实主义和浪漫主义相结合等现代框框硬套历代文论。当时"现实主义"帽子满天飞,似乎这就是唯一的评判历代文论功过的标准。那是一个文禁越来越森严的时代,使人常有动辄得咎之感,历代文论研究自然很难完全做到"评理若衡,照辞如镜"。这种时代烙印在20世纪80年代初出版的某些著作里,表现仍然相当明显。

三

"十年动乱"结束,禁锢渐渐打破,学术环境日益宽松,思想得到解放,自由探讨才成了正常的学风。关闭已久的闸门一经打开,"蓄极积久,势不能遏"①,学术界人潮涌动、研究著作成批出现的盛况迅猛来临。中国历代文论研究著作不仅数量激增,在水平上也达到了前所未有的高度。

从1977年到1986年的10年间,新出版历代文艺论著资料近百种,大体可分为综合性文论选、诗话、词话和论诗诗、小说论著、戏曲论著、乐论、画论与书论6类。综合性文论选有丛书型的,也有资料汇编型的。丛书《中国古典文学理论批评专著选辑》又有新品种。如郭绍虞的《杜甫戏为六绝句集解》和《元好问论诗三十首小笺》,汤新祥校注《蛩溪诗话》,戴鸿森的《蒹葭诗话笺注》,霍松林校注《原诗》和《说诗晬语》,杜维沫校注《一瓢诗话》及赵执信著《谈龙录》,翁方纲著《石洲诗话》,洪亮吉著《北江诗话》等。资料汇编型的,如北京师范大学中文系文艺理论教研室编《中国古代文论选注》、夏传才著《中国古代文学理论名篇今译》、霍松林主编《古代文论名篇详注》、陈果青著《历代文论选注译》、赵则诚等三人著《中国古代文论译讲》等。这些选本,在选篇范围、数量以及如何注释和说明等方面,都有一定差异,但都为历代文论资料的整理做出了各自的贡献。郭绍虞主编的《中国历代文论选》三卷本,经过修订、增补而成为四卷本。此书是教学和科研用的参考书,正文增至165家的204篇,附录增至210余家的700篇,是

---

① 李贽:《杂说》,见《中国历代文论选》,上海古籍出版社,1980年,第121页。

目前同类著作中规模最大的一种，而且较三卷本更为完善。《中国历代文论选》还有一卷本，是供大学中文系用的教材，其中收65家的文论著作66篇，全有注释和说明。还有一种语录体的资料汇编，是按专题分类编排文论语录的，如谭令仰编《古代文论萃编》、于忠善编《历代文人论文学》、南京大学等编《古人论写作》、吴药声等编《作家警语简释》、张声怡等编《中国古代写作理论》等。如果说上述著作属历代型的，则下述著作就属断代型的，如杜保宪著《魏晋南北朝文论选析》、郭正元著《魏晋南北朝文学论文名篇译注》、陶秋英编选《宋金元文论选》、霍松林主编《中国近代文论名篇详注》等。《宋金元文论选》选收篇目较多，但没有注释，仅有校订者虞行撰写的作者介绍。

有些文论专著是单独出版的，这里首先要谈到的是刘勰著《文心雕龙》。在1980—1986年7年间，新版《文心雕龙》注、译全本8种：王利器的《文心雕龙校证》，陆侃如和牟世金的《文心雕龙译注》，周振甫的《文心雕龙注释》和《文心雕龙今译》，郭晋稀的《文心雕龙注译》，赵仲邑的《文心雕龙译注》，姜书阁的（文心雕龙绎旨》，向长清的《文心雕龙浅释》。另有5种选本：周振甫的《文心雕龙选译》，张长青和张会恩的《文心雕龙诠释》，祖保泉的《文心雕龙选析》，穆克宏注释的《文心雕龙选》，牟世金的《文心雕龙精选》。杨明照的《文心雕龙校注拾遗》和冯春田的《文心雕龙释义》仅校注和解释部分词语，故未列入全本和选本。这些著作的出现，正是《文心雕龙》研究蓬勃发展的一种表现。其他文论专著有胡震亨著《唐音癸签》、刘熙载著《艺概》等的标点本。有的还是注释本，如叶瑛的《文史通义校注》、王气中的《艺概笺注》、王士菁的《〈摩罗诗力说〉注释》、赵瑞蕻的《鲁迅〈摩罗诗力说〉注释·今译·解说》等。《艺概笺注》笺注了其中的《文概》《诗概》《赋概》和《词曲概》，并附作者《艺概》以外的文论资料、多种传记等。鲁迅早期著作《摩罗诗力说》用文言写成，两种注本对读者都很有助益。还有几种个人文论著作的辑本。如颜中其编辑的《苏轼论文艺》,选辑苏轼论散文、诗歌、绘画、书法的4类论著,并加简注。曾枣庄的《三苏文艺思想》除第一部分为三苏文艺思概述外,其余则为苏洵、苏轼、苏辙文论、诗论、艺论著作的选释。此外,还有侯文正著《傅山文论诗论辑注》、周书文著《魏禧文论选注》、张国光选编《金圣叹诗文评选》、高叔平编《蔡元培语言及文学论著》等。

诗话、词话和论诗诗,是诗论和词论的特有形式。有些此类著作收入《中国古典文学理论批评专著选辑》,前已提及,这里从略。新编选的诗话也有几种。一种是由若干种诗话汇集而成的丛书。如郭绍虞选编的《清诗话续编》,继丁福保辑《清诗话》而编,收清诗话34种,由富寿荪校点,对其引文脱误多有补正,对论述中的谬误也有校订。也有只收几种的,如周维德笺注的《诗问四种》、晏炎吾等校点的《清人诗说四种》等。另一种是多种诗话的摘编,如王大鹏编选的《中国历代诗话选》,张葆全和周满江编选的《中国历代诗话选注》等。《中国历代诗话选》共8卷,笔者见到的前4卷收南北朝至金元诗话267种,每种选录条数不等,而均有题解。《中国历代诗话选注》选宋至近代诗话50种,每种选若干则,均有注释。还有一种属语录类编,如武汉大学中文系中国古代文学理论研究室编《历代诗话词话选》和常振国、降云编《历代诗话论作家》等。前者将入选诗话词话语录归为24类项,并各以传统术语标目;后者则按被评述的作家编排入选材料。龚兆吉编《历代词论新编》,也将论词语录分类编排。

诗话、问话专著的单行本也不少。特别是注本较多,原无注本的有了注本,原有注本的又添新注本。如皎然著《诗式》有了李壮鹰的《诗式校注》,谢榛著《诗家直说》(又名《四溟诗话》)有了李庆立、孙慎之的《诗家直说笺注》。钟嵘著《诗品》又见到4种注本:吕德申的《钟嵘〈诗品〉校释》,周伟民和萧华荣的《诗品注释》,向长青的《诗品注释》、赵福坛等的《诗品新释》。司空图著《二十四诗品》新的注译本更多，载于专书或刊物者不说，仅单独出版的就有蔡其矫今译的《司空图〈诗品〉》、乔力的《二十四诗品探微》、罗仲鼎等的《〈诗品〉今析》、弘征的《司空图〈诗品〉今译·简析·附例》等数种。陈廷焯著《白雨斋词话》有屈兴国的《白雨斋词话足本校注》。王国维著《人间词话》又有滕咸惠的《人间词话新注》。校点本诗话专著有刘克庄著《后村诗话》、何汶著《竹庄诗话》等。

论诗诗可说是用诗的形式写成的诗论。清代宗廷辅就编过《古今论诗绝句》。1932 年，郭绍虞就发表了他的《杜甫戏为六绝句集解》，1978 年又与《元好问论诗三十首小笺》合刊出版。吴世常的《论诗绝句二十种辑注》选唐至清代 20 家的论诗绝句 240 余首，并加注和评，同时还有不少无注的附录。羊春秋等五人选注的《历代论诗绝句选》，选辑唐至近代 57 家的论诗绝句 207 首，注和评用白话，便于普及。

小说论著除《中国历代文论选》四卷本又有增补外，还出版了几种专书，如曾祖荫等四人的《中国历代小说序跋选注》、黄霖和韩同文的《中国历代小说论著选》、大连图书馆参考部编《明清小说序跋选》等。《中国历代小说序跋选注》选晋至近代小说序跋 56 篇作为正文，有注释和说明，另有 28 篇无注的资料，附录于相关正文之后。《中国历代小说论著选》收汉至近代小说论著 207 篇，均有注释和说明。此书除收小说序跋外，还收有专论、笔记、回评、诗歌等。全书按时代分为上中下三编，共计百万字，是以往同类著作中收集资料最多的一种。此外，还有几种长篇小说评点资料的辑本。张竹坡评点《金瓶梅》的有关资料，朱一玄编《金瓶梅资料汇编》，侯忠义和王汝梅编《金瓶梅资料汇编》等著作已选载，而陈昌恒整理的《张竹坡评点金瓶梅辑录》也已出版。刘辉辑录的《北图藏〈金瓶梅〉文龙批本回评辑录》，已公开发表。《红楼梦》评点资料辑本更多，如陈毓羆、刘世德辑《蒙古王府本〈石头记〉批语选辑》、毛国瑶辑《脂靖本〈红楼梦〉批语》、朱一玄校录《红楼梦脂评校录》、刘操南辑陈其泰著《桐花凤阁评〈红楼梦〉辑录》和亦邻真译哈斯宝著《〈新译红楼梦〉回批》等。

戏曲理论资料有秦学人等编著《中国古典编剧理论资料汇辑》。戏曲论著注本也有好几种。陈多、叶长海的《王骥德曲律》,注释较详尽,并附录了一些有助于了解王骥德和《曲律》的有关资料。李渔著《闲情偶寄)有了单锦珩校点的单行本。陈多注释的《李笠翁曲话》,注文较详,又有以提供明清戏剧家的论述资料为主的释文。徐寿凯的《李笠翁曲话注释》,注文详明,并注意于释义。徐大椿著《乐府传声》有了吴同宾、李光的《乐府传声译注》,每篇原文后为译文,并附之以注。王卫民编《吴梅戏曲论文集》,收作者戏曲研究专著、重要论文、读曲记、叙跋、散论等,是研究吴梅戏曲理论的重要资料。

历代音乐论著资料方面,出版了文化部文学艺术研究院音乐研究所编《中国古代乐论选辑》。此书在 20 世纪 60 年代作为内部参考资料印行过,现经修订,公开出版。书中收入百余家的乐论资料,分编为先秦、两汉、魏晋南北朝、隋唐、宋元、明清 6 部分。个人乐论资料辑录,有中央民族学院艺术系文艺理论组编注的《〈梦溪笔谈〉音乐部分注释》。

历代画论和书论资料,也有多种。于安澜编《画品丛书》,收南北朝至元代主要画品著作 13 种,选用善本,用其他版本加以校勘,并附校勘记。杨大年编的《中国历代画论采英》,选辑历代画论名篇精段,分类编排。上海书画出版社和华东师范大学古籍整理研究室选编的《历代书法论文选》,收汉至近代 69 家的书法论文 95 篇,按作者时代先后排列。每位作者名下有简要题解,介绍作者生平、论文内容及版本情况。论文经过校勘。历代画论著作,新出版的校点本和注译本也不少。顾恺之著《论画》《魏晋胜流画赞》和《画云台山记》,又有了马采的《校释》本和陈传席的《点校注译》本。宗炳著《画山水序》有李福顺的注本，还有陈传席的《译解》本。陈传席还点校注译了谢赫著《古画品录》和姚最著《续画品》。孙过庭著《书谱》又有马永强的译注本。何韫若、林孔翼注释了黄休复著《益州名画录》。郭若虚著《图画见闻志》有邓白的注本。另外，还有《宣和书谱》、唐志契著《绘事微言》、王时敏著《烟客题跋》、唐岱著《绘事发微》、包世臣著《艺舟双楫》等，也在20世纪80年代出版。笪重光著《画筌》有吴思雷注本。康有为著《广艺舟双楫》有崔尔平校注本。侯文正编辑《傅山论书画》一书，并对原文加以注释。

1977年以来的历代文论研究，成绩更为突出。首先是文学批评史和文学思想史著作的出版。这类著作有通史型和断代史型两种。复旦著《中国文学批评史》①即是通史型的。此书计百余万字，共三册，历时21年才出齐。书中分七编论述了先秦至"五四"的文学批评，在"比较系统地说明我国文学批评的发展过程和重要文论家的成就及贡献"方面，达到了原来设定的目标。这是一部内容丰富、论述细密、水平较高的中国文学批评史著作。敏泽著《中国文学理论批评史》76万字，分七个时期论述了中国先秦至旧民主主义革命时期文学理论发展的历史状况，评论了中国历代重要文学理论批评家，观点明确，理论性较强，也是阶段性成果中有分量的著作。自然，上述两部著作也有时代思潮烙印的缺陷。若将前者与后来王运熙、顾易生主编的七卷本《中国文学批评通史》比较，即可明显看出这一点来。后者经作者修订重版，修正失当之处或弥补缺陷，也当是重要原因。周勋初著《中国文学批评小史》也有七编，但仅20余万字，所以只能简要叙述中国古

---

①此书上、中、下三册不是同时出版，署名各异，但作者都是复旦大学的，为简化署名，均代之以"复旦"。

代文学理论的发展历史，涉及面有限。此书与上述两书一样，也是有作者见解的著作。徐寿凯著《古代文艺思想漫话》，以史为线索论及文艺思想史上一些重要作家、著作、思潮等，浅易通俗。断代史型的有张少康著《先秦诸子的文艺观》和罗宗强著《隋唐五代文学思想史》等。前者评介春秋战国时代孔子、墨子、孟子、庄子、荀子、韩非等的文艺观点，简要明晰；后者论述隋唐五代近 380 年间文学思想的发展状况和规律，有作者的见解。

有些著作属专题性研究。如郭绍虞的《宋诗话考》，就对 139 种宋代诗话一一进行了考释。上卷为尚流传的 42 种；中卷为辑本 46 种；下卷 51 种，有的有名无书，有的知目佚文，有的有佚文而未辑。还有几种是有关创作论或文章学的。张少康著《中国古代文学创作论》，论述了艺术构思、艺术形象、创作方法、艺术表现、艺术风格等文艺创作论的主要方面，从而较全面、系统地揭示了中国古代文艺创作论的基本面貌。王凯符等著《古代文章学概论》和许树棣著《历代名家写作经验介绍》，其内容主要是文章的写作问题，与创作有别而又相通。此外，还有论述某一作者创作论的专著。关于《文心雕龙》创作论的专著后面要介绍，此处从略。徐中玉著《论苏轼的创作经验》是一本论文集，对苏轼的创作理论做了多方面的阐释。

除专题性论著，还有一些论文集。论文集有两类：一类只收历代文论研究论文，一类文论研究论文与其他文艺评论文章兼收。属于前者的有吴调公著《古代文论今探》、黄海章著《中国文学批评论文集》、张文勋著《中国古代文学理论论稿》、周振甫著《文论漫笔》、王达津著《古代文学理论研究论文集》等。属于后者的有郭绍虞的《照隅室古典文学论集》、朱东润的《中国文学论集》、牟世金的《雕龙集》、王文生的《临海集》、邱世友的《水明楼小集》、吴调公的《古典文论与审美鉴赏》等。徐中玉的《古代文艺创作论集》也属此类，而其中所收论文大多与古人论文艺创作有关。钱钟书的《旧文四篇》《七缀集》《管锥编》《谈艺录》(补订本)等,都不是专讲中国历代文论的,本书列入是因其中多处论及中国历代文论,并有不少卓见。应该说明,上述著作虽出版于近10年之内,其中有些文章也发表于1977年以后,但有些文章则发表于20世纪五六十年代或新中国成立前。

还有一类是论文集刊。中国古代文学理论学会于1979年3月成立时,决定编辑出版论文集刊。当年,即出版了《古代文学理论研究》丛刊第一辑;到1986年,共出版11辑,发表论文236篇,计289万字。中国文艺思想史论丛编委会也编了《中国文艺思想史论丛》,第一、二辑共发表文章35篇,约62万字。这类论文集刊的编辑、出版,既反映了中国历代文论研究的发展,又将推动中国历代文论的研究。

上海古籍出版社出了一套《中国古典文学基本知识丛书》,其中所收有关文论的就有陆侃如、牟世金著《刘勰和文心雕龙》、蒋祖怡著《王充的文学理论》、梅运生著《钟嵘和诗品》、祖保泉著《司空图的诗歌理论》、张葆全著《诗话和词话》、敏泽著《李贽》、蒋凡著《叶燮和原诗》等。这是一套普及读物,既有内容,又简明扼要、通俗易懂。

四

1977年至1986年的历代文论研究有以下几个特点。

(一)研究领域迅猛扩大。

所谓研究领域,指研究对象的范围。研究对象既指文论家和文论著作,也指文论中涉及的种种问题。

要扩大领域,就不能不开拓新领域;新领域的开拓,有赖于研究思维空间和视野的拓展。人的思维空间和视野是随社会和人类实践活动的发展而不断延伸的。在历代文论研究上也是如此。新中国成立前出版的中国文学批评史一类著作,论列历代文论家300余家,其中以郭、罗两家的《中国文学批评史》论列最多，前者 120 余家，后者 230 余家。新中国成立后的文学批评史、美学史等论列美学家、文论家 450 余家，其中复旦著《中国文学批评史》论列最多，约 270 家，敏泽著《中国文学理论批评史》论列约 200 家。此二书主要论列重要的、有代表性的文论家和文论著作，因而罗著《中国文学批评史》讲到的有些作者和著作未予论及。但是这些著作论到的，有不少则是以往同类著作未能论及的。从论文看，新中国成立前有专文评论的，不过 90家，新中国成立后则达到 300 家。其中尤以近 10 年增长迅速，净增150 家。

历代文论上的种种问题，有的早有人研究，有的是后来才有人关注的。如中国历代文论的民族特色，就是在 20 世纪 80 年代以来才得到多视角、多侧面探讨的。这方面已有牟世金著《文学艺术民族特色试探》、赵盛德著《古文论的民族特色》两书出版。这方面的文章，在50 篇以上。1983 年和 1985 年召开的第三次和第四次古代文学理论学会，还对古代文论的民族特色进行了广泛而热烈的讨论。从发表的文章看，给人的印象是聚讼纷纭。有些看法似乎是针锋相对的；有些观点同中有异，或异中有同。各家观点产生分歧，多因审视角度、层面等不同，如有的着眼于思维方式，有的着眼于表现形态，有的着眼于理论倾向，有的各种文体分论，有的综合概观。在探讨过程中，意见分歧是正常的，不同意见的交锋也可促进认识的深入。中国古代文论的民族特色，是与外国特别是西方国家比较而言的，改革开放的大环境促进了对这一问题的思考。

又如，由于中国大陆与台湾省长期阻隔，我们对台湾的古代文论研究情况一直知之甚少。20 世纪 70 年代末以来，情况大有变化。台湾学者编辑的有关资料传过来了，学者的研究著作传过来了，人民文学出版社还出版了毛庆其选编的《台湾学者中国文学批评论文选》。

毛庆其在《编后记》里评述了台湾学者对中国文学批评的研究。牟世金研究了台湾学者对刘勰《文心雕龙》的研究，著《台湾文心雕龙研究鸟瞰》一书。台湾学者的中国文学批评研究自有其特点，自有其长处和不足，它可以开阔我们的眼界，对我们有启发、借鉴意义，自然值得我们研究。

（二）薄弱方面得到了加强。

中国历代美学和文论的主要内容若按传统分法，则包括诗文论、词曲论、小说论、戏曲论和乐论、画论、书论等诸多方面。中国古代以诗文为正宗，因而以往以诗文理论研究为主，而对小说论、戏曲论及与戏曲论相联系的乐论研究不够。画论、书论研究也是较晚的事。书论研究，至今仍然相当薄弱。

中国古代视小说为"小道"。鲁迅说："小说和戏曲，中国向来是看作邪宗的，但一经西洋的'文学概论'引为正宗，我们也就奉之为宝贝，《红楼梦》《西厢记》之类，在文学史上竟和《诗经》《离骚》并列了。"①这是说，近代在西方文艺思想影响下，小说和戏曲在中国的地位提高了。然而这并不意味着古代小说、戏曲理论与诗文理论同步受到重视。新中国成立前的《中国文学批评史》基本上是诗文理论史，当时的古代小说理论研究文章也仅见约20篇。新中国成立后的前27年，也仅见约50篇有关古代小说理论研究的论文。1977年以来的10年，情况大有不同。敏泽著《中国文学理论批评史》和复旦著《中国文学批评史》，都用不少章节评述明代、清代和近代的小说理论。特别是古代小说理论研究专书的出版，更标志着这种研究的巨大发展。叶朗著《中国小说美学》是第一部从美学角度研究中国历代小说理论发展轨

①《且介亭杂文二集·徐懋庸作〈打杂集〉序》，见《鲁迅全集》第6卷，人民出版社，1981年，第231页。

迹的著作，书中对历史上一些有代表性的小说理论家的观点和一些小说理论范畴作了自己的解释。湖北《水浒》研究会编《中国古代小说理论研究》系论文集，收文26篇，对中国古代各家小说理论有多方面的探讨。黄霖所著《古小说论概观》，纵观篇勾勒了中国古代小说理论发展的轮廓，横观篇评介了历代作家对一些小说理论问题的看法，简明扼要。

《红楼梦》自问世就有评论，而且绵延不断。对这种评论的研究，现在也成了中国文学理论批评史的重要内容之一。一栗编《古典文学研究资料汇编·红楼梦卷》和朱一玄编《红楼梦资料汇编》，选辑这方面的资料较多。孙逊著《红楼梦脂评初探》是探究《红楼梦》脂砚斋评点思想艺术见解的一部专著，对脂评作了较全面的分析和较公正的评价。对于《红楼梦》研究历史的研究，已见两种专书：郭豫适著《红楼梦研究小史稿》和韩进廉著《红学史稿》。两书评述了《红楼梦》研究史上有代表性的一些著作，勾画了《红楼梦》研究史的发展轮廓。

1977—1986年，发表历代小说理论研究文章420余篇（包括专著有关部分），为新中国成立后的前27年同类文章的8.5倍。已被研究的小说理论家或著作约60家。对小说评点大家如李贽、金圣叹、毛宗岗、张竹坡、脂砚斋等的研究更多，而且也相当深入。如果说对李贽、金圣叹、脂砚斋的小说评点早就有人研究的话，那么对毛宗岗，尤其对张竹坡小说评点的研究，则基本上始于70年代末以来。除了对各家小说观的研究外，也对小说理论发展规律、民族特色、表现形式以及小说论中的价值观、创作论、鉴赏论等进行了纵向或横向的分析。

中国古代戏曲理论与小说理论的命运相仿。从新中国成立前的《中国文学批评史》看，戏曲理论还有一定地位，毕竟有10人的戏曲理论被述及。论文有20余篇，主要评介李渔、王国维、吴梅等人的戏曲理论。新中国成立后的前27年，仅见评论历代戏曲理论的文章50

余篇。20世纪70年代末以来,情况大为改观。敏泽著《中国文学理论批评史》和复旦著《中国文学批评史》都用较多章节评述明清戏曲理论,被评述者有百余人。此外,还有几部戏曲理论专著面世。赵景深著《曲论初探》论述了从宋至晚清20余人的戏曲理论,虽然简略,但为开创之作。夏写时著《中国戏曲批评的产生和发展》是一部论文集,史料充实,对戏曲理论的发展脉络描述清晰。齐森华著《曲论探胜》通过对10种有较高学术价值的戏曲论著的评述,勾勒了中国古代戏曲理论发展的轮廓,独具视角。叶长海著《中国戏剧学史稿》是第一部系统而全面的中国戏曲理论批评史。此书46万字,共13章,评介了戏曲理论史上百余位作者的戏曲理论批评,重点突出,分析详密。陈衍的《中国古代编剧理论初探》是探讨中国古代编剧理论的一种通俗读物。此外还有两部专著:一是叶长海著《王骥德〈曲律〉研究》,一是杜书瀛著《论李渔的戏剧美学》。两书在各自的领域都是有建树的。

1978年以来发表历代戏曲理论研究文章360余篇(包括专著有关部分),为新中国成立后的前27年的7倍多。对戏曲论著作者和较重要的戏曲论著,今已都有评述。尤其对于戏曲理论大家,研究著作更多,研究也更深入。作为明代戏曲理论高峰的代表作王骥德的《曲律》,研究基本在1979年以来。李渔是继王骥德之后的又一位戏曲理论高峰的代表人物,研究者云集,盛况空前。他的戏曲功能论、戏曲审美特性论、编剧理论、戏剧真实论、典型论、戏曲语言论、导演论、鉴赏批评论及戏曲评论等,都得到一定深度的探讨。有些研究者则是从美学角度入手的。

对中国历代乐论的研究,也有较大进展。新中国成立前历代乐论研究著作很少,新中国成立后的前27年也仅见论文20余篇。近10年来,出版研究著作三种:一是许健著《琴史初编》。这是一部乐论史著作。二是人民音乐出版社编辑部编《〈乐记〉论辩》。《乐记》在中国文艺理论史上占有重要地位,研究文章也多。此书选收 1943—1982 年发表的评论《乐记》的论文 30 篇,反映了对《乐记》研究的进展情况。三是蒋孔阳著《先秦音乐美学思想论稿》。这是中国第一本集中探讨先秦音乐美学思想的专著,对孔丘、墨翟、老子、孟轲、荀况、商鞅、《乐记》等的美学思想均有评述。近 10 年发表历代乐论和音乐美学研究文章约 160 篇(包括专著有关部分),为以往同类著作的 8 倍。被研究者除上述先秦诸子外,尚有嵇康、李世民、白居易、沈括、郑樵、姜夔、周德清、朱载靖、徐上瀛等多家。具中意见多有分歧而探讨较深入者,当推老子的"大音希声"。中国乐论史上讲的有些著作,如燕南芝庵的《唱论》、朱权的《太和正音谱》、魏良辅的《曲律》、王骥德的《曲律》、沈宠绥的《度曲须知》,毛先舒的《南曲入声客问》、徐大椿的《乐府传声》等,均属戏曲声乐论著,已列入戏曲,这里不再介绍。

画论和绘画美学研究也取得了较大成绩。新中国成立前画论研究薄弱,在潘天寿著《中国绘画史》、郑午昌著《中国画学全史》、俞剑华著《中国绘画史》里,虽然列入画论著作很多,但评论极简或无评论。论文仅见数篇。新中国成立后的前 27 年,画论研究论文有 20 篇。近 10 年来,研究形势看好,专书就有几种。温肇桐著《中国古代画论要籍简介》虽系普及读物,却是学习中国古代画论的入门之作。郭因著《中国绘画美学史稿》40 余万字,论及 230 余人的绘画美学思想,是中国第一部绘画美学史,填补了空白。但该书也有不如人意之处,有待改进和提高。温肇桐著《中国绘画批评史略》,分析了历代重要画论家的绘画理论,比较简括。葛路著《中国古代绘画理论发展史》评论了古代画论发展状况,脉络分明。陈传席著《六朝画论研究》则为断代画论专题研究著作,既有对六朝重要画论著作的译解,又有对其理论内涵的阐发,有相当的深度。另有两种论文集:一是伍蠡甫著《中国画论研究》,所收 14 篇论文虽写于过去,但在 1983 年出版时,有的加以重写,有的作了很大修改和补充。书中文章,有论绘画的,有谈画论的。后者对一些画论著作和画论范畴进行了评论和分析,从中可看出中国画论发展的历程。另一种是张安治著《中国画与画论》,也收评论绘画和研究画论两方面的文章,后者主要论及形与神、气韵生动等古代画论中的一些范畴。郭因著《中国古典绘画美学中的形神论》是专题论著,论述形神论的产生、发展和演变。10年来,发表历代画论研究论文约200篇,探讨了画论中的美学思想、审美范畴及绘画创作论、意境论、移情论等,对历代画论家如顾恺之、宗炳、谢赫、杜甫、郭熙、苏轼、邓椿、恽寿平、石涛、郑燮等的画论和美学观进行了评述。

这里再谈谈近代美学和文论研究的情况。新中国成立前对近代美学和文论关注不够。如朱东润著《中国文学批评史大纲》虽已有"特别注重近代的批评家"的自觉,也仅论及个别人,其余就更不用说了。当时发表论文70余篇(包括专著有关部分)。新中国成立后的前27年则大为萎缩,仅发表30来篇文章。近10年则有突飞猛进的发展。黄海章著《中国文学批评简史》增订本增补的近代部分,字数占全书的45%。周勋初著《中国文学批评小史》,近代部分为全书七编之一。敏泽著《中国文学理论批评史》用五章论述"旧民主主义革命时期"的文论。复旦著《中国文学批评史》,近代篇幅占下册的41%。叶易还著有《中国近代文艺思想论稿》一书。论文(包括专著有关部分)有470余篇,为以往的4倍多。就论列的作者而言,新中国成立前仅20家,新中国成立后增至百家,其中以近10年增加为多。从研究的内容看,面越来越广,深度也在加强。尤其对王国维美学观和文学理论的研究,更有深度和广度。

(三)历代美学研究上升到了突出位置。

通常说的历代文论,是历代文学理论的简称,包括诗文理论、词曲理论、小说理论和戏曲理论等。历代艺术理论包括历代音乐理论、绘画理论和书法理论等,简称乐论、画论和书论等。近10年除了上述概念之外,"美学"出现的频率颇高,这表明研究者对历代美学的关注。美学一度很热,历代美学研究也呈现出蓬勃发展的态势。当时不仅出版了北京大学哲学系美学教研室编《中国美学史资料选编》,还有不少研究专著面世。通史型的美学史著作有李泽厚著《美的历程》,李泽厚和刘纲纪主编《中国美学史》第一卷,叶朗著《中国美学史大纲》,郁沅著《中国古典美学初编》,皮朝纲著《中国古典美学探索》和《中国古代文艺美学概要》等。《美的历程》对中国10个历史时期美学思想的发展做了一个轮廓性的勾勒,还不是完备的美学史。这个任务是由李泽厚和刘纲纪主编的《中国美学史》来承担的。两书基本思想一致,而后者却是多卷本的大著作。1984年出版的是第一卷,仅先秦两汉部分,即使将1987年出版的第二卷算上,也才到魏晋南北朝时期。书未完成,难窥全豹。从看到的部分而言,内容丰富翔实,思辨性强,观点自成一家。48万字的《中国美学史大纲》是中国第一部完整而系统的美学史著作。它纵向评述了中国古代美学范畴的发展史,有自己的见解,且简明扼要。《中国古代文艺美学概要》上编论述8个重要美学范畴,下编评介文艺美学发展概况,明白晓畅。此外,还有一种普及读物,即栾勋编著《中国古代美学概观》。美学史知识已在普及,由此也可看出它被关注的程度。除通史型美学史外,还有断代史型的美学史。施昌东著《先秦诸子美学思想述评》和《汉代美学思想述评》,评述了春秋战国和两汉的11位代表作家的美学观,特别是"美"这个范畴。但两书完成于20世纪六七十年代,不可避免地打上了时代思潮的烙印。于民著《春秋前审美观念的发展》主要探讨战国以前艺术品所体现的审美观念,而不是评述理论形态的美学。

还有一些著作是探讨美学理论、命题或范畴的。殷杰著《中国古代文学审美理论鉴识》是论述中国古代审美理论体系的专著。曾祖荫著《中国古代美学范畴》选释了中国古代美学的六对范畴,对其形成、发展历史和美学特征进行了评述,资料丰富。裴斐著《诗缘情辨》对"诗缘情"这一命题做了比较深入的研究。南开大学中文系古典文学教研室编《意境纵横探》是论文集,收中外作者有关意境的论文15篇,对意境这一美学范畴做了多方面的研究。蓝华增的《说意境》、王昌猷的《意境风格流派》也对意境做了论述。下述几种是中国古代美学史研究论文集。复旦大学中文系文艺理论教研室编的《中国古代美学艺术论文集》,所收文章大多谈古代美学问题,也有论艺术或其他问题的。《复旦学报》编辑部编《中国古代美学史研究》收论文30篇,均选自1980—1982年《高校社会科学学报》。江苏省美学学会编印的《中国美学史学术讨论会论文选》,被选入的仅限于提交一次学术讨论会的论文。林同华著《中国美学史论集》系个人著作,其中论述了一些时代的和一些重要美学家的美学思想,内容涉及文学、绘画、书法等诸多方面。此外,还有《中国小说美学》《中国绘画美学史稿》《论李渔的戏剧美学》等,前已述及,不再重复。另有聂振斌著《蔡元培及其美学思想》一书,全面论述了蔡元培的学术思想,而重点评介了他的美学思想。

以往,古代诗文论、词曲论、小说论、戏曲论、乐论、画论、书论等著作标明"美学"的较少,20世纪80年代以来则陡增。收入本书总论部分而题名美学的论文,即达150篇。有关《文心雕龙》的,有30余篇。其他如金圣叹、李渔、王夫之、叶燮、恽寿平、石涛、郑燮、王国维、吴梅等,都有数量不等的以美学标题的研究论文。其实,被论述者是否属美学,并不在于论文的标题,而在于被论述者的内容。

就笔者寓目的这类著作看,大体有两种情况:一是将古代美学理论和文艺作品里表现出来的审美意识都作为美学史的对象;一是只以美学理论为对象。由于学术界对美学的对象问题有不同看法,因而美学史的内容也就有了差异。如有的著作以众多美学范畴和命题构成的理论体系为内容,有的则以"美"这个范畴为中心。还有一个问题是古代美学与古代文学理论、艺术理论的关系问题。从有些著作看,似乎二者是一回事。其实二者有同有异,有重叠、交叉,也有区别。笔者主张实事求是,属于美学的,自然应称为美学,否则就用不着赶浪潮了。当然,现在重视古代美学研究是好事,这方面的研究还有待发展和深入,我们应积极支持和鼓励。

(四)道家文艺观、美学观得到重视和重新评价。

中国历史上有儒道两家,儒家以孔子为代表,道家以老庄为代表。两家的世界观不同,命运有别,但都对后世发生过深远影响。儒家主张入世,积极进取,强调文艺的社会功能,过去多给以较高评价;道家主张出世,消极退避,也有一些与否定文艺相关的言论,过去多受冷遇或被批判。过去较少研究老子的美学观、文艺观,主要是他这方面的言论太少,又与否定文艺有关;而研究者认识上的障碍,也当是原因之一。罗根泽著《中国文学批评史》简单论及老子,说他"在文学批评史上,只是一个消极的破坏者"。郭绍虞著《中国文学批评史》没有评论老子,在谈到庄子时,主要批判了"这个唯论者的神秘主义"。1964 年出版的复旦著《中国文学批评史》上册认为,老子反对文化学术、艺术与言辞,"和儒家比较进步的看法形成尖锐的对立"[1],在比较中表明了对两家的评价。

80 年代以来,学术界对道家文艺观、美学观的研究骤然多了,也深入了,简单否定的结论也少了。各种文学批评史或美学史著作都要论及老庄的文艺观或美学观,有的还列专章详加论述。1979 年至

---

[1]复旦大学中文系古典文学教研组编:《中文国学批评史》上册,上海古籍出版社,1964 年,第 28 页。

1986年，发表评论老子、庄子文艺观或美学思想的文章分别为20多篇和50多篇，对老子的美学观、特别是"大音希声"的命题，进行了较为深入的探讨。对庄子文艺观、美学观的研究，无论在广度或深度上，都是可观的。现在，道家文艺观、美学观的各个方面，诸如艺术本体论、艺术境界论、艺术创作论、艺术思维论、虚实论、审美鉴赏论等，都得到了研究。在评价上，也较前多有不同。张少康认为，老子的文艺思想"为我国古代文艺思想的发展，开辟了一条与儒家完全不同的新的途径，后来经过庄子的发展而更加完备，这是具有重大意义的"①。李泽厚对儒道两家的美学观进行了比较："儒家强调的是官能、情感的正常满足和抒发（审美与情感、官能有关），是艺术为社会政治服务的实用功利；道家强调的是人与外界对象的超功利的无为关系亦即审美关系，是内在的、精神的、实质的美，是艺术创造的非认识性的规律。如果说，前者（儒家）对后世文艺的影响主要在主题内容方面；那么，后者则更多在创作规律方面，亦即审美方面。而艺术作为独特的意识形态，重要性恰恰是其审美规律。"②李壮鹰认为，过去对道家文艺观的价值和影响很少肯定，而肯定较多的是儒家，"这种'重儒轻道'的倾向，是很不公允的"③。张文勋则分析了过去对老庄否定多、肯定少的原因：一是老庄学术思想本身消极成分较多；一是我国历史上长期以儒家思想为正统，于是形成了歧视儒家以外学派的偏见；一是研究工作受"左"的思潮的干扰，用形而上学方法，片面强调老庄学术思想的落后性④。当然，由于老庄是在谈哲学问题时涉及文艺和美学，

①张少康：《先秦诸子的文艺观》，上海文艺出版社，1981年，第100页。

②李泽厚：《美的历程》，文物出版社，1981年，第54页。

③李壮鹰：《道家的艺术本体论剖析》，《学术月刊》1984年第2期。

④张文勋：《老庄的美学思想及其影响》，见《古代文学理论研究》第8辑，上海古籍出版社，1983年。

没有直接论文艺或美学的著作,加之《庄子》外篇和杂篇的归属尚待确定等原因,研究者对老庄文艺观、美学思想仍有各种不同见解,但重视研究和重新评价他们的文艺观、美学观则是大势所趋。

(五)《文心雕龙》研究独占鳌头。

对刘勰著《文心雕龙》的研究,过去也是重视的,也取得了不小的成绩;但近10年的研究成绩更加卓著,是过去所不能比拟的。

10年来出版研究专书20余种。对《文心雕龙》进行全面评介的,有陆侃如和牟世金著《刘勰和文心雕龙》、詹锳著《刘勰与〈文心雕龙〉》、张文勋和杜东枝著《文心雕龙简论》、杜黎均著《文心雕龙文学理论研究和译释》等。其中第一、二种分别属《中国古典文学基本知识丛书》和《中国文学史知识读物》丛书,自然要写得简明扼要、通俗易懂。但它们与第三种一样,都既介绍了作者,又对《文心雕龙》内容的主要方面作了评述。三书各有体系和侧重,却都能引导读者全面了解《文心雕龙》。第四种是杜黎均研究《文心雕龙》的专著,上编主要评述《文心雕龙》的理论体系,阐释有关术语;下编按专题摘编《文心雕龙》中的语录,并有注释和今译。创作论是《文心雕龙》的精华所在,上述各书均有评介,而且还另有几种专著。王元化的《文心雕龙创作论》是受到好评的一种,一版再版。①此书疏释了《物色篇》心物交融说、《神思篇》杼轴献功说、《体性篇》才性说等八说,每说后有附录若干篇。通过对八说的释义,剖析了《文心雕龙》中至今尚有现实意义的艺术规律和艺术方法方面的问题,很有启发意义。该书在方法上确有可取之处,得到牟世金的称赞。他说:"用精湛的训诂以探其实,以确切的考

---

①《文心雕龙创作论》于1979年10月出第1版,系简化字横排本。1984年2月第2版为繁体字竖排本,内容有修订和较大的增补。1992年8月改名《文心雕龙讲疏》出版,内容又有修订,并增补新研究成果6篇。

据以明其本,用亲手的译文以富其论,以妥帖的比较以究其质,等等。王著之可贵,主要就在统一了这一切。"钟子翱、黄安祯著《刘勰论写作之道》是一种通俗的写作教材,选释《文心雕龙》中与写作相关的27篇,并附原文和译注,最后以《刘勰的创作论》作结。艾若著《神与物游》也是研究《文心雕龙》创作论的。詹锳著《〈文心雕龙〉的风格学》是第一部研究《文心雕龙》风格论的专著,有自己的理论体系。张文勋著《刘勰的文学史论》探索了《文心雕龙》里的文学史观和对文学发展历史的研究,是具有首创意义的专题性论著。还有一些是个人的有关《文心雕龙》的论文集,如马宏山的《文心雕龙散论》、蒋祖怡的《文心雕龙论丛》、毕万忱和李淼的《文心雕龙论稿》、王运熙的《文心雕龙探索》、涂光社的《文心十论》等。10年来发表刘勰和《文心雕龙》研究文章约千篇。现在,《文心雕龙》涉及的问题都有研究著作。其中研究最广泛而深入的是创作论。对风格论、风骨论讨论最为热烈。批评鉴赏论也有许多研究者。研究较少的则是其文体论。对《文心雕龙》的理论体系也进行了讨论,可见研究者注目的不仅仅是其范畴和命题。

1982年10月,在山东济南召开的全国第一次《文心雕龙》讨论会上,大家提出成立《文心雕龙》学会,并组成《文心雕龙》学会筹备小组。同时,由王元化、王运熙、王达津、周振甫、徐中玉、詹锳等15人联合向中央有关部门提出申请。学会于1983年正式成立,并决定编辑《文心雕龙学刊》。《学刊》当年出了第一辑,至1986年,共出版4辑,发表文章近百篇。这是继中国古代文学理论学会之后成立的第二个古代文学理论方面的学会,不同的是:它仅是有关一部古代文学理论专著的学会。中国古代的几部长篇小说各有学会,如中国《红楼梦》学会、中国《三国演义》学会、湖北省《水浒》研究会等。这些小说的价值和影响是巨大的,研究者甚众,其学会的出现自不待言。一部文学理论专著能有条件成立学会,足见其在学术上的地位之高,在文学理论上的影响之大。

现在,《文心雕龙》研究已被称为"龙学"。牟世金指出:"《文心雕龙》研究,已有'龙学'之称长期流行,这不是偶然出现的。"①这不仅因为对《文心雕龙》的研究历史悠久,更重要的是新中国成立以来,尤其是 1978 年以来的研究取得了巨大成绩。"红学"早为世人熟知,但那是对长篇小说《红楼梦》研究的称谓。对一部成就很高、影响深远的世界名著来说,"红学"的出现是顺理成章的。其实,"龙学"的出现也是这样。对《文心雕龙》的研究,除中国大陆成绩巨大外,台湾省学者也成绩斐然。在国外,以日本的研究成绩最为突出,而且中日学者在《文心雕龙》研究方面的交流也日渐增多。其他如韩国、俄罗斯、美国、法国、新加坡等,均对《文心雕龙》有所研究。人们越来越深入地认识到《文心雕龙》在世界文论发展史上的价值和地位,所以《文心雕龙》研究才成为一门国际性的学问。在中国文论史上,一种文论著作的研究形成一门国际性的学问,这是首例,也是至今唯一的一例。

(六)研究方法的讨论有了新内容。

关于中国古代文论的研究方法问题,过去也有过讨论,而 80 年代以来的讨论不仅规模空前,而且内容与过去大有不同。

现代科学和技术改变着人们的思维和研究问题的方法。于是,锐意变革的学人便在运用新方法的途程上迈出了第一步。在文艺学、美学研究上有人发表了运用新方法的文章,在古代文论和古代美学研究上可否一试? 这类问题在 20 世纪 80 年代有过讨论。在 1985 年召开的中国古代文学理论学会第四次年会上,就讨论过方法论的变革问题。中国社会科学院文学研究所新学科研究室曾举行座谈会,探讨

---

①牟世金:《序——〈文心雕龙〉研究的回顾与展望》,见《文心雕龙研究论文选(1949—1982)》,齐鲁书社,1988 年。

古典文学研究方法论。《文学遗产》1985年第3期,在《当前古典文学研究与方法问题笔谈》的总题下发表短文8篇,其中就有关于方法论问题的意见。1986年4月召开的《文心雕龙》学会第二次年会,也讨论了新方法的运用问题。1986年底召开的第三届全国近代文学学术讨论会的第三个议题,即研究方法。至于探讨古代文论研究方法的文章,也时有所见。

现在,校勘、训诂、考证和历史的、逻辑的、社会学的等以往使用过的方法被称为传统方法。有人认为这些已陈旧、过时,而应代之以"新方法"。所谓"新方法",即近年从西方"引进"的一些理论方法,诸如信息论、系统论、控制论、突变论、协同论、耗散结构、模糊数学、结构主义、符号学、语义学、测不准原则、发生认识学、接受美学等。我认为,在这个问题上应实事求是,任何简单、片面的态度和做法都是有害的。

研究方法是在研究过程中适应一定的对象和目的而形成的,它也要随人类的实践活动而发展变化。它有继承性,也会不断更新。对传统方法也应有所变革,应淘汰的也要淘汰,不能故步自封、抱残守缺。但是,对传统方法采取笼统一概否定的态度则是不可取的。比如校勘、训诂和考证,对于研究古代文论来说,就是重要手段之一。它是研究古籍的基础性工作,过去发挥过应有的作用,今后也仍有用武之地。当然,不能把它当作目的,不能搞无意义的烦琐考证。又如过去运用较多的社会学方法,一度由于庸俗社会学泛滥成灾,似乎科学的社会学方法也当废弃了,其实这是误解。对于新方法,有人是反对的,有人持怀疑态度,有种种原因,不足为怪。对新方法也有人盲目崇拜,主张全盘接受。我认为,各种方法各有其适用的范围,移植也要有一定的条件。新方法有的来自自然科学,有的来自其他社会科学或交叉学科,不一定都能用于中国古代美学和文论的研究。如果不管对象而囫囫囵吞枣地生搬硬套,势必凿枘不合、无济于事。即使可用的,也还有个学习、消化的过程。我们应该借鉴、吸收西方研究方法的长处,以丰富我们的研究方法,改进我们的研究方法。过去,我们过的是研究方法一元化的独木桥,现在要走研究方法多元化的大道。为了多层次、多角度、多侧面地审视中国历代美学和文论,揭示它的深层意蕴,多元化是研究方法发展的必由之路。

从有些运用新方法研究文学艺术的文章看,也存在一些问题,如被人们指责的"概念大换班""名词大爆炸"就是其中之一。当然,运用新方法必然要用一些新概念、新名词,用得恰切的,不懂者不能责怪。这里说的是这样一种文章,满篇陌生名词术语,却没有为问题的解决开辟一条新路,在研究上有新的创获。正像有人指出的,有的文章的意义就在给早已获得的研究成果换一套新术语的外衣。难怪有人说"标新未必真立异"。也许这是刚学步时幼稚的表现,只要有实事求是之意、无哗众取宠之心,认真消化吸收,幼稚是可以变得老成的。是的,研究手段应该现代化,但关键在有无现代人的眼光和思维,不能把希望仅寄托在名词术语大换班上。

(七)比较研究已纳入比较文学之门。

在西方,比较文学作为一门独立学科,形成于19世纪末,早已是参天大树。在中国,比较文学是在20世纪80年代迅速发展起来的。作为比较文学一部分的中西历代美学和文论的比较研究,当在同时。

当然,中西历代美学和文论的比较在中国早已有之,远的不说,20世纪30年代即不少见。鲁迅在1932年为一名青年的诗论著作写的题记里说:"篇章既富,评骘遂生,东则有刘彦和之《文心》,西则有亚里士多德之《诗学》,解析神质,包举洪纤,开源发流,为世楷式。"①

①《鲁迅全集》第八卷,人民文学出版社,1981年,第332页。

此即一例。此外,朱光潜在《诗论》中对中西诗论有过比较,宗白华在绘画美学研究中也有中西比较。例子尚多,不再一一列举。但这些都算不上自觉的比较文学。我们知道,钱钟书在1979年出版了《旧文四篇》和《管锥编》,这些著作运用比较方法探求中西文心、诗心的共同规律,提出了不少精辟见解。作者得到了学者的高度评价,被人称为"比较文学家"。他的同学李健吾说:"我国研究比较文学的,钱钟书是第一把交椅。"①但他却说"自己在著作里从未提倡过'比较文学',而只应用过比较文学里的一些方法"②。对于"比较文学家"的头衔他也拒绝接受。又如王元化的初稿完成于1966年而出版于1979年的《文心雕龙创作论》,曾被人列为我国比较文学研究进入自觉期的代表作之一。请听他自己的说法:"老实说,我对比较文学没有研究。在写本书时,我也没有想到采取比较文学的方法(例如比较文学的平行研究法)。"③

中国的比较文学的建立,是在20世纪80年代初期。这时,研究者开始自觉运用比较文学的方法研究中国历代美学和文论。一些学者纷纷撰文提倡。如季羡林就发表了《提倡中外文艺理论的比较研究》。后来,杨明照也写了《运用比较的方法研究中国古代文论》。此外,蒋孔阳、胡经之、王文生等都有专文论述历代美学和文论的比较研究问题。1984年10月,中华全国美学学会、湖北省美学学会、湖北省文联、武汉大学、华中师范学院、武汉建材学院在武昌联合举行了中西美学与艺术比较讨论会。湖北省美学学会还将这次讨论会的发言和论文选编成《中西美学艺术比较》一书。另外,还有两种这方面的

---

① 刘献彪:《比较文学及其在中国的兴起》,广西人民出版社,1986年,第220页。

② 张隆溪:《钱钟书谈比较文学与"文学比较"》,见《读书》1981年10期。

③ 王元化:《文心雕龙创作论·第二版跋》,上海古籍出版社,1979年。

专书,一是曹顺庆选编的《中西比较美学文学论文集》,一是彭立勋、曾祖荫的《西方美学与中国文论》。仅 20 世纪 80 年代的 7 年间,发表的有关中西历代美学和文论比较的论文就在 80 篇以上。

就我们看到的研究文章说,基本属于平行研究。就其内容而言,涉及中西历代美学和文论的许多方面。有些属于基本理论或某些范畴的比较,这在本体论、美感论、审美体验论、功能论、创作论、批评鉴赏论等方面都有。在比较方式上,如中西表现论、灵感论、悲剧观、喜剧观等的比较是在同类理论或观点范围内进行的;而文道论与理念论、感物说与模仿说、妙悟说与迷狂说、出入说与距离说,意境论与典型论、风骨与崇高等的比较,则是在内容相关而又不同的理论之间进行的。还有思维方式、表现形态等方面的比较。有些是中西美学家、文论家之间的比较,如孔子与柏拉图文艺观、亚里士多德美学理想的比较,庄子与柏拉图美学观的比较,刘勰《文心雕龙》与亚里士多德《诗学》、黑格尔《美学》的比较,司空图与康德美学思想的比较,朱熹与黑格尔诗论的比较,金圣叹与菲尔丁小说理论的比较,王国维与叔本华、尼采美学观的比较等。这种比较研究,不管属于宏观还是微观,都是有意义的。通过这种比较,可以探知中西历代美学和文论的共同规律,这对推动文艺乃至人类文化的发展都是有益的。通过这种比较,可以辨别彼此的差异,这又有助于认识中国历代美学丰富的内涵和民族特色,认识它的历史地位,并对建立中国具有民族特色的美学和文论做出自己的贡献。当然,在以往的比较研究中也出现一些缺陷,如将一些形似的东西牵强比附或乱点鸳鸯谱等。我们相信,随着研究的深入发展,缺陷是会得到逐步克服的。

五

数十年来,中国历代美学和文论研究的成绩大体已如上述,下面简要谈一下它的不足。

其一,微观研究较多,宏观研究较少。以往的研究,多为对一个个美学家、文论家及其有关著作的评介,或是对某些美学概念、命题、范畴等的考释和分析。当然,对一个作家、一部专著的研究也有宏观和微观之别,而过去多局限于微观研究。是的,微观研究也是重要的,是宏观研究的基础,失去这个基础,宏观研究会流于空疏,甚至使宏观概括失去准确性。但是,宏观研究也应受到重视。这种研究是更高理论水平上的综合概括,视野开阔,整体性强,是在更广更深的文化背景上和历史联系中审视对象,掌握其总体风貌,从而能更深入地认识其内涵和理论意义。忽视宏观研究,就可能见树不见林,从而限制微观研究的深入。为了中国历代美学和文论研究的进一步发展,除了继续深入进行微观研究之外,还应在宏观研究方面作更大的努力,并将二者统一起来。近年,宏观研究已开始受到重视,这是值得欢迎的。

其二,对少数名家研究较多,对众多非名家研究较少。钱钟书在《读〈拉奥孔〉》里说:“在考究中国古代美学的过程里,我们的注意力常给名牌的理论著作垄断去了。”他并不反对将名人、名著作为研究对象,但不主张把文艺评论史变成《历代文艺界名人发言纪要》①。就本书收入的 700 家来说,研究其美学或文论的文章在 10 篇以上者约 70 人,仅 1/10。其中千篇以上者仅刘勰。200 余篇者有王国维和金圣叹。100—200 篇者有李渔、钟嵘、陆机、严羽、苏轼、司空图和杜甫。李贽、白居易均 90 余篇,曹丕、王夫之均 80 余篇,庄子 70 篇,韩愈、叶燮、王充、曹雪芹各 60 余篇。其余 50 余篇者 6 人,40 多篇者 8 人,30 多篇者 10 人,20 余篇者 16 人,10 余篇者 9 人。有不少人仅在少数文学批评史、绘画美学史一类著作里简单提及,有不少尚无研究者问

① 钱钟书:《读拉奥孔》,见《七缀集》,上海古籍出版社,1985 年,第 29 页。

津。我们并不主张对大小各家平均使用力量,也不认为名家和文论名著都已研究透彻,不用再花精力了,而是说不应该将非名家排除在研究对象范围之外。美学史、文论史是由名家与非名家共同创造,只不过贡献有别。同时,有的精辟见解也出于非名家,给他们以应有的地位是应该的,这与突出重点并不矛盾。

其三,重视纯理论研究,忽视联系创作和鉴赏实际。钱钟书在《中国诗与中国画》里指出:"文艺批评史很可能成为一门自给自足的学问,学者们要集中心力,保卫专题研究的纯粹性,把批评史上涉及的文艺作品,也作为干扰物而排除,不去理会,也不能鉴别。不过,批评史的研究,归根到底,还是为了批评。"[1]吴调公也指出:"古代文论研究中一个比较普遍的偏差是忽视扣合古代文学实际。"[2]这是对实际情况的概括。历代美学和文论是当时人们从创作和鉴赏实践中得到的感受、体验和认识的总结,属于理论形态,只有联系文艺实际,才有可能理解得准确和透彻。脱离实际根基的概念推衍,往往隔靴搔痒,甚至缺乏实际意义和活力。不管是作者评论的作品还是他自己的创作,往往和他的美学观、文艺观有着这样或那样的联系,都应受到我们的重视。有的文论专著的注本附以其中评论的作品,正为了给研究者提供一些方便。有的研究者和研究著作是重视这一点的,我们期望这种努力得到进一步发展。

其四,资料的搜集整理工作仍然滞后。前已述及,我们在历代美学和文论资料的搜集、整理、编辑、出版方面的成绩巨大,那为什么仍然满足不了研究工作的需要呢?因为从总体而言,研究需要的是全部

①钱钟书:《中国诗与中国画》,见《七缀集》,上海古籍出版社,1985年,第1页。

②吴调公:《古代文论研究应该有一个跃进》,《光明日报》,1982年10月26日。

资料,而不是其中的一部分。我们已经整理、出版的虽多为重要著作,却仍是部分。例如诗话,罗根泽在新中国成立前即积得四五百种,这还不是存留诗话的全部。据有人统计,仅清代诗话就有三四百种,但是已整理出版的诗话充其量超不过200种。小说论著、戏曲论著以及乐论、画论、书论等,都只有数量有限的选本。

作为研究工作先导的资料搜集整理工作之所以滞后,原因非止一端。就这项工作本身说,就有许多困难。我国历史悠久,古籍浩如烟海,而历代美学和文论资料大都散见于其中各家的文集、诗集、笔记、小说、戏曲等各种著作里。这些著作又不在一地,有的甚至在国外,搜集齐全,诚非易事。同时,有些著作版本较多,往往互有出入;有些著作真伪混杂,作者难辨;有些著作残缺不全,或刊刻错误较多;有些著作早已散佚,仅在一些类书或其他著作中有片段引述。所有这些,又为整理工作增添许多内容,带来较多困难。从人们对这项工作的态度说,一般是轻视的。撰写研究专著,作者可借以提升职称,甚至获名获利;编辑资料则吃力不讨好,领导多不支持,别人也瞧不起。所以,甘于清贫和寂寞来做这种工作的人不多。从出版上说,这类著作由于销量不大而出版困难。自费出版吧,编书者都是靠有限的工资生活的书生,钱从何来?申请资助则是不容易的。当然,我们也相信现状总会改观。

《陇上学人文存·刘让言卷》前言

一

刘让言先生,字纳夫,笔名罗冰,河南济源人,1914 年 10 月 1 日生。1939 年考入西北联合大学外国语言文学系。同年,西北联合大学改组为西北大学,他便成了西北大学的学生。1943 年毕业,获学士学位,因成绩优秀,留校任教。1946 年因他支持学生运动,被校方解聘,他便离开西安,来到兰州,在西北师范学院外语系任讲师。从 1948 年起,历任兰州大学外语系讲师、陕西师专(今陕西师范大学前身)英语科副教授、兰州大学中文系副教授。1959 年,兰州大学中文系大部分师生并入新建的兰州艺术学院,他任该学院文学系副教授和系主任。1961 年,他随系返回兰州大学,历任中文系教授、副系主任、系主任和硕士研究生导师。1986 年退休,2006 年 1 月 27 日病逝,享年 92岁。

刘先生任教 40 余年,先后担任"普通英语""英语语法与修辞""英文作文""英国散文""英国诗歌""欧洲文学史""中国现代文学史""文学概论""文艺理论专题研究""西方古代文艺理论"等课程,这在大学教授中还是少有的。他一生任教,热爱教育事业,勤勤恳恳,教书育人,为国家培养了一批又一批优秀人才,桃李满天下,功不可没。

除了教学之外,他还先后兼任校内外多种职务。1949 年兰州刚解放时,即任兰州大学接管委员会委员。后历任甘肃省政协和兰州市政协筹备委员会委员、甘肃省文联筹备领导小组主任委员、《甘肃文学》首任主编。"文化大革命"前,被选为兰州市和城关区人民代表。为中国作家协会会员。又任中国文艺理论研究会理事、中国作家协会甘肃分会副主席、甘肃省写作学会会长、甘肃省美学研究会名誉会长等。

二

刘先生在他 1979 年 12 月写的《我的教学和科研情况》里说:"我这一生,不知因为什么缘故,和文艺工作结下了不解之缘。"这里说的"文艺工作",应该包括文学创作、文学翻译和文学研究三个方面。

他受鲁迅影响,从事文学创作主要在 20 世纪三四十年代。发表的短篇小说有《恍惚》《骚动》《炮火中的一群》《那一场屠刑》《一夜的游击》《花船婆》《墙上的疮疤》《日记片断》《大巴山的囚徒》《野蒺藜》《瘤小根的故事》《张银花离婚》等。发表的诗歌和散文诗有《想飞》《无题》《想》《水上劳动者》《山·声音·路》《忆》《这里没有冬天的》《冬夜》《把他们赶出联合国去》等。1937 年,还发表过剧本《在前线》。

他翻译外国文学始于 1942 年。他翻译过印度诗人泰戈尔的诗、美国诗人惠特曼的诗和英国诗人拜伦的诗剧《曼弗雷德》。《曼弗雷德》1949 年出版后,一版再版。他还翻译了包括 80 余首诗的《拜伦抒情诗选》,可惜未能出版。此外,还翻译了波兰小说《鲍狄笳》《史鲁尔——从鲁巴图来的》《薄暮》等。希腊荷马史诗之一《伊利亚特》,他译了约 4000 行,未能完成。在文艺理论和美学方面,他翻译了芬克尔斯坦的《论艺术中的现实主义》(未出版)、韦勒克的《20 世纪西方文学批评》和韦勒克的《波德莱尔的美学思想》。

刘先生用力最勤、成绩最显著的是文学研究。这里所说"文学研究",指文学科学,内容包括文学理论、文学史和文学批评。三者既有区别，又有联系。在上述三方面，刘先生兼而有之，而重点又在文学理论方面。他之所以三者兼顾，这与他担任的课程有关。本来，大学中文系的教师，讲课各有分工，有的讲文学理论，有的讲中国古代文学史，有的讲中国现代文学史，有的讲欧洲文学，有的讲俄罗斯苏联文学，等等。即使讲中国古代文学史，也往往是按朝代分段任课。但是，刘先生既讲欧洲文学史，又讲中国现代文学史。晚年还著《屈原楚辞注》，与人合著《中国古典诗歌选注》，这又属于中国古代文学了。至于文学理论，不管叫"文学原理"还是叫"文学概论"，更是他多年担任的主课，还不止一次编写过教材。所以，他写的文学评论文章，涉及中外古今。在文学上，刘先生知识面宽广，学养有素，是学生敬重的教授，是在学术界颇有造诣和影响的学者。

三

刘先生研究文学理论是从 20 世纪 50 年代初开始的，当时他从兰州大学外语系调中文系讲授"文学概论"课。新中国成立后，他发表的第一篇有关文学理论的文章是《古典文学研究中作家的世界观与创作方法问题》，刊发在《兰州大学学报》1957 年创刊号上。此文曾引起日本学术界关注，京都大学学部在《中国文学》上做了介绍和评论。

关于作家的世界观与创作的关系问题，一直是苏联文学理论中关注的重要问题之一。斯大林称苏联作家是"人类灵魂的工程师"，这就是要求作家"以社会主义精神从思想上改造和教育劳动人民"。为此，作家就必须"用社会主义精神来不倦地提高自己并增强自己的思想武装"。在作家的世界观与创作方法的关系上，当时在苏联居于主流地位的观点是"统一论"，即认为世界观制约、支配创作方法，优秀的现实主义的作品，是在先进的世界观指导下创作出来的。但是也有人不同意这样的观点。匈牙利的卢卡契就说，"艺术家在错误的世界观的基础上仍能创造出千古不朽的艺术珍品"。里夫西兹也说，"反动的思想没有妨碍托尔斯泰成为一个天才的艺术家"。在 1956 年至 1958 年苏联批判修正主义时，这种观点就成了批判的对象。当时中国的文学理论是深受苏联影响的，在这个问题上的主流观点与苏联一致。

不过，中国学术界对作家的世界观与创作方法关系的看法也有分歧。例如 1953 年第 3 期《山东大学学报》发表的陆侃如的《论古典作家的宇宙观和创作方法的矛盾》，就认为作家的宇宙观和创作方法是矛盾的。持这种观点的也还有其他人。在 1954 年至 1956 年的批判俞平伯《红楼梦》研究的运动中，特别是在批判胡风的运动中，对作家的世界观与创作方法矛盾的观点进行了猛烈的批判。胡风曾说过："真实的现实主义方法，能够补足作家的生活经验上的不足和世界观上的缺陷。"当 1955 年胡风被定为"反革命集团"首领之后，这类话就成了他否定作家的世界观对创作的制约作用、反对社会主义现实主义作家具有共产主义世界观的"罪证"。

当然，刘先生的这篇文章与当时批判胡风的运动有关，但他同时是把作家的世界观与创作方法的关系作为一个学术问题来探讨的。在作家的世界观与创作方法关系问题上的意见分歧，与人们对"世界观"的理解不同有关。如有人说的世界观仅指作家的"政治观点"和"阶级同情"，刘先生则不同意这种理解。他所说的世界观是广义的，指作家对于周围世界，对于自然现象和社会现象的一切观点的总和，甚至连作家对于现实生活的忠实态度、"善于观察世界"等，一并包括在内。他认为作家的世界观与创作方法是统一的，矛盾不在世界观与创作方法之间，而在世界观本身。

人们在作家的世界观与创作方法关系问题上的意见分歧，根源于对恩格斯评论巴尔扎克和列宁评论列夫·托尔斯泰的不同解读。所以刘先生分析了巴尔扎克和列夫·托尔斯泰的世界观与创作方法的关系，阐明了恩格斯和列宁对两位作家的评论不能证明作家的世界观与创作方法是矛盾的。

刘先生在这篇两万多字的长文里，从不同角度对作家的世界观与创作方法的关系作了细致的分析和论证，有理有据。这篇文章在当时的同类文章中，是颇有分量的一篇。

刘先生还有一篇颇有分量的文章，即《论文学艺术的社会本质——文学艺术与基础和上层建筑的关系》。此文发表于《兰州大学学报（社会科学版）》1981 年第 2 期，节选入上海文艺出版社 1983 年出版的《文学理论争鸣辑要》和重庆出版社 1991 年出版的《新时期文艺论争辑要》。这也是一篇参加讨论的文章。讨论的问题是文学艺术是不是属于上层建筑的社会意识形态。

本来，新中国成立后我们一直坚持这样的观点：文学艺术是一种社会意识形态，属于经济基础的上层建筑。它的来源是马克思主义经典作家的有关著作。改革开放以后，学术研究有了一个宽松的环境，人们敢于发表不同的意见了。在这样的形势下，朱光潜先生提出，文学是意识形态，但不属于上层建筑。这个观点见于他发表于 1979 年第 1 期《华中师院学报》的《上层建筑和意识形态之间关系的质疑》一文，也见于他的《西方美学史》1979 年 6 月第 2 版的《序论》。这个观点苏联个别学者在 1951 年至 1952 年已提出过，朱先生与之不谋而合。

朱先生的观点当即遭到吴元迈等学者的反驳。刘先生的文章就是在这样的情况下发表的，只不过他是针对"文学艺术非上层建筑论"而全面论证文学艺术的上层建筑性质，不仅仅是反驳朱先生文章里的具体论点。

在文学艺术是否属于上层建筑问题上的意见分歧，源于论争者对马克思主义经典作家有关论述的不同解读。朱先生从马克思、恩格斯和列宁的三段话里解读出上层建筑与意识形态平行，而不是意识形态属于上层建筑。而刘先生则引用更多马克思主义经典作家的言论来证明他们都肯定意识形态属于上层建筑，其中包括文学艺术，举证有力。

关于文学艺术与上层建筑的关系问题，苏联在1951年至1952年也讨论过，绝大多数人认为，文学艺术"是上层建筑的现象"，也有少数人持相反的观点。同时，还有人认为进步的优秀的文艺作品不属于经济基础的上层建筑；还有人因斯大林在《马克思主义和语言学问题》里列入上层建筑的是艺术"观点"，因而否认艺术属于上层建筑。刘先生对这些观点都进行了反驳，言之成理。

值得称道的是刘先生的文章在肯定文学艺术的上层建筑性质的同时，也批评了庸俗社会学观点，还论证了意识形态的相对独立性，肯定文学艺术中还有非上层建筑因素。这是实事求是的做法。

2000年9月我拜访刘先生时，他说上述两文都实为半篇。前文没有谈创作方法的相对独立性；后文虽然提到文学的非上层建筑因素，而没有展开论述。他曾打算就这些问题另写文章。关于文学的非上层建筑因素问题，他已准备了材料，但还没有写，后因身体原因，愿望未能实现，也是一件憾事。

刘先生十分重视文艺的特征，所以他参加了1978年开始的又一次形象思维问题的讨论。

形象思维是俄国19世纪批评家别林斯基提出来的，后经普列汉诺夫、高尔基等作家、理论家继承和发展，就成了苏联马克思主义文艺理论的一个组成部分。20世纪30年代传入我国。新中国建立以后，也为我们接受，大学"文学概论"课都讲形象思维。50年代后半期，学术界还讨论过一次形象思维问题。

1966 年 5 月，郑季翘在中国共产党机关刊物《红旗》杂志发表了《文艺领域里必须坚持马克思主义的认识论——对"形象思维"论的批判》。这是一篇空前激烈的声讨形象思维论的檄文，它将"反马克思主义""修正主义""反毛主席文艺思想"等一大堆帽子硬压在形象思维论的头上，把学术问题完全政治化了。这样，形象思维论者被迫闭嘴，正如朱光潜先生在《形象思维：从认识角度和实践角度来看》里所说，郑季翘的文章发表后，接着"四人帮"就对知识界进行法西斯专政，"笔者对此就不再有说话的权利了，但是心里并没有被说服"。

1977 年 12 月 31 日《人民日报》和 1978 年第 1 期《诗刊》发表了毛泽东 1965 年写的《给陈毅同志谈诗的一封信》，其中肯定了形象思维。一石击起千层浪，形象思维论者"憋了十几年的一肚子闷气霎时通畅了"，于是全国展开了对形象思维问题的讨论，而且空前热烈。刘先生也在 1978 年 2 月 13 日《甘肃日报》发表了《形象思维是文艺创作的客观规律》一文，为参加讨论最早者之一。在这次讨论中，郑季翘的观点就成了众矢之的。刘先生的文章在批评郑季翘的观点时，对形象思维问题做了自己的阐释。他认为文艺是把人和社会生活的各方面作为一个整体来表现的，它又是通过自身特有的内容来影响人，从而间接影响社会的，这就决定了它认识现实的方式是形象思维。形象思维要把具体、感性的材料经过分析、比较，把其中最鲜明生动、最能表现事物本质特征的部分加以集中概括，创造出富有个性特征并能反映事物本质的艺术形象。这种思维与逻辑思维各有特点，但不是完全对立的，它们遵循着共同的认识规律，可以在实践基础上统一起来。对于毛泽东在信中谈到在形象思维中"比兴两法是不能不用的"，刘先生谈了自己的理解：比兴"把作家创作过程中的思维活动和具体事物的形象联系在一起，这里已隐现着创作中形象思维的特点"。"比兴"不脱离具体事物的形象，故与形象思维相联系，但它仅是文学创作的两种表现手法,而不能与形象思维画等号,所以刘先生的论断是恰当的。

形象思维作为学术问题,有意见分歧是正常现象。郑季翘对形象思维论上纲上线的批判,不属于学术讨论,应当杜绝。刘先生和广大参与讨论者,是既反击郑季翘,又本着学术讨论的精神探讨形象思维问题。从绝大多数人的意见看,都肯定形象思维。自然,分歧意见也仍然存在。20世纪80年代以后,形象思维问题的讨论趋于消歇。笔者认为,这个问题并未完满解决,至于它将来的命运如何,尚难预料。

四

刘让言先生对鲁迅文艺思想的研究,也是他研究文艺理论的一个组成部分。刘先生是鲁迅的崇拜者,三种版本的《鲁迅全集》他全部珍藏。在兰州解放不足两个月的时候,他就为纪念鲁迅逝世13周年,发表了《纪念鲁迅,学习鲁迅》一文。他崇奉鲁迅的文艺思想,所以他的文学论著常引用鲁迅的有关论述。他发表过三篇评述鲁迅文艺思想的文章,即《鲁迅谈创作》《鲁迅论文艺批评》《鲁迅是怎样论述文艺与政治的关系的》。

鲁迅作为中国现代文学史上首先要讲的伟大作家,他的文艺思想也常为研究者所关注。在当代研究文艺理论的学者中,很多人都写过论述鲁迅文艺思想的文章,刘先生就是其中的一个。鲁迅有关文学艺术问题的见解,散见于他的杂文、演讲、序跋、书评、信函等各类著作中,并无系统,要由研究者构建系统。由于研究者主观条件的差异,各人构建的系统就不完全相同。

刘先生发表的第一篇研究鲁迅文艺思想的文章,是1962年的《鲁迅谈创作》,讲的是鲁迅的创作理论。这是不少人谈过的问题,而各有特点。刘先生重视作家的立场和世界观与创作的关系,所以他先谈鲁迅这方面的意见，并论证了鲁迅在不同的思想发展阶段对作家的不同要求。此外，鲁迅还要求作家深入生活，丰富生活经验，掌握熟练的艺术技巧等，并谈到对青年作家的指导问题。这与另一位研究者从要作家懂得文学的特点、如何写人物、如何运用语言等方面进行概括就是不同的，且不说对某些具体问题理解上的差异。

《鲁迅论文艺批评》是刘先生为纪念鲁迅100周年诞辰而写的。此文从鲁迅回答文艺为什么必须有批评开始，对鲁迅在文艺批评的主要任务、文艺批评的观点、方法、态度等各方面的意见进行了梳理和评介。其中有两点，对于我来说，印象较深。这两点都是鲁迅对批评的批评。一点是对胡梦华批评《蕙的风》的批评。汪静之的诗集《蕙的风》里有一句"一步一回头，瞟我意中人"，胡先生就判定它和《金瓶梅》一样的罪。鲁迅说"这是锻炼周纳的"，也即罗织罪名。在《张竹坡批评第一奇书金瓶梅》前所列人物分类表中，有"意中人"一类，指心里爱慕的异性，如潘金莲的"意中人"是武二郎，西门庆的"意中人"是何千户娘子蓝氏等三人。胡先生因这三个字相同，就将两本不同的书拉扯在一起，一样看待。"看见一个'瞟'字，便即穿凿到别的事情上去"。对此，鲁迅"非常不以为然"，进行了尖刻的批评。刘先生以这样典型的例子证明鲁迅反对文学批评中的穿凿附会，是很有说服力的。

另一点是讲鲁迅反对摘句式的批评。鲁迅认为，"最能引读者入于迷途的，是'摘句'。它往往是衣裳上撕下来的一块绣花，经摘取者一吹嘘或附会，说是怎样超然物外，与尘世无干，读者没有见过全体，便也被他弄得迷离惝恍"。如论客以"采菊东篱下，悠然见南山"评定陶潜，说他"浑身是静穆"，其实他还有"金刚怒目"式的诗。文中引鲁迅《"题未定"草》里的话，说明评论作品要顾及全篇，顾及作者全人，以及他所处的社会状态，使人一目了然。本来，《"题未定"草》还有对朱光潜先生当时推崇的"诗的极境"——"静穆"的深刻分析和批判，但这是更深入的美学问题,文中从略了。

1979 年至 1981 年,文艺界展开了一次文艺与政治关系的热烈讨论。《鲁迅是怎样论述文艺与政治的关系的》的写作,就和这次讨论有关。新中国成立以后,我们奉行的是文艺为政治服务的口号。改革开放以后,有人提出了异议,于是各派互相争鸣。1980 年 1 月 16 日,邓小平在《目前的形势和任务》的讲话里宣布,"不继续提文艺从属于政治这样的口号"。同年 7 月 26 日,《人民日报》社论《文艺为人民服务、为社会主义服务》又宣布,"党中央提出,我们的文艺工作总的口号应当是:文艺为人民服务、为社会主义服务"。"文艺为政治服务"的口号不再使用。此后,讨论继续进行。刘先生认为,鲁迅关于这个问题的论述,对我们今天深入理解和认识这个问题仍有积极意义,因而写了这篇文章。

刘先生把鲁迅的主张概括为文艺为革命的政治服务。他用鲁迅一生的文艺活动证明了这个论断。鲁迅前期的"遵命文学"和文艺"必须是'为人生',而且要改良这人生"的主张,就体现了这种服务意识。鲁迅后期倡导无产阶级文学,说"无产文学,是无产阶级解放斗争的一翼"。所以刘先生说,鲁迅认为文学"是为一定阶级的政治利益服务的"。鲁迅的这种主张是在与否定文学的阶级性、鼓吹文学脱离革命政治的人进行斗争中特别强调的,即使有矫枉过正之处,也不影响它主导的正确的一面。刘先生还指出,鲁迅在主张文艺为革命的政治服务的同时,也反对只讲政治不讲艺术规律的错误倾向,并对这方面作了较充分的论证。总之,刘先生对鲁迅在文艺与政治关系问题上的主张是肯定的。当然,刘先生的意见是一家之言,在这个问题上仍然可以讨论。

五

近年在谈及从 1949 年到 2009 年 60 年间中国文学理论的分期时，"学界有一个普遍接受的说法，这就是'三十年河东，三十年河西'"。"三十年河东"，指从 1949 年到 1978 年中国的"文学理论以苏联影响为主体"；"三十年河西"，指从 1979 年到 2009 年中国的文学理论"欧美影响逐渐取代了俄苏影响"。

刘先生讲的文学理论当属于"河东"范畴。在文学理论上刘先生受苏联影响，前文已经涉及，这里说明一下产生这种影响的原因。新中国建立以后，全面学习苏联。在文艺理论方面，大量翻译苏联文艺理论著作，请苏联专家来华讲学。苏联季摩菲耶夫教授的《文学原理》，就是在 1953 年翻译出版的。1954 年春至 1955 年夏，季摩菲耶夫的学生毕达可夫应邀在北京大学中文系为研究生讲授"文艺学引论"课，全国一些大学派教师去听课，刘先生就是其中之一。讲稿翻译后由高等教育出版社于 1958 年出版。1956 年至 1957 年，苏联的柯尔尊在北京师范大学为俄罗斯苏联文学研究生和进修教师讲授"文艺学概论"课，讲稿翻译后由高等教育出版社于 1959 年出版。此外，1958 年人民文学出版社还出版了谢皮洛娃的《文艺学概论》，朝花美术出版社还出版了涅陀希文的《艺术概论》。刘先生受苏联文艺理论的影响有必然性。难怪他于 20 世纪 50 年代为《文学概论》写的《形象、性格与典型》一章留有苏联影响的烙印。特别是其中谈典型的部分，受苏联《共产党人》杂志专论《关于文学艺术中的典型问题》影响更为明显。

刘先生信奉的是马克思主义文艺理论，在苏联居主流地位的以马克思主义为旗帜的文艺理论自然为他所接受。不过，马克思主义文艺理论是以马克思、恩格斯、列宁等的有关著作为依据的，他自然总是从这些著作中去领会。而在中国，毛泽东文艺思想是中国化的马克思主义文艺理论。《在延安文艺座谈会上的讲话》等，就是马克思主义文艺理论的经典文献。所以刘先生所编《文学概论》讲义的有些章节，就是对毛泽东文艺思想的阐释，如《文艺和生活的关系》《文艺遗产的批判继承》《文艺的普及与提高问题》《革命现实主义和革命浪漫主义相结合的创作方法》等都是。1962年他发表的《现实生活是文学艺术的源泉》，副标题就是"《在延安文艺座谈会上的讲话》学习笔记"。这个《讲话》的根本精神是正确的，也是刘先生所坚持的。但是《讲话》也有不当之处，而过去用"句句是真理"的态度对待《讲话》，刘先生只能照搬照用，这就不能不影响到他讲的有些理论的学术品格。

改革开放以后，思想解放，刘先生才敢于发表《文艺理论也需要发展》的文章。他认为，"没有万古不变的文艺理论"。文艺理论是文学艺术实践的科学总结。"现实生活的变化，影响文学艺术的变化，也影响和要求文艺理论的变化，因此，文艺理论应当随着时代的发展和文学艺术的发展而变化、而发展"。如果去掉当今一些学者赋予"三十年河东，三十年河西"的新内容，这一条昭示事物随时代推移而变化的古谚对文艺理论来说，依然是历久不废的。

刘先生信奉马克思主义文艺理论，不会全盘接受现代西方各家非马克思主义的文艺理论，即使在"西风"劲吹的今天。不过，在态度上他是有所变化的。过去被中国学术界排斥、批判的一些现代西方文艺理论流派，改革开放以后受到一些人的欢迎，或被接受，至少是不被拒之于门外了。于是西方各家各派的文艺理论纷纷涌入中国，掀起了翻译、介绍现代西方文艺和美学论著的热潮。1984年，韦勒克与沃伦合著的《文学理论》中译本由三联书店出版，反响强烈。这时，刘先生停顿多年的翻译工作也重新启动，他翻译了韦勒克为弗莱希曼主编的《20世纪世界文学百科全书》写的《文学批评》词条，以《20世纪西方文学批评》为书名，由花城出版社出版。他还翻译了韦勒克著《现代文学批评史：1750—1950》中的《波德莱尔的美学思想》，在《天山》1989年第4期发表。《20世纪西方文学批评》，在陈众议主编的《当代中国外国文学研究（1949—2009）》里有介绍。此书可看作20世纪西方文学批评简史。它先评介三个具有国际性的文学批评流派，即马克思主义文学批评、心理分析文学批评和神话文学批评，然后评介了西方各国的文学批评。由于原文只写到20世纪50年代，刘先生又翻译了作者为1975年版《20世纪世界文学百科全书》第4卷（增刊）写的《近年来文学批评的发展》一文，附于书后，以补其阙。刘先生为此书写了一篇《译后记》，简要介绍了韦勒克的生平和著作。韦勒克被文学界划归"新批评"派，但是刘先生认为，他不属于这个学派。他说："他的文学理论观点，虽然从某些方面来看，似乎和新批评派有着联系，例如，他也强调文学研究的核心是单独的艺术作品；但从总体来看，他的文学理论与新批评派却是不同的，他的文学理论概念的视野，比新批评派要开放广阔得多，有他自己完整的文学理论体系。"从这里可以看出，他对这位我们20世纪60年代的批判对象全新的态度。他说韦勒克"是西方广为承认的最杰出的知识渊博、著作宏富的文学理论家和比较文学批评实践家之一"，这是对作者的真诚的赞许。他说作者"能将纷纭杂沓的20世纪文学批评的众多学说和流派，以几个主要流派为主线，融贯在一篇几万字的文章里，言简意赅，浑然一体，充分显示出作者卓越的概括能力和识别分析能力"。这里既称誉作者，又称誉其著作。他并不全部赞成作者的文学观点，但充分肯定了这部著作对我们研究20世纪西方文学理论的参考价值，这种欢迎态度是正确的。

六

刘先生对作家作品的评论,外国、中国、古代、现代都有,被评论作品的体裁,包括诗歌、小说和戏剧。

评论外国作家作品而发表的论文有三篇,即《拜伦与〈曼弗雷德〉》《拉伯雷——伟大的人文主义者》《一篇充满幽愤和革命激情的诗——谈普希金的〈致大海〉》。

《拜伦与〈曼弗雷德〉》是刘先生为他所译《曼弗雷德》撰写的前言,发表于1949年。《曼弗雷德》是英国著名浪漫主义诗人拜伦(1788—1824)创作的一出诗剧,很为刘先生所赏识。他认为,它的创作与歌德的《浮士德》有关,但更深刻的原因在于"骄傲、暴躁、热情、富于反抗精神与对受压迫者富于同情心的拜伦",与那个被贵族恶势力所统治的英国社会的尖锐冲突,文中对此做了具体分析。作品的主人公曼弗雷德,性格与拜伦相仿,当他幻想破灭以后,陷入了更深的痛苦,他挣扎在痛苦里,而终于带着痛苦死去。这里流露出悲观主义色彩。但刘先生认为这部作品的主题是"与痛苦拼死搏斗",因而"是积极的,奋斗的;并非是消极的,悲观的"。这篇前言完成于1948年元旦,在当时有这样的论断,表现了作者思想的激进。

《致大海》是俄罗斯伟大诗人普希金(1799—1837)写的一首抒情诗。这首诗是作者于1824年即将离开黑海沿岸的敖德萨时写成的。刘先生从它产生的背景的分析入手,探索它蕴含的丰富的思想感情。文中按节细致剖析了流贯在诗中思想感情的脉络,认为它抒发了作者"对自由的渴望和梦想。梦想破灭后的痛苦,以及为自由而战的决心"。最后的结论是:"这首诗的主要思想是对自由的热爱和赞颂。"这是恰当的。

刘先生有一部约编写于20世纪50年代的名为《外国文学讲稿》

的手稿,封面标明是"西方文学(古代中古部分)"。共五讲,从"荷马的叙事诗"开始,到"文艺复兴时代的人文主义作家"为止。本书所选的《波伽丘和他的〈十日谈〉》《弗朗索瓦·拉伯雷简论》,均见其最后一讲。《弗朗索瓦·拉伯雷简论》是从《讲稿》中分离出来的一篇论文,经过压缩修改,以《拉伯雷——伟大的人文主义者》为题在报刊发表。

这部《讲稿》,在写法上以作家作品论为主,其中有对作家生平和创作道路的介绍,有对作品内容的概述和剖析,有对作品思想意义的评论。《讲稿》对波伽丘和他的《十日谈》,对拉伯雷和他的《巨人传》,都给以高度评价。波伽丘是文艺复兴发源地意大利14世纪的伟大作家。从刘先生对他一生经历的评述,使我们看到了他成长为伟大人文主义者的历程。他的代表作《十日谈》,无情地暴露教会和僧侣黑暗淫污的生活,批判中世纪的禁欲主义和封建社会的尊卑观念,赞美人类的自然要求和人类平等的思想,是一部张扬人文主义的杰作。拉伯雷是法国16世纪上半叶的伟大作家。他的《巨人传》是法国文艺复兴时期的伟大巨著。刘先生考察了拉伯雷的一生事迹和作品,称赞"他是封建和教会僧侣反动派的敌人,是科学真理的热烈追求者,是自由和正义的坚强战士,是一个真正的伟大的人文主义者"。他称《巨人传》为讽刺小说,讽刺的对象就是封建制度和僧侣。小说深刻揭露了当时封建君主统治下的法国社会形形色色的丑恶现实,并大胆地表现了作者对人类未来生活的理想与愿望,至今仍有其积极意义。刘先生对作品的分析是中肯的,不足之处在于仅限于对作品社会意义分析。

刘让言先生对中国古代文学也有相当深入的研究。晚年,他编注了《屈原楚辞注》,又与人合著了《中国古典诗歌选注》先秦至隋代部分。

屈原是中国文学史上第一个出现的伟大诗人,在中国文学史上影响深远。历代对他的研究经久不衰,研究者代不乏人,刘先生即其中之一。他的《屈原楚辞注》原文和注主要依据《四部丛刊》影印的明代翻印宋本洪兴祖的《楚辞补注》,同时参考了中华书局影印的宋端平本朱熹的《楚辞集注》、清王夫之的《楚辞通释》、清蒋骥的《山带阁注楚》、清戴震的《屈原赋注》等众多注本。他编注此书的"目的是想给一般读者提供一个阅读屈原作品的完整的通俗读本"所以"注解力求通俗详尽",书中没有烦琐考证,也不旁征博引,非常适合一般读者阅读。

书前有一篇《前言》,《兰州大学学报》发表时题为《诗人屈原及其作品》。这是一篇研究屈原及其作品的学术论文,介绍了屈原坎坷的一生和在楚地民歌基础上创造新诗体楚辞的功绩,分析了他作品的思想内容和艺术特色。屈原是政治家,又是诗人,他的诗与政治联系密切。他的作品突出表现了通过贤明君主施行开明政治、举贤授能、严明法令、富国安民的政治理想。他对贵族集团统治下的楚国政治的昏乱、腐朽,进行了无情的揭露和鞭挞。他表达了对祖国的热爱和对人民苦难的同情。《前言》对屈原作品思想内容的分析,主要集中在这些方面。这主要是由作品本身提供的内容决定的,而不是刘先生奉行"政治标准第一"的批评原则的结果。同时,《前言》很重视对作品的艺术分析。《屈原楚辞注》完成于改革开放初期,当时文学研究的理念、对象、方法等,都开始重新定位。过去研究作品多偏重于思想性,现在开始纠正这种偏向。所以,在《前言》里用不少于分析作品思想内容的篇幅来谈作品的艺术特色,对作品在形象的塑造、神话素材的运用上,在想象的丰富、语言灵活多变和地方特色浓厚等方面,都做了具体的分析,这对于读者理解屈原的作品是很有帮助的。

《中国古典诗歌选注》(一)由刘先生和他的两位同事共同完成。注释有分工,最后由刘先生"统一润色修改,进行定稿"。其《前言》也是三人共同的研究成果。本册选先秦至隋代的诗歌,其《前言》相当于先秦至隋代的诗歌简史。在对这段诗歌发展史轮廓的勾勒中,做到了重点突出、主次分明。《诗经》与《楚辞》不仅在先秦诗歌发展史上，就是在中国整个诗歌发展史上也是两座高峰，所以放在主要地位，加以重点评述。《前言》对后来以"建安风骨"受到历代称许的建安诗歌，对为中国诗歌发展做出独特贡献的陶渊明的诗歌等，都做了重点介绍。民歌也是被突出的重点，并给以高度评价。对其中的名篇更是称赞有加，如对代表了两汉乐府民歌最高成就的《焦仲卿妻》，对代表了北朝民歌最高成就的《木兰诗》，就是如此。当然，这个《前言》是从一本诗歌选集来谈诗歌发展史，不能以专门的诗歌发展史来要求。

刘先生评论现代文学作品的文章有《〈嘤哨的季风〉序》和《关于〈金碧霞〉》。前者评论甘肃诗人夏羊的诗集《嘤哨的季风》，后者评论香玉豫剧改进社的新编豫剧《金碧霞》。刘先生热情肯定夏羊的诗歌，赞誉他诗歌严肃的现实主义精神，浓厚的乡土气息，朴素、清新、自然的艺术风格，充满了对作者的关爱之情。对于《金碧霞》，指出了它的缺点，同时提出了修改意见，表现了他对戏曲改革的关注和支持。

综观刘先生的文艺评论，均用社会学的研究和批评方法。在现代西方形形色色的文艺研究方法、批评方法涌入中国的今天，这种传统方法受到挑战和被诟病就是很平常的事了。但是，毕竟社会是文艺的土壤，作为创作主体的作家是社会的成员，何况很多文艺作品写的就是社会上的事，从社会学的角度研究、评价作家作品仍不失为有效的方法之一。当然，这种方法也有其缺陷，但这是可以弥补的。西方现代各家各派的研究和批评方法，也各有短长，并非一律完美无缺。各家各派可以互相学习和借鉴。有些方法也可以共存共荣，只要有益于文艺研究和批评。

学生　王尚寿

2013 年 11 月于西北师范大学寓所

悼陈涌老师

一

2015年10月10日8时多，电话铃响了，我没有想到是噩耗——陈涌老师去世了。这是他女儿杨小菲打来的电话。她并非向我报丧，而是要了解她父亲当年在兰州时的情况。我问去世的时间，她说10月4日23时3分。她还解释说，她父亲有遗言，丧事从简，不举行追悼活动，所以没有通知亲朋好友，遗体已经火化。但有关单位的领导和生前好友得知消息后，到家里来了，有的怪家属不通知他们。大家提出要开一个追思会，要求她发言，主要谈生活方面。对她父亲在兰州时的情况，她知道不多，想找知情人了解一下。我当即给她讲了我知道的一些情况。她还提出找李文瑞老师。因为李老师当年是甘肃师大中文系文艺理论教研室主任，陈涌老师就是这个教研室的一员。后来李老师也为她提供了一些情况。

我在《甘肃文艺》2010年第6期发表的《忆陈涌老师》一文里，除标题外，一律称"杨老师"。因为他本姓杨，名思仲，陈涌是他的笔名。称他为"老师"，不仅因为他是教师，更因为他曾担任我们几位年轻教师的指导老师，"杨老师"是我们对他亲切而尊敬的称呼。下面行文中，仍然如此。

崇敬的师长逝世，我自然悲痛，不过，我并不特别意外。一则，他已是90多岁的老人，就是在人们普遍长寿的今天，也是高寿。二则，有些我熟悉的先生与杨老师常有联系，从他们那里我知道杨老师的身体状况。三则，近几年我和他有书信往来，特别是 2015 年 2 月和 5 月与杨小菲的几次通话，使我感到他病情的严重。

大约在 2010 年，我打电话给杨老师，由于他听力很差，听不清我的话，让我以后有事写信。此后，我只能写信问候和祝贺春节，有事更不用说。2013 年 12 月 28 日，我给他写了一封信，他于 2014 年 1 月 27 日给我写了回信，这是他写给我的最后一封信。由于我说我已虚岁 80，他便说："我在你现在的年龄之前，已经重病在身，现在更是风烛残年了。20 世纪 50 年代的红领巾说'我们是共产主义的接班人'，'时刻准备着'。我现在也时刻准备着，却是这里八宝山的火葬场的接班人，共产主义是等不到了。""风烛残年"仍如此风趣、阳光，令人钦佩。在信上署名并写上时间以后，又缀数语："我现在两眼昏花，而且有许多常见的中国字也忘记怎么写的了。此信顶多百来字，也会有错别字，这种情况在我已经并不奇怪了。"耳聋眼花、记忆力差，是许多老年人的通病，杨老师也在其中。果然，这封信写好后却忘了寄出，后来发现，又在信封背面写了一段话："此信好些日子前便写出，我的东西太乱，忘记放在哪里（也不知道是否已经寄走），今天才重新发现。人老了，真是糊涂得可观，我自己也疑心已到了老年痴呆的时候了。"据邮戳，信邮寄的时间是 2 月 26 日。从这封信看，他还没有痴呆，头脑是清楚的，但记忆力差已是不争的事实。

2015 年 2 月 11 日，我又给杨老师写了封信。2 月 17 日，小菲给我打电话说，信收到了，她父亲在医院，她已告诉他，他说知道我。我问杨老师的病情，她说严重，恐怕出不了院了。这次小菲打电话，主要是托我找西北师大文学院的郭国昌老师。我通过熟人找到郭老师，告诉他与小菲联系。2 月 23 日，我打电话给小菲问杨老师的情况。她说 2014 年就住院好几个月，先是因骨折，回家后饭量慢慢减少，人消瘦了,于是又住进医院。后来是肺炎,严重时昏迷,用进口药也不起作用。脑子不好,有时连保姆也不认识了。5月6日,我又打电话问杨老师的病情,小菲说还在医院维持,一发烧就糊涂,肺功能不好,用呼吸机帮助呼吸。据她说的情况,我担心杨老师迈不过2015年的门坎。噩耗终于来了!

二

从1990年至2013年,我与杨老师通过几次信,他的回信主要是为我写的回忆他的文章和小传提意见。

2009年12月22日,我把《忆杨思仲老师》一文寄给杨老师征求意见。他在2010年3月26日给我的回信中谈了自己的看法:"你的文章我早看过。令人难忘的印象。你和我尽管个人接触不多,但你对我却有深切的理解,我的老伴看了也有同样的感觉。"杨老师有这样的感觉,这是对这篇文章最大的褒奖。不过,我有自知之明,我的文章不生动,写的时候也仅考虑存史,加之自己又是无名之辈,发表是很难的,所以暂时不考虑发表问题。但是杨老师却在为此文的发表操心。他说:"这文章在北京是可以找到地方发表的,但我自己就在北京,人还活着,我不希望这样做。"同时他还提出一些别的设想,真难为他了。我以为他这样做是为我帮忙,并非为了宣扬他自己。他淡泊名利,为人低调,从不张扬。我打算将来印书时放上他的照片,故向他索要,而他并没有满足我的要求。他同时寄《陈涌文论选》一册。信上说:"我不久前出了一本文选,大都是几十年前的旧作,寄上一本,请随意翻翻,也多少增加对我的了解的。"此书收入《中国文库》,展示了他的最高学术成就,他轻描淡写,一笔带过。

2010年9月18日,我将回忆文章的修改稿寄给杨老师,他于11月初写信谈了自己的意见:"我以为四、五、六节很好,有许多事,连我自己也早已忘却，真没有想到你连我给你的信也保存下来，你引用了，我才记起还有那么一回事。你的深情厚谊我是理解的、感激的。这部分内容，你的第一遍稿是没有的。"他认为这几节是有"自己更真切的感受的回忆"。同时，他直言不讳地指出了文中"不能给人真切的感觉"的地方："比如你提到我讲'列宁论列夫·托尔斯泰'一课对你的影响，老实说，我当时讲了些什么，的确一点也记不起来了，但决不会和后来我写的文章一样，我对托尔斯泰的几部长篇的比较，是我以后才有的，我以为不一定要这样谈我的讲课对你的影响。这样谈似乎反而少有说服力。"他的批评非常正确，因为我在修改时，吸纳了他后来发表的文章的内容。这里显示了杨老师对事的认真、对人的真诚和他耿直的性格。经他指点，我纠正了错误。文章原题《忆杨思仲老师》，也按他的意见改为《忆陈涌老师》。陈涌是他一直使用的笔名，这样改是恰当的。我在文中谈到1964年甘肃批判他的文艺观的事，本打算用一定篇幅进行辩驳，甚至还想写篇文章反驳对他的批判。为此，我读了他的一些文章，做了一些准备，而且文章也开了个头。我打电话征求他的意见，他说炒冷饭没意思，劝我止步。我接受了他的意见。

2012年12月28日，我将我写的他的小传寄他审阅。我在附信中谈到自己已无力从事学术研究，只能写点回忆文章，并说："我所写回忆老师的几篇文章，仅刊出两篇，还有几篇正在整理。"本来，这里说的"老师"包括我上小学、初中、高中和大学时的好几位老师，还有我工作之后的指导老师，由于我没有说明，致使他误以为这几篇文章都是写他的。但我与他直接接触不多，不可能有更多的事要回忆，于是引出了他的　段议论："怎么你写的回忆文章竟有几篇之多？我真想不到，我只希望能把个人真实的回忆和'我闻如是'区别开来。梁胜明说我在兰州曾放羊，这简直是写小说，只因为这既不能为我争光，于我也说不上损害，因此也懒得去更正。甚望你能做到，对一些只是道听途说,加以核实,而且对我的评论也不要说得太满,最好留有余地,避免造成不好的影响。"这是他 2013 年 1 月 2 日写给我的回信的基本内容。我无意间做了件"抛砖引玉"的事。他在这里指出了写回忆文章应遵循的原则:尊重事实,实事求是。有人说他在兰州放羊,这就是虚构。我就是见证人。"文化大革命"中,杨老师和我都曾在甘肃师大靖远"五七分校"劳动。当时那里没有养羊,自然无羊可放。杨老师在猪鸡豆腐班,猪和鸡都是圈养,也不存在放猪、放鸡的事。他的工作是粉碎饲料,是操纵机器,而不是驱赶动物。想象可以把杨老师变成苏武,但杨老师还是杨老师。

关于我为杨老师写小传的事,始于 1989 年。当时我们编写《西部风情与多民族色彩——甘肃文学四十年》一书,按体例,要附录《甘肃四十年文学人名录》,也就是本书评论的作者的小传。本书评论了杨老师在甘肃期间发表的两篇文章,自然要附录他的小传。为此我写信请他提供资料。但他不主张介绍他,并说"要介绍也大可以不必附小传之类"。不过我们还是为他写了小传,并请他审阅。他对小传做了修改,并在 1990 年 6 月 27 日的回信里对有的修改做了说明。如他提供的材料上说,他是 1959 年调来兰州的,而据当时在兰州艺术学院任教的季成家回忆,他是 1960 年来兰州的。我在信上告诉他,并问此前两年他干什么,他回答说:"季成家同志的记忆是对的,我确是 1960 年到的兰州。这之前 1958、1959 两年,起先是接受批判、等待处理,以后在农村和一些年青知识分子一起下放劳动。我觉得这些供一般读者参考的小传,不同于组织部的档案,不必那么详尽无遗,所以就用了一句'经过一段时间下乡劳动'把这两年带过了。是否适合,仍请你最后酌定。"我们采用了他的说法。

在我写的《忆陈涌老师》一文后,原附有我重新写的杨老师的小传,后接受他的意见删去了。

2011 年 6 月 9 日，我认识的一位同志找我，说甘肃省文化厅要编《甘肃省文化志·人物志》，其中要收入洪毅然、刘让言、陈涌和孙克恒，他找不到材料，要请我帮忙。我答应写前三位先生，孙克恒的材料我也不掌握，请他另找别人。我写的三位先生的小传都未经本人过目。洪、刘两位先生已不在人世不用说了，陈涌老师的小传未请本人过目，是因为交稿时间紧迫。

我新写的《陈涌小传》，杨老师本人没有审阅，这是我的一个心结。为了解开这个心结，2012 年 12 月 28 日我把再经修改的小传寄给了他。他阅后删改了几处。原稿说他到延安后"改名陈涌"，他改为"笔名陈涌"。"改名"之说属于臆断；我也是这一次才确认陈涌是笔名。原稿说他在中国文学艺术工作者第四次代表大会上被选为"中国文联委员"，这个职务被删除了。原稿据唐搜主编《中国现代文学史》前言，说他"1978 年参编唐搜主编的《中国现代文学史》，任责任编委"，也删去了。其余没有改动。

（原载《文艺理论与批评》2015 年第 6 期）

陈涌在兰州

一

陈涌这个名字,我在1953年上高中时就知道了。当时,他的《文学评论集》出版,我买了一本,读过其中的部分文章。1954年,我又在王瑶著《中国新文学史稿》和徐中玉著《鲁迅生平思想及其代表作研究》两书里看到引用他的文章。1956年,他的《文学评论二集》出版,自然也在我购买之列。那时我在兰州大学中文系学习,对他颇为崇敬。

在1957—1958年进行的反右派斗争中,他被错划为"右派分子"。1960年,他来到甘肃。他为什么会来甘肃?前甘肃文联副主席杨文林《往事堪回首——长忆悼吴公》一文载,在"文化大革命"中,"造反派"批斗当时任中共甘肃省委宣传部副部长的吴坚时,说他把徐刚、陈涌要来甘肃是"招降纳叛"。吴坚做了说明:陈涌是他在中宣部开会时向陆定一部长要来的,还想要王蒙,但王蒙去了新疆;徐刚、陈涌组织有结论,还是要给工作的。陈涌来甘肃后,安排在兰州艺术学院文学系任教。当时,吴坚兼任兰州艺术学院党委书记和院长。兰州艺术学院是1958年甘肃省贯彻中央《关于教育工作的指示》而决定建立的,由兰州大学中文系、甘肃师范大学美术系和音乐系合并而成,同时还增加了一个戏剧系。新学校缺教师,他来得正是时候。

他只身来到甘肃,初到兰州艺术学院时,与刚留校任教的马志洁同住一间宿舍。据马志洁说,他订了一份《人民日报》,问他为什么不订带学术性的《光明日报》,他说从党报可及时看到原样的党的方针政策。他还反复看两本中国古代画册,说他打算写有关中国画的文章。他还说,写文章不要先看别人的文章,那样容易受别人的影响。写什么就研究什么,时间久了,有了自己的看法,写出来就是文章。其实他对中国画早已研究过,在 1956 年发表的《为文学艺术的现实主义而斗争的鲁迅》一文里,就发表过他对中国画的见解。不过学无止境,研究过的还可以再研究。后来,我虽然没有看到他写的有关中国画的专文,但在评论文章里则有他对中国画的评论。

他在兰州艺术学院时,讲授过"鲁迅研究"。由于学校楼房尚未建成,文学系暂时在兰州大学上课。当时我在甘肃师范大学函授部任教,与同事焦永晟去兰州大学听他讲课,风雨无阻。他操一口带浓厚广东口音的普通话,开始我们不大习惯,时间长了,障碍才渐渐消除。

二

1961 年 8 月,陈涌来到甘肃师范大学中文系任教,分在文艺理论教研室。他本名杨思仲,我们亲切地称他"杨老师"。在师大,他除讲授"鲁迅研究"外,又先后开设"曹禺研究"和"列宁论托尔斯泰"课。凡他开的课,我一律都听,并记笔记。

讲课地点在文科楼 101 教室(今 2 号教学楼 103 教室)。这是一个拥有 180 个座位的阶梯教室,合班上大课或开会时使用。当时听课的人很多,除中文系的学生外,还有其他系的学生,也有一些教职工,加上校外来的人,常常座无虚席。有时,连走道、讲台周围的空地,甚至讲台上也坐满了人。其中有些是慕名而来的,就像后来请吴组缃、王瑶等学者来讲学时一样。当然,这也是与当时重视知识的社会风气分不开的。

我听杨老师讲课,就像我购买他的两本《文学评论集》一样,一是出于对名作家的崇拜,一是出于对学者的崇拜。托尔斯泰、鲁迅、曹禺等,都是我崇拜的对象。我崇拜学者,所以凡有学者来校讲学,我一次不落。读杨老师的著作是向他学习,听他讲课更是学习的好机会。当然,我对著名作家和学者的崇拜是理智的,不像今天有些青少年崇拜歌星、影视明星那样狂热和痴迷。

我上高中以后,鲁迅渐渐成了我最崇拜的现代作家。我除阅读他的小说和杂文外,为了理解他的作品而搜集、阅读研究他的著作。我读过杨老师的《论鲁迅小说的现实主义——〈呐喊〉与〈彷徨〉研究之一》等文章,虽然并不全懂,但对自己理解鲁迅的作品还是有帮助的。现在杨老师来兰讲"鲁迅研究",我自然不会放过这个当面聆听教诲的机会,他讲鲁迅的作品是从马克思主义的反映论出发的。他指出,鲁迅是伟大的现实主义作家,他的作品真实、深刻地反映了他那个时代。他讲鲁迅的小说时,深入剖析阿Q、祥林嫂、闰土、单四嫂子、孔乙己、爱姑、吕纬甫、魏连殳和子君等形象的性格特点和他们悲剧命运的历史必然性,从而使我们认识作品反映的那个时代"吃人"的本质。鲁迅的杂文,"是匕首和投枪","锋利而切实",是他参与社会斗争和政治斗争的武器。它像镜子,反映了"中国的大众的灵魂"。杨老师深刻揭示了鲁迅杂文的典型意义和艺术特色,使我们具体感受到鲁迅对杂文界定的确当,更深刻认识到鲁迅杂文的社会价值。鲁迅的杂文很幽默,常常使读者忍俊不禁。杨老师讲课也时带幽默,引起听讲者会心的微笑。

曹禺是我国现代文学史上著名的剧作家。我读过他的《雷雨》《日出》《北京人》等剧作,也看过舞台演出的《雷雨》,但认识肤浅。杨老师引导我们从纷纭复杂的现象里去看它的内涵,认识它的悲剧意义。他分析周朴园、繁漪、侍萍、陈白露、黄省三、小东西、曾皓、曾思懿等人物形象,把他们放在特定的时代背景里,揭示他们的性格特征和现实意义。这些作品所描写的人物和反映的现实,对于在农村长大的我来说是陌生的;杨老师的分析则拉近了我和它的距离。《原野》虽然以农村为题村,但其中运用的象征手法又增加了我对它理解的难度。听了杨老师对仇虎悲剧意义的分析后我再读《原野》时,就好像揭开了覆盖在作品上的一层纱帐。

列夫·托尔斯泰的《战争与和平》《安娜·卡列尼娜》《复活》等小说,我上大学时都读过,当时开有"苏联文学"课,老师也讲过,但我理解不深。杨老师结合这些作品评述了列宁对托尔斯泰的分析,使我大有茅塞顿开之感。此前,我没有读过列宁评论托尔斯泰的文章,也没有读过1959年人民文学出版社出版的苏联贝奇科夫著《托尔斯泰评传》,不了解列宁怎样评论托尔斯泰。听了杨老师对列宁观点的评介,不仅感到新鲜,而且使自己对运用马克思主义观点评论作家有了一点感悟。

这里有一件事值得一提。在讲"列宁论托尔斯泰"的时候,他想购《安娜·卡列尼娜》等小说,但书店没有。有一次,他半开玩笑半认真地对我们说:"谁有,我拿全国粮票交换。"当时,粮食实行定量供应,购粮除用购粮证之外,也用粮票。粮票是便利流动人口购粮或购买食品时使用的一种票证,全国通用的俗称"全国粮票",仅限省区内使用的俗称"地方粮票"。当时困难时期刚过,粮票较其他票证更为重要。从这里可以看出杨老师想获得他喜爱的文学作品的急切心情。

1978年8月,我去昆明参加十四院校编写的《文学理论基础》书稿的讨论会,见到与会的上海文艺出版社的郝铭鉴同志。他向我们打听有无可出版的著作,我即向他反映了杨老师在我校讲课的情况,建议他们与杨老师联系,出版那些讲稿。他们是否联系我不知道,但在1984年上海文艺出版社出版的《陈涌文学论集》里,已收入杨老师的多篇研究鲁迅的论文和《列宁与文艺批评》等，这与出版讲稿是完全一致的。

三

　　杨老师在师大中文系除教课之外，还有一项任务，就是指导青年教师。1962年，中文系文艺理论教研室的几位教师全是留校时间不长的年轻人，我们函授部代文艺理论课的也是两位青年。这些教师全由杨老师指导。杨老师认为，文艺理论教师必须有正确的指导思想和一定的艺术修养。所以，他要求我们学习历史唯物主义和辩证唯物主义，而且要求学习原著。他具体指导我们学习的是马克思、恩格斯和列宁的文艺论著。为了促进学习，他组织我们为马、恩、列的文艺论著做注。给每人都分配有任务，分给我的是马克思1859年4月19日《致斐·拉萨尔》。在当时的条件下，要我完成这样的任务是困难的，但我尽力注了，对我的提高也确有好处。

　　为了提高我们的艺术修养，杨老师要求我们阅读世界名著，研究典型的文学艺术家，研究某一时代的文学艺术。他认为这样既可以培养自己的艺术鉴赏力，也可以做理论上的概括，形成自己的观点。从杨老师发表的文章和讲课看，他自己就是这样走过来的。他对中国的古典文学、现代文学、汉代石刻、古代绘画、明代木刻等，都进行过研究。他对俄国文学、苏联文学及欧洲其他国家的文学艺术也有研究，特别是果戈里和列夫·托尔斯泰。他研究的重点是鲁迅，发表过多篇有分量的研究论文，为中国研究鲁迅的著名专家之一。对他的艺术修养我是很钦佩的，对他指引的学习方法我自然完全赞同。不过，由于种种原因，我始终没有如愿，诚为一件憾事。

　　尽管杨老师是有一定影响的学者，但他谦虚、平易近人，并不在乎自己的学者身份。记得在他指导我们注释马、恩、列的文艺论著时，他也参与。在他注释节录自恩格斯《劳动在从猿到人转变过程中的作用》中的一段话时,谈到艺术的起源,其中引证了一些原始民族创作的艺术作品的材料,很有说服力。有位青年教师在开会讨论注释工作时大加赞赏,并问杨老师从哪里引来这样丰富的材料。杨老师出人意料地回答:是从一本连环画上引来的。我相信这话是真的。碰巧我刚看过那本连环画,杨老师所引内容和连环画一致。使我敬佩的是一位学者竟说自己用的材料是从儿童读物连环画上引来的。显然,他的坦诚是不受学者身份约束的。其实,这方面的材料不少,外国的如格罗塞的《艺术的起源》、普列汉诺夫的《没有地址的信》等,这些肯定都是他读过的。普列汉诺夫的《没有地址的信》,鲁迅译作《艺术论》,早在1930年出版,研究鲁迅的专家岂能不读?中国的远古艺术在岩画里有,有些考古报告或介绍原始社会文化遗址的著作里也有介绍,杨老师不会没有看过。但如果当时手头没有现成的书,连环画提供的可靠材料也是可以引用的。

四

1962年,杨老师在《甘肃文艺》第一期、第五期分别发表了《鲁迅小说的思想力量和艺术力量》《文艺与政治关系的几个问题》。这是他1957年以后首次发表文章。前一篇从鲁迅与人民的关系的角度分析了他的小说,概括确当,剖析深刻。后一篇论述的文艺与政治的关系,是他特别关注而多次论述的问题。此文为纪念毛泽东《在延安文艺座谈会上的讲话》发表二十周年而作。全文1.2万多字,分为四部分:第一部分回溯马克思、恩格斯、列宁和毛泽东在这个问题上的基本观点和巨大贡献,后三部分分层次阐述自己的见解。他的基本观点是政治和文艺是矛盾统一的关系。在这个矛盾的统一体里,政治是主导的,是主要的矛盾方面。不过,此文重点在探讨艺术的"个性",即特殊性问题。他认为,艺术的特殊性主要是艺术真实问题。艺术要按照生活本来的面貌去反映生活,要真实地反映生活的复杂关系。艺术不但要求生活的真实,还要求热情的真实。艺术有更大的客观性,作者的主观思想往往和作品里的实际表现存在着差别和矛盾。同时,他不同意政治是内容、艺术是形式的观点。他认为艺术不仅是形式,艺术还有艺术的内容。艺术内容应该渗透政治内容,政治内容应该变为艺术内容。他还认为在文艺里政治思想内容往往体现为道德内容。这些观点的确是新颖的。

然而,风云突变,从1964年开始,在全国文艺界、学术界展开了大批判,这可以看作"文化大革命"的前奏。杨老师是甘肃文学评论界的大人物,又是在反右运动中受到处理的,自然首当其冲。这次大批判是自上而下有组织地进行的。11月11日,甘肃师范大学中文系召开座谈会,座谈《文艺与政治关系的几个问题》,实际上这是一次批判会。由于事前党组织负责人的动员,我也是这次"座谈"会的参加者,对当时的情景,略有记忆。省上组织人写了1.3万多字的《陈涌的"文艺真实"论是反动的资产阶级文艺观——评〈文艺与政治关系的几个问题〉》,分别在第十二期《甘肃文艺》和12月15日《甘肃日报》发表。《甘肃师范大学学报》第3、4期合刊,发表了1.9万多字的《陈涌的资产阶级"文艺真实"论必须批判》和《坚决反对陈涌的资产阶级文艺路线〈甘肃师大中文系师生座谈〈文艺与政治关系的几个问题〉的纪要》。这次批判把学术问题政治化,硬说这是文艺战线两个阶级、两条道路的斗争。这种批判总是断章取义、歪曲事实、无限上纲、用大帽子压人。那篇判决书似的《纪要》所列罪名是:反对文艺为无产阶级政治服务,反对文艺表现革命理想,反对文学艺术家进行思想改造,反对革命的政治内容和尽可能完美的艺术形式的统一等。这里有哪一条是符合事实的? 只要以实事求是的态度认真读一下陈涌已发表的文章,就会得出与上列罪名相反的结论。

五

1966 年,"文化大革命"爆发,杨老师被关进"牛棚"是免不了的。虽然由于我们不在一个单位,不知其详情,但各单位的情形大体差不多,他的境遇可以想见。这期间,他从南单楼迁居北一楼,和我成了同一栋楼的居民,我对他的了解就多了一些。

杨老师原来居住的南单楼,是当时全校最独特、最讲究的一栋单身教职工宿舍楼,西式楼体、中式屋顶,应该说是中西合璧。据说这栋楼原来是为苏联专家修建的。杨老师住二楼阳面(南面)的一间,指导我们多在那里。现在楼仍在,已改为青年教职工公寓。

他后来迁居的北一楼及其西边的北二楼,本来是学生宿舍,由于学生住不了,而有些教职工却无处住,于是改成了教职工宿舍。他迁居北一楼,意味着待遇的改变。他住四楼水房对面(北面)的一间;所用家具和我们一样,也是一床、一桌、一椅和一个书架等。他的在青海省化隆回族自治县工作的女儿杨小菲得知他在甘肃师大后,专程来看他时,他就住在这间斗室。世事沧桑,如今北一、北二楼已经拆除,那里成了新式教学楼的地盘。

我们成了邻居,碰见的机会就多一些。他生活俭朴、待人谦和,看不出老革命或学者的派头。他有时还开玩笑。当时我在食堂吃饭,偶尔也在煤油炉上做点菜。有一次我按家乡的习惯把菜切好后去水房淘洗,他看见了开玩笑说:"把你洗菜的水给我。"他委婉地指出我的做法不科学。事情虽小,而我印象深刻。

在"文化大革命"期间,杨老师也去师大靖远"五七分校"劳动过。所谓"分校",其实当初是农场,那里没有学生,仅是教职员下放劳动的场所。杨老师去"分校"是 1969 年至 1970 年,当时我还在"分校"劳动。"分校"有个猪鸡豆腐班,任务是养猪、养鸡和做豆腐,班长是政教系教师陈贵言。杨老师就是这个班的成员,具体工作是粉碎饲料,后来还烧过开水。陈贵言说,杨老师为人朴实,劳动踏实。

有人说杨老师与人交往少,劳动之余就是看书。看书是他长期养成的习惯。劳动之余坚持看书也是一位学者对时间的珍惜。原师大中文系文艺理论教研室主任李文瑞说,他曾见杨老师烧开水时在锅炉边看马列著作。我认为,这是一位笃信马列主义的知识分子的自然行为。

由于我和杨老师同在一个食堂吃饭,他吃饭的情景我仍有印象:端一只大碗,菜和馒头都放在碗里,一个人蹲在院子里的墙脚跟自用。当时"分校"没有餐厅和桌凳,大家吃饭多在宿舍大床边,或蹲在院子里,杨老师也只能如此。我看着他的样子,想象当年他在延安时大约也是这样,现在又回到三十年前了。可惜身份颠倒了,过去是革命者,现在成了"革命"的对象。

1973年8月,又轮到杨老师去"分校"劳动,由于他疝气发作而不能去,中文系一位革委会副主任找我顶替。我立即答应,这不仅因为他是一位五十多岁的病人,还因为我对他的崇敬。这次重返"分校"劳动,时间近三个月,我种菜和做木工的技能又有所提高。

杨老师对"文化大革命"中江青树立"样板戏"的做法不以为然。他认为文艺创作是一种创造,不宜树立"样板"。我赞同他的观点,后来在讲课时做过阐述。我们不能像工业上照样板制造产品那样写剧本、小说和诗歌。规定"样板"就是提倡公式主义。即使把"样板"解释为"学习的榜样",也不适用于文艺创作。因为"榜样"是教人们仿效的对象,何况"四人帮"还为"样板"规定了"三突出"的创作原则。杨老师主张文艺真实地反映现实生活,而现实生活又是纷纭万状的,怎能按照"样板"去剪裁呢!

杨老师爱看书,也喜欢买书。"文化大革命"中不少人感到读书无用,把许多书当废纸处理,我就是其中之一。当时收废品的人堆在北一、北二楼下的书,杨老师应当是看见的。他和我们相反,却去废品收购站买书。他劝我们要"沉住气"。事实证明这几个字里包含着他的远见。他沉着冷静,坚持走自己应走的路。他的一些书无书架可放,摞起来堆在墙角。有时听到老鼠咬书的声音,也无可奈何。那老鼠咬书的声音,在我去他房间时就曾听到过。后来,当我找到消灭老鼠的办法时,他已离开兰州返回北京,结束了在兰州二十年的独居生活。

六

1989 年,由季成家主持编写《西部风情与多民族色彩——甘肃文学四十年》,我也参编。其中《甘肃四十年的文学评论》一章要介绍杨老师在甘肃时的文学评论。因为他在甘肃生活了近二十年,在此期间也发表了两篇评论文章,在甘肃文学界是有影响的。同时,按该书的体例,要为他写一篇小传,为此,我写信与他联系。他于 11 月 20 日给我回了信。信中说:"我的意见是,我主要不是在兰州工作的。我大半生都在北京、延安和华北。我还是认为,你们介绍我并不必要,要介绍也大可以不必附小传之类。此点你们还是可以再考虑的。"有的人非常欢迎别人介绍自己,而且要求介绍详、评价高;有的人因介绍不合己意而与编写者反目成仇。杨老师则相反。因为他是一位务实的理论工作者,不追求虚名。

杨老师在信中还说:"我的那几篇文章,被你说得那么'神',这是连我自己也没有想到过的。"我当时在信中怎么说的,已记不起来了,后来在书中是这样写的:

陈涌是中国当代著名文艺理论家、批评家之一,如果不是政治风浪的冲击,大约他不会在甘肃度过 40 岁到 60 岁的宝贵年华。他在甘肃期间仅发表过《鲁迅小说的思想力量和艺术力量》《文艺与政治关系的几个问题》两文。当第三篇文章送到编辑部，已是山雨欲来风满楼的时候，终于未能与读者见面。上述两文分别发表于1962年1月和5月，当时正是在党的"调整、巩固、充实、提高"方针指引下文艺界纠正"左"的错误的时候。因此，它们是针对文艺上的教条主义而发的，在全面论述文艺与政治关系的同时，特别强调了文艺的特殊规律。前文以他对文艺与政治关系的看法分析了鲁迅的小说，后文从理论上探讨了文艺与政治的关系和文艺的特殊规律。

关于文艺与政治的关系问题，一直为陈涌所关注。这已是十年间他第三次写专文论述了。因为，"文艺与政治关系的问题是无产阶级文艺路线的根本问题"。他认为，文艺应该服从政治，这是问题的主要方面；但是文艺还有它自己的特殊规律，这是问题的另一方面。文艺与政治是矛盾的，但同时是可以而且应该统一的。这就是他的基本观点。他探讨理论问题是严肃的、坚持真理的。尽管当时教条主义在文坛上还很有力量，但他仍然敢于为重视文艺的特殊规律而呼喊，敢于坚持触犯时忌而符合文艺实际的主张。他对文艺的特殊性问题如艺术真实、艺术内容等的论述，表现了他的理论观点的深刻性。艺术的特殊性问题主要是艺术真实的问题。真实是艺术的生命。艺术不仅是形式，它还有自己的内容。政治和艺术的统一并不只意味着政治内容找到相应的艺术形式去表现，更重要的是使艺术内容渗透政治内容。同时，在艺术作品里，政治思想内容往往体现为道德内容，政治思想力量往往体现为道德力量。这的确是发前人之所未发。

在这段评述里，应在"文艺理论家"前加"马克思主义"几个字。因为：(1)他是运用马克思主义的历史唯物主义和辩证唯物主义观点研究文艺理论和从事文艺评论的。(2)他的文艺观点是以马克思、恩格斯、列宁和毛泽东的文艺论著为依据的，主要是对革命领袖文艺观的阐释和发挥。(3)他一直在宣传、捍卫自己坚持的马克思主义文艺观，从不动摇。

我估计，他没有想到的是说他在"教条主义在文坛上还很有力量，但他仍然敢于为重视文艺的特殊规律而呼喊，敢于坚持触犯时忌而符合文艺实际的主张"之类的话。就事实而言，说他没有想到是对的；就他的观点而言，则是与教条主义观点对立的。

杨老师在信中又说："我只觉得，在我自己，对一些大问题虽然由于背景不同、着重点不同，但几十年来根本看法并无很大改变，这点好像是被你注意到了，我当然是十分感激的。"杨老师感激我对他的理解，而不同意我把他的文章"说得那么'神'"。希望得到别人的理解，这是人之常情，也是处理人际关系的好路径；不愿意别人过高评价自己文章的意义，不仅是谦虚的表现，更显示了一个人的胸襟和为人。

2009 年 9 月草成

2015 年 10 月修改

（原载《新文学史料》2016 年第 2 期）

《阴平古今谚语选编》序

一

齐培礼先生在外身履军职多年,却始终牵挂着养育自己的故乡,热心阴平文化的传承和弘扬,这种精神十分可贵,令人钦佩!

多年来,齐先生不惧艰辛,进行实地调查,经多方搜求,将所得有关资料整理、选编成书。如《艺苑阴平》《阴平古今楹联选注》《阴平古今歌谣选》等,就是其中的几种。现在,他编的《阴平古今谚语选编》又完成了,可喜可贺。此书与前面提到或没有提到的著作一样,都是他多年劳动的结晶,是他用心血浇灌出来的成果。

谚语作为熟语之一,是长期流传下来的通俗、简练、文辞大体定型的一种语句。其中不少是人民生活经验的总结,有的还富于哲理。它可以给人们提供多方面的知识,帮助人们了解社会,认识作为社会关系总和的人,规范人们的思想品德,促进良好社会风尚的形成。

世界各国、各民族都有谚语,在中国更是源远流长。中外谚语已有人编辑成集,并有多种谚语词典出版。仅笔者见到的这类著作,也有二三十种。在明代,杨慎就编纂过《古今谚》。清人曾廷枚编辑有《古谚闲谈》。清人杜文澜辑《古谣谚》有100卷,是古代歌谣与谚语的合集。

新中国建立以后,1979年以前编辑出版谚语集不多,而大量编辑出版则是在1979年以后。1961年,上海文艺出版社出版的《中国谚语资料》，收一般谚语和农谚 4.5814 万条，是 1979 年以前收谚语最多的谚语集。1983 年，中国民间文艺出版社编辑出版的《中国谚语总汇·汉族卷》中的《俗谚》，就收谚语 4 万余条。1991 年，甘肃少年儿童出版社出版的《谚海》，收各民族谚语 15 万条，可以说是中国谚语的总汇。此外，还有众多收谚语多寡不一，内容和书名各异的谚语选集，这里不再一一罗列。就编排方式而言，有将各国、各民族谚语分编的，也有将各民族谚语混编的；有按谚语内容分类编排的，也有按每条谚语首字笔画与笔顺或其拼音的第一个字母编排的。《阴平古今谚语选编》将各民族谚语混编，并按内容分类编排。这种编排法对于本书是适宜的，便于读者了解谚语内容。按每条谚语首字笔画与笔顺或首字拼音第一个字母编排，宜用于谚语词典，便于检索。

按照地区编辑谚语虽然古已有之，但不多见。一个县的谚语选集按理应有，而笔者仅见到《岷县谚语选》和《阴平古今谚语选编》两本。《阴平古今谚语选编》是齐先生对传承和弘扬阴平文化的又一贡献。

二

《阴平古今谚语选编》是一本内容丰富、编排有序的谚语选集。全书分为八篇，即《道路篇》《农业篇》《修养篇》《学习篇》《生活篇》《时政篇》《警惕篇》和《其他篇》。关于谚语按内容的分类，各家见仁见智，有同有异。本书与其他谚语选集相比，也是如此。本书是有地方特色的，这主要表现在《道路篇》《农业篇》《生活篇》。

《道路篇》所收谚语，既反映了从古代到 20 世纪 50 年代初文县道路的闭塞，也反映了今天当地道路的畅通。

文县地处陇南山区南秦岭山地，群峰层叠，山大沟深。从文县过境的最大河流是白龙江和白水江，另有中路河、马莲河、白马峪河、丹堡河、让水河、洋汤河、龙巴河、小团鱼河汇入白龙、白水两江。这些江河,均穿行于两山间的峡谷之中,随山势蜿蜒延伸。道路则沿江河修建于山脚,随地势而起伏。所以有条谚语说:"路没有平的,河没有直的。"

"左担路,通青川,人挑担子难换肩。"这条谚语与《三国志·魏书·钟会传》的下述记载有关:"邓艾追姜维到阴平,简选精锐,欲从汉德阳入江由、左儋道诣绵竹,趣成都,与诸葛绪共行。""儋"同"担","左担路"即"左儋道"。青川系今四川省的一个县,1941年由平武县析置,在文县东南,并且交界。左担路狭窄,挑担者若不歇肩而要换肩,则是很困难的。因为扁担的长度超过了路的宽度,而这种换肩法要求路的宽度必须超过扁担的长度。

"摩天岭,悬马关,邓艾望见心也寒。"这条谚语说的是从阴平去江油翻越摩天岭的路况。摩天岭在今四川、甘肃两省交界处,是四川九寨沟县、平武县、青川县与文县的界山。三国时,魏国征西将军邓艾经此岭攻蜀。《三国志·魏书·邓艾传》载,景元四年(263)十月,"艾自阴平道行无人之地七百余里,凿山通道,造作桥阁。山高谷深,至为艰险,又粮运将匮,频于危殆。艾以毡自裹,推转而下。将士皆攀木缘崖,鱼贯而进"。《三国演义》第117回据此做了具体而生动的描写,并指明邓艾翻越的就是摩天岭。

"脚户迎面骡铃响,下的要给上的让。"这条谚语反映了文县20世纪40年代的路况和交通状况。当时文县不通公路,运输货物除人背、肩挑之外,多用牲口驮运。长途大宗货物,往往雇用脚户驮运。脚户即赶着牲口供人雇用的人。由于骡子力大,脚户多赶骡子,并在其颈上悬挂铃铛。如果两帮相向而行的脚户在狭路或危险路段相遇,按帮规下行的要给上行的让路,即当听到对方骡铃声时,在较宽阔的地方等待对方通过。

"文县上南坪,路险难平。"南坪,地名,原属四川省松潘县。1953

年析置南坪县,1997年改名九寨沟县。全国重点风景名胜区九寨沟,就在该县西南。南坪与文县相连。由文县往南坪,是由东南向西北,溯白水江而上,故称"上南坪"。由于山高沟深,修公路以前的道路也十分艰险。"难平"与"南坪"谐音,就包含这个意思。

"村村通公路,山货有出路。"文县山区有许多土产,即所谓"山货"。如蕨莱、薇菜、核桃、黑木耳、花椒、党参、当归、大黄、桐油等,就是其中有名的几种。未通公路前,这些山货外运靠人肩挑、背背,或由牲口驮运,销量不大。公路修通以后,山货远销全国各地,甚至出口外国。

《农业篇》是本书重点,选收谚语较多,分类也较细。其中首先选入的是肯定农业在国计民生中的地位的谚语,如"国以民为本,民以食为天""七十二行,庄稼为本""家里有粮,心中不慌"等。此为"以农为本"。以下有农作物栽培、植树造林、禽畜饲养和与农业有关的时令节气、气象预测。这里又以"农作物栽培"为重点,因而又有更详细的分类。

《农业篇》所收农谚,除国内通行者外,有些则反映了文县农业的某些特点。

"麦种深,谷种浅,荞麦盖上半边脸。"文县产粮较杂,小麦、水稻、玉米、谷子、糜子、荞麦、黄豆、高粱等都有。这条谚语说的麦、谷、荞麦即其中的三种。麦指冬小麦,扎根较深,故要深种。谷即谷子,是一种旱地作物,其籽实碾成的米叫小米或粟米。这与南方人称稻为谷不同。谷种深了不易出苗。荞麦,当地通称荞,也是一种旱地作物,多种于山地,宜于浅种。

"枣发芽,种棉花。"这条谚语说的是文县的又一种农作物棉花。它是旱地种植的一种经济作物,各地种植都是因地制宜。文县在枣发芽时种棉花。这里说的枣有两种:一种是由人栽培的枣树;另一种是野生的酸枣,是一种灌木。两者都在春天发芽而晚于杨柳。

"种庄稼,不用巧,堎坎地边收拾好。"这条谚语说的是山坡上的梯田。文县没有一马平川的大块田地,大多是一台一台的梯田。梯田边如台阶的地方当地叫"堎坎"。如果靠里的堎坎以上是山坡,挖堎坎既可肥田,又可扩大土地面积。靠外的堎坎也可利用,如种瓜点豆之类。不同的地方可以有不同的利用方法。

"锄草时唱'锣鼓草',锄起草来劲头好。"锄草就是用锄头松土和除草,也包括壅土。锄草是种庄稼必经的一道程序,各地一致,但唱"锣鼓草",当为文县碧口镇中庙一带所独有。当地锄草时请歌郎为锄草的人唱歌,并有锣鼓伴奏,这种演唱被称为"锣鼓草"。演唱有一定程式,先是韵白的《歌头词》,接着唱《薅草谦言》《开场歌》。后面唱名目众多的各种歌,内容繁杂。一般没有完整的故事情节,而是像《薅草谦言》说的"唱歌好像虼蚤样,这本跳到那本上。"其中有《锄草即兴短歌》,唱锄草的作用、要点,并批评一些偷懒行为,而更多的则与锄草无关,如《露水歌》《怪事多》《单身汉说亲》《送相公》等。形式多样,如《月记》从一月唱到十二月,《十字文》从一唱到十,《倒十字文》从十唱到一等。

"收麦有五忙,割、背、打、晒、藏。"这条谚语讲的是过去收麦的程序。当时不通公路,没有收割机,没有汽车,收麦全靠人工。割麦用镰刀,运麦捆由人背,打麦用连枷。打麦的都是精壮的小伙子,挥连枷有力。打完扬场,或用风簸除去麦衣。晒干后收藏,少则入柜、多则装篅。

"纹党有特征,蚕头蛇尾菊花心。"纹党是文县出产的党参。其根圆柱形,粗直,头部像蚕头,尾部如蛇尾,横切面微黄,花纹细密似菊花心。这是它的外观特征。皮松肉实,芳香甘甜,药用价值很高。它是文县有名的特产。

"要盖房,多栽杨。"盖房与栽杨是两件事,而这条谚语说的正是这两件事的密切关系。过去,文县盖的房一般都是木架结构,即整座房子由一个各部件互相牵连的木架支撑。木架立起后,架檩、挂椽、盖瓦,同时用湿土筑山墙和背墙,然后安装木制门窗。这样的房子,抗震性能较好;但是,这种房子用木材很多,而当地生长的一种挺拔高大、生长又快、材质也好的杨树正好可以满足这一需要,于是盖房就和栽杨树紧密联系了起来。现在建房,已改用砖木结构或砖混结构。

选收白马人的谚语,也是本书的独特之处。白马人是中国的一个少数族群,20 世纪 50 年代,由国务院定为藏族,但今学术界有人认为是《后汉书·西南夷列传》所载"白马氏"的后裔,也有人认为系羌族,至今尚无定论。他们自称"白马人"。白马人聚居于四川省的平武县、九寨沟县和甘肃省的文县,总计 2 万余人。文县的白马人聚居于铁楼藏族乡的 13 个村寨和石鸡坝乡的 3 个村寨,共计 3000 余人。他们有独特的民俗文化,谚语即其中之一。

本书选收白马人的谚语虽然仅 20 余条,却反映了白马人聚居地的环境,他们的生活、习俗和观念等。如:

"默格则山再高也有顶,白马峪河再长也有源。"白马峪河为文县八河之一,发源于甘川交界的石垭子梁,向东北流经铁楼藏族乡和城关镇的干沟坪、刘家嘴村,在县城西北 3 公里处的西园村汇入白水江,全长 43.5 公里。默格则山就在此河上游。这里是文县白马人的聚居地,是他们繁衍生息的地方。

"沙嘎帽,插鸡翎,雄鸡救寨报恩情。"这条谚语讲的是白马人的历史传说。相传古时官军进攻白马人村寨,白马人奋力抵抗,终因寡不敌众,退守山林。在白马人夜晚熟睡时,官军趁机偷袭。这时,一只白公鸡高声鸣叫,惊醒白马人,他们经过奋勇激战,取得胜利。为报答白公鸡救寨之恩,白马人将白鸡翎插在帽子上作为纪念。"沙嘎帽"是一种有檐的圆盘形白毡帽。男女帽花纹有别,均插白鸡翎一二支。它属于节日服饰。

"人要紧的是志向，鹰要紧的是翅膀。"当地常见雄鹰翱翔于高空，故以雄鹰喻人。白马人向住像雄鹰那样展翅高飞，表现了他们有远大的理想，也展示了他们远大的志向"雄鹰要在风暴中展翅"。这条谚语又表现了他们为了理想的实现而不畏"风暴"的精神和勇往直前的勇气。

"白马人会说话就会唱歌，会走路就会跳舞。"这条谚语反映丁白马人的习俗和文化生活。白马人能歌善舞。他们在下地劳动、上山打猎、逢年过节、招待客人、休闲娱乐时，都要唱歌，在祭祀、婚庆、跳舞、饮酒时也不例外。陇南市已组织力量搜集、整理了他们的歌曲，《陇南白马人民俗文化研究·歌曲卷》就是这方面的成果。白马人的舞蹈，有一种叫"池歌昼"，在正月十三至十六日表演，属祭神舞。角色有"知玛""池歌"和"池姆"，头戴木雕面具，身上反穿皮袄，挂铜铃，载歌载舞。还有一种"圆圈舞"，在喜庆的日子表演，属娱乐活动。参加者手拉手，绕火堆围成圆圈，也是载歌载舞。《陇南白马人民俗文化研究·舞蹈卷》对白马人的舞蹈做了全面细致的介绍，可以参阅。

"宁可三日无粮，不可一日无酒。"这条谚语用夸张的手法表明白马人对酒的爱好。白马人与酒有不解之缘，祭祀向神灵敬酒，还有向长辈敬酒，向亲人敬酒，向客人敬酒，送别敬酒等。敬酒者自然还得陪酒，互敬更不用说。在求婚到结婚的过程中，各个环节都有酒相伴。饮酒对白马人来说，是家常便饭。有条谚语说："不喝哑杆酒，枉在世上走。"可见哑杆酒是白马人最喜欢喝的一种酒。这种酒是泡酒醅喝的。将酒醅装在罐子里，倒入水煮开，插上细管哑饮，别有风味。所谓"哑杆"，即哑酒的那根细管，用竹管、铜管等均可。

三

《阴平古今谚语选编》所选谚语,有产生于文县的,也有出于别处而流传于全国的,自然文县也在其内。其实,有些谚语不管它最早产生于何地,后来广为人们使用,已难确定它的产生之地。这些谚语为什么能在全国各地流传?

首先,这是由谚语本身的内容所决定的。这类谚语往往揭示的是普遍现象、一般道理或者某种哲理,因而是"放之四海而皆准"的,也就是在各地都适用。下面举几个例子:

"路遥知马力,日(事)久见人心。"这条谚语有人列入成语。它曾用于不同时代的多种著作,这里列举几种:1. 宋代陈元靓《事林广记·警世格言》;2. 元代佚名《争报恩三虎下山》;3. 明代邵灿《香囊记》;4. 明代徐田臣著、冯梦龙改编《杀狗记》;5. 明代许仲琳《封冲演义》;6. 清代《增广贤文》;7. 毛泽东《论持久战》。

"留得青山在,不怕没柴烧。"这条谚语有人列入成语。历代使用它的人也不少。如:1. 元代郑廷玉《看钱奴买冤家债主》;2. 明代凌蒙初《初刻拍案惊奇》;3. 清代曹雪芹《红楼梦》;4. 毛泽东《论持久战》;5. 茅盾《腐蚀》。

"良药苦口利于病,忠言逆耳利于行。"语见:1.《孔子家语》;2.《韩非子·外储说左上》;3. 汉代司马迁《史记·留侯世家》;4. 汉代刘向《说苑·正谏》;5. 元代高明《琵琶记》;6. 明代罗贯中《三国演义》;7. 清代《增广贤文》;8. 姚雪垠《李自成》。

"天有不测风云,人有旦夕祸福。"历代著作多见,如:1. 元代高文秀《好酒赵元遇上皇》;2. 元代刘唐卿《降桑椹》;3. 明代施耐庵《水浒全传》;4. 明代罗贯中《三国演义》;5. 明代兰陵笑笑生《金瓶梅词话》;

6. 明代汤显祖《牡丹亭》；7. 明代凌蒙初《初刻拍案惊奇》；8. 清代曹雪芹《红楼梦》；9. 刘绍棠《花街》。

"种瓜得瓜，种豆得豆。"有人列入成语。用者如：1. 明代施耐庵《水浒全传》；2. 明代兰陵笑笑生《金瓶梅词话》；3. 明代冯梦龙《喻世明言》《警世通言》；4. 清代纪昀《阅微草堂笔记·滦阳消夏录四》；5. 清代西周生《醒世姻缘传》作"种瓜得瓜，种粟得粟"；6. 清代《增广贤文》作"种麻得麻，种豆得豆"；7. 巴金《谈〈憩园〉》；8. 塞克作词、冼星海作曲的《生产大合唱·二月里来》："种瓜的得瓜呀种豆的收豆，谁种下仇恨他自己遭殃。"

"识时务者为俊杰。"1.《三国志·蜀书·诸葛亮传》裴松之注引《襄阳记》；2. 明代罗贯中《三国演义》；3. 明代李开先《林冲宝剑记》；4. 明代张凤翼《红拂记》；5. 明代程登吉著、清代邹圣脉增补《幼学琼林》；6. 老舍《秦氏三兄弟》。

"画虎画皮难画骨，知人知面不知心。"使用者如：1. 元代孟汉卿《张孔目智勘魔合罗》；2. 明代施耐庵《水浒全传》；3. 明代兰陵笑笑生《金瓶梅词话》；4. 清代《增广贤文》；5. 陈登科《赤龙与丹凤》。

例子不胜枚举。同时，所举各书在使用同一谚语时，常有语句上的差异，但基本意思一致，这是应该说明的。

其次，许多谚语广泛流传，还得力于众多著作的传播。下面举一些这类著作。

孔子是中国历史上影响最大的思想家、政治家和教育家，被称为"圣人"，虽几次遭否定，却仍旧巍然屹立。记载他言论的《论语》，是儒家的经典，在宋代被编入"四书"后，成了参加科举考试必读的书，因而影响深远。其中的一些名句，也就成了人们常用的谚语或成语，如："三人行必有我师""三军可夺帅，匹夫不可夺志""小不忍则乱大谋""人无远虑，必有近忧""工欲善其事，必先利其器"等。

孟子也是中国历史上影响很大的思想家、政治家和教育家,有"亚圣"之称。记载他与弟子言行的《孟子》,也是儒家的经典。它作为"四书"之一,也是学子必读的著作。其中也有一些被人们当作成语或谚语的名句,如"出于其类,拔乎其萃""不以规矩,不能成方圆""顺天者存,逆天者亡""生于忧患而死于安乐"等。

在传播谚语方面,元明戏曲,特别是明清白话小说发生过不小作用。元明戏曲里,使用谚语很多,仅明代徐田臣著、冯梦龙改编的《杀狗记》一剧,就有70余条。限于篇幅,这里只举几种明清白话小说。

明代施耐庵的《水浒全传》使用的谚语,仅笔者注意到的,就有70多条,如:"人生一世,草木一秋""表壮不如里壮""远亲不如近邻""冤仇可解不可结""不打不成相识""路见不平,拔刀相助""蛇无头不行,鸟无翅不飞"等等。明代罗贯中的《三国演义》使用谚语也不少,笔者注意到的有30余条。如:"运筹帷幄之中,决胜千里之外""军中无戏言""三军易得,一将难求""万事俱备,只欠东风""棋逢对手,将遇良才""不入虎穴,焉得虎子"等等。明代吴承恩的《西游记》所用谚语,笔者注意到的约40条,如:"救人一命,胜造七级浮屠""未晚先投宿,鸡鸣早看天""人不可貌相,海水不可斗量""海阔凭鱼跃,天高任鸟飞""真人不露相,露相不真人"等。

明代冯梦龙所编《喻世明言》《警世通言》《醒世恒言》三书,用谚语也多,笔者注意到的有110多条。明代凌蒙初编的《初刻拍案惊奇》《二刻拍案惊奇》也用了不少谚语,笔者注意到的也有30多条。这五本短篇小说集用谚语很多,只能略举几条,如"闲时不烧香,急时抱佛脚""清官难断家务事""人心不足蛇吞象""以小人之心,度君子之腹""人逢喜事精神爽,月到中秋分外明""一朝被蛇咬,三年怕草索"等。

清代曹雪芹的《红楼梦》是中国古代长篇小说中成就最高的杰作。其中谚语也不少,笔者注意到的也有约60条,如"瘦死的骆驼比马大""癞蛤蟆想吃天鹅肉""心有余而力不足""天下老鸦一般黑""千里姻缘一线牵""不经一事，不长一智""苍蝇不叮没缝的鸡蛋""心痛还须心药治，解铃还得系铃人"等。

小说广泛为人阅读，在传播谚语等熟语方面，功不可没。此外，有些启蒙读物，也为传播各种熟语做过贡献。这里只举两种。

"施惠勿念，受恩莫忘""将相本无种，男儿当自强""怕人知道休做，要人敬重勤学""贫居闹市无人间，富在深山有远亲""酒逢知己千杯少，话不投机半句多""人见利而不见害，鱼见食而不见钩""长江一去无回浪，人老何曾再少年等，均见于《名贤集》。《名贤集》是一种不署编者的启蒙读物，其中收不少成语、格言和谚语。此书在20世纪40年代初还有学生像读《三字经》那样熟读。

"逢山开路，遇水搭桥""扶危救困，贤者多劳""近水知鱼性，近山识鸟音""天下无难事，只怕有心人""下错一着棋，满盘皆是输""同君一夜话，胜读十年书""一年之计在于春，一日之计在于寅""长江后浪趋前浪，世上新人趱旧人""有意栽花花不发，无心插柳柳成荫""为人不做亏心事，半夜敲门心不惊"，这些谚语都见于《增广贤文》。而这些仅是几条举例，《增广贤文》里所收谚语等熟语尚多。此书是谚语、成语和格言等熟语的选编，不署编著者。有人因明代汤显祖的《牡丹亭》提到《昔时贤文》便推断此书产生于明代。此书原名《昔时贤文》和《古今贤文》，经清人增补，称《增广昔时贤文》，通称《增广贤文》，简称《增广》。清同治年间经周希陶重订，称《重订增广》。作为一种启蒙读物，它曾在社会上广泛流行，有过不小的影响，甚至还有"读了《增广》会说话"的谚语。

四

谚语作为一种社会现象，也要随社会的变迁而发展变化。所以除一些富于生命力的谚语能流传久远外，有些谚语则会随着岁月的流逝而沦为历史的陈迹。同时，也有一些谚语会应时而生。

宋代李昉等辑《太平御览》卷22引《襄阳耆旧传》说，黄穆任山阴太守，颇有政绩；他的弟弟黄奂任武陵太守，贪腐无行。武陵人作了"天有冬夏，人有二黄"这条谚语，说明两兄弟像冬天和夏天那样界线分明。这条谚语对清官和贪官爱憎分明，但它却随着黄氏兄弟被岁月淹没而不再为人使用。

清代俞樾的《茶香室丛钞》卷二载，明代成化、弘治年间，吴郡东北夷亭镇捕快张小舍擅捕盗贼，百捕百成。盗贼说："天不怕，地不怕。只怕夷亭张小舍。"这条谚语和张小舍一样，也沉积在古代文献里了。

清代孙之騄的《二申野录》卷五载，明隆庆五年(1571)十一月，京师天鼓鸣。十二月，杭州天鼓鸣二声。于是有了谚语"天爆雉鸡叫，有米没人要。""天爆"指十一、十二月，"天鼓鸣"也就是雷鸣。当时有人认为，冬天雷鸣和野鸡叫是不祥之兆，会发生大批人死的灾难，故有这条谚语的产生。但这种天象的出现与人间灾难并无必然联系，纯属迷信。这样的谚语也只能被淘汰。

其实，不只是古代的谚语，即使产生在现代的谚语，也会有随时间推移而过时的，如"若要富，多种棉花织好布""纺车就是摇钱树，天天摇着自然富"。这是新中国成立前用手工纺线织布时代的谚语。当时有不少人家靠手工纺线织布维持生活或补贴家用。对于今天的农民来说，这已经是老皇历了。还有这样的谚语："农业合作化，合作力量大。"农业合作化是20世纪50年代的事。当时在农村进行农业合作化运动，先建立了农业生产合作社，于1958年由农业生产合作社联合组成政社合一的人民公社。1982年人民公社解体，"合作化"成了历史。现实变了，反映这种现实的谚语也失去了它原来的意义和使用价值。这条新产生的谚语，也未逃脱过时的命运。

还有一条谚语说："火不烧山地不肥。"这里说的火烧山，文县叫"烧火地"，就是烧掉山上一片草木，在原地以草木灰作肥料种庄稼。笔者小时听一位山里的农民说，"火地"种的洋芋、玉米都长得很好。本来，这是一种"刀耕火种"的原始耕作方法，而在20世纪40年代的文县仍有农民采用。不过，由于这种耕种方法严重破坏森林植被，已被国家严令禁止。这条谚语讲的"火地"肥沃是实情，但为了保护人类的生存环境，再不能烧山种地了。

因拜读了齐培礼先生的这部颇有价值的《阴平古今谚语选编》，拉拉杂杂发表了一些看法，失当之处在所难免，恳请寓目诸君赐教。

二、美学研究

洪毅然美学思想的特点

洪毅然是我国当代著名美学家、艺术评论家和艺术教育家。他从事美学研究、艺术评论和艺术教育 50 余年，著作传全国，桃李满天下，应该说成绩是突出的。仅就上述三方面论著而言，已出版的有《艺术家修养论》《新美学评论》《美学论辩》《大众美学》《新美学纲要》和《艺术教育学引论》，尚未出版的有《美学论辩续编》《生活美琐谈》（即《大众美学续编》）《美学文抄》《美学笔记类抄》《艺术心理学教学大纲》《国画论丛》等。

他发表的各类文章，仅笔者知见的，就有 300 多篇。属于美学、艺术评论和艺术教育方面的，约占总数的百分之八十。从 20 世纪 50 年代到 80 年代，他发表的主要是美学论文。就新中国成立后的 40 年来说，"文革"前的 17 年，他仅发表论文约 20 篇，而从 1978 年至 1989 年的 12 年间，他则发表论文 60 多篇[1]，真可谓老当益壮。他之所以老当益壮，除了自身的原因之外，也得力于改革开放的社会环境。洪毅然的美学思想，自有其发展、演变的轨迹，我们暂且不谈。这里要谈的，只是他美学思想的几个主要特点。恳请读者踢教。

---

[1] 笔者为洪毅然先生的著作编目，故做如上统计。由于资料不全，当地查找又有困难，一定会有遗漏，待以后再做补充。

一

"美学是关于美的一门独立的科学。"①洪毅然对美学的这个界定,正表现了他美学思想的一个特点:以美为研究对象。由于美学的研究对象,关系到美学的内容和性质,所以他和别的美学家一样,目光不能不首先投注于此。然而,这是一个异说颇多的问题,如说美学以艺术为对象,或说美学以人对现实的审美关系为对象,或说美学以审美心理为对象,还有主张美学以人为对象者,如此等等,恕不尽举。他则认为"美学的研究对象是美"。他从 1949 年提出这一主张,到今天提出"美学是关于美的科学"的命题,观点基本一致。

车尔尼雪夫斯基早就说过:"美学的最简单而最好的定义是美学是关于美的科学,所以美学的目的是研究美的概念、它的各方面,以

①凡洪毅然著作里的引文,一般不注明出处,仅在此附录本文所引用的主要原著目录索引:《新美学评论》(新人文学术研究社 1949 年 5 月版)、《美学论辩》(上海人民出版社 1958 年 11 月版)、《大众美学》〔增订版〕(陕西人民出版社 1982 年 11 月出版)、《新美学纲要》(青海人民出版社 1982 年 11 月版)、《艺术教育学引论》(《教学研究》增刊 1987 年)、《再论美是什么和美在哪里》(《新建设》1959 年 7 月号)、《评朱光潜先生美学的"新观点"》(《新建设》1960 年 8 月—9 月号)、《发展密切联系人民生活的美学——兼答马奇同志》(《美学问题讨论集》第 6 集)、《形象、形式与形式美》(《文艺研究》1980 年第 6 期)、《论美育》(《美学》第 3 期,上海文艺出版社 1981 年 6 月版)、《"美育"与精神文明》(《甘肃日报》1982 年 4 月 5 日)、《文艺学与美学——两者的关系及区别》(《当代文艺思潮》1982 年第 1 期)、《从"形式感"谈到"形式美"和"抽象美"》(《美术》1983 年 5 月号)、《美术、美学、美育》(《少年文史报》1984 年 10 月 15 日)、《再谈"形式美"和"抽象美"》(《美术》1984 年 4 月号)、《关于美和艺术中的抽象主义》(《新美术》1984 年第 2 期)、《自然的人化与美的规律》(《西北师院学报》1984 年第 3 期)、《"美是自由的象征"说质疑》(《文艺研究》1988 年第 5 期)、《美与"人的本质力量对象化"》(《文艺研究》1989 年第 4 期)。

及它是怎样体现的。"①他虽然嫌这个定义"过于简单和空泛",却基本同意。的确,正如一些研究者指出的,这个定义有同义反复的缺陷。然而,他并没有停留在这个定义上,而是一次次进行说明和论证,使它有了具体内容。早在1949年出版的《新美学评论》里他就指出,美学研究的"第一是美的本质——即何谓美?第二是美的构成——即怎样才美?第三是美的效用——即美与人生之关系,诸问题"。到20世纪50年代中期,他又发表《论美学的研究对象》,对此进行专门论述。文中概述了苏联关于美学研究对象的几种不同意见,并提出了自己的见解。他力驳当时在苏联占统治地位的意见,美学研究的对象是艺术,而与"美学是关于美的科学"的主张者站在一边。他指出:"美学既要研究自然界与艺术中一切客观现实事物本身的美——即美的存在诸规律,又要研究作为那种美的存在反映于人类头脑中的一切审美意识——即美感经验和美的观念的形成及发展诸规律。具体说来,就是美的性质、美感的性质、美的社会内容与自然条件、美感的心理及生理基础、美与美感的类别、美的功用、审美标准、形象思维的特殊规律……"。这样,就使"美学是关于美的科学"这个本来显得空泛的定义,有了较为具体的内容。

美,既存在于艺术中,也存在于自然和社会生活里,绝不只为艺术所独有。事实证明,人类的审美实践也不仅仅限于艺术。因此,艺术美、自然美和社会美都应该是美学研究的对象。尽管艺术是人类审美意识最集中的表现形式,美学也可以以艺术为研究中心和重点,却不能把美学研究的对象缩小为艺术或仅限于艺术。

如果仅从结论上看,似乎洪毅然关于美学研究对象的主张与不

①《美学论文选》,人民文学出版社,1957年,第37页。

少人是一致的,事实上并非如此简单。如朱光潜说:"就字面看,美学当然是研究美的一门学问。"①但他却以文艺为研究对象,并认为文艺理论即美学。而这是洪毅然极不赞成的。又如王朝闻主编的《美学概论》说:"美学研究的对象既包括艺术美,又包括现实美,而艺术美不过是现实美的集中反映。"但该书除第一、二章讲"审美对象"和"审美意识"外,其余四章讲的全是艺术理论。这和洪毅然的观点就很不相同了。从20世纪80年代以来出版的美学著作看,洪毅然的观点也得到一些人的认同。这种认同不见得完全一致,但说大体一致,还是符合实际的。

按照洪毅然的观点,美学研究的对象包括生活美,因而他的《大众美学》正是他美学的一个组成部分。但是,香港《大公报》发表葛天民介绍《大众美学》的一篇文章提出,书名以改成《大众生活美学》为好,因为"美学的研究对象主要应当是文学艺术,而不是其他",而《大众美学》"所谈论的大都是人们在日常生活中爱美求美的事实"②。本来书名改为《大众生活美学》也不是不可以,但是,葛天民的提议却表现了他不同于洪毅然的关于美学研究对象的主张。

既然美学的研究对象包括艺术美、自然美和社会美,那么美学也应与艺术学有别。洪毅然不同意在美学和艺术学之间画等号。他认为,强调美学和艺术学之间的联系是应该的,一则艺术是美学研究的中心或重点,艺术学也要为美学提供经验总结;二则艺术学又需要美学一般方法论的指导。但是美学毕竟不同于艺术学,这不仅表现在二者的对象范围不同,而且表现在各自的审视点有差别。在美学里研究艺术,也只是"通过艺术去研究其中作为美的存在的反映、审美意识

①《美学拾穗集》,百花文艺出版社,1980年,第7页。
②《介绍一本美学入门书》,《大公报》,1982年7月26日。

本身的实质、性质和功能"，而不是像艺术学那样，研究艺术的本质、特征以及它与生活、与政治的关系等问题。因此，那种把艺术学纳入美学，或把艺术学的一部分划归美学的主张，都是他不赞成的。美学与艺术学是"各自有其特定研究对象和特定研究范围的两门互相区别的独立科学"，两者既不能互相混淆，也不能互相代替。

美学不仅要与艺术学成为互相区别的独立科学，也要和哲学相对独立。在西方美学史上，历来都将美学置于哲学或神学的附庸地位，即使现在，也有不少人坚持传统见解，把美学看作哲学的一个分支。有人称美学为"艺术哲学"，既认定它的研究对象是艺术，又将它置于哲学之中。其实，美学并不仅仅从哲学角度研究对象，在它的全部研究内容里，有些部分已超出了哲学范围以外。例如关于美感的心理分析，尤其是关于美感心理的实验研究，就涉及自然科学。即使是哲学角度的研究，也不像一般认为的全属认识论，也还有价值论问题。因为，美是事物形象所具有的客观审美价值。应该说明，美学与哲学互相独立是相对而言的，"独立"并非"脱离"。

洪毅然认为，尽管过去美学并未完全成为一门真正独立的科学，从科学发展的历史规律看，今日及今后它发展成为一门真正独立的科学，已成必然之势。他对自己主张的实现，是满怀信心的。

洪毅然从上述观点出发，建构了自己的美学体系。这个体系，由论美、论美感和论美育三部分构成。美是事物的美好本质形之于外的形象所具有的审美价值，属于客观存在。美感是审美主体对审美客体的一种感性直观的精神怡悦，是对美能动的反映。美要通过美感实现对人的精神的陶冶，以达到推动现实前进的目的，美育正是实现这一目的的手段。美、美感和美育，就是这样相互联系而形成一个完整系统的。就三个部分来讲：论美，主要探讨美的本质、美的构成、美的种类、美的产生和发展等问题；论美感，主要探讨美感的性质、美感的产

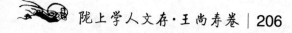

生与发展、美感的基本心理过程、美感的种类等问题;论美育,主要讲美育的意义、内容、基本手段和实施等问题。这就是洪毅然美学的大致框架。

从根本上说,建构美学体系的意义并不在它自身,而在它自身以外。与其他科学一样,美学也是为人类的现实需要而存在的。洪毅然力主发展密切联系人民生活的美学,正为了使美学走出书斋,成为人民按照美的规律创造新世界的向导。他对美学研究对象的认定和由此而形成的美学体系,正贯穿着这种精神,这是值得称道的。

二

在美学上坚持马克思主义辩证唯物论,也是洪毅然美学思想的一个特点。对这一点,他在言谈中是带着自豪感的。他学习、运用马克思主义辩证唯物论较早,积极性也高。虽然学和用都有一个过程,到目前为止,也很难说他已经学通并用纯熟了,但从主观上说,他是自觉学习和运用的。从20世纪50年代以来,他一直努力按照自己对马克思主义辩证唯物论的理解来解决美学上的问题,也批评了他认为违背或不符合马克思主义辩证唯物论的美学观点。

他在1957年发表的《论美》一文里认为,在美学思想领域,凡肯定美存在于客观事物本身,不受主观意识所左右,却又可以被感知者,为美学中的唯物主义路线;凡主张美不是客观事物所具有,而是主观意识之"外化",而又不可知者,是美学中的唯心主义路线。

唯心主义美学,还有主观唯心主义与客观唯心主义的不同;唯物主义美学,还有形而上学唯物主义和辩证唯物主义的区别。此外,还有美既不在物又不在心,或既在物又在心的二元论观点,他认为这是唯心主义的亚种"。他自己当然是坚持辩证唯物主义路线的。

他认为,美存在于事物本身,不是由人的审美意识外射而赋予审美对象的,不为人的主观意识所左右,美也不单纯是物的自然属性,而是自然性与社会性的矛盾统一体。美产生于"自然的人化"。当"自在之物"演变、发展成为人类的生存环境、生活资料、生产对象,成了"为人之物"时,就打上了人的烙印,成了"人化的自然"。这时,它就成了以自然性为基础、以社会性为决定因素的自然性与社会性的矛盾统一体。它处于一定的社会关系之中,依据它在人的社会实践中所起或可能起的作用,便呈现出美或不美的形象,诉诸人的感官,就使人感受到它一定的审美价值。这种审美价值是客观的,不是人的主观评价,不以人的意志为转移。美的存在决定美感和美的观念,因为美感和美的观念是对美的存在的反映。同时,美感和美的观念也不全是被动的,它也反作用于美的存在。

他对某些美学观的批评,就是以上述观点为依据的。

朱光潜的美学,新中国成立前以"形相的直觉"为核心,"直觉"指比一般感觉还要低一级的心理状态,"形相"指一种"情趣饱和的意象"。洪毅然认为,朱光潜的"形相的直觉"说是向人的主观意识方面寻找美的源泉,因而是"主观唯心主义美学观点"。这是朱光潜自己也承认的①。在 20 世纪 50 年代的美学大讨论中,朱光潜"洗心革面",美学观发生了变化,提出了"美是客观与主观统一"的新命题,并说自己"在基本论点上已经站在唯物主义的立场上了"②。但是洪毅然依旧认为朱光潜的观点是唯心主义的。朱光潜主张区分"物"和"物的形象",认为"物"是客观的,但它只有"美的条件",而没有美学意义上的美,只有"物的形象"才能有关。"物的形象"即艺术形象,是意识形态,属于上层建筑。而艺术形象是美这一属性的本体,所以美也是意识形

①《我的文艺思想的反动性》,见《美学批判论文集》,作家出版社,1958 年。
②《美学批判论文集》,作家出版社,1958 年,第 111 页。

态,属于上层建筑。洪毅然认为,"物的形象"应当是物自己的形象,而不应是"艺术形象"的同义语。"艺术形象"是"物的形象"的反映,而不是"物的形象"本身。美存在于"物的形象"之中,是客观存在。误以不是意识的东西为意识的东西,这就是唯心主义观点。持这种看法的并非洪毅然一人,李泽厚也指出,朱光潜的"主客观统一"论里的"主"指情感、意识、精神和心理,因而这种"主客观统一"论便仍然属于主观派①。

对高尔泰的美学观,洪毅然一直持有异议。高尔泰在 1957 年发表的《论美》和《美感的绝对性》里认为,"客观的美并不存在",美即美感,"美产生于美感",是审美主体的经验属性。洪毅然在 1958 年初发表的一篇文章里就指出,这"是唯心主义美学观点"。20 世纪 80 年代,高尔泰提出了"美是自由的象征"的新命题,1988 年,他又发表专文质疑。高尔泰认为,人的本质"自由"对象化于外在世界,在客观对象上表现出来,人从对象"观照"到自身的"自由"本质,于是那个对象成了"自由的象征",这样它才有美。他提出疑问:不知"美是自由的象征"和萨特说的"美是自由的幻觉"有无区别,或有多少区别?他认为,"美即美感"和"美是自由的象征"一脉相承,后者是前者的发挥和引申。其错误就"在于误认为客观事物的'美',乃取决于体现'自由人性'的主观美感,误以'美'为'自由人性'的'对象化'"。他还指出,高尔泰忽略了"自由"不是无限度的,强调"无限自由""绝对自由",势必导致人的"自我"无限扩张,使"主体意识"变成"唯我主义"。这样,就会滑向另一个极端,成为个体"动物性"的膨胀。

洪毅然批评上述美学观是理所当然的,因为它们与唯心主义相

①《美学四讲》,三联书店,1989 年,第 63 页。

联系。那么,他为什么批评他承认"属于唯物主义美学思想"的蔡仪的美学观呢?因为他认为蔡仪的美学观具有"形而上学性与机械性"。蔡仪认为,现实事物的美,在于它所固有的属性条件的统一。洪毅然认为,这种观点抹杀了美的存在与人的生活实践之间的内部联系,无视美的社会性,是形而上学唯物主义的观点。蔡仪界定"美就是典型,典型就是美"。事实证明,这种界定是很难成立的。洪毅然认为,把客观事物的某些属性抽出来,使其僵化或固定化,并指以为美,这是把美或美的法则当作一成不变的、绝对的、脱离人类的、先天"客观"存在的尺度,而把事物的美只看作这种机械抽象的尺度的体现。这已十分接近客观唯心主义了。这就是他说形而上学唯物主义美学思想"是唯心主义的最后防空洞"的原因。

洪毅然不仅反对唯心主义美学和形而上学唯物主义美学,也反对形式主义美学。这主要表现在他对严格意义上的"形式美"的否定。他认为,相对独立的形式美不能抹杀,而绝对的纯形式的美并不存在。美是什么? 他最简要的回答是:美是好事物的形象特征。事物的形象并非事物的形式,而是事物的内容和形式的矛盾统一体。它的内容,是自然性本质与社会性本质的结合;它的形式,是自然性外貌与社会性外貌的结合。在内容和形式的矛盾统一中,形式为内容所决定。具体来说,自然性本质决定自然性外貌,社会性本质决定社会性外貌。因此,美既不只在形象的内容方面,也不只在形象的形式方面,而在内容和形式矛盾统一的形象之中,是有诸内而形诸外、充实而有光辉的。

从 20 世纪 40 年代到 80 年代,洪毅然一直喜欢这样界定美,"充实而有光辉之谓美"。他在 1944 年发表的一篇短文里说:"仅有充实的内容,而无光辉之外形不是美,同样,光辉之外表如非发于充实之内容亦不美。美乃充实的内容所显现之光辉的外形,故曰充实而有光辉之谓美。"①他发表在1988年出版的《美学讲坛》第二辑上的《美是什么、美在哪里、美从何来》仍然说,"美"应该用"充实而有光辉"来表述。此语源于《孟子·尽心下》。孟子回答有人问乐芷子是个怎样的人时,说过"充实之谓美,充实而有光辉之谓大"。有人用"充实之谓美"论美,他不同意,因为这一句是就内容而言的,这里说的"美"其实是"善"。他认为,后一句的"大"是充实于内的"善"焕发于外的光辉,是内容和形式的统一,可以理解为"美"。这不仅说明美存在于内容和形式统一的形象里,而且与善相表里。

20世纪50年代,他就对蔡仪"象美"的观点提出异议。因为,"单象美"实际就是"形式美"。所以,他批评蔡仪对形式主义美学妥协,至少也是对形式主义未能彻底克服。

20世纪80年代以来,西方资产阶级美学和艺术观对我国美学和文艺界有所侵蚀和影响,他力主"不宜任其泛滥"。如"企图为抽象主义艺术张目"的"抽象美"论,就应"辨明是非而清除之"。"抽象美"的宣扬者,把"美本身"看作一种"概念",认为是主体对客体的心理体验的结果。洪毅然指出,这是不折不扣的唯心主义,是为提倡抽象主义艺术制造的理论根据。所谓"抽象美",其实是最纯粹的"形式美"。事实上世间既没有无形式的内容,也没有无内容的形式,那么无内容的纯形式的美也就不复存在了。而且,美必须具有直观感受性,不具有直观感受性的"抽象美"如何存在?因此,他认为"抽象美"是个讲不通的名词。他还指出,抽象派艺术的要害是片面强调"表现"而走到极端,彻底排除"描写",只求纯粹"表现"绝对自我的主观感受。这样,就背离了正常的艺术规律,彻底否定了艺术本身,终于陷入非艺术。

总之,洪毅然对在美学研究上坚持运用马克思主义辩证唯物论

①《一得之愚》,《长歌》1944年第2期。

是有足够自觉性的。他自己也把这一点看作他美学思想的一个特点。当然,我们不能说他的美学思想是彻底马克思主义的。对马克思主义的美学观,今天仍在探讨之中,因而不少自认坚持马克思主义的人的观点,往往迥然有别。新中国成立以来,自觉运用马克思主义研究美学的人的确不止洪毅然一个,但他的坚持有一贯性,而且有异于他人之处。把这看作他的特点,是有道理的。

三

力倡美育,是洪毅然美学思想的又一个特点。

美育并非洪毅然首创,也不是只有他在提倡。在西方,"美育"一词虽然是 18 世纪末席勒在《美育书简》里首先提出来的,但从古希腊到现代,都曾出现过各种不同形态的美育思想。在我国,从先秦到现代,也有过各种美育思想。粉碎"四人帮"以后,与我国社会主义物质文明建设和精神文明建设相联系的美育,得到空前重视。

国家再次将美育列入教育方针,要求各类学校认真贯彻执行德育、智育、体育和美育全面发展的方针,以培养四化建设的合格人才。

但是,这些不仅不埋没洪毅然在美育上的努力,而且有助于他美育思想的形成和发展。应该说他对美育的研究和宣传,在国内还是比较突出的,卓有成效的。美育是他美学思想体系的一个重要组成部分,在成书于 20 世纪 70 年代而出版于 1982 年的《新美学纲要》里,美育是全书三章中的一章。他还在多种刊物上发表文章,对美育进行了多方面的论述和鼓吹。1980 年,他与朱光潜、伍蠡甫等联名致函党中央,建议将美育列入国家教育方针。他还担任全国美育研究会顾问、《美育》《美育天地》两杂志顾问、《美育知识》丛书编委等职。他为《美育知识》丛书的编写出力不小,其中《艺术教育学引论》一书,就是他辛勤劳动的果实。

1982 年以来出版的多种美学教材，如全国 11 所民族院校编写组编的《美学十讲》，刘叔成等著的《美学基本原理》，蔡仪主编的《美学原理》，《美学教程》编写组编的《美学教程》，周忠厚编著的《美学教程》等，都列专章讲述美育，而且还有仇春霖主编的《美育原理》出版。应该说，这些著作中也融会了洪毅然在美育方面的贡献。

美育即审美教育，又称美感教育。洪毅然认为，美育的作用，在于把美学知识传播给人们，以应用于各方面的审美实践。这是对美育性质的一种认识。这里把美育和审美实践联系起来，是完全正确的。因为美育的目的不在于传播美学知识或在它自身，而在于有助于人们的审美实践。但是，美育并非仅仅传播美学知识，以使人们应用，它还有更为丰富的内容。当然，美学知识的传播不是美育的唯一内容，但它对人们的审美实践是必不可少的。从洪毅然的观点看，美育是从美学知识到审美实践的桥梁，这在一定意义上是对的。审美实践，不管是物质方面的还是精神方面的，不管是创造方面的还是欣赏方面的，都需要美学理论的指导，而这些都要以美育为中介。

马克思在《经济学—哲学手稿》里谈到人的生产和动物的生产的区别时，把人的生产与美联系起来，提出了人是"按照美的规律来制造"的著名论断。人的物质生产和精神生产，都体现着这个人类生产的本质特点。既然人要"按照美的规律来制造"，而美育正可以帮助人们掌握"美的规律"，那么人们接受审美教育，就是顺理成章的事了。

同时，人应该有健康的生活情趣和较高的精神境界，不应该格调低级、精神境界卑下。要这样，就必须具有健康的审美趣味、崇高的审美理想、正确的审美观念一定的审美能力。而人们审美趣味、审美理想、审美观念和审美能力的培养，也要借助美育这一手段。

此外，人应该德、智、体、美全面发展。德育、智育、体育和美育，各有自己的功能和任务，不能互相代替，但它们却可以互相贯通、相辅相成。如美育和德育,就是如此。人们热爱美好事物、厌憎丑恶事物,既是审美兴趣的表现,又是道德感情的表现。人的审美兴趣受道德理想的支配,人的道德感情又往往由于审美兴趣的潜移默化而改变。既然如此,培养人的道德感情也应有美育的配合。对于美育和智育、体育的关系,也应作如是观。

洪毅然很重视美育在社会主义精神文明建设中的作用。他认为,建设社会主义精神文明,就要提高全民文化知识水平、政治思想觉悟、道德素养、生活情趣和精神境界等。为此,就必须进行审美教育。

他看到一些青少年受形形色色腐朽思想和低级庸俗趣味的侵蚀,美丑不分、香臭不辨、语言粗野、行为恶劣、习尚鄙陋、仪容服饰怪诞,深感进行美育刻不容缓,于是大声疾呼:"美育这个阵地,我们不抓是不行的。"因此,他在全国多种报刊发表文章,大讲美育与社会主义精神文明建设的密切联系,力陈推行"五讲、四美"的必要,以期使美育在培养全面发展的社会主义建设人才中发挥其应有的作用。

美育的任务,可以分为相互联系的两个方面:一是培养人们的审美能力。审美能力是人们感觉、欣赏、评价美的主要条件,它不是天生的,而是在一定生理心理结构、生活经验、文化水平、艺术修养等基础上由审美实践和审美教育培养的结果。因此,在加强审美实践的同时,应充分发挥审美教育在培养人们审美能力中的作用。当然,由于种种原因,人们的审美能力会有强弱等差异,但通过审美教育的培养,各人都会在自己的基础上有所提高。二是帮助人们树立进步、健康的审美观点。审美观点,洪毅然叫作"美的观念、概念",它有进步与落后、健康与不健康的区别。由于审美观点对审美实践有制约、定向作用,因而人们就应该有正确的或说有进步、健康的审美观点。审美观点是在审美教育和审美实践的过程中形成的,所以要通过审美教育和审美实践培养人们进步、健康的审美观点。审美能力和审美观点不是一回事,但它们又有联系,审美观点有助于审美能力的提高。

洪毅然认为,实施美育的基本手段主要是艺术。他所说的"艺术",广而言之,除包括狭义的艺术外,还包括其他按照"美的规律"制造的全部产品。他认为,通过各种艺术品的创作实践和欣赏实践培养人们的审美兴趣,提高人们的审美能力,增进人们的审美素养,端正人们的审美思想,是很有效的。实施美育的场所,主要是学校、社会和家庭。学校美育由各级各类学校实施,社会美育通过各种社会美育设施实施,家庭美育由家庭这个社会生活的基本单位实施。三者各有侧重,方式有别,但又互相联系,应该互相配合。

洪毅然从自己对美育作用的认识出发,为了更广泛、更有效地开展美育活动,他积极主张美学的普及。为此,他除在美学的深钻方面下功夫外,还在美学的普及方面辛勤耕耘,从而得到不少同志的赞誉。他曾说:"美学,应向纵深钻研。但钻研多少就应普及多少。"①他谈到《大众美学》的写作时说:"想给青年一些通俗性、普及性的东西,于是就仿效艾思奇的《大众哲学》,写了本《大众美学》。"②大众美学,就是与人民生产、生活相联系的普及性美学,即通俗美学。《大众美学》所谈论的,正是人民群众在生产和生活中爱美求美的事情。同时,它把深奥的美学理论通俗化了,所以是一本很有意义的普及性读物。《大众美学》也谈论美和美感问题,其内容和谈法却与《美学论辩》《新美学纲要》很不相同。全书分上、中、下三篇,计35则,每则用流传已久的成语或俗语等作标题,无论阐明原意或借题发挥,都在说明某个美学问题。如"东施效颦",说明美不可掺假作伪;"情人眼里出西施",

---

①张先瑞:《让美学走到群众中去——访美学家洪毅然教授》,《湖南日报》,1984年12月23日。

②赵长才:《美学家谈"美"》,《甘肃日报》,1983年8月6日。

说明人的美感以爱为基础,带有主观性。每则篇幅不长,深入浅出,通俗易懂,颇受群众欢迎。

《大众美学》1981年出版以后,由于社会的需求,印刷三次。而且不少读者希望作者继续写下去。他得到鼓励,加之"五讲、四美"活动开展以后,群众中又有许多这方面的新经验,于是他陆续写了一些,打算编一本《大众美学续编》。最近,笔者看到他拟就的读书内容目录,共计24篇,定名为《生活美琐谈》。他为该书写了一篇80字的题词,说明人民群众审美文化水平的不断提高,大有利于社会主义物质文明和精神文明建设。作为一名读者,我期望此书能够早日面世。

洪毅然发表文章,并不考虑刊物的大小和级别高低,他除在几种大刊物发表学术性美学论文外,更多在一些小报和普及性刊物上发表谈美的小文章。从这里也可看出他为美育事业献身的精神。他为美育事业献身的精神,是令人钦佩的,是值得学习的。最后说明一点:此稿的完成,承蒙洪毅然先生和吴芸同志大力支持。特别是初稿写成以后,又累洪先生在医院病榻听读,多有指正,故特致谢忱。

1989 年 1 月 29 日

洪毅然先生的生平和教师生涯

西北师范大学美术系教授洪毅然先生,与世长辞两年多了,那是1989年12月12日,他这支燃尽最后一滴油的蜡烛,终于熄灭。然而,他以自己的热温暖了别人的心,以自己的光照亮了别人的路,他的思想品德,仍然滋润着一些人的心田。作为肉体的人,他已不复存在;作为曾附丽于肉体的精神,将汇入人类精神文明的长河,历久不废。

洪毅然这个名字,1957年我就知道了,而与他接触,则是20世纪60年代初的事情。1959年8月,我被分配到西北师范大学前身甘肃师范大学任教。由于我教"文艺理论"课,当时在美术系教"艺术概论"课的洪毅然先生,就成了我的指导教师之一。我听过他的课,也曾登门求教。不过,我总不好意思打扰他,因而登门的次数并不多,在1988年至1989年,为编写《西部风情与多民族色彩——甘肃文学四十年》一书,与他交往频繁,对他的了解也更多了一些。

1913年10月15日,他出生于四川省达县县城,原名洪徵厚,毅然是后来常用的笔名。应该说明,20世纪30年代他偶见一位画家名章毅然,为免相混就在笔名前冠上姓,时间一久,就成了正名。父亲洪正纯,由布店学徒起家,后来以经商为业;母亲杨氏,是不识字的家庭妇女。他有一兄三姐,下无弟妹,父亲粗通文墨,思想保守,6岁时送他入私塾,而不让他进"洋学堂"。对此,他虽不乐,却也只能服从。两年后,又让他入县图书专修馆文学预科,学"四书"、《诗经》等儒家经典。1923年在军阀混战中,父亲被乱兵枪杀。同年秋天,他改从新学,跨进了县立模范小学的大门，半年后初小毕业，入县立第一高小，一年后转入明达公学。

他从小酷爱绘画，常提笔涂抹。他父亲店铺里有位姓蒋的年轻伙计，也能描画几笔，他便偷偷跟他学习，临摹民间年画里的大鲤鱼之类。勤学勤练，他成了模范小学图画出众的学生，有一次，他的图画作业因出色被"留堂"，并张贴在校长办公室墙上，这对他是很大的鼓舞，增强了他学习绘画的兴趣。在县立高小时，图画课老师又教他写生，使他初步懂得了另一种作画方式和锻炼绘画技巧的重要手段。在明达公学时，图画课老师给他借阅了法国画家普吕东的画集和其他外国绘画名作，使他大开眼界，也更增强了学习绘画的决心。然而学国画还是西洋画呢？当时他选择的是后者。因为，他认为国画已经落伍，只有西洋画才是先进的。本来，县里有位画国画的庞啸珊先生，是他堂兄的朋友，想收他为徒，却被他婉言谢绝，主要原因大约也在于此。后来他忆及此事，总引以为憾。

1927年，他如愿以偿，踌躇满志地进了成都私立四川美术专门学校，在普通师范科学画。可见，他在从事教育事业之前，自己也曾是师范生。在校期间，他和同学苗勃然、张漾兮等在成都少城公园通俗教育馆举办通俗画展，他参展的作品为水彩画《人力车夫》《示威》等。这些作品自然很不成熟，却是他在绘画途程上留下的第一个脚印。同时，他还用那支稚嫩的画笔，与同学一道进行反军阀漫画宣传。1930年前后，他化名洪音，加入青年革命美术团体时代画会。

1931年春夏之交，帆影碧空尽，轻舟越重山，他到上海寻求深造的机会。秋天，他到了西了湖畔，考入国立杭州艺术专科学校。他上的是绘画系，重点学西洋画，主要是素描和油画。学习期间，他用勤奋换来了可喜的成果，创作了《战后》《水灾》《忙碌与闲适》《铁匠》《静物》等多幅油画。1936年，他与同学何廷尧等以孤山画会名义举办四人画展,《战后》等作品参展。《水灾》《静物》参加当时教育部在南京举办的第二届全国美展,并被选入纪念画集《现代西画图案雕刻集》。同年,他成了中华全国美术会会员。

1937年夏,他从国立杭州艺专毕业,留母校图书馆任馆员。未到任而母亲病逝,于是回乡奔丧。时值七七事变,遂留成都西南美专分校任教。后来,又在成都私立南虹艺校、西川艺校及其更名的岷云艺校任教并主教务。次年,他参加了由画家张漾兮、苗勃然等创建的民间抗日美术团体四川漫画社,该社借春熙路基督教青年会举行了一次规模空前的救亡漫画展,并发表了《四川漫画社首次抗日救亡漫画展览会宣言》。《宣言》由他执笔。《宣言》认为,抗日是"神圣的民族革命斗争",这一斗争的本身即为整个民族国家存亡生死的关键,支持这一斗争是人人具有的责任。漫画就是"适合于目前这伟大的时代之需要的一种最犀利、最有力、最有用的艺术宣传工具和抗日救亡之武器"。漫画社以这种思想为指导,绘制街头抗日宣传画,制作漫画幻灯片,为《新民报》《新新新闻》等多种刊物提供漫画稿件,创办漫画专版。1939年中华全国文艺界抗敌协会成都分会成立后,他欣然加入;在1941年1月召开的第三届年会上,他被选为理事。1943年,他任四川美术协会理事。他还与友人王白宇、张漾兮、谭杞安、王达非等合办实用美术公司。只不过由于通货膨胀等原因,公司未办成,他仍返校执教,其间又和庞熏琹等多人举办现代美术展览,共展出油画、水彩画和粉笔画近百幅。

此后,他的绘画创作实践不多,而兴趣主要倾注于艺术评论,其中有对艺术理论的探讨,也有对艺术家及其作品的评论。其实,他早就对艺术评论有兴趣。他常读鲁迅、冯雪峰编辑的《萌芽月刊》等左翼文艺刊物,阅读苏联和日本的无产阶级文艺理论译著,这是他文艺思想的主要来源。1930年,他在《西南日报》副刊《时代艺术》发表了他的第一篇艺术论文《普罗艺术概论》。在杭州艺专上学期间,他一边学习绘画,一边研究艺术理论,并在上海的《美术生活》《艺风》和杭州的《东南日报》副刊《学苑》等刊物发表艺术评论,如《艺术家的生活问题》(1932)、《艺术家的自由意志》、《生活给予艺术家的内容与形式》(1934)、《现代艺术形式的单纯与压缩》(1935)、《艺术家的理论修养》(1936)等。他还和同学卢鸿基等组建以探讨艺术理论为宗旨的罗苑座谈会,编辑刊物《艺术论坛》。1935年,《艺术家修养论》在他笔下诞生,这是他的第一本艺术理论著作。次年,此书作为罗苑座谈丛书之一,公开出版,书前有导师林文铮的《序》。他还将此书寄宗白华求教,受到热情勉励,使他颇获鼓舞。

在艺术理论上,他对各家各派的学说广泛涉猎,不论柏拉图有关文艺的谈话,还是亚里士多德的《诗学》,不论康德的《判断力批判》、黑格尔的《美学》,抑或泰纳的《艺术哲学》、列夫·托尔斯泰的《艺术论》,或普列汉诺夫的《没有地址的信》等,无不认真阅读。他学习着、思考着,有时也按捺不住激情不已的笔,写出自己对艺术的理解。后来,他终于写成了始终未能出版的《艺术论大纲》。

自从他在成都从教之后,"艺术概论"课就和他结下了不解之缘,这和他的艺术评论是一致的。他发表了抗战回川第一文《论文学的时代背景——关于"战争文学"的修正》以后,常有评论文章见诸报端。如《战地写生之必要,(1939)、《现阶段艺术运动之基点》(1940)、《论常书鸿的艺术及其他》、《评丰子恺先生的漫画》(1941)、《论张大千的近作及其他》、《观战地写生画展感言》、《评岭南派的新国画》、《中国艺术的出路》(1942)、《论傅抱石先生之艺术》、《司徒乔"南洋画展"观后感》、《艺术的内容、形式、题材与主题》、《艺术与现实》(1943)、《徐悲鸿批判》、《略谈艺术与人生》(1944)、《〈屈原〉论》、《今日中国之艺术运动》(1945)、《新艺术论绪说》、《艺术与实用》(1947)、《画有啥用？》(1948)等。这还不是全部，数量是很可观的。作者自称这些文章为"杂感"，这是有道理的，只不过是文艺方面的。

1950年，他到西北师范学院任教，除教"艺术概论"之外，仍然撰写评论文章，如《提高连环画的思想性与艺术性》(1951)、《胸中自有雄师百万》、《谈谈有关山水诗阶级性的几个问题》(1961)、《对艺术与政治关系的几点体会》(1962)、《试谈美术创作的几个问题》(1963)、《关于文人画》(1979)、《艺术三题议》(1980)、《谈谈艺术的内容和形式》(1981)、《关于所谓"意识流"的创作方法》(1982)、《简谈艺术与宗教》(1983)《当前文艺思潮中的几个问题》(1984)、《国画技法特点是否"以线造形"辩》(1985)、《"创新"小议》(1986)、《艺术＝非艺术吗？》(1987)、《潘天寿国画艺术管窥》(1989)等。他的艺术评论涉及面广，也是终其一生的。

他曾任中国美术家协会甘肃分会副主席、甘肃省美术教育研究会会长，并为日本株式会社天明堂出版的《中国现代美术家名鉴》介绍，无疑他是美术家。《中国现代美术家名鉴》注明他是美术理论家，说明他在美术方面主要成就在理论上。这是较为确当的。

现在，学术界往往将他排在美学家的行列里，这是由于他的主要成就在美学方面。应当指出，他的绘画创作实践和艺术评论与他的美学研究是相通的，这成就了他的美学研究；他正是为了对艺术的本质有更深刻的理解，才从艺术理论深入到美学的。由于他在美学上的成就，曾先后任中华全国美学学会理事、顾问和甘肃省美学研究会会长。他的美学，初创于20世纪三四十年代，发展于五六十年代，完成于七八十年代。

早在20世纪30年代，他就写信与朱光潜讨论过美学问题。从这时起，美学便进入了他的视野。1944年，他又写信和蔡仪讨论美学问题，从这时开始，他对美学做了较多研究。1944年春天，他离开成都，返回故里,住在县城远郊,那里杂树葱翠蓊郁,遍地野花飘香,清爽宁静,是幽居佳境。他自名居处为"半隐山居"。"半隐"即非全隐,而是在那里作画,研究艺术和美学,同时也议政,参与现实斗争。这从他当时发表的一些文章即可得到证明。在美学和文艺研究方面,为了不致数典忘祖,他要清理一下祖国学术遗产"库存",于是计划编纂一部资料性的《中国美学与艺术学》,上卷为《历代思想家论美与艺术》,下卷为《历代文艺家论美与艺术》,由于当时当地条件不足,仅完成《老子论美与艺术》《庄子论美与艺术》《孔子论美与艺术》和《孟子论美与艺术》等四篇,收集了荀子、墨子的有关材料。计划虽因故未能全部完成,但他那踏实认真的治学精神却值得称道。他的工作程序:先通读原著白文,再遍览各家注释,又一次通读原著,同时参考较佳注释,以求正确、全面理解原著的思想体系和基本精神。然后,在此基础上摘录涉及美与艺术的段落,经过分析研究,寻找出脉络,整理成篇。这样整理出来的资料才具有可靠性。从 1944 年春至 1946 年秋,他在达县治学数年,这在他的美学研究历程中是有重要意义的,1947 年发表的《艺术、科学、神秘、美》,不是他的第一篇论及美的文章,但他已往论及美的文章都很少从题目上标示出来。1948 年,他在四川省立艺专首次作美学讲演,对蔡仪等的美学理论提出质疑,并阐述了自己的观点。他在这次讲演的基础上写成《新美学评论》一书,作为新人文小丛书第三册,于 1949 年 5 月出版。这是他的第一本美学专著。

　　20 世纪 50 年代初,由于对朱光潜美学观的不同看法,朱光潜、蔡仪、黄药眠等著文讨论。双百方针提出后,美学界展开了热烈的大讨论,洪毅然也是这次讨论的积极参加者。他左右开弓,既批评蔡仪,更批评朱光潜,这集中表现在他 1957 年发表的长篇论文《论美》里。此后,又多次著文与朱光潜、蔡仪辩论,文章大部分收入《美学问题讨论集》第三至第六集,小部分收入他 1958 年出版的论文集《美学论辩》。通过参加这次美学讨论,他的美学研究大大跨进了一步。1982年,新著《新美学纲要》与读者见面了,这是他生前出版的第四本,也是最后一本美学著作。中国当代著名美学家敏泽读了书稿后写信给作者说:"此作既有完整体系,有一定的理论性,又写得较为通俗,是一本有意义之作。"这是中肯的评价。

在处世上,他的特点之一是不随顺流俗。他在《种草行》中说的"世人种花我种草,爱草如花从来少"包含着这个意思,他名自己的书房为"人取我弃之斋",名房后小园为"人弃我取之园",也有这个意思,有人说他古怪,因为"爱草如花从来少",少见多怪。有人认为他不可理解,这也不足为奇,因为他弃取与人不同。他不随顺流俗的性格表现在学术上,就是不苟同于人。对于他不赞同的观点,往往要提出质疑,甚至反复辩难,不管对方是赫赫有名的学者,还是初出茅庐的新手。

他和蔡仪在美学观上的分歧,由来已久。1944年,蔡仪出版了《新艺术论》,其中有这样的论断:典型的就是美的。他不以为然,写信与之讨论。后来,他和蔡仪在重庆会面了,知道他正在写《新美学》,于是约定待《新美学》出版后再进行讨论。1947年《新美学》出版后,他写了《新美学评论》一书。他认为,《新美学》远胜以前出版的同类著作,并说作者"旨在创立一种美学的新体系,苦心孤诣,弥堪钦迟"。他很重视蔡仪的美学研究,但又不同意蔡仪的一些观点,如关于美的定义的"典型说",关于美的认识的"观念说",关于美的分类的"单象美"。在20世纪五六十年代的美学问题大讨论中,他与蔡仪商榷的仍然是这些问题。他认为蔡仪的美学观虽然是唯物主义的,却带有"形而上学性与机械性,属于机械唯物主义"。蔡仪在1958年出版的《唯心主义美学批判集》的《序》里认为,《新美学》的根本观点不是唯心主义的或机械唯物主义的。1985年,《新美学》改写本第一卷出版了,作者"既改正了一些自己所能认识到的缺点和错误,也进一步阐述了自己认为尚须坚持的基本观点和主要论点"。从《新美学》改写本看,他们之间的分歧仍然存在。

本来,他和李泽厚的美学观基本一致,他们自己都承认,并被人视为"社会功利派"。然而,他对李泽厚的某些观点仍持异议,早在1958年,他就写了《略谈美的自然性与社会性——与李泽厚同志商榷》一文,文中基本同意李泽厚的"美是客观地存在于现实生活中的事物本身所具有的社会性与自然性的统一"的论断,但他认为李泽厚对美的自然性因素重视不够,从而把自然美融解于社会美了。30年后,他在《文艺研究》1989年第四期发表了《美与"人的本质力量对象化"》,对李泽厚的美是"自由的形式"一说提出质疑,他认为李泽厚的观点是人本主义的,不符合马克思主义。

洪毅然从不以论敌为敌,对蔡仪、李泽厚如此,对朱光潜、高尔泰也是这样。

30年代中期,他读了朱光潜刚出版的《文艺心理学》,就主动与朱光潜通信,质疑问难,抗日战争爆发后,朱光潜到成都任教,曾任四川大学文学院院长,当时,他与朱光潜颇多交往,常借阅其藏书,叨教尤多。这是他们友谊的开始。1946年,他著文介绍朱光潜的《诗论》。新中国成立以后,他每到北京必访晤朱光潜,或促膝倾谈,或漫步未名湖畔,或同游颐和园,品茗于听鹂馆。有时,还寄文章征求朱光潜的意见。然而,他们是论敌,他在30年代就对朱光潜的美学观持异议。特别在20世纪五六十年代全国美学问题大讨论中,他发表好几篇文章,与朱光潜反复辩论。因为他既反对朱光潜过去以"形相直觉"为核心的观点,也不赞成朱光潜的"美是客观与主观的统一"的新命题。有一次,朱光潜对他说,看来,您既说服不了我,我亦说服不了您,彼此恐将只得"求同存异"而已。求同存异,丝毫无伤于友谊。他不仅感激朱光潜对自己个人的种种帮助，尤其钦佩朱光潜对我国美学科学所作出的特殊重大贡献。在1986年3月朱光潜逝世之际，他写了《悼朱老》一文，"以志哀悼"。

曾在甘肃工作的高尔泰也是他的论敌。1957年，高尔泰在《论美》和《美感的绝对性》里认为，"客观的美并不存在""美产生于美感""美即美感"，他即指出，这"是唯心主义观点"。不过，这并不妨碍他去拜访高尔泰，也未能阻止他们成为忘年交。在他们晤面时，难免辩论美学问题，有时争得面红耳赤，互不相让，这似乎也成了他们友谊的纽带。对于他，高尔泰是了解的。1975年至1978年，他"退休"家居，以画梅菊自适，高尔泰曾赠诗曰："闲却经纶手，高楼画菊枝；先生笔外意，难画亦难诗。"这是知音之言，新时期，高尔泰提出了"美是自由的象征"的命题，他仍然不赞同，写了《"美是自由的象征"说质疑》寄对方，高尔泰即将此文交《文艺研究》发表。该文认为，"美是自由的象征"与"美即美感"一脉相承，前者是后者的引申和发挥，其错误就"在于误认客观事物的'美'乃取决于体现'自由人性'的主观美感，误以美为'自由人性'的'对象化'"。对于朋友的他认为不正确的观点，他从不姑息迁就。

重视美育，是洪毅然美学思想的一大特点。他认为美学来自实践，又必须回到实践中去。他重视美育，是把美育当作美学回到实践中去的手段看待的。当然，美育并非由他首创，但在倡导推行上，他尽了自己的努力，也颇有成效。

他的美育思想的萌芽较早，而集中、系统论述，则是20世纪70年代的事。1975年至1976年，他写成了《新美学纲要》一书。该书主要内容共三章，美育即居其一。1980年，首次全国美学会议在昆明召开，他在会上作了《论美育》的专题发言。同时，他和朱光潜、伍蠡甫、李范等联名致函党中央和国务院，建议将美育列入我国教育方针。此后,他发表了《美育与精神文明》《美术、美学,美育》等多篇有关美育的文章。他还担任《美育》《美育天地》等刊物顾问,著文在《人民日报》介绍《美育》杂志。他还是"美育知识丛书"编委,为这套丛书的编辑出过力,作为该丛书的一种而出版的《艺术教育引论》,就是他自己的劳动成果,洪毅然认为,美育是培养和发展人们对于事物美、丑的感受和识别能力的教育,也是培养和发展人们按照美的规律创造的能力的教育。美育帮助人们树立正常、健康的审美观点和审美趣味,以提高人们的审美能力,促进人们的审美实践。他很重视美育在社会主义精神文明建设中的作用,认为建设社会主义精神文明,不能缺少美育。为了培养青少年美好的道德品质、人格理想、生活情趣,潜移默化的审美教育是有效的途径之一。他耳闻目睹一些青少年语言粗野、行为恶劣、生活趣味低级庸俗、仪容服饰怪诞,甚至胡作妄为、违法乱纪,深为忧虑。他认为,造成这种状况的原因是多方面的,而香臭不辨、美丑不分、缺乏应有的美育教育则是原因之一,因此,他大声疾呼:"美育这个阵地,我们不抓是不行的。"

为了进行美育,就要求普及美学,这就是他提倡大众美学的主要原因。曾有人认为,爱美、求美是追求"资产阶级生活方式",仿佛只有剥削阶级才讲求美,无产阶级和劳动人民既不讲求美,也不必讲求美。对此,他多次批驳。这也是为大众美学呐喊。他所谓的大众美学,就是和人民大众的生产、生活相联系的美学;也是普及性的通俗美学,他主张美学应向纵深钻研,但钻研多少就应普及多少。为了普及,他在1979年写成了《大众美学》,1981年由陕西人民出版社出版。他谈到此书的写作时说:"想给青年一些通俗性、普及性的东西,于是就仿效艾思奇的《大众哲学》,写了本《大众美学》,"此书共35则,分上、中、下三篇。上篇谈美感,中篇谈美,下篇谈美学在食、衣、住、行等日常生活与工农业生产诸领域的应用。每则多用久已流传的俗语或成语作标题,或述原意,或借题发挥,都为了阐明某一美学问题,如("对牛弹琴"和"有眼不识泰山"》说明欣赏能力、习惯、兴趣与审美的关系,《"东施效颦"》说明美不可掺假作伪,《"窗明几净"和"乱鸡窝"》谈"居住之美"。每则篇幅不长,短者千余字,长者4000字,道理深入浅出,语言通俗易懂,颇适合广大群众阅读。此书出版后,由于社会需求,次年又出增订版。《光明日报》、香港《大公报》、《陕西日报》、《甘肃日报》等,都发表了评介、推荐文章,在此书影响下,四川省社会科学院出版社出版了《大众美学》丛刊。由于他在大众美学上的建树,被人誉为"大众美学的辛勤开拓者"。同时,不少读者希望他继续写下去。在读者鼓励下,他继续奋笔不辍,又完成了《大众美学》的续编(生活美琐谈),尽管书未出版,他的劳绩不应抹杀。

洪毅然在艺术和美学研究上奋斗一生,发表了300多篇文章,出版了6本专著,加上未出版的80万字的书稿,成绩是可观的,尤为可喜的是他在学术上孜孜以求、锲而不舍的精神。他珍惜时间,抓紧分分秒秒读书、思考、写笔记或文章。三年困难时期,他没有因吃不饱肚子而搁笔,"文化大革命"的狂涛席卷中华大地,他成了"反动学术权威",每月仅发24元生活费,这样的遭际也未能使他停止对学术问题的思考。在农村接受贫下中农"再教育"的日子里,他和农民同吃同住,在农民的炕头他还在思考美学问题,想到一点,就随手记在烟盒上。从春到夏,从秋到冬,周而复始,年复一年,那流水般的日日夜夜就是从他脑际、笔端逝去的。即使在他病重住院期间,美学问题仍然时时袭上心头,有时还伏枕写下点点心得。"春蚕到死丝方尽",他也像春蚕,直到生命的最后一息。他的老朋友朱光潜说:"只要我还在世一日,就要多'吐丝'一日。但愿我吐的丝凑上旁人吐的丝,能替人间增加哪怕一丝丝的温暖,使春意更浓也好。"应该说这两位朋友是"心有灵犀一点通"的。

就职业而言,洪毅然终身从教,1937年至1949年,他先后在成都西南美专、南虹艺校、西川艺校、岷云艺校、四川省立艺专等校任教,前后有10余年。1950年到兰州后,在西北师范学院、兰州艺术学院、甘肃师范大学、西北师范大学的讲台和斗室,度过了后半生的40个春秋。兰州艺术学院只有三年的历史;西北师范学院、甘肃师范大学均系西北师范大学的前身,即同一学校不同时期的异名,因而他在西北师大执教时间最长。他一生从教50余年,桃李满天下,这确为他一生的乐事。

在教学中,他教书育人,和学生建立了良好的师生关系。在新疆工作的一位学生,至今还保存着一份20世纪60年代初期的作业,上面有洪毅然写的眉批和评语,评语是这样:"领会问题较深,发言时别人容易听懂,这是优点。特别是对石鲁的几张作品,能够具体分析,看出不同特点,有说服力。须注意的是某些问题还不能理解得过于简单化,比如'意境'的问题,表现在作品上的固然是意境,还没有表现在作品上的'胸中之竹'也不能说没有意境……""'立意'只是艺术家的创造意图,把这种意图酝酿成熟而赋以形象(即形象化)之后(也就是所谓'情景交融'),就会产生'意境'。因为艺术创作中在进行构思和塑造典型中离不开形象思维,所以意境的产生也是由模糊到明确,由不定型到定型,这是一个主客观结合、心手交互作用的矛盾统一过程。"从这里可看出他的学术观点,更重要的是可看出他对学生认真负责、谆谆教导的精神。这份作业保存30年之久,不也说明了他在学生心目中的地位吗!

当学生走上工作岗位以后,也常和他有书信往还。20世纪50年代以来的学生不用说了,有些40年代的学生也来信致候。来信涉及的方面不少,或讨论学术问题,或切磋绘画技艺,或征求对自己作品的意见,或请求指点论文,或请求为自己的著作写序与评论,或索要老师的著作,或述说自己的生活与工作情况或打听别的老师,或托购图书等,不一而足。不管信来自陕、甘、宁、青、新西北五省区,还是来自四川、湖北等外区省份,都饱含着师生间的深情厚谊,信的文字多质朴无华,那溢于言表的对老师的感激和敬仰之情跃然纸上。

有位学生在一封信中说,教自己如何做人、如何作画的老师,使人难以忘却。每逢自己对艺术有一点认识,从生活得到一点教育,都要想起洪老师的教导。因为,"他将我引向了真正的艺术之路,他教我始终不渝地做一个真正的人"。老师教书育人,受益者怎能不铭刻于心。此信还说:"生活中确有很多好的东西需要表现,但实在太难了,虽然感受到了,但因阅历、知识、技法的限制,我是无法表现的。"他在信上批道:"要知难而进!"当写信者表示要加强文学和音乐修养时,他旁批"应想方设法"。学生早已走上岗位,他仍不忘关怀他们。

有位学生在信中说:"洪先生,您的来信使我很受感动。您很忙,但一得知学生有点进步,就马上来信予以鼓励,这使我想到在母校时您对我的关怀和帮助。""我永远忘不了您对我关于'生命短,艺术长'的那段谈话。那次谈话在我的心灵深处产生了很大的催化作用,使得我对人生乐观起来,对未来和所干的事业充满了信心,您教我要坦荡、要勇敢,不论是对委屈或缺点,还是对生活或艺术"。可见,他的教书育人是有成效的。

有位阔别 25 年的学生,1980 年写信给他,说他的教学,特别是《艺术概论》的讲授,在漫长的岁月里,一直印在自己的脑海中。那位学生索要《艺术概论》一书,殊不知此书未能出版。不过,这位学生得到了回信和其他资料,于是写信赞誉老师"无私帮助学生的精神。"

还有 20 世纪 40 年代的学生,也致函这位当年的老师。一位学生说:"回忆我在 1941 年将离开艺专前,承老师找我个别攀谈,指明今后学习和努力的方向,至今每次回忆起来,感激难忘。"另一位学生说:"每当我在美术界活动的时候,总忘不了从 40 年代起,您给我的启蒙教育和艺术熏陶。"这些学生,不少是在某些方面有所成就的,年纪不轻,有的已经退休,却总是念念不忘当年的老师。

洪毅然先生作古了,然而他的学生、学生的学生,将代代为人类做出自己的贡献,以告慰他的"在天之灵"。

洪毅然及其美学思想概要

洪毅然(1913—1989),原名洪徽原,字季远,号达人,笔名洪音、尼印等。1913年10月15日生于四川达县。

从7岁起,他先后在私塾、县模范小学及明达公学等校就读。14岁只身赴成都考入私立四川美术专科学校习画,同时,重视学习艺术理论。

1931年考入国立杭州艺术专科学校绘画系。他的第一本艺术理论专著《艺术家修养论》,在毕业前夕出版。1937年秋,他从杭州艺专毕业后,先任教于成都西南美专,后参与创办私立南虹艺校。1939年,应邀赴昆明国立艺专任职一年。1940年至1942年,在成都西川艺校、民云艺校任教。1944年至1946年,回达县家居治学。1946年秋末重赴成都,任四川省立艺专讲师,兼四川省立教育科学院助理、研究员和《民友》月刊编辑主任。于1950年8月在华北革命大学政治研究院学习数月,结业后被派往兰州,在西北师范学院美术系任副教授,兼院学委会办公室主任,院教育工会主席等职。1958年随系转入兰州艺术学院美术系,曾代理系主任。1962年又随系回到已改名为甘肃师范大学的原西北师范学院。

1979年任教授,同时被选为中国美术家协会甘肃分会副主席。1980年起,任中华美学学会理事,甘肃省美学研究会和甘肃省美术教育研究会两会会员。1989年12月12日病逝。

洪毅然早年在艺专学画的同时,即开始钻研艺术理论。1937年起长期从事"艺术概论"的教学和艺术评论。其后进行美学研究,又探讨艺术教育学。他在艺术理论、美学和艺术教育学的研究上都颇有成绩,而以美学研究最为突出。

他的美学观的系统表达,最早见于《新美学评论》。在 20 世纪 50 年代后期美学问题大讨论中,他的美学观有所修正、深化和发展。收入《美学论辩》的 11 篇讨论文章,合起来就构成了他"新美学""理论体系的雏形"。《新美学纲要》是他对自己美学观的总结,是他"新美学"全部内容的简明提纲和要点。他的美学观是由论美、论美感和论美育三部分构成的。

关于美,他多次著文阐述三个问题:美是什么?美在哪里?美从何来? 他认为,美是客观世界中作为审美对象的事物诉诸人的感觉上的形象特征本身所具有的一种客观价值。它是事物好本质的外在表征,是内容与形式的辩证统一。他否定严格意义的绝对形式的美的存在。美与真善既相互区别,又相互联系。美在哪里?美在物不在心,在客观不在主观,也不在主客观的统一。美在物却又不是物的自然属性,而是以事物的自然性为基础,以物的社会性为决定因素的自然性与社会性的矛盾统一。自然物具有审美价值,除了他的自然条件之外更因为他是人的生存环境、生活资料或生产对象,是人的社会生活中的事物。美从何来? 他认为事物的审美特性起源于"自然的人化"和"人的本质力量对象化"的过程,而且随之不断发展、深化、丰富,提高其程度并开拓其审美观所涉及的范围。"自然的人化"和"人的本质力量对象化"为同一个过程的两个不同方面。就自然物一方面说,是由"自在之物"转化成"为人之物",成了"人化的自然";就人一方面说,则是在对象事物中显示出"人的本质力量",使人的本质力量成为可供观照的对象。"人的本质力量",就是人能够从事有意识、有目的的、自觉的生产劳动过程。

关于美感,他认为是对客观事物形象之美的直观感受。美感以感觉为基础,却不限于一般的感觉。美感是美的反映,因而并非美感产生美,而是美引起美感。美感与快感不同,快感是感官的一种偏于生理性质的快适与舒服,只涉及对象的形式;美感是精神性质的喜乐爱悦,是对于事物从形式到内容的直观感受。当然,快感又常是美感的基础。同时对美感的产生和发展,美感的基本心理过程、美感的种类、美感的相对性和复杂性等都有论述。

作为美学体系重要组成部分的美育,是他所大力提倡的。因为他强调美学从实践中来,又回到实践中去。美育的任务是培养人们的审美能力,端正人们的审美观点。其目的是促进人们的审美实践。他认为,实施美育的基本手段是艺术,实施美育的场所主要是学校、社会和家庭。为了进行美育,他主张普及美学,因而提倡大众美学。在美育与大众美学方面他做出了巨大努力,影响较大,推动国内出版了一些这方面的读物,由于他在大众美学上的建树,被誉为大众美学的开拓者。早在抗战期间,他与朱光潜、蔡仪、宗白华诸先生均有交往和联系,美学观受到他们的不同影响。但他与朱、蔡分歧较大,进行过长期辩论。对高尔泰的观点,他一直持批评态度。他的美学观被视为"社会功利学派",他们的分歧仍然是明显的。

在艺术学方面,他坚持马克思主义反映论,认为艺术是以典型形象对现实的审美反映。同时艺术韵审美意义与认识意义是统一的,艺术必须为人生。艺术应该形、神、意俱全。他认为中国艺术只宜在继承发扬民族优良传统的基础上适当借鉴、吸收外来的有益成分而创新,不应盲目追逐西方现代派。

在艺术教育学方面,他长期呼吁必须建立科学的艺术教育学,以指导艺术教育实践;对艺术教育与美育的关系,艺术教育的实施、艺术教育的原则等,都提出了自己的看法。

附:主要著作目录

《美学论辩》,上海人民出版社,1958年。

《大众美学》,陕西人民出版社,1981年。

《新美学纲要》,青海人民出版社,1982年。

《美是什么?美在哪里?美从何来?》,《美学讲坛》第三辑,1988年3月。

(选自方克立等主编:《二十世纪中国哲学(第二卷):人物志》上册,华夏出版社,1994年,第555—558页)

《新美学纲要》概述

《新美学纲要》是已故美学家洪毅然生前出版的第四本,也是最后一本美学著作。1982年11月由青海人民出版社出版,全书8万字,159页。

该书除绪论外,共三章。绪论讲美学的研究对象与方法,其中包括四节:(1)简略的历史回顾;(2)美学与艺术学及哲学的关系;(3)美学是关于美的一门独立的科学;(4)美学的研究方法。这里主要阐明了什么是美学。第一章论美,共七节:(1)人对世界的审美关系;(2)事物形象的审美价值;(3)美和丑的诞生;(4)美的定义;(5)美的内容与形式;(6)美的种类;(7)美的发展。第二章论美感,共六节:(1)审美意识——美感和美的观念、概念;(2)美感和快感的区别与联系;(3)美感的产生与发展;(4)美感的基本心理;(5)美感的种类;(6)美感的相对性与复举性。第三章论美育,共四节:(1)美育与德育及政治思想教育相贯通:(2)艺术是美育的基本手段;(3)美育的实施;(4)为美好的事物而斗争。此外,附录三篇美学论文。书前有三百余字的《自序》,书后有二百余字的《后记》。

洪毅然称他的美学为"新美学",这是事出有因的。1947年,蔡仪出版了一本以唯物主义哲学为依据的《新美学》。洪毅然对此书有些不同看法,于是写了《新美学评论》一书,并于1949年5月出版,书中批评了蔡仪的某些论点,并阐述了自己的观点。其中的下篇就是他"多年来学习美学而试欲建立一新美学系统的首次初步研究报告"。

当时他认为,"新美学"应该是唯物论派与观念论派美学沟通、综合后的新形态。《新美学评论》即粗略勾勒了他的"新美学"的大致轮廓。20世纪50年代后期和60年代初,他参加了美学问题大讨论,在辩证唯物主义指导下,他修正、充实、深化、发展了自己的美学观。这从他1958年出版的《美学论辩》里即可看出。1975年至1976年,他写成了《新美学纲要》。

从新中国成立到1981年以前,大陆没有出版过自己新著的《美学原理》《美学概论》一类著作。1981年6月出版的王朝闻主编的《美学概论》是第一本。次年,先后出版了全国高等民族院校编写组编的《美学十讲》和洪毅然的《新美学纲要》。此后,才陆续有《新美学原理》《美学基本原理》《美学教程》《系统美学》《现代美学体系》等面世。显然,《新美学纲要》在新中国成立以来新著新版的《美学原理》《美学概论》一类著作里是较早的一本。《新美学纲要》是独树一帜的。

首先,对什么是美学的回答就异于他人。中西美学界多将美学看作哲学的一部分、一个分支,而《纲要》则力主美学从哲学中独立出来。因为,美学不限于只从哲学认识论角度研究对象,实际上美学的有些内容是超出哲学认识论范围以外的。如关于美感的心理分析,特别是关于美感心理的实验研究,就涉及自然科学。书中不赞成将美学置于哲学的附庸地位,但也不否认美学与哲学的联系。不少美学家把美学等同于艺术学或把艺术学里的一部分归之于美学,而《纲要》则提出将美学与艺术学区别开来。因为,艺术学仅以艺术为研究对象,美学研究的对象除艺术美之外,还有社会美和自然美;美学对艺术仅研究艺术美,而艺术学则涉及艺术中的各种问题。当然,它也不否认美学和艺术的密切联系。基于上述主张,《纲要》界定美学为"关于美的一门独立的科学"。

其次,对美的本质的概括自立一说。美是什么?从古至今,众说纷纭。这是一个公认的难题。对此，洪毅然做出了自己的回答。他认为，真、善、美始终贯彻于人与外间世界的全部实践关系之中。永远实践着的人，不可能没有对于外间世界的审美的关系。"人化的自然"依其对于人的作用的好坏，其形象便自己呈现出某种审美价值。美是好事物的形象特征诉诸人们感受上的一种客观价值，这种价值是客观的，不是人的主观评价。这种价值是事物的形象特征，离不开直观感受性。所谓"好事物"，是指符合人类社会生活向前发展规律及其相应理想的事物。它是以自然属性为必要条件，以社会属性为决定因素的矛盾统一体。美是好事物的内在本质焕发于其外部形象表征的一种"光辉""华彩"，因此它既不仅在内容，也不只在形式，而在内容与形式的矛盾统一之中，严格意义的纯形式的美是不存在的。

再次，美丑并论。美学是关于美的一门科学。然而美与丑是相比较而存在的。美是事物形象的正价值，丑是事物形象的负价值。所以《新美学纲要》在论到美时，同时往往也论及丑。人对世界的审美关系就包括丑在内。事物形象的审美价值里也包括丑。美与丑都产生于"自然的人化"。丑也是事物的自然属性和社会属性的矛盾统一体，也是有诸内而形诸外的形象特征。与美相反，丑是坏事物的内在本质显露于其外的形象特征。美与丑不仅相比较而存在，而且相斗争而发展。人类在与丑恶的斗争中发展美好的事物。美与丑可以相互转化，人类要促进丑向美的转化。

最后，美育在《新美学纲要》里占有重要地位，全书主要内容共有三章，而用一章篇幅讲美育。洪毅然力倡美育，为美育的推广竭心尽力。他认为美学来自实践，同时又必须回到实践中去，美育正是美学回到实践中去的一种表现。美育即审美教育，它有两个主要任务：一是培养人们的审美能力；一是端正人们关于美的观念、概念。审美能力是人们应该具备的能力之一。这种能力并非与生俱来，而是靠后天培养。培养的途径之一就是美育。对于美、丑，人们也应有正确的观念。美育在形成人们正确的审美观念中有着重要的作用。美育的基本手段是艺术。实施美育的场所主要是学校、社会和家庭。《新美学纲要》对于美育的论述是系统而有时代特色的，在美学界和社会上发生过积极影响。

对洪毅然的美学观，20世纪80年代以来有较多评价。如劳承万著的《审美中介论》、朱寨主编的《中国当代文学思潮史》、邓牛顿著的《中国现代美学思想史》、季成家主编的《西部风情与多民族色彩——甘肃文学四十年》等专著，都从各自角度涉及或评价了洪的美学观。

在《中国当代美学家》里，刘志一把《新美学纲要》作为洪毅然美学理论体系深化阶段的代表作，进行了全面评价。《甘肃文学四十年》认为，洪是甘肃成绩突出的老一代美学家，并用一定篇幅评介了他以《新美学纲要》为代表的美学思想。此外，还有一些评论其美学观念的文章见诸刊物，如祁聿民的《洪毅然美学思想述评》（《社会科学评论》1986年第8期）、王尚寿的《洪毅然美学思想的特点》（《西北师大学报》1990年第1期和《文艺研究》1990年第3期）等。这些论著肯定了他在美学上有价值的见解，评介了他对美学做出的贡献。

洪毅然在该书的后记里说："这是我从青年时期学习美学以来的粗浅总结。"作者的美学观全面而系统地表现在这个"总结"里。当然，这仅仅是他的"新美学""全部内容的简略提纲之要点"，但对他的美学观却勾画得相当周全。作者在该书《自序》里指出，美学既是唯物的，又是辩证的，就应当坚持贯彻马列主义、毛泽东思想，在辩证唯物主义哲学根本原则的指导下进行严谨科学的探索。他自己正是朝着这个方向努力的。当然，他的某些论断和研究方法还有可商榷之处，但他力图摆脱唯心论和机械唯物论的偏颇，在美学上坚持辩证唯物主义的探索和努力是应该肯定的。《新美学纲要》出版之后，他仍在美

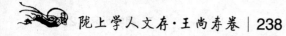

学上锲而不舍地奋进,直至生命的最后一息,这种精神,诚为可贵。

（选自方克立、王其水主编:《二十世纪中国哲学第三卷·论著述评》(上册),华夏出版社,1996年,第707—710页。)

洪毅然逸事

洪毅然(1913—1989)四川达县人,著名的美学家、美术理论家、美术教育家和画家。1931 年秋入国立杭州艺专绘画系学习,在学生时期完成出版了《艺术家修养论》一书。从 1937 年开始,从事美术教育工作,新中国成立后,任西北师范学院美术系副教授、教授,先后出版了《新美学评论》《美学论辩》《大众美学》《新美学纲要》等著作。

与蒋孔阳等人的友谊

1983 年 9 月 21 日下午 5 时,上海复旦大学教授蒋孔阳、濮之珍夫妇,兰州大学中文系教授刘让言和哲学系副教授高尔泰,会聚于西北师范学院美术系教授洪毅然家里,得到洪先生和夫人吴芸女士的盛情款待。

9 月 19 日,蒋孔阳先生应邀在西北师院旧文科楼 101 阶梯教室做了《对于美的本质问题的一些探讨》的学术报告。21 日下午,再次在 101 教室做题为《审美欣赏的心理特征》的学术报告。之后,蒋先生等一行便来到洪毅然先生家。当时,洪先生住在 1979 年建成的一座大板楼里,居室共两间半,使用面积仅 36 平方米。一间房做客厅,布置简朴,陈设无多,但 7 个人置身其间,就显得“人口密度”嫌大。好在客厅后门外有个小园,这才减轻了大家的拥挤感。洪先生夫妇招待客人的饭菜中,大家印象最深的是灯影牛肉。洪先生说,这是朋友从家乡四川达县带来的特产,市场很难见到,为了招待嘉宾特别存留。蒋孔阳先生的老家就在距达县不远的川东万县,对这道菜更有亲切感。餐桌上最显眼的,当数两只清炖鸡。洪先生说:"我讲究实在,今天我们主要吃肉。"老朋友在边吃边谈中度过了一个畅叙友情的傍晚。

蒋孔阳先生是第一次来兰州,而他和洪先生的交往却已有多年。他们都是当代有一定影响的美学家。有时一起开会,促膝畅谈,交流心得;有时书信互递,或托办事,或酬答来函,或致问候,都寄寓着诚挚的友情。蒋先生出生于1922年12月,小洪先生9岁,加之谦虚,常将洪先生以师相待。他们的美学观是有差异的,但这并不妨碍蒋先生对洪先生美学研究的赞评。1979年,蒋先生在《建国以来我国关于美学问题的讨论》一文中还介绍过洪先生的美学主张。互赠著作,也是他们交流的方式之一。1980年11月,蒋先生给洪先生寄赠了他的专著《德国古典美学》。次年5月,蒋先生又将论文集《美和美的创造》寄洪先生,信中说:"请您多加指教。"1981年和1982年,洪先生的《大众美学》和《新美学纲要》先后出版,也寄赠蒋先生指正。这也是一种心灵的传递、感情的交流。

参加这次聚会的刘让言先生,是蒋先生的朋友,也是洪先生的朋友。刘先生在兰州大学中文系先后讲授"文艺理论""西方古典文艺理论"和"西方文艺理论专题"等课,和洪先生的专业是相通的。他们都是甘肃省文艺界的头面人物,一同开会的机会较多,有时还同住一室。1959年2月,兰大中文系大部分师生与师院音乐系、美术系合并,外加戏剧系,建成兰州艺术学院,刘先生任艺术学院文学系主任。

洪先生任美术系教授,他们的交往更加频繁。1961年9月,兰州艺术学院解散,两人随系分别回兰大和师院。然而,分开并未阻止洪先生经常往访刘先生。他们几乎每周星期日见面,天南海北,无话不谈。谈得较多的自然是文艺方面的问题,特别是文艺理论和美学。洪先生每写一篇文章,都要送刘先生征求意见,刘先生也直言不讳地谈一些自己的看法。他们交谈,没有发生过争执,即使意见互不一致。比洪毅然先生小22岁的高尔泰,与洪先生是忘年交。高先生原来学绘画,后来才从事美学研究。在这一点上,他和洪先生的经历大体一致。他们认识,始于20世纪50年代。1957年,高先生在《新建设》上先后发表了《论美》和《美感的绝对性》,洪先生为此特地去他工作的兰州十中拜访,使他十分感动。高先生被错划为"右派分子"后,遣送河西劳动教养,1962年才调敦煌研究所工作。高先生在河西的20年间,也没有中断与洪先生的联系,除了书信往来之外,还几次来兰州看望洪先生。1978年高先生词兰州大学任教后,他们来往更加方便。

就美学观而言,洪、高两先生是尖锐对立的,但是这无碍于他们的友谊。高先生在《论美》里做出的"美是主观的"这一论断,洪先生早就批评过。改革开放以后,高先生提出了"美是自由的象征"的新命题,洪先生就写了《"美是自由的象征"说质疑》寄他。异于他人的是,高先生将此一文寄《文艺研究》发表了。不仅如此,有位青年把一篇批评高先生美学观的稿子寄洪先生征求意见,洪先生拿此稿给他看,他也送刊物去登载。他们见面谈话,涉及内容也相当广泛,而展开美学辩论就是常有的事了。洪先生写过很多讨论美学问题的文章,1958年就出版了论文集《美学论辩》。如果不是出版困难,他的《美学论辩续编》也早已面世。高先生面对这位"沙场"老将,常免不了交锋。高先生常去洪先生家,一旦辩论,就不收场,双方争得面红耳赤,互不相让。夜深了,高先生右臂一挥,说声"我不跟你辩了",便扬长而去,似乎不再来了。但下次再来时,烟消云散,又是谈笑风生。1983年元月,高先生以《论美》一书相赠。洪先生在书中有不少勾画和批语,有称赞,更有质疑和批评。

两次画像的尴尬

中华文艺界抗敌协会是在抗战时发挥过重要作用的爱国统一战线组织。在 1938 年 3 月 27 日成立之初，冯玉祥、老舍、郁达夫、胡风等为理事。1942 年 9 月 9 日，冯玉祥、老舍、王冶秋等莅临成都分会，洪毅然作为当时文化艺术界的精英和知识分子亦在理事之列，在成都分会召开欢迎大会时，冯玉祥作了一场报告，洪毅然先生顺便在会场替他画像，由于冯玉祥个子高又站在台上，而洪毅然则在台下，这样仰视角度太大，把脸画得有点变形——连鼻孔都暴露无遗！报告完毕，冯玉祥说想看看画像。这下洪毅然先生为难了：给吧，画得不好；不给吧，又不近情理——哪有给人家画像却连看也不让看一眼的？

学生对代的洪毅然，总忙里偷闲在西湖边上、大街小巷奔走画画。那天，正画得酣畅淋漓，忽然有一位衣衫褴褛的少年气喘吁吁地站在他面前，一个劲地请求："画家，求求您给我妈妈画张像好吗？我妈妈病了，没钱照相。求您了！"于是先生收起画夹，拉起少年走了，经过羊肠小道，到了一个破落的小屋，可眼前的一幕把他惊呆了：一个破床上躺着被布蒙着脸的死人。原来少年的母亲早已西归，可他……去也不便，留也不能，难道真要给死人画像吗？少年早已长跪不起，涕泣涟涟："画家，我不该骗你。我妈去世已有 3 天了，可我们实在没钱照相，祭奠时都没用的，要不……"穷人的孩子早当家，面对眼前这位天真无邪又孤苦伶仃的孝顺儿子，他还能说什么呢？于是只凭着少年所述的他母亲生前"眼睛很大、长发、爱笑"等特征，依瓢画葫芦，不管像不像，总算为这位穷人家的孩子了却了一桩心愿，送他九泉之下的母亲安息！

"人弃我取之园"与《种草行》

洪先生住的 8 号楼一楼后面有个小院。洪先生与众不同地将这块长 6 米、宽近 3 米的空地建成了一座花园。

当初,他打算把它建成一个微型园林,怎样建花坛、哪里栽竹子、哪里种树木、哪里养金鱼、哪里立石屏、哪里刻园名,都进行过一番规划,不料楼上有的住户不时往下扔杂物,规划无法完全实现。后来,园内仅栽了一丛竹子,种了些花木。竹子系别人赠送,来自甘肃天水。那一棵榆树和一棵桃树,是园内自生自长的。有些花木是别人的"弃婴",即别人扔掉的,他因怜惜而收留,并精心培育,使之成长壮大。园内种有葡萄、连翘、锦葵、蜀葵、菊花、牵牛等,最多时有 30 余种。园中没有什么名贵花木,多是很普通的草花,而主人的兴趣正在于此。为了松土、浇水、整枝,洪先生常出没于园中,为预防楼上扔下东西砸着他,夫人为他备了一顶草帽,权当安全帽使用。

这个不起眼的花园,却有一个很独特的园名——"人弃我取之园"。也许,这和他收留"弃婴"有点关系;究其实,则象征他的一种处世态度。洪先生是一位不随顺流俗、鄙弃名利、刚直不阿的知识分子,为花园取这样一个怪异的名字是不足为怪的。

1976 年 4 月,洪先生写了一首歌行体诗,题为《种草行》:"世人种花我种草,爱草如花从来少。世人笑我愚且痴,我笑世人多无知。"既然是"世人种花我种草",他为什么在小园里种花呢? 其实,他的意思是世人爱花不爱草,而他是"爱草如花",即花、草都爱。他说:"花花草草景色鲜,何必妄生分别见。"这就是他"爱草如花"的原因。《种草行》的要义不在于贵花贱草,只在于比喻他"人弃我取"的处世态度。诗最后说:"执名弃实实更远,迷津不返堪浩叹;嗟夫世人竞逐名,自欺欺人泯天真。天真泯尽未为耻,童稚无邪反可嗤;是非颠倒已如常,我唯自乐行所是。"他所弃、所取的是什么？答案即在于此。

洪先生书写过这样两句人生格言："举世誉之不加劝，举世非之不加沮。"此格言出自《庄子·逍遥游》，它概括了战国时学者宋荣子的处世态度。洪先生借此表明他的是非观与世俗不同。这和花园名、《种草行》的寓意，使人有一线相贯之感。说他洁身自好、清高，自然没错；说他固守不随顺流俗的立场，似乎更加确切。与流俗相左，在他是前后相承的，直到生命的最后一息。1989年10月11日，他自知不久于人世，便对守护他的学生何爱玲说："我要在遗嘱里补义四点：一、不举行任何仪式；二、不进行任何追加追认；三、遗体火化后不留骨灰，从零上来仍回到零上去；四、如果政府给抚恤金，全部交吴芸，其他任何人不得染指。"这个遗愿与如今竞逐浮名、大办丧事的社会风气正好针锋相对。

洪先生的遗体在华林山火化了，望着那缕袅袅炊烟，我激情涌动，赋成一诗，以示对先生的哀悼：

　　　　寻美探艺六十春，种草莳花趣异人。
　　　　一尘不染三冬雪，两袖清风一书生。
　　　　性本耿直还直去，身自零来复归零。
　　　　喜看桃李满天下，远胜树碑竞浮名。

时刻警示自己：不自足、不自闭

1959年我大学毕业后，被分配到甘肃师范大学（西北师范大学前身）函授部任教。单位领导为了提高我的业务水平，给我请了两位指导老师，其中之一，便是美术系教授洪毅然先生。我在兰州大学中文系上学时，刘让言先生是我的老师，如今又师从刘先生的朋友洪先生,说来也十分有缘。

当时,洪先生为美术系学生讲授"艺术概论",我和一位同事常去听讲。洪先生不像有些人那样口若悬河、滔滔不绝,以优异的口才博得学生的好评,而是以朴素的语言深入浅出地讲述课程的内容,以认真的态度引导学生步入艺术的大门。他讲课,并不人云亦云,多有自己的见解,对听讲者很有启发。作为学生,有时我也登门造访洪先生,只不过次数不多。那时,我住北一楼,他住北二楼,两楼相邻,我们也算得上邻居。这两座楼本为学生宿舍,由于当时学生不多,教职工又缺房住,故改住教职工。洪先生住的是429室,当我第一次敲开门进去时,一股煤油、烟草混杂的气味扑鼻而来,使人闻而却步。原来,他做饭用的煤油炉就放在门后,他又有抽烟的习惯。他不抽价钱昂贵的名烟,而且多是8分钱一盒的"草原"之类。问及他的饮食,才知他主要吃挂面。副食除了蔬菜,一周一瓶罐头。每次吃剩的罐头,都放在凉水盆里保存。在生活上,他是低标准,自然极为俭朴。他追求的是精神食粮的丰富,勤于读书和思考。在这些方面,他也给我上了一课,对我有不小的影响。

有一次,我向洪先生借了康德的《判断力批判》,书看完后去还,他问我:"好懂吗?"我回答:"不好懂。"他说,这部著作较难读,要下功夫才行。接着他讲了一些读书、做学问的道理。当时的原话记不确切,大意是说,读书要能坐得下来、钻得进去,最后又能跳得出来。他强调潜心钻研、持之以恒。

1988年,特别是1989年,我与洪先生打交道较多。我拜读了他的主要著作,聆听过他的教诲,为写有关他的文章,我求教于他,我们有过倾心交谈。他很谦虚,从不以自己的成就骄傲于人。他说:"人越有所知,越易自是——是其所知;人越有所成,越易自闭,蔽于所成。"他常以此语自警。我总以师长待他,而他却以同事目我,讨论问题都是商量的口气。我为《西部风情与多民族色彩——甘肃文学四十年》写他的小传和评价,曾送他审阅,他对其中不妥之处认真指出,而对他的评价却不置一词。对其中提了一下的他的某些观点"需要进一步讨论和深化",则很重视,并表示欢迎对他的观点提出批评。

1989年11月初,我写成了《洪毅然美学思想的特点》一文,本想请他一阅,倾听他的意见。但他有病住院,我不忍给一位病人增添负担。他知道后,主动要求我拿给他看。11日下午,我把稿子送去,次日,即由夫人吴芸女士念给他听,听后他对夫人说,作者下了很大功夫,思考细密。同时,他口授,由夫人代笔,对稿子作了10余处字句上的修改。12月4日下午,当我再次去兰空医院时,洪先生已气息奄奄,生命接近尾声。我向吴女士问了洪先生的近况后说:"上次请洪先生看的那篇稿子,我又改了一下,要在《西北师院学报》发表。"洪先生听力尚好,明白我说的什么,轻轻向我招手。我凑近他,他用微弱的声音断断续续说:"谢谢你,谢谢你……别人只知道我在做事,但做了些什么,他们并不知道,你让人家知道了……不完备的,以后还可补充,谢谢你。"我一再表示不用谢,这是我应该做的,也是我学习的一次好机会。我离开病房时,他挥手相送。从12月5日到12日他逝世,我因事忙而未去医院,因而12月4日的见面就成了他和我最后的告别。至今,他那深情的目光,那微带笑意的面容,仍不时浮现在我脑海里。

洪先生从教数十年,他认真负责的精神使学生十分感激、终生难忘。在一些学生写给洪先生的信里,那字里行间流露出来的崇敬之情是许多学生所共有的,我自然也在其中。

(选自丁虎生主编:《西北师大逸事》(下册),辽宁人民出版社,2001年,第275—291页。)

忆洪毅然老师

洪毅然先生于1950年来西北师范学院任教,到1989年逝世,将自己40年的心血奉献给了甘肃的教育事业,同时,他也为美学研究做出了突出的贡献, 是中国20世纪有影响的美学家之一。他生于1913年10月,在他诞生100周年之际,作为学生,我谨以此文对他表示深切的怀念!

一

在20世纪五六十年代的美学大辩论中,洪先生是相当活跃的一位参加者。特别在1957年和1958年,他即发表10余篇讨论文章,并出版了《美学论辩》一书。当时我在兰州大学中文系学习,虽然不是美学爱好者,却也记住了多见于《新建设》等刊物上的"洪毅然"这个名字。

1958年9月,甘肃省委、省人委决定,建立包括文学、音乐、美术和戏剧四个系的兰州艺术学院。其中文学系由兰州大学中文系的大部分师生合并而成;音乐、美术两系是从甘肃师范大学合并过来的;戏剧系属于新建。1959年2月14日,兰州大学中文系并入兰州艺术学院的师生迁入该院。这样,我便成了兰州艺术学院文学系四年级的一员。洪先生随甘肃师范大学美术系到了兰州艺术学院,成了美术系副教授和代理系主任。后经我打听,在一位认识洪先生的同学指点下,我总算把"洪毅然"这个名字与本人对上了号。他个子较小,留分头,蒜头鼻梁上架一副近视眼镜,看似不苟言笑,却使人感到和蔼可亲。

1959年7月,我从兰州艺术学院毕业,被分配到甘肃师范大学函授部任教。1962年8月,兰州艺术学院撤销,美术、音乐两系回到甘肃师范大学,洪先生和我又到了同一所学校。当时,函授部主任由教育系教授杨少松(1913—1968)兼任。杨主任很重视对青年教师的培养,有的送外校进修,有的聘本校教授指导,我属于后者。我的指导老师之一就是洪先生。一则因他讲授的"艺术概论"和我担任的"文学概论"性质相同;一则因他在学术研究上的成就。他担任指导老师是义务性的,并不存在报酬问题。至于如何指导,没有固定模式。我和函授部另一位青年教师焦水晟听过他讲授"艺术概论"。他虽然在外多年,说话仍多带四川口音,乡音难改啊!他讲课,不像能说会道的人那样,口若悬河,滔滔不绝;也不像有些演说家那样,热情洋溢,语调抑扬顿挫。他用质朴无华的语言,用和平舒缓的声音,陈述自己的见解,深入浅出。他阐述的是当时中国化的马克思主义文艺观,而且相当执着。他讲"艺术概论"多以美术为例,但仍对我们多有启发。

我除了听课之外,有时也登门求教,只不过次数不多。那时,我住北一楼,洪先生住北二楼,我们可算邻居。这是两座形如火柴盒的四层楼房,东西一字排开,与南面的学生宿舍南一楼、南二楼相对而立。原为学生宿舍,由于当时学生住不了,而教职工又缺房住,故改住教职工。洪先生住在429室。我第一次去拜访他,门敲开后,一股煤油、烟草混杂的气味便扑鼻而来。原来,他做饭用的煤油炉就放在墙角,他手里的纸烟还在飘烟。后经了解,才知道他的主食以挂面为多,副食除萝卜、白菜等蔬菜之外,还有罐头、炼乳之类。当时没有冰箱,吃剩的罐头放在凉水盆里保存。他虽有抽烟的习惯,却不抽价钱昂贵的名烟,有时陪伴他的竟是8分钱一盒的"草原"。他自觉过清贫生活,标准低,自然非常节俭。他追求的是精神食粮的丰富,勤于学习和思考。他的这种作风,对我颇有影响。

1964年,我向洪先生借过一本书,即德国哲学家康德的《判断力批判》。在我上大学时,发过一种教学参考书,就是苏联毕达可夫的《文艺学引论》。其中说,"各色各样的反动派""一直都在利用康德的美学来反对文学或艺术的唯物主义的了解"。又说:"形式'主义'的'纯艺术'理论的'理论'基础是康德的美学原理。"在当时批判"为艺术而艺术"、天才论时,也少不了批判康德。我想了解康德到底是怎样说的,才有读《判断力批判》的打算。本来,此书在1963年出版的伍蠡甫主编的《西方文论选》上卷里已有选录,但只选其中很少一部分。1964年,商务印书馆才分上下卷出版了《判断力批判》全书,上卷由宗白华译,下卷由韦卓民译。这部美学著作,文辞艰涩,很不好懂。宗白华先生就说它"难译""深曲难解""相当抽象,不太好懂"。朱光潜先生在《西方美学史》里也指出,康德的著作对于初学者有一个首先要克服的大障碍,就是他所用的一些术语"都不是用我们一般人通常所了解的意义"。这样的学者都如此说,何况对康德颇为生疏的我。我去还书时,洪先生问:"好懂吗?"我如实相告。洪先生也说,此书难懂,但只要下功夫钻研,就可以慢慢钻进去,了解它的基本内容。但钻进去以后,不能让它牵着你的鼻子走,被它俘虏,还必须跳出来,站在更高的立足点上分析它,探求其精神实质,以便得出符合实际的结论。他要求做学问要潜心钻研、持之以恒。这次读《判断力批判》,我对康德的美学总算有了一点大致粗浅的了解;对于过去文艺理论上批判的康德的非功利的、形式主义的文艺观、天才论,这时才知道他自己是怎样说的。不过,遗憾的是我再没有按照洪先生的要求去钻研康德的美学。

二

洪先生住在北二楼时，我没有见过他的妻子；从他的住处也看不出有家庭主妇。后来才知道，他和妻子离婚了。据说，他17岁时与杨复秋结婚。杨女士也是四川达县人，他们原是亲戚。杨女士曾在重庆工作，生一子四女。1950年，洪先生到西北师范学院后，经四川省委书记杨超介绍，杨女士到甘肃省委党校资料室工作。后来，查出杨女士有历史问题，还被定为"历史反革命"，并看管起来。又因她打看管人员，被戴上了"现行反革命"的帽子。最后，判处有期徒刑20年。洪先生约于1958年与杨女士离婚。杨女士在监狱关押19年时获释，返回达县，于1990年去世。

洪先生是与前妻离婚20年后再婚的，和他结婚的是吴芸女士。吴女士的父亲吴铮，毕业于金陵大学，一生大多做编辑工作。1930年，吴女士出生于上海，在上海和苏州上小学和初中。1948年从上海德美女中高中毕业，1950年考入中央美术学院华东分院实用美术系。1952年院系调整时，转入西安美术学院，插班实用美术系三年级。1955年毕业后，被分配到甘肃省文化厅美术工作室。

1956年的一天，吴女士陪西北师范学院两位教授去兰州第二毛纺厂设计地毯图案，据说这地毯是为北京首长所乘专列制作的。在接他们的车上，两位教授各做自我介绍。一位体胖穿黑袍的女士说，自己叫方匀，以前在法国搞领带设计，现在教实用美术；另一位是戴眼镜的先生，他说自己叫洪毅然，是由绘画转而研究艺术理论，最后又专攻美学的，也一直比较关注实用美术。他们第一次就这样不期而遇了。

1958年年底，吴女士和几位同事去北京布置建国十年成就展。到京近两周时，接省上通知，要她到甘肃新成立的兰州艺术学院去任教,所以让她去中央工艺美术学院举办的师资培训班学习。学习刚两周,又宣布培训班暂停,让她们到首都十大建筑去参加"实战",在实践中边干边学。吴女士去了与中国历史博物馆同属一个支部的中国革命博物馆,而人民大会堂有紧急任务她也去帮忙。她们住在故宫西华门武英殿;另在珠市口宾馆还包有房间,不便在故宫做的事可以去那里做。在革命博物馆工作的一年半,是她收获最大也最开心的日子。1959年秋的一天,吴女士在珠市口邂逅洪先生。在简短的问答中,她得知洪先生是被借调来京参编美学教材的。不过,由于他们都很忙,三言两语即匆匆作别,这算是他们的第二次晤面。

1960年6月,吴女士回到兰州艺术学院美术系,分在基础图案组。这样,洪先生就和她成了同事,而且还是她的领导。有一天,洪先生去问吴女士,是否收到省建筑学会发的参加座谈会的请柬。吴女士正为请柬纳闷:自己与建筑界素无联系,请她干什么?她即对洪先生说:"恐怕是弄错了。"洪先生见她不打算去,便劝说:"我也收到请柬了,我们一块儿去。你不妨把在北京看到、听到的有关建筑方面的最新资料归纳一两点谈谈。不一定从建筑的角度谈,讲讲自己的认识就行了。"吴女士在会上的发言有10多分钟,自己并不满意。回来后,洪先生却高兴地对她说:"你的发言出乎我的意料。其实还可以多谈些嘛!"洪先生看了一下表,学校食堂早已下班,两人只好去街上吃饭。走了一路,仅一家小食品店开门,而且只有冰淇淋。端来一看,黑乎乎的,颜色不正。吴女士尝了一小勺,是带甜味的小颗粒冰碴。她怕拉肚子而不敢咽,又怕不礼貌而不敢吐。这一杯冷食给她留下的印象真可谓"无比深刻"。

1960年8月上旬,经一些同志的"软磨硬泡",吴女士与龙福强凑合成婚。龙先生是陕西渭南人,三代贫农家庭出身,工农速成中学毕业。前些年吴女士被派去做粮食定量工作时,他是领导她的组长。

大约见她眉清目秀、直率真诚、虚心肯干,便渐渐爱上了她。甚至在他因受处分而打算跳黄河时,也要看她一眼,算作告别。罗曼·罗兰说:"婚姻的唯一伟大之处,在于唯一的爱情,两颗心的互相忠实。"①这个建立在单相思基础上的婚姻的前途,是可想而知的。简单的婚礼在龙先生工作的兰州市粮食局举行,随后在兰州艺术学院举行一个茶话会。洪先生参加了茶话会,仅坐几分钟即摇着头离去,对这个婚姻表示了自己的态度。

1961年9月,兰州艺术学院文学系并入兰州大学。1962年8月,音乐、美术两系并入甘肃师范大学,其戏剧系撤销,从此兰州艺术学院不复存在。洪先生随系回原校,吴女士则调往甘肃省轻工业厅产品设计室。在吴女士离校的前一天,来了两位学生请她:"吴老师,洪老师请你去参加舞会。"她随口说:"谢谢了,我正收拾东西呐,你们去玩吧。"那学生又说:"这舞会是系上特为欢送你举办的,你一定得去。"她推辞不过,只好去了。她刚进门,就听到一片掌声。洪先生立即过来,邀请她跳第一支华尔兹。两人随乐曲的节奏轻移舞步,自然免不了心绪涌动。吴女士说:"自己在教学方面没有发挥多大作用,悄悄离校比这样好。"洪先生的手在微微颤动。他叹了一声,颇有感慨地说:"可惜了!"似乎下面还有许多话要倾吐,却不见他开口。稍停一会说:"以后常联系吧!"其实,此后很长一段时间他们都没有联系过。

1962年,吴女士生一子。然而这个儿子并没有成为联系她和丈夫感情的纽带,并没有为填平她们夫妻感情上的鸿沟发挥什么作用。后来,她长期与丈夫分居,终于在1975年协议离婚。

20世纪70年代初,吴女士下乡接受再教育后回到兰州,后又下放到兰州市商业局。开始时,办"五七"大学;不久,又到市商校上课。

①罗曼·罗兰:《母与子》上册,外国文学出版社,1990年,第149页。

同时,为街头画大幅宣传画,为各大百货商店布置橱窗。有一天,她正在狭窄的橱窗里忙活,偶一扭头,瞥见洪先生正和另一位戴眼镜的先生指着橱窗说什么。但当时彼此都没有打招呼。后来才知道,那另一位先生是兰州大学的刘让言。此后,洪先生常把新写的短文念给她听。她到各商店去,他都会找到她,因而几乎跑遍了民主西路、南关什字、永昌路、西站等处的各大商店。当时,她借住在张掖路妇幼商店后的半间工作室里。洪先生看见妇幼商店设有红花服装部,便请吴女士为他的破衬衫换领子。她自己做不好,便请店里的上海师傅帮忙。洪先生常到妇幼商店,时间一久,店里的人问吴女士:"老同志咋回事?"她尴尬地回答:"是我的一位老师。"1975年以后,她有时去师大给洪先生送点蔬菜,有时帮他整理居室,或替他誊写文稿。1978年,她们登记结婚,而她居住仍在老地方。就在这一年,吴女士经过奔波,到了轻业厅工艺美术研究所,这算是她的最后落脚之地。1979年,师大眷属8号楼建成,洪先生分得一套,她才迁住师大。

为了照顾洪先生的生活,吴女士于1983年提前退休。当然,这也与她远在东岗上班,每天赶公交车而脚骨变形有关。从此,她成了洪先生的全职太太。这正像黑格尔说的:"爱的最高原则是把自己抛舍给对方。"洪先生的衣食、起居,样样都由她操心。洪先生穿着不特别讲究,但要给他穿得合体、干净。至于吃饭,洪先生不挑食,吴女士总要给他调剂合理,注意营养,讲究食品卫生。洪先生有了一般疾病,不愿去医院,吴女士便请住在附近的校医院大夫上门来看,她再去医院取药,并让他按时吃药。

洪先生门下曾有人自己来投师,被戏称为"编外研究生"。他们向洪先生讨要资料,有的甚至要求给以经济资助。所以吴女士还要代洪先生给这些"编外研究生"写回信,复印、邮寄资料,汇款。至于听洪先生念新写的稿子、抄写稿子、向外寄发等,都是吴女士的分内之事。

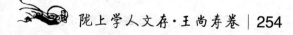

洪先生去外地时,看到当地特有的某种鲜花,便将花朵夹在书里带回家来,作为礼物送给吴女士。这是灌注着爱情的花朵,它传递着洪先生对妻子的一片痴情。洪先生在心情舒畅时,就会打开收音机,随着优美的旋律与妻子跳交谊舞。随着舞步,他们的感情得到交融。每当洪先生遇到不愉快的事而心绪不宁时,她则多方开导,使他得到心灵上的抚慰。

作为丈夫,洪先生也总是尽量为妻子着想,即使在他最后的两三年间。有时他想吃鱼,但吴女士既不吃荤腥,也怕做鱼,他便抑制自己的食欲而不说。他还想尽力做一些家务活,以减轻妻子的负担。有一次,吴女士发现羊绒毯有一处脏了,洗衣机无法洗,便泡在洗衣盆里,就去邮局取邮件。当她回到家时,惊险的一幕吓了她一大跳:洪先生手扶椅背,正赤脚踩绒毯,差点滑倒。她含泪嗔怪他:"你管这干啥!跌倒或凉了脚心,健康受损,多少绒毯换得回来啊!"还有一次,吴女士在厨房听到玻璃落地的声音,忙到客厅里看,只见洪先生一手拿着抹布,一手扶着圆桌傻笑。原来他想擦桌子,由于视力不好,没看到桌子上的玻璃杯,一抹布扫了下去。毕竟年龄和身体状况都束缚着他!

在他们夫妻厮守 11 年的时候,洪先生就卧病住院了。在他住院的 4 个月里,吴女士基本以医院为家。她夜以继日陪伴着洪先生,照料他的饮食、起居,做各种护理工作,切盼他康复出院。然而医院无力回天,洪先生终于离开人世。她本想搀扶着洪先生再往前走的路,如今只有她踽踽独行了。

三

眷属 8 号楼是一座 5 层的大板楼,共 6 个单元。洪先生住 5 单元 1 号,编号为 501。虽名为两室一厅,使用面积仅 36 平方米。两室,一间做卧室,一间做客厅。客厅陈设不多,而布置得宜。

这座楼和别的楼一样，也在一楼后面围圈一溜空地，并按户隔开，每户房后都有一块，好像一个小院。洪先生家的一块，东西长6米，南北宽2.9米。当初，洪先生规划在这块地上建座微型花园，哪里建花坛，哪里养金鱼，哪里立石屏，哪里栽竹、植树，都有安排，并要用城砖刻园名贴在墙上。无奈楼上有的住户不时往下扔垃圾，规划被迫放弃。不过，后来还是在园内种了不少花木。有一丛竹子，是别人从天水带来的。园中还自己长出一棵榆树和一棵桃树。至于那些草花，有的系别人赠送，有的则是别人的"弃婴"，即被人家扔掉而由他拾来的。园内种有菊花、牵牛、锦葵、蜀葵、葡萄、连翘等，最多时有30余种。虽然都是普通花木，没有什么名贵品种，却在他们夫妻安度晚年的小屋窗外有了一处悦目的景观。每当洪先生戴着草帽的身影出现在园中松土、整枝或浇水时，他就是一位辛勤作业的园丁。在那蜂飞蝶舞的花木丛中，寄寓着这位园丁特有的审美情趣。至于那顶草帽，是夫人吴女士专为他备办的，既遮挡阳光，又权当防范不测的安全帽，一举两得。

这个很不起眼的小花园，主人却为它取了个独特的名字——"人弃我取之园"。从表面看，这似乎与他收留"弃婴"有关，其实这里表现了他的一种处世态度。洪先生是一位不随顺流俗、鄙弃名利、刚直不阿的知识分子，他的价值取向不同于流俗，所以他为花园取这样一个怪异的名字是不足为奇的。

1976年4月，洪先生写了一首七言歌行《种草行》。这首诗的写作，与"文化大革命"中的是非颠倒、黑白混淆有关。在过去贯彻"百花齐放、百家争鸣"的方针时，提出辨别"香花"与"毒草"的问题。"文化大革命"结束前大学的"文学概论"或"毛泽东文艺思想"课，都列专章讲"百花齐放、百家争鸣"的方针，自然也要讲到浇"香花"除"毒草"的问题。但那时把"香花"当"毒草"批判的现象时有发生。特别在"文化大革命"中，"香花""毒草"颠倒混淆到了无以复加的地步。大约有感于此，洪先生提出种草："世人种花我种草，爱草如花从来少。世人笑我愚且痴，我笑世人多无知。"因为，花中也有毒花，草中也有香草，何况"草忽着花草亦花，花不开花花亦草"。既然"世人种花我种草"，那为什么他也种花呢？其实他的意思是世人爱花不爱草，而他是"爱草如花"，即对花、草都爱。他说："花花草草景色鲜，何必妄生分别见！"所以他"爱草如花"和种花是一致的。《种草行》的要义不是贵草贱花，而是比喻他"人弃我取"的处世态度。诗最后说："嗟夫世人竞逐名，自欺欺人泯天真。天真泯尽未为耻，童稚无邪反可嗤。是非颠倒已如常，我唯自乐行所是。"他要弃的是追名逐利，是泯天真，是是非颠倒；他要取的是天真无邪，是童心。

洪先生曾书写这样两句话："举世誉之不加劝，举世非之不加沮。"此话出自《庄子·逍遥游》，概括了战国时齐国学者宋荣子的处世态度。它的意思是，对宋荣子，全社会都赞扬，他并不因此而更加努力；全社会都非议，他并不因此而更加沮丧。可见，宋荣子并不因人们的评论而改变自己。洪先生并没有因别人说他"怪"而变得和别人一样。《种草行》、"人弃我取之园"和这两句话，使人有一线相贯之感。说他清高，固无不可；说他坚守不随顺流俗的处世态度，应该说更加确当。

四

至今我手头有一张黑白照片，上面的 7 个人，背墙向北站成两排：前排 3 人，左起依次是洪毅然、濮之珍和吴芸；后排 4 人，左起依次是高尔泰、蒋孔阳、刘让言和我。照片上的这些人是怎样聚会在一起的？这得从头说起。

1983 年 9 月上旬，兰州大学中文系教授刘让言的研究生邱紫华和刘鸿麻(女)要进行论文答辩,聘请复旦大学教授蒋孔阳和中国社会科学院研究员侯敏泽主持答辩会。蒋先生为此而来兰州,并有蒋夫人濮之珍女士随行。

刘先生和蒋先生是老朋友。1954年春至1955年夏,苏联专家毕达可夫在北京大学中文系为文艺理论研究生讲授"文艺学引论",全国不少大学派教"文学概论"课的教师去听课。当时兰州大学去的是刘先生,复旦大学去的是蒋先生。在这次听课中,他们结下了深厚的友谊,后来常有交往。

蒋先生和洪先生既是老乡,也是朋友。蒋先生是四川万县(今属重庆市)人,而万县距洪先生的故乡达县不远。蒋先生曾就读于中央政治大学经济系,1948年入上海海光图书馆从事翻译工作。他于1951年到复旦大学中文系,从事文艺理论与美学的教学和研究,历任副教授、教授、美学研究室主任等职。1983年以前,已出版有《文学的基本知识》《论文学艺术的特征》《德国古典美学》《形象与典型》《美和美的创造》等专著和论文集,并主编、翻多种著作。

蒋先生是第一次来兰州,而他和洪先生的交往则已有多年。他们都是当代有影响的美学家,又属同一学派,常一起开会、交流心得。有时鸿雁往还,或托办事,或酬答来函,或致问候,总传递着诚挚的情意。蒋先生生于1923年、小洪先生10岁,加之谦虚,常以师视洪先生。1979年,蒋先生写了《建国以来我国关于美学问题的讨论》一文,其中就评介了洪先生的美学主张。他们出版著作则互相赠送。1980年11月,蒋先生即赠《德国古典美学》给洪先生。次年5月,他又给洪先生寄来《美和美的创造》。1981年和1982年,洪先生的《大众美学》和《新美学纲要》先后出版,也寄赠蒋先生求教。这也是一种心灵的传递、感情的沟通。

蒋先生的夫人濮之珍女士是安徽芜湖人。她生于1922年,1950

年南京大学中文系研究生毕业,一直在复旦大学中文系任教,讲授并研究语言学,著有《语言》等,职称为教授。在9月17日上午,她与西北师范学院中文系教职工进行一次座谈,由她主讲,介绍了日本人学习汉语及其他方面的情况,开阔了我们的眼界。

9月19日下午,在西北师范学院旧文科楼101阶梯教室,蒋先生给中文系学生做了《关于美的本质问题的一些探讨》的学术报告。他先评论了西方美学史上7个美学派别对美的本质的不同看法,然后陈述了自己的观点:美的本质就是人的本质力量的对象化。9月21日下午,由蒋先生在同一教室为中文系学生做了《审美欣赏的心理特征》的学术报告。报告前一部分讲审美鉴赏的心理特征,形象的直觉性、感受的完整性和想象的生动性等;后面讲了审美鉴赏内在心理结构的特征,其中讲到生理结构与心理结构的矛盾统一,具象化与抽象化的矛盾统一,个性与社会性的矛盾统一,自觉性与非自觉性的矛盾统一,功利性与非功利性的矛盾统一。下午5点20分报告结束,洪先生在家里招待蒋先生夫妇,由刘让言先生和高尔泰先生作陪。我作为中文系派出的接待人员,也忝列其中。

洪先生家的客厅面积不大,7个大人聚集其中,自然显得拥挤。好在它后门外有个"人弃我取之园",打开门便使人感觉顿异。前面说的那张照片,就拍摄于这里。

那天招待客人,由吴芸女士下厨,菜肴摆了一桌。其中最有特色的是"灯影牛肉"。洪先生介绍说,"灯影牛肉"是四川达县的特产,主要供出口,国内市场很难见到。这是朋友从达县带来的,知道蒋先生和夫人要来,打算大家聚会一下,故特别存留。这种牛肉,肉片薄而透明,隔着它可以看见背后的灯影,吃起来柔软香浓,深得客人的好评。蒋先生更有亲切之感。对我这个初见者来说,确也增长了见识。餐桌上块头最大而显眼的,是两只清炖鸡。洪先生说:"我讲究实在,今天没有别的菜，主要吃肉。"一桌菜肴也显示了洪先生的风格。

22日晚上，我去兰州饭店送蒋先生夫妇起程去天水师专（今天水师院）讲学，从而完成了这次接待任务。此后，蒋先生再没有来过兰州。1991年5月，我去杭州参加一个学术讨论会，会后返程路过上海时，我去复旦大学家属区看望蒋先生。当时他就说自己有高血压、心脏病、胆结石、气管炎等疾病。他终于在1999年去世，享年与洪先生相同。

刘让言先生是我上大学时的老师，我们班的"文学概论"就是他讲的。他和洪先生是老朋友。洪先生也参加了他这次研究生的论文答辩。洪、刘两先生都是甘肃文艺界的头面人物，一起开会较多，有时还同住一室。1959年2月，他们都到了兰州艺术学院，成了同事，交往更加频繁。1961年9月，兰州艺术学院文学系并入兰州大学，两人又被分开，但这并没有阻止洪先生经常往访刘先生。他们几乎每周星期日都见面，天南海北，无话不谈。其中谈得较多的自然是文艺问题，特别是文艺理论和美学。洪先生所写的文章，大多要送刘先生征求意见，刘先生也直言不讳地谈一些自己的看法。他们的观点有一致之处，也有分歧，但不辩论、不争执。他到刘先生家，有饭就吃，从不客气。刘先生在他家吃饭，这当是头一次。在2000年10月我访问刘先生时，他还谈到10多年前在洪先生家吃"灯影牛肉"和清炖鸡的事。刘先生小洪先生1岁，于2006年去世，享年92岁，比洪先生多经历了17年的人世沧桑。

高尔泰先生生于1935年，小洪先生22岁，是洪先生的忘年交。高先生是江苏省高淳县人，曾在苏州艺专、丹阳正则艺专学习绘画。1955年毕业于江苏师范学院，被分配到甘肃，经再分配而到兰州十中任教。他在1957年2月号《新建设》发表《论美》一文，主张"美是主观的"，立即遭到批判。洪先生得知他在兰州十中，便专程往访，"交换看法"。两人观点对立，但这并没有影响他们长达数十年的友谊。高先生在同年7月号《新建设》发表了《美感的绝对性》，作为对批判的答辩。这时，"反右派"斗争已经开始，此文被人称为他的"反扑"。高先生终于被划为"右派分子"。在等待处理期间，他往访洪先生，得到热情接待。高先生被开除公职，遣送酒泉夹边沟农场劳动教养。1961年10月，又转入靖远夹河滩农场，而洪先生仍视他为友。1962年，高先生的劳动教养被解除后，到敦煌文物研究所工作，时有书信问候洪先生，或来兰州时登门看望。1978年，高先生调入兰州大学任教，往访洪先生的机会更多。有一次，高先生看到洪先生在"文化大革命"期间画的许多画，有所感触，便在一幅画上题了一首诗："闲却经纶手，高楼画竹枝。先生画外意，难画亦难诗。"这里包含着他对洪先生在"文化大革命"中遭遇的同情和对他操守的赞许。他到洪先生家，谈话内容广泛，谈论美学也是常有的事。一旦辩论，互不相让。夜深了，高先生右臂一挥，说声"我不跟你辩了"，便扬长而去，似乎不再来辩了。下次再来时，自然烟消云散，谈笑风生，遇到观点对立，照样辩论。高先生在《西北师院学报》1982年第1期发表了《美是自由的象征》，洪先生不同意其中的观点，写了《"美是自由的象征"说质疑》寄他，他却将此文投《文艺研究》去发表。他们就是这样的朋友，难怪洪先生在招待蒋先生夫妇时要请他作陪。

　　1985年高先生离开兰州，先后任教于四川师范大学、南开大学和南京大学，却一直惦念着洪先生，常有书信传递。因洪先生视力不好，高先生有时用毛笔在大纸上写信，字大如核桃。他先后出版的论文集《论美》和《美是自由的象征》，均敬赠洪先生。1992年，高先生出国，在海外从事绘画和写作，并在一些大学访学，现居美国拉斯维加斯。他在2004年出版的《寻找家园》里还提到洪先生在1957年对他的访问和劝他"跟上时代"。为了纪念洪先生的百年诞辰，他在2012

年 12 月 23 日的《南方人物周刊》发表了《纪念洪毅然先生》一文。此文虽然是别人借吴芸女士之名请高先生写的，但其中表现的对洪先生的感情则是真挚的。

五

1988 年，中国作协甘肃分会与西北师范大学中国西部文学研究所共同倡议，编一部甘肃当代文学史，从 1949 年写到 1989 年，定名为《西部风情与多民族色彩——甘肃文学四十年》。这项任务由西部文学研究所组织所内外研究人员共同完成。1989 年春拟定提纲后，分工写作。其中《甘肃四十年文学评论》一章里的《美学研究》一节，由刚调到西部文学研究所的我执笔。对于当代美学，我素乏研究，需要行家指教；同时，洪先生是甘肃 20 世纪成就卓著的美学家，是首先要写的对象，当然要请他指导并提供材料。我拜访了洪先生，他介绍了自己的有关情况，还填写了《甘肃文学四十年情况调查表》，并附有 4 页自己的著作目录。他很谦虚，不夸夸其谈，不囿于成见、自以为是。他常以这样的话自警："人越有所知，越易自是——是其所知；人越有所成，越易自闭——闭于所成。"他是我的导师，我以师长尊他，他则以同事待我，讨论问题多是商量的口气。

按照《甘肃文学四十年的编写体例》，每位被写对象除了评论他们的文学创作或相关理论研究之外，还要为每人写一个小传附于书后。洪先生的美学研究评论和小传写好之后，我送给他过目。当时他在兰空医院住院，听吴女士读后，由他口授，对书稿做了一些字句上的修改。对他的美学研究的评价，则没有说什么，持"任人评说"的态度。其中提到他有的观点还"需要进一步讨论"，对此，他表示欢迎。当时我见他写的文章多，提出为他编份著作目录，他同意了。他积极为我提供材料，特别是 20 世纪三四十年代发表在成都、达县小报上的文章,幸得他自己保存。后来他问我有多少篇文章,我说约300篇,他说差不多。洪先生去世后,我让吴女士抄写一份由她保存。

记得当时学校决定要举行科学讨论会,要求大家写论文,我便有了写《洪毅然美学思想的特点》的打算。这个问题是我在读洪先生的《新美学纲要》《大众美学》和论文时已了解到的。不过,我还得再向洪先生请教一下。那时,洪先生因病在兰州军区陆军总院住院。有一天我去医院看他,谈话中我问及他对自己美学思想特点的看法,他谈的和我的看法大体一致。这样,我心里就踏实了。这时,我还没有告诉他我要写文章。

1989年11月初,我写的《洪毅然美学思想的特点》初稿完成。这时,他早已转入兰空医院。兰空医院就在西北师大对面,便于家属照顾。11月10日,我去医院看他。他面色潮红,精神尚好。我对吴女士说,我写了篇有关洪先生美学思想的文章,想请洪先生看看,但他有病,我不好给他增添负担。他听到后说:"没关系,你拿来。"11日下午,我把文章送去,并说:"对美学我是门外汉,文章又是匆忙赶出来的,请洪先生多加指教,不用客气。"他说:"你放心,我既不客气,也不苛求。"17日,我去医院看洪先生,据说近日吃饭不行。吴女士对我说:"你的文章,我12日就给先生念完了。他给以充分肯定,说下了很大功夫,思考细密。文和人一样,朴实无华。"同时,由他口授,由吴女士代笔,对稿子作了10余处字句上的修改。23日下午,我又去医院看洪先生。他双目闭合,鼻孔里插着氧气管,张着口,不时咳嗽但痰吐不出来。吴女士用面巾纸从口里掏,痰稠如泡泡糖。他头脑清醒,但说话已不很清楚了。吴女士对他说:"王老师来了。"他眼睛动了一下,大约表示他知道了。本来我包里提着又经修改的文章,想请他再听一下,一看他的病如此危重,我只好悄悄提了回来。

12月4日下午,我又去医院看望洪先生。当时,护士正在为他输液,同时用喷雾器向他咽喉部喷药雾。咳痰不利,仍由吴女士用面巾纸擦拭。据说,20多天来他只喝点稀粥。他头脑是清醒的,我小声对吴女士说:"我写洪先生美学思想的那篇文章,又改了一下,要在《西北师大学报》发表。"洪先生听到了我的话,轻轻向我招手。我凑近耳朵去,只听他用微弱的声音缓缓地说:"谢谢你,谢谢你,……别人——包括郑文——只知道我在做事,做了些什么,他们并不知道,你让人家知道了。……不完备,以后还可以补充。谢谢你。"我一再说不用谢,为老师做点事是应该的,这也是我学习的一次好机会。他的话是有所指的,我为他的著作编了目,所以在文章开头对他的著作做了统计,对他来说,这还是第一次。我离开病房时,他伸出枯瘦的手以示相送。此后,我因事忙而没有去看他,他于12日逝世,没想到12月4日的见面竟成了他与我最后的告别。《洪毅然美学思想的特点》在《西北师大学报》1990年第1期发表时,编辑部加了《编者按》,其中说:"为弘扬洪先生的美学思想,本刊特发王尚寿同志《洪毅然美学思想的特点》一文,以示敬悼。"此文被《文艺研究》1990年第3期摘登大部分。

洪先生还写过数十首旧体诗和新诗。他的旧体诗经我整理,西北师范大学教师诗词选《世纪足音》选入36首。

我曾应约为《师范群英 光耀中华》一书写了一篇介绍洪先生的文章,刊出时改题为《生命有限 精神永存》。我又为《二十世纪中国哲学》第2卷《人物志》和第3卷《论著述评》分别写了《洪毅然》和《新美学纲要》。《西北师大逸事》所载洪先生的不少"逸事",节录自我应约为该书写的一篇回忆洪先生的文章。

六

在学术上,不同观点的论争是常见的。在论争中相互批评也很正常,问题在面对批评时采取什么态度。

在 20 世纪五六十年代的美学大辩论中,洪先生属以李泽厚先生为代表的一派,主张美是客观性与社会性的统一。因此,吕荧先生和高尔泰先生的主观论、蔡仪先生的客观论、朱光潜先生的"客观与主观统一"论,都在他反对之列。同时,他的观点也为对方所反对。在辩论中都说自己坚持的是马克思主义,而对方则反是。

洪先生批评较多的是朱光潜先生的观点,认为是主观唯心主义的。朱先生则将蔡先生、李先生和洪先生的观点一同列入"机械唯物主义",并说自己与他们的斗争是辩证唯物主义与机械唯物主义的斗争。朱先生又说,洪先生讲的是"形式化、绝对化、实体化的美",是"客观唯心主义"。朱先生还说,"他们这些人的美学没有丝毫马克思主义气息"。这在当时是很严厉、尖锐的批评。面对这样的批评,洪先生并不示弱,而是据理力争。他对于自认为正确的观点,始终坚持;对于对方正确或有可取之处的意见,也会吸收或参考。

1978 年,洪先生将他的《美的定义及其解说》文稿寄朱先生征求意见。朱先生便写了《从具体的现实生活出发还是从抽象概念出发》一文,发表于《学术月刊》1979 年第 7 期,算是对不点名的"老朋友""公开作复"。此文又收入朱先生 1980 年出版的《做美书简》和《美学拾穗集》。从其中所引"美的定义"可知,这"老朋友"指洪先生。朱先生是我国当代著名的美学家,自然熟谙怎样研究美学,他的批评引起了我的注意。后来我在与洪先生谈及美学研究时婉转地提及此事,他并没有反驳朱先生的批评,而承认那个定义有缺点。

洪先生原来的定义是这样:"美是符合人类社会生活向前发展的历史规律及相应的理想的那些事物的,以其相关的自然性为必要条件,而以其相关的社会性(在有阶级的社会时期主要被阶级性所规定)为决定因素,矛盾统一起来的、内在好本质之外部形象特征,诉诸一定人们感受上的一种客观价值。"朱先生对这个"定义"及其13条"解说"做了多方面的严厉批评,说"定义把这一大堆抽象的概念拼凑在一起,仿佛主观和客观的矛盾就统一起来了。这种玩积木式的拼凑倒也煞费苦心,可是解决了什么问题呢?"又说"解说""仍旧是玩弄一些抽象的概念","丝毫不用一点具体形象,丝毫不流露一点情感"。

在洪先生1982年出版的《新美学纲要》里,他为"美"所下的"定义"与此大同小异,而且加"试拟"两字。他在《美的定义及其解说》里有个声明,说这个"定义"是自己在美学研究长途中的一个小小的暂时"纪程"。可见,这个定义并不是不可改变的最后定论。收载在1988年出版的蔡仪主编的《美学讲坛》第二辑的他的《美是什么?美在哪里?美从何来?》里就说,他曾为"美"试下的定义"语句相当啰唆,"并且删去了括号里的那句话。可见,朱先生的批评还是起了作用的。只不过洪先生还没有将它"视为绊脚石"而"无所爱惜地踢开"。

洪先生的"美的定义"是我所见美的定义中文字最多的,这既与他的美学主张有关,也与他的文字表达习惯分不开。他认为,在人与客观世界的关系中,有一种审美关系。在审美关系中,人是审美主体,客观世界的事物是审美客体。作为审美客体的事物,是自然性与社会性的矛盾统一体,其中自然性是基础,社会性是决定因素。"美"就是审美客体的"形象"所具有的一种客观价值。这种"形象"是本质与现象、内容与形式的矛盾统一体,即所谓是"有诸内而形诸外"的。这种"形象"的价值不是审美主体的评价,而是它自身具有的,也就是说是客观的。这种价值具有直观感受性,人凭感觉器官而感知。"美"以"善"(好)为基础,只有好事物的形象才是美的,所以定义里有了"美是符合人类社会生活向前发展的历史规律及相应的理想的那些事物"的限定。

这个定义包含多方面的内容,如人对世界的审美关系,事物的形象及其审美价值,美的诞生,美的内容和形式,美与善的关系等,都在其中。洪先生把这些方面的内容都简括地容纳在一个定义里,于是就出现了"价值"前众多的修饰、限制成分。许多相关词语、句子堆放在一起,就使朱先生有了"玩弄积木式的拼凑""连文字也还似通似不通"的感觉。这自然是洪先生应当注意的,不过问题的症结除"美的定义"如何拟定之外,更主要的在于他们美学观上的分歧。

朱先生的文章实际上是批评洪先生的美学研究不是从具体的现实生活出发,而是从抽象概念出发、从定义出发的。他说,洪先生在文章里也引用了毛泽东同志的"看问题不要从抽象的定义出发,而要从客观存在的事实出发"的教导,但马上就来一个一百八十度大转弯的"然而",主张为"美"下定义。言外之意这就是从抽象的定义出发,《美的定义及其解说》就是证明。是的,要求美学研究从现实生活出发,不要从抽象概念出发、从定义出发是完全正确的。至于洪先生的美学研究是否从抽象概念出发、从定义出发,应从他的整个美学研究中去找答案,而不是从《美的定义及其解说》一文去下结论。在《美学原理》或《美学概论》一类著作里也会为"美"下定义,我们能据此就说它是从定义出发吗?我认为还是要从全书去看。

同时,下定义通常都不用具体形象,不列举实践方面的例证,而是用抽象概念。在逻辑学上,定义指揭示概念的内涵或词语意义的逻辑方法,其中被定义项和定义项都是概念。如狄德罗的"美在关系",黑格尔的"美是理念的感性显现",车尔尼雪夫斯基的"美是生活",还有中国当代美学家的"美是主客观的统一""美是典型""美是客观性与社会性的统一"等,都是这样。对一篇为"美"下定义的文章提出用"具体形象",举"艺术实践方面的例证","流露一点感情"等,恐怕就超出下定义的常规了。

此外,在"实践观点的美学"受到批评时,洪先生也有表态。所谓

"实践观点的美学"，指李泽厚、刘纲纪、蒋孔阳诸先生的美学观，洪先生也属于这一派。他们认为，自然和社会都是人类社会实践的产物，美也是这样。美的本质是客观性与社会性的统一，也就是"自然的人化"，即"人的本质力量的对象化"。

有的学者不同意这种观点，提出批评。蔡仪先生主编的《美学原理》就是如此。蔡先生主编的《美学讲坛》第二辑，还发表过几篇批评这种观点的文章。洪先生读了那些文章后，便在他已写成的《美与"人的本质力量对象化"》一文后写了个《附记》。其中说，那些文章，"虽然有些批评意见，未必尽当，不敢苟同，但有同志指出：马克思《费尔巴哈论纲》第一条那段著名的话，实乃仅就'人类社会生活'而言，原本并非'包括自然和社会两者'（见严昭柱：《评所谓'实践观点的美学'》）。因而，以之作为把自然（主要指未经改造的）也从人类主体的实践去理解之依据，不免就有问题。似颇值得得重视并考虑。不知泽厚、纲纪两同志以为如何？"

严昭柱先生在《评所谓"实践观点的美学"》里引了马克思的《关于费尔巴哈的提纲》第一条中的话："从前的一切唯物主义——包括费尔巴哈的唯物主义——的主要缺点是：对事物、现实、感性，只是从客体的或者直观的形式去理解，而不是把它们当作人的感性活动，当作实践去理解，不是从主观方面去理解。"他接着引了刘纲纪先生在《关于马克思论美》里对这段话的解释："实际上，马克思……指的是旧唯物主义不懂得人所生活的周围世界（包括自然和社会两者），他的感官所接触的现实的人类社会生活中的各种事物，都是人改造世界的实践活动的结果和产物。"严先生指出，马克思讲的是"人类社会生活"，"但他们却要这'人类社会生活''包括自然和社会两者'，这样，应当把自然也'当作实践去理解'就变成了似乎是马克思的意见。这种说法，显然不符合马克思的原意"。这既关系到对马克思主义经典著作的正确理解,也关系到"实践观点的美学"立论的依据,引起洪先生的重视是理所当然的。他还在《附记》里提示"大家一并共同研究"。《附记》写于1988年8月13日,距他因病住院仅一年时间。他是否在此期间对这个问题进行研究,不得而知,但从他对正确批评的态度看,则是正确的。

七

洪先生是一位既勤于思考又勤于写作的学者和教授。勤于思考和写作,是他一生养成的习惯,至老不变。在他人生旅程的最后一年,即1989年,仅上半年就写"杂文"38篇,目录和部分文稿至今保存。他所说"杂文",指各种内容和体裁的文章。其中有论文,即《社会主义现代化建设充满风险的崎岖道路》(3.5)、《对马克思主义哲学的实质之认识》(4.23)、《关于马克思主义哲学的所谓"二重化"》(5.21)和《改革开放时期的美育问题》(3.20);有纪念友人的文章,即《探索者的足迹》《张漾兮三五事》和《老友的祝贺》;有杂感,即《梦中与客谈如何规定研究生的修学年限》(元旦)、《人——未来的人》(1.10)、《又该怎么说呢?唉……!》(2.5)、《气功与特异功能》(2.10)、《我观〈河殇〉》(2.15)、《人口与教育》(4.4)、《进口垃圾及其他》(4.5)、《再议"创新"》(4.7)、《教师"专业性"及其相关问题》(4.14)、《名实篇》(4.16)、《随感五则》(4.17)、《"干部四化"种种》(4.21)、《关于"商品经济"》(4.20)、《偶感》(5.11)。其中谈论美学和艺术的最多,即《关于抽象派绘画》(1.4)、《孙健对"感性论"的偏袒》(1.22)、《"对象化"是否投射性的?》(2.3)、《宜以美育促德育》(2.2)、《美术观念之更新》(3.15)、《"美"与"怪"》(5.25)、《关于"新文人画"与"新学院派"》(5.27)、《"教育商品化"与"艺术商品化"的最大弊端》(5.28)、《"气韵"新解补》(5.30)、《我观行动艺术》(6.2)、《再谈"美"与"好看"》(6.7)、《美与艺术的起源》

(6.8)、《我观"人体艺术热"》(6.12)、《两个似是而非的口号——漫议"敦煌风格"与"西部文艺"》(6.17)、《"水墨画"不能替代"中国画"》(6.24)、《漫谈画与题》(6.25)、《再谈所谓"新文人画"》(6.26)。这些文章除极少数外,题后均注明写作时间,起于元旦,止于6月26日,平均四五天一篇。从其内容看,他经常思考的自然多是他从事的专业美学和艺术方面的问题,但不少社会问题都在他关注的范围之内。他虽然身在书斋,却关怀着世事,这就是中国的知识分子。

从1989年8月开始,病魔使洪先生住进了医院的病房。然而病房可以圈住他的双腿,却无法束缚他飞腾的思绪。而在病房,成天无事,更容易使他沉思遐想。一旦偶有所得,习惯便催他凭榻搦管。对此,他有自己的解释:有了什么想法,怕忘记,随手记在纸上。思考问题还有一个好处,就是可以转移注意力,以便暂时忘记疾病带来的痛苦。

洪先生在病床上写了多少文章,20多年后的今天已难确知。2013年5月间,我从他所剩不多的遗稿中发现了两篇稿子。一篇题为《"矫枉必须过正"与"黑猫白猫"》,文末注"1989.11.3 于兰空病榻"。另一篇题为《也谈桂林山水》,文末注"1989.11.9 于兰空医院"。

前一篇《"矫枉必须过正"与"黑猫白猫"》中说:"矫枉难免过正;然须力求不过正。""虽然不过正不能矫枉,但'过正'是始终被否定而非被肯定的。""矫枉必须过正则不然,'过正'成为正当的,于是,不右便左,不左便右,心安理得。"

"'黑猫白猫'论针对过去'以阶级斗争为纲','只算政治账,不算经济账',确实起了有效纠正(矫枉)作用。但却一百八十度转到'只算经济账,不算政治账';且由'按照经济规律管理经济'变成'用经济规律管理一切'——一切尽都只讲'经济效益',不顾'社会效益'。总之,一切'向钱看',终于导致'全民经商',官倒、私倒泛滥成灾,甚至'笑贫不笑娼',……整个社会风气败坏,不可收拾!"

这是针砭时弊的一篇杂感,尽管只是要点,但观点明确,一针见血。

后一篇《也谈桂林山水》,是一篇美学论文的雏形。张庚先生曾写《桂林山水》一文,发表于1959上6月2日《人民日报》,后来收入1962年作家出版社出版的《美学问题讨论集》第五集。洪先生的文章即针对张先生的文章而写。

张先生认为,韩愈的《送桂州严大夫》一诗里"江作青罗带,山如碧玉簪"中的"青罗带""碧玉簪"两个形象,暗示了桂林山水的"柔美性格"。而"柔美"这个概念是在人类社会中所产生的。"有了人的柔美,然后才能把它比拟到自然上面去,韩愈用青罗带和碧玉簪去形容山水正是这种比拟的具体证明。"他认为,"没有人类社会产生的文化,就不会有自然美"。洪先生把张先生的观点概括为"主客观统一,实际为主观的"。

在写于1975年至1976年的《新美学纲要》里,洪先生就批评过有人把桂林山水的自然美"硬解释成是由于历经诗文题咏与种种民间故事传说等附丽于其上之结果"。10余年后,他在病榻上仍不忘对这种观点的批评,是因为这是关系到美的性质的问题。洪先生认为,美是客观的,为审美客体本身所具有,不是审美主体外加给审美客体的。诗文题咏及相关民间故事传说,确能增强和丰富人们对自然界事物的"美感内容及审美情趣",却不能左右自然界事物本身之美或不美,更不可能使不美者美起来。"事实上未读过韩诗者,仍能直接面对桂林山水直观地产生这种那种美感——得到审美享受而各自感觉其美,足以说明桂林山水之美是客观存在着的,并非有待于诗人之题咏而始美。"文章后面五分之二的篇幅,谈韩愈的那首诗与桂林山水的关系。他认为,韩愈对桂林山水题咏,是因桂林山水本身的美使他产生了美感,他不得不写。

一位住院三个多月的病人,而且距他 12 月 12 日逝世也仅有一个来月时间,还能写出这样的文章,使人不能不想到李商隐的著名诗句:"春蚕到死丝方尽。"

八

洪先生在世 77 年,写文章的时间跨度则达 60 年。他发表的第一篇文章是《普罗艺术概论》,刊载在 1930 年的《西南日报》副刊《时代艺术》上。此后,他常有艺术评论文章发表。后来,他从艺术评论进入美学研究,又时有美学研究成果面世。他还发表过美学、艺术评论以外的评论文章、纪念文章等。三类文章的总数约 300 篇,仅新中国成立后的 40 年,即发表 150 篇,其中美学方面的文章就有 85 篇。他美学方面的文章结集出版过两种,一种是 1958 年由上海人民出版社出版的《美学论辩》,收入他参加美学大讨论的文章 11 篇;另一种是 1981 年由陕西人民出版社出版的《大众美学》,收入他谈论生活美的短论 35 篇。此书 1982 年出版了增订本。他还编过两种美学论文集:一种是《美学文钞》,即《美学论辩续编》;另一种是《生活美琐谈》,即《大众美学续编》。两书均因经费问题无法解决而出版搁浅。他还编过《国画论丛》《艺术教育》等论文集,其命运可想而知。至于他打算重新选钞的《美学艺术笔记》,待编的《艺术论评集》《杂俎》等,更不会有什么结果了。

洪先生论文集之外的专著,新中国成立前出版过两种:《艺术家修养论》出版于 1936 年,《〈新美学〉评论》出版于 1949 年 5 月。新中国成立后也出版过两种:一种是《新美学纲要》,1982 年由青海人民出版社出版;另一种是《艺术教育学引论》,以《教学研究》坛刊出版。他还编著过一种讲义《艺术概论》,也未能出版。

到了晚年,洪先生即着手选编自己的著作集——《洪毅然文集》。其目录已初步拟定,今照录如下:

洪毅然文集(自编)

美学

艺术学

艺术教育学

相片、自序、传略、年谱

(一)《新美学纲要》

(二)《美学论辩》

(三)《美学文钞》(《美学论辩续编》)

(四)《大众美学》

(五)《生活美琐谈》(《大众美学续编》)

(六)《艺术概论》

(七)《国画论丛》

(八)《美学、艺术学杂著选》(一、杂论;二、杂俎)(包括《艺术论评集》)

(九)《艺术教育学引论》

(十)《美育与艺术教育》(应包括《改革开放时期的美育问题》等等)

[附]《艺术家修养论》

另有:《美学、艺术学笔记》(待重选钞)和20世纪30年代在杭州及40年代在成都、达县两个时期发表于各报刊的《艺术评论汇集》(待搜集)。

这是一个初步草拟的《文集》选编计划,还不是书编成后的目录。如开头三行"美学""艺术学""艺术教育学",只是《文集》内著作的分类,即使将来出现在目录里,也只能分别放在(一)、(六)、(九)之前。

又如，原在"传略"旁括号内注"附年谱"，可见"传略"和"年谱"的关系还在考虑之中。又如《美学、艺术学笔记》和《艺术论评集》两书，原未列入，是后来补充的；而《美学、艺术学笔记》还没有注明补充于何处。

收入《文集》的未出版的论文集，有的已经编就。如《生活美琐谈》，收文25篇，《生活美学（一）——美学在日常生活中的应用》《发展密切联系人民日常生活的美学》《人的美丑与艺术的美丑》等，就在其中。有的虽已列出篇目，但又注明为"暂拟目录"，如《美学文钞》《国画论丛》和《艺术论评集》。《美学文钞》收文28篇，另有附录4篇，目录后所记时间为1989年4月。《国画论丛》收文18篇，其中1篇为"代序"，有4篇各有附录1篇。《艺术论评集》和《杂俎》各收文31篇。《艺术教育》收文16篇。此外，还有收文16篇的《艺术文钞》和收文29篇的《一得集》。但此两书所收文章与前述论文集篇目大多重复，可见他对文章如何编集，也还没有最后确定。

《文集》里收入的是洪先生的主要著作。如他1940年2月序于昆明国立艺专的《抗战艺术的理论基础》就没有收入。这是一部包括11篇文章的书稿。还有他20世纪三四十年代发表的有些文章，也没有搜罗进来。他还写过数十首诗歌，也不见于《文集》目录。

《洪毅然文集》未能编成，诚为一件憾事。不过，即使编成，也无法出版。当时学术著作的出版，一般都要求作者自费或包销，洪先生月工资360余元，而向他伸手的人又不少，根本拿不出钱来出书。洪先生去世后，夫人吴女士想为他圆梦，出版其中部分论文集，但自己无力，曾向亲朋"化缘"，由于缺额太大，只能作罢。

幸遇甘肃省重大文化建设项目启动，经甘肃省委、省政府领导批复同意，省委宣传部决定，由宣传部和甘肃省社会科学院负责编辑出版大型学术文献丛书《陇上学人文存》，洪先生被选为卷主之一。2010年由甘肃人民出版社出版的《陇上学人文存·洪毅然卷》，是洪先生的

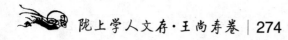

美学著作的选集。这个定位是较为确当的,因为洪先生的突出成就正在美学研究。从《洪毅然卷》可看出洪先生美学思想发展的历程及其体系结构。此书的出版,具有多方面的意义,也可告慰洪先生的亡灵于九泉之下。

本文的写作,吴芸女士提供了大量材料,并审阅初稿,提出一些宝贵意见,特此致谢。

2013 年 7 月于西北师范大学

注:西北师范学院,即今西北师范大学最早的校名,1958 年改为甘肃师范大学,1981 年复名西北师范学院,1988 年改为今名。本文按时段使用不同的校名,不一一注出。

美学研究

1953 年，洪毅然在《西北师院学报》发表了《关于〈新美学〉》一文，这大约是新中国成立后甘肃作者发表的第一篇谈论美学的文章。1956 年，全国展开美学大讨论后，甘肃才陆续有多篇美学论文面世。"文化大革命"以后，甘肃美学研究有很大发展。下面对洪毅然、胡垲、高尔泰、徐清辉等的美学研究略作评述，以见甘肃 40 年美学研究的概况。

洪毅然是从 20 世纪 30 年代开始美学和艺术研究的。新中国成立后他集中研究美学，发表论文 60 余篇，并出版了《美学论辩》(1958)、《大众美学》(1981)和《新美学纲要》(1982)等专著。他的美学研究在甘肃还是很突出的。

对美学的性质，他有自己的看法。他说："美学是关于美的一门独立的科学。"在西方，曾视美学为哲学或神学的附庸；现在，一般仍将美学看作哲学的一个分支。洪毅然则主张美学从哲学里独立出来。因为，美学不仅仅从哲学角度研究对象，实际上它的内容已超出了哲学范围。当然，他也不赞成美学脱离哲学。他还主张美学与艺术学相区别，因为：一、它们的对象有差别，艺术学以艺术为研究对象，而美学除艺术之外，还研究社会美和自然美。二、研究内容不同，艺术学研究艺术的本质、特点、构成、社会作用和批评鉴赏等问题，而美学则研究美和美感的性质，美的社会内容和自然条件，美感的心理及生理基础，美和美感的类别，美的功能等。即使研究艺术美，其审视角度也不同于艺术学。因此,美学与艺术学虽有联系,但不能在它们之间画等号,或把艺术学看作美学的一部分。

洪毅然的美学有自己的体系。它是由论美、论美感和论美育三部分组成的。

美是什么?他说,美是客观世界中作为审美对象的事物诉诸人的感受上的形象特征本身所具有的一种客观价值。美是好事物的形象特征,是内容与形式的统一而以内容为决定因素的。所以,他不承认有严格意义上的"形式美"。他对美在哪里的回答是:美在物,不在心;美在客观,不在主观,也不在主客观的统一。但它不是物的自然属性,而是以自然性为基础、以社会性为决定因素的二者的统一体。美产生于"自然的人化",当"自在之物"发展、演变成"为人之物",具有了社会属性,才会有美不美的问题。显然,他强调的是美的内容和美的客观性、社会性。

美感,即审美感受。它主要是一种感性直观的精神怡悦,既与偏于生理性的快感相区别,又不是一般简单的感觉,而是被思维深化了的感受。美感是对美的能动反映,美是美感产生的根源。从客观方面说,美感既与事物的自然性相关,尤与事物的社会性紧密联系;既关乎事物的外形,更关乎事物的内容。从审美主体说,美感的产生自然离不开人的感觉能力,但必须使这种能力在社会生产和生活实践中逐渐发展成为感受能力。美感是随着人类的劳动实践和审美实践不断发展的。人们的美感有共同性,又有差异性,即面对同一审美对象,不同审美主体的美感会有相近、相同之处;而由于审美对象的多方面性和审美主体的种种差异,美感又是千差万别的。这是符合实际的论断。

美育,这是洪毅然大力倡导的。他将美育列为自己美学体系的一个重要组成部分,并通过各种方式加以张扬,足见他对美育的重视。

这是他美学思想的一个重要特点。他认为,美育是指导人们按照美的规律铸造自己并推动社会前进的一种手段。其任务可分为相互联系的两个方面:一是培养人们的审美能力;一是帮助人们树立正确的审美观点。实施美育的基本手段是艺术,实施美育的场所主要是学校、社会和家庭。为了更广泛、有效地开展美育,以有助于社会主义精神文明建设,他力倡美学大众化。为此,他写了不少普及美学的文章,出版了《大众美学》,因而得到人们的赞誉。

在文艺观上,洪毅然坚持马克思主义的反映论,认为文艺是人对世界的审美关系的集中体现,是以典型形象对现实的审美反映。为此,文艺创作要运用形象思维。形象思维有自己的特点,但不排斥逻辑思维。文艺应为政治服务,但不能忽视它的特点。文艺有独特的功能和作用,能使人产生美感共鸣,使人的思想感情潜移默化。这些观点从大处看不算新鲜,但在具体论证中又能看到独到见解的闪光。

40年来,洪毅然自觉运用马克思主义观点和方法研究美学和文艺理论,成绩是显著的。他坚持自己的主张,从不苟同于人,因而曾与朱光潜、蔡仪有过多次交锋,也对高尔泰、李泽厚等的某些观点提出过异议。在美学上,他有一些好的见解,但也有一些问题,如关于美学是不是哲学的一部分、美的本质如何定义、形式美怎样理解和评价等,都需要进一步讨论和深化。作为甘肃老一代美学家,他学到老、写到老的精神是可嘉的。

胡垲的美学观与洪毅然属于同一派。20世纪80年代以来,他先后发表《论美和美感是社会历史的产物》《论生活丑与艺术美的关系》《正确对待西方现代主义美学原则》《美学研究中的几个问题》《论王朝闻的美学思想》等论文,出版了他与李萱增、刘淑华主编的《宣传教育美学概论》(1988)。

胡垲认为,美学是研究美、审美意识和艺术美的一般规律的科学。他强调的是美的社会实践性。他指出，美是人类社会历史的产物，美的创造和人的生产劳动分不开。美的对象一般具有客观性和自然性、社会性和功利性、形象性和情感性等特点。关于美感，他认为是社会意识形态，是由客观存在决定的，同时又反作用于客观存在。它是时代、阶级、民族的差异性与一定的普遍性、共同性的辩证统一。

胡垲等为建立宣传教育美学作了一定的努力。这是一项开创性的研究，对社会主义精神文明建设具有积极意义。宣传教育美学是宣传教育学与美学结合产生的一门新兴学科和边缘学科，属于实用美学范畴。《宣传教育美学概论》探讨了宣传教育工作中的美学理论，提出了宣传教育工作应遵循的美学原则、宣传教育干部应具备的美学修养等。这是一本系统论述宣传教育美学的入门书，目的是让人们在宣传教育工作中渗透美学原则，以便使宣传教育更易为人民群众接受。尽管该书有不够完善、欠深入等缺陷，但这第一步的迈出就值得称道。

胡垲旗帜鲜明地坚持用马克思主义指导美学研究。从他的观点看，他在努力运用历史唯物主义和辩证唯物主义。他批评有人把"人""异化"，"人道主义""人的解放""感性动力"等抽象化了，原因即在于他认为这种观点从根本上背离了历史唯物主义的原则。当西方现代主义美学涌入我国时，他明确指出，它是资本主义制度的产物，是在唯心主义和形而上学理论基础上产生的，决不能盲目崇拜、全盘接受。当然，他也认为，对它的某些合理的、值得吸取的因素，也不能一概抹杀。胡垲研究美学，不是建构自己的体系，而是探讨其中的一些重要问题，虽然对问题的揭示并不是都很深入，却也不乏好的见解。

与洪毅然、胡垲的美学观不同，高尔泰的美学观则属于另一派。高尔泰的美学观不仅在甘肃，就是在全国也是独树一帜的；同时，也是多有争议的。

高尔泰在 1957 年发表了他最早的两篇论文《论美》和《美感的绝对性》之后，戴着"右派"帽子到了劳教农场，从此在美学界销声匿迹。"文化大革命"以后，他奋力著述，发表论文多篇，并于 1982 年和 1986 年分别出版《论美》和《美是自由的象征》两本论文集。他的美学自有其特点，从以下几点可以略见其大概。

(一)高尔泰的美学是美的哲学。不少美学家仅以艺术为研究对象，他们的美学称为艺术哲学；也有人主张美学以美为研究对象，却又不主张把美学归入哲学。高尔泰则认为，美学是研究美丑规律的科学，研究对象是美，其范围包括艺术美和现实美；它的任务是说明美的本质和规律，帮助人们按照美的规律来改造世界和自己。给美的本质下定义是哲学的工作，美学是哲学之树上的一个分枝。从哲学高度概括美的本质和规律，这是一种宏观美学。

(二)高尔泰的美学是以人为本的。所谓"美学是人学""美的哲学包含在人的哲学之中，是人的哲学的深层结构""现代美学以'人'为研究对象""研究美就是研究人"等说法，都是他的美学以人为本的表现。他认为，美的本质基于人的本质，人的本质是自由，而美是人的本质的对象化，所以得出结论：美是自由的象征。由此又探讨美学和人道主义的关系：美学和人道主义都力求肯定和实现人的自由本质，因而美学和人道主义密不可分，从某种意义上说，人道主义是没有被意识到的美学，美学是被意识到了的人道主义。由于异化的扬弃、自由的实现就是人的解放，因而他把人的解放看作现代美学的中心问题。他把美学与人联系起来是很有意义的，有些论证也相当深入，但也有一些值得商榷的地方。如"美是自由的象征"，是说美是自由的符号信号，或符号信号的符号信号，这样的结论怎么能从"美是人的本质的对象化"推导出来？又如这里讲的"自由""解放"，都不是现实的，而是精神的，获得这样的"自由""解放"，与阿 Q 的精神胜利相去几何？

(三)高尔泰的美学是与现代自然科学结合的。他认为与现代自然科学结合,是美学进步的必由之路。美学要现代化,就要有与现代自然科学有共同语言的美学观念。他依据现代自然科学提出了"一"这个范畴,并认为美是"一"的光辉。美是生生不息、万古常新的,不会停留在一点上。从"一"出发,他反对只在社会和历史范围之内寻找美的根源,而只强调其自然方面。结果,他找到的是感性动力,即自然科学家说的原始生命力或说自然生命力。运用现代自然科学原理和方法对美进行的探索,理应受到鼓励;就高尔泰的探索看,有精彩之处,但对有些问题的看法尚待进一步研究和讨论。如他说的作为一切现象根源的"一",还需要科学来证实,他过分强调美的自然根源是否又是一种偏颇?

(四)高尔泰的美学属于主观论。这是一种普遍的看法;而他本人则认为这是一种简单化的说法,并不确切。他这样说的根据是"一"这个范畴使精神与物质的界线消失了。但是对美的规律的探讨,不能只限于"一"这样宏观的层次。事实上他仍把美看作美感的产物,看作主体的自我意识。就是"美是自由的象征"这个命题里的"自由",也是存在于个体心理上的"精神事实"。他将价值论引入美学时,也过分强调了它的主观因素。过分强调客观因素会陷入客观论,反之亦然。只要不把主观论与批判对象联系起来,也并不可怕;只要这种看法基本符合实际,人们也有理由坚持。这是学术问题,可以进一步讨论。

(五)高尔泰的文艺观属于表现论。他把文艺看作人类情感的表现。他所说的情感,指人的内心生活,既包括思想和叫得出名字的心理过程,也包括叫不出名字的心理过程。情感是生活实践及其矛盾冲突的产物。表现要有真实性,主观方面是说真话,客观方面是写真实。表现要有创造性,这是一切伟大作品的共同特征。他充分肯定文艺的社会性,强调文艺在社会生活中的积极作用。他不重视文艺的再现特性,只在文艺的表现性方面做了较深入的开掘。

总之,高尔泰自成体系的美学观,有体系上的统一,也有观点上的矛盾;有主观论的局限,也有一些深刻的见解。他勇于探索,深入钻研,并能修正自己的观点,这种精神是可取的。

徐清辉的美学论文是 20 世纪 80 年代才见诸刊物的, 虽然数量不多,却也有一些自己的观点。她的美学研究,至少有两点异于以上几位研究者。

其一,她研究的是西方美学。源远流长的西方美学,是一份很有价值的遗产,但甘肃过去无人问津。徐清辉于 1979 年发表了《黑格尔论人物性格》,是甘肃进入西方美学研究领域的先行者。1981 年发表的《艺术与时代》,也评论黑格尔的美学观。发表于 1986 年的《当代英美分析派美学的特色》,则评介英美分析派的美学观。这是一个有意义的开始,令人遗憾的是再未见她有这方面的著作问世。

其二,她研究的是文艺美学。《黑格尔论人物性格》评论了黑格尔关于人物性格的理论,认为"黑格尔的人物论述在美学史上确属克服传统的形式主义和非历史的方法的新的一页"。《艺术与时代》评介了黑格尔关于艺术与时代关系的论述, 肯定了他的 "艺术家是时代之子"等观点,也指出了他的"艺术以歌颂光明为主"的主张的局限。《当代英美分析派美学的特色》里评介的英美分析派美学,也是以艺术为对象的。上述理论,有人称之为美学,有人归之于文艺理论,似乎称文艺美学更确切些。徐清辉的文章对有些问题的论断是较为确当的,可惜文字不大好懂,这不能不给读者带来阅读上的困难。

除上述几位美学研究者外,甘肃还有一些中青年美学研究者也有论著面世,如张尔进、屈选等。此外,1989 年有《中国当代美学家》出版,其中评介了王朝闻、朱光潜、洪毅然、钱钟书、高尔泰、蒋孔阳、敏泽等 35 位美学家。这样的著作在中国还是第一本。此书撰稿人多数来自外省,但主编穆纪光,副主编李琦、刘珙、刘春生则是甘肃的。全国部分师专编写的教材《简明美育教程》,甘肃的向叙典、许文郁、梁天相参加了其编写工作。总之,甘肃的美学研究是有成绩的。但就目前来看,研究力量还相对薄弱。若要期望今后有大的建树,有突破性进展,就要大力发现和培养美学研究人才,就需要对研究美学有基础、有兴趣、有追求的人的坚持不懈的辛勤耕耘。我们不盲目乐观,但也不丧失信心,而要脚踏实地努力奋斗。

（选自《西部风情与多民族色彩——甘肃文艺四十年》红旗出版社,1991年版。）

三、丝绸之路文化研究

读岑参《敦煌太守后庭歌》

在群星灿烂的唐代诗坛,到过敦煌的诗人很少,难怪当时写敦煌的诗歌作品不多。然而,当时却有一位著名的诗人穿越敦煌,这就是边塞诗代表作家岑参,并为我们留下了一首《敦煌太守后庭歌》:

> 敦煌太守才且贤,郡中无事高枕眠。
>
> 太守到来山出泉,黄沙碛里人种田。
>
> 敦煌耆旧鬓皓然,愿留太守更五年。
>
> 城头月出星满天,曲房置酒张锦筵。
>
> 美人红妆色更鲜,侧垂高髻插金钿。
>
> 醉坐藏钩红烛前,不知钩在若个边。
>
> 为君手把珊瑚鞭,射得半段黄金钱,此中乐事亦已偏。

天宝三载(744年),岑参举进士,授右内率府兵曹参军,并移家长安。天宝八载,35岁的岑参离开长安,赴安西节度使高仙芝幕府任职。天宝十载,高仙芝调任河西节度使,岑参也随往河西节度使治所武威。不久,高仙芝在大食攻唐时兵败还朝,岑参也返回长安。这次远戍边塞,异地的事事物物激发了诗人的灵感,遂有多首诗歌问世。《敦煌太守后庭歌》为其中之一,即作于他前往安西(今新疆库车)途经敦煌的时候。

诗中所说"敦煌"为郡名。该郡初建于汉元鼎六年(前111),与酒泉、张掖、武威合称河西四郡,辖敦煌、效谷、尤勒、冥安、渊泉、广至六县和玉门关、阳关,治所在今甘肃敦煌县西。前凉、北魏和隋,数易其名。唐初,先置瓜州,复改沙州,天宝、至德时改为敦煌郡。它是丝绸之路上的交通要道,治所是丝路重镇之一。岑参在敦煌受到太守即郡最高行政长官的热情接待,太守在私宅内室招待他,诗题即由此而来。

此诗被人列入边塞诗,这是不无依据的。但是,它不同于别的边塞诗,它既未写边塞军营的戍鼓胡笳,也未写铁骑驰骋沙场;既未描写边陲的自然景观,也未道及边疆独特的风土人情;既没有展示将士的报国志愿,也没有抒发征人思妇的情怀;而是歌颂敦煌太守,并描述其所设锦筵。全诗 15 句,由两部分组成。前六句为第一部分,说敦煌太守才德兼备、治郡有方、故郡中平安无事,他可以高枕无忧。"太守到来山出泉,黄沙碛里人种田。"这里以典型事例显示了太守的政绩。五六两句说,敦煌有声望的白发老人,希望太守再留任五年。按唐代官制,地方官由吏部定期考核,每年一小考,四年一大考。大考后有人接替,即算任期已满;无人接替,可任满五年。耆旧愿太守留任,从老百姓的角度肯定他有政声。唐代诗人杜荀鹤在《赠秋浦金明府长》一诗里说:"惟凭野老口,不立政声碑。"此之谓也。

后九句为第二部分,写太守后庭锦筵。画面从"城头月出星满天"展开,表明"张锦筵"的时间。"曲房",即密室,指太守私宅内室,是"张锦筵"的地点。"张锦筵",铺设鲜艳华丽的竹席,这里指摆设宴席。接着,镜头推向"美人":那些浓妆艳抹、侧垂高髻、头插金钿、花枝招展的太守的侍妾或家妓,往来席间,殷勤侍宴。从"醉坐"句开始,以下写藏钩之戏。这种游戏,源于汉代。传说"汉武钩弋夫人手拳,时人效之,为藏钩之戏"(《三秦记》)。晋代周处《风土记》又有具体说明:"腊日饮祭之后,叟妪儿童为藏钩之戏,分为二曹,比较胜负。"唐代上层社会,也盛行此戏。李白《宫中行乐词八首》之六:"更怜花月夜,宫女笑藏钩。"宫中和太守内室都玩此戏,上下一致。酒醉饭饱之后玩藏钩之戏,也可看出太守的无忧无虑。"为君"三句大约说,作者手持镶嵌珊瑚的鞭子,猜中了半段黄金钱藏在那里,猜中者享受到了其中的乐趣。从这首较少为人注意的诗里,也可窥见当时统治者生活的一斑。

评家概括岑参诗歌风格特点为悲壮或奇丽等,就其作品的某一部分说,这是确当的。作为唐代著名诗人之一的岑参,他的作品不仅反映了丰富多彩的现实,而且具有多种格调。《敦煌太守后庭歌》较为平实,由于题材的定调作用,使它更无悲壮可言。"太守到来山出泉,黄沙碛里人种田"两句似奇,其实不奇。说似奇,因太守一到,山里居然流出泉水,沙漠里能长庄稼;说不奇,是因它概括着这类事实:《新唐书·张守珪传》载,张守珪任瓜州都督府都督时,"州地沙瘠不可艺,常潴雪水溉田"。兴修水利、移沙造田,这是史有所书的。

《敦煌太守后庭歌》是一首应酬诗,虽不是岑参的优秀之作,却是有历史意义的篇章。在古老的丝绸之路重放异彩的时候,值得一读,有必要重读。

应驮白练到安西

——读张籍《凉州词三首》

诗中说的某一城镇,或无确指。因为《凉州词》是《凉州》一曲的歌词;此曲并不限定其词必写凉州。据《新唐书·礼乐志》载,天宝间,乐曲皆以边地为名,如《凉州》《伊州》《甘州》之类。郭茂倩《乐府诗集》引《乐苑》说:"《凉州》,宫调曲,开元西凉府都督郭知运进。"其词多写边塞,自然包括凉州,却也有不写凉州者。如《乐府诗集》第七十九卷《近代曲词》收无名氏《凉州》六首,除第二首提到"青海北""陇山头"外,其余似与凉州无涉。

诗前两句写地点和时令,说边城傍晚春雨潇潇,大雁低飞将落平沙,芦苇已萌生嫩芽而将长齐。仅用十四个字就描绘了一幅边城初春暮雨雁翔一端,以概其余,因而应包括各种丝织品,如绫、罗、绮、缣、锦等。不仅如此,还可能包括其他纺织品和货物。安西,唐代六都护府之一。贞观十四年(640)置于交河城(今新疆吐鲁番市西),显庆三年(658)移治龟兹(今新疆库车县城附近)。龙朔元年(661),统辖龟兹、于阗、碎叶、疏勒四镇及月氏等九十六府州。其实,这里所说"安西",泛指广大西域地区。

据史载,广德元年(763)吐蕃占领秦、成、阶三州后,又尽取陇右之地。建中四年(783),唐王朝与吐蕃订清水之盟,竟然承认被占之地为合法,屈辱求和。贞元六年(790),吐蕃攻取北庭,接着占领西州和安西四镇,后来又为回纥所有。有人据此认为《凉州词三首》的第一首是写大量丝织品被掠走西运。对此,我提一点不成熟的异议。

当然,如果把此诗放在上述大背景下看,前说似不无道理。然而若具体问题具体分析,则不尽然。在同一背景下,同一作者可以写出不同内容的作品来;在吐蕃占领河西、西域大片土地时,可以抨击其掠夺,也可以反映生活的其他方面。从《凉州词三首》看,也各有不同。其第二首曰:"古镇城门白碛开,胡兵往往傍沙堆。巡边使客行应早,欲问平安无使来。"这里虽写到"胡兵",但它主要表现对戍边战士的关怀。其第三首曰:"凤林关里水东流,白草黄榆六十秋。边将皆承主恩泽,无人解道取凉州。"这里批评边将只受皇帝恩泽,却不去收复失地。至于第一首,则丝毫看不出写占领者掠夺的痕迹。作品所展现的春雨蒙蒙、万物复苏、芦苇萌芽的景象,所描绘的驼铃叮当、白练西运的画面,都不像写掠夺。与其说此诗写吐蕃掠夺,不如说它写的是以丝绸贸易为主的商路,即"丝绸之路"。说它形象地展示了"丝绸之路",大约还是恰当的。是的,"丝绸之路"是19世纪70年代德国地理学家李希霍芬在《中国》一书里才提出来的,然而其依据是此路存在的事实。这个事实张籍早就看到了,并以诗歌反映了出来。

我们知道,蚕丝是中国人首先发现并用来纺织的。中亚、西亚、欧洲、非洲最早用的丝织品是经河西、西域运输过去的。在丝绸之路沿线的金城、凉州、敦煌、高昌、安西、龟兹、姑墨、楼兰、精绝等重镇故址,都曾发现汉唐丝织品。在中亚的肯科尔、撒马尔罕,在地中海附近的哈来比、杜拉欧罗波、帕尔米拉等地也有发现。中原丝织品西运,除馈赠、赏赐、掠夺等之外,主要是贸易,包括用货币买卖和以物易物。从汉至唐,中原与西域、大宛、人月氏、康居、波斯、大秦等,都有过丝绸贸易。从吐鲁番阿斯塔那墓出土的《西州高昌县上安西都护府牒》,也可看出当时弓月城和龟兹间丝绸贸易的盛况。牒中讲一案件审讯经过:胡人曹禄山控告京师汉人李绍谨,说他在弓月城向兄曹炎延借绢 275 匹，前往龟兹贸易。曹炎延也带绢、牲畜等同行，但仅李到达龟兹，李要赖账。禄山控告，李答应偿还。这里反映的是 7 世纪 60 年代的情况。在此以前，玄奘西行取经，途中即见"商旅往来，无有停绝"。与他同行的商旅商胡也有数十人。在高昌，其王麴文泰为玄奘资助绫及绢等五百匹，又以绫五百匹献叶护可汗。在当地有如此多丝织物，从中不难窥见丝绸贸易的盛况。

敦煌莫高窟壁画，对丝绸之路上的商业贸易也有不少反映。北周290 窟有一幅商旅图：中原商贾骑在马上，赶着驮货毛驴走上桥头；胡商牵着驮载丝绢的骆驼，站在桥下。隋代 420 窟《法华经变》中有一西域商人，率赶脚人和载满货物的大群骆驼、毛驴翻越高山时，一驼滚下山摔死，他们将残物加在另一驼背上赶路。盛唐 45 窟有一幅《商人遇盗图》，画一些外国商人赶着驮有丝绸的毛驴行进，不幸在山谷遇盗。此外，壁画里还有来自西亚、中亚、印度、西域等地的乐器和植物，如琵琶、竖箜篌、笛、胡角、羯鼓、觱篥、手鼓和苜蓿、葡萄、胡萝卜等。这是当时商业贸易在艺术中的反映。

唐代从长安通往西域、中亚、西亚、欧洲和非洲的丝绸之路上的商业贸易情况，张籍不会不知。因为，他在贞元十四年(798)前往长安应举，次年举进士后又在长安任职多年。当然，他在长安时，河西、西域已为吐蕃占领，但商业贸易总还是有的。何况张籍是在进行文学创作，不是写历史著作。他可以在眼前事物的启发下展开想象的翅膀在历史长河中捕捉灵感、概括素材，创造出历史上曾有而眼前并无的第二性现实。

谈到这里，有必要检讨一下我们采用的观点和方法。多年来，我们评论文学作品总是单纯用社会学观点和历史还原批评方法，只是寻找作者的创作意图，把作品还原到它产生的历史条件和文化背景中去，似乎这就是目的。本文大体也如此。这种观点和方法当然不应简单否定，但对其缺陷也应正视并予以弥补。如今外国现代批评方法层出不穷、五花八门，开阔了我们的眼界，拓展了我们的思维空间，而且其中有些也是值得我们借鉴和吸收的。如果我们改变一下传统观念模式，用新方法来分析《凉州词三首》，还会得出种种不同的结论。如用接受美学的观点看，我们提出上述看法就不足为奇了。因为接受美学把文学史看作文学被读者接受的历史。读者各异并处于不断的变化之中，对同一作品产生异议则完全是情理中的事。正因为这样，我们既坚持自己的观点，也不反对他人有异说。当然，在各种看法中仍有深浅、高低等差别，但这比由权势者定于一宗要好。不知读者以为如何。

丝绸之路上的大佛

　　我不是佛教徒,但每每站立于大佛面前时,敬仰之情油然而生。佛像在我心目中是善的象征,是美的体现。

　　佛是梵文 Buddha(佛陀)音译的简称,意译"觉者"。佛教徒尊称佛教创始者释迦牟尼为佛(又称如来佛)。此外,还有弥勒佛、燃灯佛、阿弥陀佛(又称无量寿佛、接引佛)、药师佛等。另有三世佛、七佛、千佛、东方三圣、西方三圣等名目。

　　佛教起源于印度,由迦毗罗卫国净饭王的太子乔答摩·悉达多于公元前 565—公元前 485 创立。在他成佛后,人们尊称他为"释迦牟尼",意为"释迦族的圣人"。他反对偶像崇拜,所以印度早期佛教并不造像。佛像是后来才出现的,并风靡不少国家。

　　佛像大小是相对的,但在一定范围内又有绝对性。山西大同云冈石窟第 5 窟后室的释迦佛倚坐像高 17 米,与高 70.10 米的四川乐山大佛相比,它只能称小佛,但在云冈石窟,它却是最大的一尊。有些地方把 5 米高的佛像也称"大佛"。至于小佛,古代最小者也有数厘米。20 世纪 80 年代以来,中国出现了沈为众的一粒米的 3/5 大的象牙佛;又出现了汪云孙的半粒芝麻大的铜佛,这在现在来说,可算最小的了。目前还没有见谁定出大与小的标准,我们这里谈的只是 10 米以上的大佛。

　　在中国,大佛多处有,并不限于丝绸之路。如北京雍和宫万福阁的木雕弥勒佛像,高达 18 米,所以万福阁又名大佛楼。河南洛阳龙门石窟奉先寺主佛卢舍那(报身佛)高 17.14 米。浚县大伾山有一尊倚坐石雕大佛,高 22.29 米。浙江绍兴市齐贤镇羊山有一尊隋唐时的弥勒佛像,高约 15 米。台湾也有大佛,如台中市宝觉寺左边的一尊弥勒佛像,高达 27 米;彰化市八卦山顶的释迦牟尼佛像,高 23 米。

横贯中国西北,通往中亚、南亚、西亚的陆路丝绸之路,是佛教传入中国北方的主要通道,因而大佛较多。大佛也源于印度。玄奘于贞观十一年(637)参观印度的阿折罗伽蓝时,就看到"伽蓝大精舍,高百余尺。中有石佛像,高七十余尺"。此石窟一部分建造于公元前 2 至公元前 1 世纪,另一部分建造于公元 5—7 世纪,可见其大佛时代之早。佛教传到今阿富汗之后,那里也有了大佛。玄奘于贞观二年(公元 628 年)到过梵衍那国都城。他在《大唐西域记》里记载:"王城东北山阿有石佛立像,高百四五十尺,金色晃曜,宝饰焕烂。东有伽蓝,此国先王之所建也。伽蓝东有鍮石释迦佛立像,高百余尺,分身别铸,总合成立。"这里所说的即是今阿富汗巴米扬石窟的两尊大佛:西大窟佛像高 53 米,雕造于公元 5 世纪;与之相距 400 米的东大窟佛像高 37 米,雕造于公元 1 世纪。

随着佛教的东传,龟兹也有了大佛。玄奘《大唐西域记·屈支国》载:"大城西门外,路左右各有立佛像,高九十余尺。"屈支国即龟兹,相当于今新疆维吾尔自治区的库车、轮台、库尔勒、拜城、新和、沙雅、阿克苏一带。此处说的"立佛像"今已不存,但龟兹地区却遗留有大像窟。其中规模最大的是拜城克孜尔石窟第 47 窟,前室高 16.8 米,有人推断其中原塑有 16 米以上的立佛;后室有长 10 米的佛坛,其上原塑释迦牟尼涅槃像,身长约 10 米。

今甘肃省地处丝绸之路黄金地段,大佛较多。省境西端的敦煌莫高窟,是我国的著名石窟之一,仅此一处,就有大佛三尊:一是第 96 窟的弥勒佛像(俗称"北大像"),原造于初唐武则天时,后代重修,高达 35.5 米,是世界上最大的室内泥塑倚坐佛像。一是第 130 窟的石胎泥塑弥勒佛像(俗称"南大像"),唐开元年间造,高26米,仅头部就高7米,为莫高窟第二大像。一是第158窟的释迦牟尼涅槃像,塑于吐蕃时代,身长15.80米,宽约3.5米,在甘肃仅次于张掖大佛寺卧佛。张掖大佛寺的释迦牟尼涅槃像,建造于西夏,木胎泥塑,身长34.50米,肩宽7.5米,脚长4米。武威市天梯山石窟的盛唐释迦牟尼倚坐像,高约28米。永靖县炳灵寺石窟第171龛,有石胎泥塑弥勒佛倚坐像,建造于唐代,明代重修,高27米。武山县有大佛两尊:一是木梯寺石窟大佛阁的高14米的唐代彩塑大佛;一是拉梢寺石窟的高40余米的北周释迦牟尼浮雕像。甘谷县大像山石窟的石胎泥塑大佛,高23.30米,肩宽9.5米。据考证,石胎雕于北朝,泥塑成于唐代。天水麦积山石窟第13窟的释迦牟尼倚坐像,石胎泥塑,高约16米,隋代原塑,宋代重修。

宁夏回族自治区固原县须弥山石窟第5窟,通称大佛楼。窟中的唐代弥勒佛倚坐像,高达20.60米。陕西省最大的佛像在彬县大佛寺石窟,为唐代雕造阿弥陀佛像,高20米,肩宽13米。

大佛多为释迦牟尼和弥勒佛。释迦牟尼为佛教教主,是现世的佛,多造其像是很自然的;弥勒佛为释迦佛弟子,是未来世的佛,能使天下太平、人寿年丰,故其像在中国很流行。大佛有坐、卧、立三种姿势,其中最多的是两小腿下垂、双脚着地的倚坐。卧佛为释迦牟尼涅槃像,是他达到"最高境界"时的姿态。立佛是释迦牟尼游化和乞食的形象,在大佛中较少见。大佛有泥塑、石雕、木雕、铜雕等多种。丝绸之路上的大佛多为泥塑,其次为石雕,由各地地质状况决定。

大佛形体高大雄伟,气势恢宏,庄严肃穆,显示了佛的威严;大佛慈善祥和,又表现出佛与人的亲近。大佛极富魅力的形象,给人以愉悦和快感,能使观者得到美的享受。因此,人们"见之乐","观不餍足"。

(原载《丝绸之路》1996年第5期)

雨中游法门寺

提起"法门寺"这个名字,最早闯入我脑海的是同名戏剧,但当时无缘观赏此剧的演出,我对法门寺的印象自然是淡漠的。后来,我知道陕西省扶风县有座法门寺,也仅知其名而已。法门寺在我心灵的天平上占有很重的分量,则是在 1987 年法门寺塔基地宫的佛指舍利和大批唐代稀世珍宝重见天日以后。从此,一种强大的诱惑力促使我产生了瞻仰法门寺的强烈愿望。1998 年夏天,这个愿望终于变成了现实。

7 月上旬,关中已是盛夏,但由于连日阴雨,天气已由炎热变得凉爽,游人既不吃日晒热炙之苦,又可领略雨中风光。雨中的法门寺,大雄宝殿巍峨壮观,真身宝塔高耸云天,气氛庄严肃穆,令人心中不由肃然。

法门寺坐落在今陕西省扶风县城北 10 公里的法门镇,东距丝绸之路的起点——西安市 110 公里,是丝绸之路上的一颗璀璨的明珠。

一

说到法门寺与丝绸之路的关系,我们不能不想到寺内的真身宝塔及其地宫出土的两座小塔。法门寺内的塔初建于何时,尚难确定,然而在西魏恭帝二年(555)已有人开启塔基供养舍利。唐显庆五年(660),高宗建成 4 级木塔,并题名"大唐护国真身宝塔"。明隆庆三年(1569),木塔崩毁,从万历七年(1579)至三十七年重修,改为 8 角 13

级楼阁式砖塔,高47米。塔第一层正南辟门,额题"真身宝塔"。其余各面无门,东题"浮图耀日",西题"舍利飞霞",北题"美阳重镇"。各层叠涩出檐,每面正中有拱形龛。第一层檐下,用砖做成垂爪柱、帐幔和斗拱、橡子等构件。从第二层到第八层,檐下均刻额枋和斗拱。第13层做成8角拱形盖,塔刹为铜覆钵和宝珠。这座历经400年风雨沧桑的宝塔,由于多次地震摇撼,终于在1981年8月24日坍塌西半边。今天看到的真身宝塔,是1988年重建的。这次重建,遵循"修旧如旧"的原则,不仅形式仿照明塔,而且下面三层外墙用原塔明砖砌面,四层以上墙面也用仿制明砖砌成。整个塔古形古色,有如古塔之感。原塔基地宫出土的小塔,一是10.5厘米高的四面坡攒尖顶亭阁式金塔,一是汉白玉阿育王塔,都用于安放舍利。

塔这种建筑形式源于印度,梵文音译"堵波",又称浮图或浮屠,意译为方坟、圆冢等。它是佛教徒供奉舍利、安置经文和各种法物的处所。据唐高僧玄奘《大唐西域记》载,当时印度各地都有"堵波",高者二三百尺,低者仅三四尺;大多仍昂然挺立,少数已残或仅存塔基。塔内或置如来佛顶骨,或藏如来佛眼睛,或葬如来佛发爪,不一而足。其中不少系无忧王所建。无忧王即阿育王,他是公元前3世纪古印度摩揭陀国孔雀王朝的第三代国王。据说他为在战争中大肆杀戮而内疚,终于皈依佛门,立佛教为国教,并在世界各地建4.8万座塔供奉释迦牟尼舍利。中国建塔19座,法门寺塔即其中之一。塔随佛教传入中国,难怪晋宋时汉语中才有"塔"字。

丝绸之路古塔不少,中国段就有约二百座,如喀什莫尔塔、吐鲁番台藏塔、敦煌城城湾花塔、张掖万寿寺木塔、永昌圣容寺塔、塔尔寺如意宝塔、炳灵寺石塔、兰州白塔、陇西文峰塔、崆峒山凌空塔、银川海宝塔、青铜峡一百〇八塔、岐山太平寺塔、周至八云塔、武功宋塔、西安小雁塔、长安县香积寺善导塔等。法门寺真身宝塔是其中最享盛名的一座。

此外,还有几座丝路古塔也应该特别加以介绍。武威市有座罗什寺塔,8 角 12 层, 空心楼阁式, 传说系鸠摩罗什葬舌处。鸠摩罗什(344—413)是后秦西域高僧,原籍印度,生于龟兹(今新疆库车)。前秦时,他被吕光迎入关内,居姑臧(今武威)16 年,故有罗什寺塔的建筑。后秦弘始三年(401),罗什被姚兴迎入长安,并在草堂寺讲经、译经十余年。他死后骨灰安葬草堂寺,故今户县草堂寺内有"姚秦三藏法师鸠摩罗什舍利塔"。塔用八种颜色的玉石雕镶而成,玲珑别致。闻名遐迩的西安慈恩寺塔(大雁塔)则与玄奘关系密切。玄奘(602—664)是唐代佛学家、佛经翻译家。他于贞观三年(629)西出长安,前往天竺游学、取经,万里奔波、历尽艰辛,贞观十九年(645)才回到长安。为了安置他从天竺带回来的经卷、舍利、佛像,于永徽三年(652)建造了慈恩寺塔。玄奘法师圆寂后, 先葬于白鹿塬。唐高宗总章二年(669),又迁葬樊川凤栖塬,并建五层舍利塔。后因塔建寺,寺由唐肃宗题名"兴教"。该塔今称"玄奘塔"或"唐三藏塔"。在丝绸之路上,两塔与鸠摩罗什相关,两塔与玄奘相关,事出偶然,却在情理之中。罗什东来,玄奘西去,他们都是丝绸之路上的旅行家,都是佛教学者,都名列中国佛教三大翻译家之列,都对中国佛教思想的发展产生过巨大影响。他们是丝绸之路上文化交流的使者,他们的塔在丝绸之路上,也在人们心中。

是的,丝绸之路上多塔。其实何止丝绸之路,塔早已遍布神州大地,据统计,全国有近三千座古塔。塔这种建筑形式传入中国以后,吸收中国传统文化的乳汁,逐渐中国化了。中国的塔已不纯然是外来物,而是中外文化融会的产物,是两种文化交汇的结果。

塔是一道风景线,装点着祖国多娇的江山;塔是城镇的标志,凝结着南来北往、西去东归旅人的向往和游子的乡情。

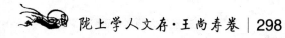

塔,千姿百态,异彩纷呈:或气势恢宏,或玲珑秀雅;或古朴端庄,或富丽堂皇;或简洁明快,或繁缛细密。在塔面前,我赞叹人类创造力的无穷和文化载体的五色斑斓,同时也得到特有的美的享受,的确是别有一番滋味在心头。

二

到法门寺与丝绸之路的关系,我们不能不想到法门寺塔基地宫出土的佛指舍利。舍利由梵文音译而来,意为身骨。佛教称遗体火化后遗留的粒状结晶物为舍利。这里指释迦牟尼的遗骨,也称佛骨。释迦牟尼俗姓乔答摩,名悉达多,是古代印度北部迦毗罗卫国净饭王的儿子。他创立了佛教,后被尊为"释迦牟尼",意为"释迦族的圣人"。相传他80岁寂灭后,遗体火化,舍利分葬各地。据唐释道世撰《法苑珠林》载,法门寺佛指舍利是由阿育王传过来的。这种说法的可靠性如何,这里不去追究。仅就法门寺佛指舍利来自于印度而言,当无疑义。它是佛教东传的结果。

为了重建半塌的法门寺真身宝塔,1987年4月发掘塔基地宫,使沉埋1113年的佛指舍利和千余件唐代珍宝得以面世。佛指舍利共四枚,一枚灵骨,即释迦牟尼的指骨舍利,称为"真身",通称"佛骨"。其色泽微微泛黄,骨质疏松,有一条细微的裂纹。这是目前世界仅存的佛指舍利,是至高无上的佛门圣物。另外三枚系影骨,是灵骨的仿制品,玉质,质地细密润泽。影骨"如一月印三江",同样是佛教界的圣物。这些圣物,凝结着人类的智慧,体现着人们对理想的追求。这些圣物,也是古代中印文化交流的证物和中印友谊的象征。

供养佛骨,是佛教崇信者的大事。法门寺地宫佛骨,就曾多次被奉迎供养。如果说西魏和隋代还只是某些地方官的行为,到唐代则主要由皇帝扮演主角。在唐代,只有贞观五年(631)是由岐州刺史供养舍利,其余则全是皇帝供养。显庆五年(660),唐高宗从法门寺迎佛骨于东都洛阳供养;长安四年(704),武后迎佛骨于京城供养;上元元年(760),肃宗迎佛骨入禁中供养;贞元六年(790),德宗迎佛骨入禁中精舍供养;元和十四年(819),宪宗派人迎佛骨于京师供养;咸通十四年(873)四月,懿宗迎佛骨于京都供养。当年十二月十九日,僖宗诏送佛骨返回法门寺,重修地宫,于次年正月初四将地宫封闭。据说,唐代每30年迎佛骨一次,则岁丰人泰。唐末诗僧贯休《闻迎真身》诗所谓"可怜忧钵罗花树,三十年来一度春",正表现了作者对30年迎一次佛骨这一盛举的欣喜之情。

在中国历史上,或崇佛,或灭佛,全以最高统治者的意志为转移,不容他人触忤。北周武帝、唐朝武宗都发动过灭佛运动,法门寺因此遭到破坏,当时谁敢阻拦?前述诸帝崇佛、迎佛骨,自然也不容谁多嘴。然而人中有人,竟然也有敢于触犯龙颜者。元和十四年(819),唐宪宗派中使杜英奇押宫人三十,持香花迎佛骨入大内,留禁中三日,然后送于佛祠。王公士庶,奔走赞叹。但是胆大包天的韩愈,不守自己人臣的本分,不顾头上刑部侍郎的乌纱帽,上表极谏。他在《论佛骨表》里,以佛教传入中国前的历代帝王寿长而在位时间久、佛教传入后侍佛的一些帝王反而寿短且在位时间不长为依据,证明"佛不足事"。他还认为,有些人争先恐后焚顶烧指、解衣散钱、丢弃生业是"伤风败俗"。他主张将佛骨投之水火,永绝根本。他陈述得痛快淋漓,宪宗却大怒,要送他上断头台。裴度、崔群为他开脱,宪宗说:"愈言我奉佛太过,犹可容;至谓东汉奉佛以后,天子咸夭促,言何乖刺也!愈,人臣,狂妄敢尔,固不可赦。"又有"戚里诸贵"为他说情,才从轻发落,贬为潮州刺史。当他踏上贬途、行至蓝关时,委屈、不平、激愤、惜别诸种感情凝聚在一起,奔涌而出"一封朝奏九重天,夕贬潮阳路八千。欲为圣明除弊事,肯将衰朽惜残年。云横秦岭家何在?雪拥蓝关马不前。知

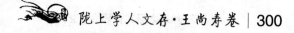

汝远来应有意,好收吾骨瘴江边。"这就是广为传诵的《左迁至蓝关示侄孙湘》一诗。韩愈确乎是大义凛然的,为了为朝廷"除弊事",他不惜牺牲自己。他说:"佛如有灵,能作祸祟,凡有殃咎,宜加臣身,上天鉴临,臣不怨悔。"由此可见他的勇毅。

后来的事实也证明,韩愈所言是有道理的。唐宪宗迎佛骨1年后,即一命呜呼,年仅43岁;唐懿宗迎佛骨入京供养三个多月,即命丧黄泉,享年41岁。在唐僖宗将佛骨和大批珍宝封闭入地宫33年后,唐帝国终于土崩瓦解。唐朝的灭亡在于自身的腐朽,崇佛能挽狂澜于既倒吗?但在天子一言九鼎的封建社会里,有理而违皇帝意旨的臣子的命运是可想而知的。

往事越千年,今天法门寺以崭新的面貌迎接着四面八方的来客。1994年11月,以佛教为国教的泰国派外交部部长等到法门寺奉迎佛骨入泰供养,以庆贺国王登基50周年和中泰建交20周年,赋予这一佛事活动以新的意义。

这次游法门寺,来去匆匆,但也不虚此行。马达声中汽车启动了,在雨幕中望着渐渐远去的法门寺,激情涌动,凑成这首《雨中游法门寺》:

> 天低云暗雨连绵,放眼秦川翠色鲜。
> 千年古刹抖雄风,百尺宝塔耸云天。
> 帝心虔诚奉真身,唐室衰朽入残年。
> 显瑞灵光重放日,晨钟暮鼓声依然。

(原载《丝绸之路》1998年第6期)

丝绸之路研究概况述略

"丝绸之路"已成为世界范围的热门话题,研究者云集,著作纷纷涌现。尽管丝绸之路研究还是一个笼统宽泛、人们的看法也不尽相同的概念,但这并不妨碍我们用通行的观点对它加以述说。

一

先说外国的研究。

外国人在丝绸之路上曾进行多人多次、一人多次的探险、考察和旅行,其中一些人为我们留下了内容丰富的游记、考察报告等各类著作。还有一些学者,倾注心血于丝绸之路研究,写出了很有价值的学术论著。还有人为宣传、介绍丝绸之路,付出了辛勤的劳动。这些人中,有的人考察、研究的目的是带有时代的政治烙印的,但其成果对我们仍有参考价值或借鉴意义。

德国人对丝绸之路的研究较早。"丝绸之路"一词就是德国地理学家李希霍芬在 1877 年出版的《中国》一书中提出来的。他把从公元前 114 年到公元 127 年间中国与两河(阿姆河与锡尔河)地区及中国与印度之间以丝绸贸易为媒介的交通路线叫"丝绸之路"。德国东洋史学家阿尔巴特·赫尔曼又进一步把李希霍芬说的"丝绸之路"从两河地区延伸到叙利亚。赫尔曼 1910 年出版的《中国与叙利亚之间的古代丝绸之路》是最早研究丝绸之路的著作。他在 1915 年又出版了《从中国到罗马帝国的丝绸之路》,又使丝绸之路延伸到罗马。1904

年,德国的勒柯克到中亚考察,写了《吐鲁番旅游探险》和《新疆之文化宝库》。克林凯特著《丝绸古道上的文化》,已译成汉文出版,它通俗地介绍了丝绸之路上的民族、宗教和文化。

法国的研究很有成绩。法国汉学研究所从 1932 年起陆续出版一套《法国汉学研究所丛书》,已出版 28 部,如沙畹的《汉文三藏中的500 个故事寓言》(1932 年),戴密微的《吐蕃僧诤记》(1952 年),石泰安的《汉藏走廊古部族》(1961 年),哈密屯的《五代回鹘史料》(1955年)等,均能代表法国汉学研究最高水平。格鲁塞的著作较多,如《从希腊到中国》(1948 年)、《蒙古帝国》(1914 年)、《草原帝国》(1939年)、《中国史》(1942 年)等,都涉及丝绸之路。布尔努瓦 1963 年出版的《丝绸之路》是严格意义上的丝绸之路研究著作,已译成汉文出版。法国有关丝绸之路的著作是在 20 世纪 80 年代以来才大量涌现的,如阿里·玛扎海里的已译成汉文的《丝绸之路——中国—波斯文化交流史》(1983 年)、塞西尔·伯德莱的《丝绸之路,艺术品的大旅行》(1985 年)、戴仁的《丝绸之路,风景与传说》(1986 年)、雅克·昂克蒂尔的《丝绸之路》(1992 年)、让·诺埃尔·罗伯尔的《从罗马到中国,恺撒时代的丝绸之路》(1993 年)等。

英国人对亚洲腹地的考察较为频繁,他们也有不少考察方面的著作。1868 年,罗伯特·肖到新疆进行商务考察,著有《喀什噶尔行记》。1880 年,摩根从塔什干到伊犁,写了《1880 年从七河到伊犁之行》一文。1885 年,凯利到中国西部考察,写了《中国新疆环游记》一书。其中最有名的当数斯坦因。他于 1900 年至 1933 年,曾四次到亚洲中部和中国西北部进行考古旅行,搜集到大批文物。他的著作很多,有《古代和阗》(1907 年)、《西域》(1921 年)、《亚洲腹地》(1928年)等 43 种,至今仍有价值。拉提摩尔于 1926、1927 年到亚洲腹地旅行,写了《亚洲腹地之商路》。李约瑟的《中国科学技术史》论及中国方术的西传。颇有意思的是：彼得·霍普科克写了一本《丝绸路上的外国魔鬼》，将斯文·赫定、斯坦因、范莱考克、伯希和、华尔纳、大谷光瑞考察队成员写成"盗窃中国历史文物的无耻的冒险家"。

俄国人对中亚一带考察最频繁，除了学术考察之外，也有不少是出于政治、军事方面的需要。波塔宁曾三次到中国西部考察，出版了大量著作，是有成就的中亚研究专家。普尔热瓦斯基四次考察中国西部，有《伊犁经天山到罗布泊》《蒙古、唐古特地方和北藏荒漠》等。科兹洛夫于1889至1891年到中亚考察，还考察过内蒙古居延黑城，著有《离开西藏考察队路线的旅行》等著作。谢苗诺夫于1856、1857年两次考察天山，写了有名的《天山游记》。瓦里汗诺夫于1858年到新疆旅游，写有《准噶尔概况》《喀什噶尔》等。巴托尔德有《咸海和阿姆河下游从古至17世纪的资料》《七河史略》等著作。格里哥里耶夫、哈内科夫、维谢洛夫斯基、马尔科夫等，均有研究著作出版。

乌兹别克斯坦也有一批学者出版了研究中亚、伊朗、阿富汗、撒马尔罕、费尔干纳的著作。如尼扎米金诺夫的《中亚与东方国家的交往》《9至18世纪中亚与印度的关系》等。普加琴科娃和列穆佩出版于1982年的《中亚古代艺术》，已被译成汉文出版。

美国人虽然远隔重洋，但对丝绸之路也有兴趣。美国人考察中亚始于19世纪后期，发表著作则是20世纪初的事。1903年庞伯里、亨廷顿到帕米尔、天山考察，亨廷顿写了《中亚土耳其斯坦的地质学和地文学考察》《新疆两千年》。此后，1908年费劳率考察队到新疆、西藏考察，1911年沃克曼夫妇考察新疆，都有著作发表。1926年西奥多·罗斯福等到新疆考察，也有游记和报告传世。1926年，拉铁摩尔到新疆考察，写有《进入天山》等著作。这里要特别提到的是谢弗的《撒马尔罕的金桃——唐朝的舶来品研究》(1963年)，已译为汉文，名为《唐代的外来文明》。书中将作者认为的唐朝的外来物品分为18

类,计170条,分别探讨其来源、在唐朝的传播、应用及对唐朝社会的影响。这是一本颇有分量的书。

由于文化渊源、地缘等原因,日本人对丝绸之路表现出更大的热情。日本出现过四次丝绸之路热潮,至今方兴未艾。对丝绸之路的考察即其表现之一。研究是一种冷静的思考,热与冷在这里是相辅相成的。1906年,日本少佐日野强奉命到新疆,他的《伊犁纪行》就产生于这次新疆之行。大谷探险队于1902年至1910年到新疆考察三次,于是有《大谷探险队丝绸之路探险》一书的产生;大谷探险队成员橘瑞超,也著有《中亚探险》等。日本人对丝绸之路的研究和介绍在第二次世界大战前就在进行,初期多系对地名和民族的考证,后来才深入到东西方关系史的研究。1944年翻译了赫尔曼的《古代丝路》和斯文·赫定的《丝绸之路》。日本出版的第一本本国人著的以丝绸之路为名的著作,是1962年出版的长泽和俊的《丝绸之路》。到目前为止,笔者所知见的日本版的这类书已在百种以上,仅书名标示出"丝绸之路"的也有约三十种。长泽和俊在《丝绸之路研究之展望》里认为,日本的丝绸之路研究,20世纪50年代是启蒙时期,60年代是大众化时期,70年代到现在是专门化时期,这基本符合日本研究丝绸之路的进程。可以这样说,日本的丝绸之路研究从规模和量上看,在世界上是名列前茅的。

还有个人值得一提,即瑞典的探险家斯文·赫定。他于1885年和1890年两次探察俄国中亚一带,于1894、1896、1899、1905年又数次到新疆和西藏考察。1926年又应中国地质测量局之邀,考察了甘肃、新疆等地。1933—1935年,他以中国铁道部西北公路查勘队队长的身份到西北考察。他对亚洲腹地考察次数最多,历时最久。他的著作不少,如《穿越亚洲》《罗布泊探秘》《亚洲腹地探险八年》《丝绸之路》《我的探险生涯》等。其中有些已译为汉文。

二

再说中国的研究。

中国 20 世纪末、21 世纪初的研究者不一定都有"丝绸之路"的观念，但他们的某些研究也当属于丝绸之路研究的范围。如王国维关于西北民族史和民族关系的研究，即属此列。陈垣对宗教史素有研究，尤其对外国宗教传入中国的历史，考之颇详。他研究西域人迁入中原而著《元西域人华化考》。

1903 年出版了张星烺编的《中西交通史料汇编》，其中搜集了 17 世纪中叶以前中国与欧洲、非洲、亚洲西部、中亚、印度半岛的国家和地区往来关系的史料，对其中的地名和史事做了一些考释，为丝绸之路研究提供了一些资料。

1944 年，姚宝猷出版了《中国丝绢西传史》。

20 世纪 50 年代，季羡林发表了一些关于中印文化关系史的论著，为中国的丝绸之路研究增添了新内容。

总之，在 20 世纪 70 年代以前，中国属丝绸之路的研究在各领域分头进行，还不能说是完全自觉的丝绸之路研究，在规模上也是有限的。

中国的丝绸之路热是在 20 世纪 70 年代后期逐渐兴起的。中日联合摄制的电视片《丝绸之路》的播映，舞剧《丝路花雨》的演出等活动，催促丝绸之路热不断升温。于是，介绍、研究丝绸之路的著作如雨后春笋，应时而出。1978 年就有介绍丝绸之路的文章发表。虽然 1972 年文物出版社就出版了《丝绸之路——汉唐织物》一书，但那是汉唐织物的图片，并不以文字介绍丝绸之路。从 20 世纪 80 年代开始，介绍、研究丝绸之路的文章和专书大量出现。1980 年出版的陈振江的《丝绸之路》，是中国出版的最早系统介绍丝绸之路的通俗读物。此后,陆续有杨建新、卢苇的《丝绸之路》(1981年)、陈良的《丝路史话》(1983年)、武伯纶的《传播友谊的丝绸之路》(1983年)、王宗元、李并成著《丝绸路上》(1989年)等出版。这些综合性著作,重在全面、系统介绍。

通常说的丝绸之路又称"沙漠绿洲之路",研究也主要集中在这条通道上。但现在又有人注目于草原丝绸之路、海上丝绸之路和西南丝绸之路。张志尧主编的《草原丝绸之路与中亚文明》,这是一本研究草原丝绸之路与中亚文明的论文集。常任侠的《海上丝路与文化交流》(1985年),较全面地论述了海上丝绸之路上的文化交流。海洋出版社出版了《海上丝绸之路丛书》,其中包括朱江著《海上丝绸之路的著名港口——扬州》(1986年)、陈瑞德等著《海上丝绸之路的友好使者——西洋篇》(1991年)、夏应元著《海上丝绸之路的友好使者——东洋篇》(1991年)、陈高华等著《海上丝绸之路》(1991年)等多种。

有关丝绸之路的丛书,除上述《海上丝绸之路丛书》外,还出版有三套。其一是西北五省联合出版的《丝路文化丛书》(1992年),共12册,即《历史上的亚欧大陆桥——丝绸之路》《丝路起点长安》《咸阳访古》《天水史话》《兰州谈古》《丝路宁夏段览胜》《丝路重镇凉州》《丝路三关》《吐鲁番的古代文明》《神秘的古城楼兰》《丝路明珠喀什噶尔》和《丝路乐舞故事》。其二是新疆人民出版社推出的《丝绸之路研究丛书》,计划出50余部,已经出版的有王炳华著《丝绸之路考古研究》(1993年);周菁葆主编《丝绸之路岩画艺术》(1993年);韩康信著《丝绸之路古代居民种族人类学研究》(1993年);周菁葆著《丝绸之路艺术研究》(1994年);雷茂奎、李竟成著《丝绸之路民族民间文学研究》(1994年);苏北海著《丝绸之路与龟兹历史文化》(1996年);盖山林著《丝绸之路草原民族文化》(1996年);田卫疆著《丝绸之路与东察合台汗国史研究》(1997年)以及《丝绸之路草原石人研究》《丝绸之路屯垦研究》《丝绸之路宗教文化》等 10 余部。其三是浙江人民出版社出版的《丝路文化》,共 5 卷,即刘迎胜的《草原卷》和《海上卷》,黄新亚的《沙漠卷》,张云的《吐蕃卷》,邓廷良的《西南卷》。这些丛书也是系统工程,能较全面地让人了解丝绸之路。

有关丝绸之路的辞典已见过两部:一部是新疆人民出版社 1994 年出版的雪犁主编的《中国丝绸之路辞典》,收词语 4000 条,140 万字;另一部是红旗出版社 1995 年出版的王尚寿、季成家主编的《丝绸之路文化大辞典》,收词语 1.25 万条,273 万字。

有关丝绸之路的画册也出版过多种,除前述新疆维吾尔自治区博物馆出土文物展览工作组编《丝绸之路——汉唐织物》外,还有关蔚然编《丝绸之路》(1986 年);人民画报社编《陆上和海上丝绸之路》(1989 年);甘肃省博物馆编《丝绸之路甘肃文物精华》(1994 年);冯其庸著《瀚海劫尘》(1995 年);于忠正、曹昌光主编《漫画丝绸之路》(1994 年)等。

丝绸之路研究包括历史、地理、政治、军事、经济、贸易、交通、民族、宗教、文化、语言文字、乐舞百戏、文学、考古等各个方面。在这些方面,都有不少文章发表和书籍出版,这里无法一一列名。虽然研究的面还可扩展,但已经涉及的面已经很广了。研究有深有浅,著作有多有少,这种不平衡是存在的,也没有必要一律强行拉平。然而对一些薄弱环节适当加强,也是应该的。从总体情况看,成绩斐然;展望未来,前途无量。

三

说到丝绸之路研究,就不能不提到展示丝绸之路研究成果的窗口——《丝绸之路》杂志。这是一份双月刊,创办于 1992 年 9 月,现由甘肃省丝绸之路协会、甘肃省文物局、西北师范大学联合主办。它以反映古今丝绸之路面貌、弘扬丝绸之路优秀历史文化为宗旨,要在历史与现实、文化与经济、中国与外国、专家与群众之间架起一座桥梁,力求知识性、学术性、现实性、趣味性兼及。

《丝绸之路》依据办刊宗旨,开设过很多富有特色的栏目,如丝绸之路学、丝绸之路知识讲座、丝绸之路研究在国外、西部风景线、情系大西北、西部之星、西部论坛、旅行家、考察纪实、古道之谜、古城系列、重镇今昔、文物大观、文物精品、历史人物、人物春秋、民族风情、宗教文化、艺术天地,以及本刊特稿、大视野、文摘与信息等。创刊6年来,已出版36期,发表大小文章(包括诗歌)千余篇,内容涉及历史、地理、民族、宗教、道路、交通、商业贸易、物产交流、文化传播和文学、艺术等各个方面。每个方面,有总体的概括,也有各分支的探讨。如商业贸易,有概论贸易的,也有分别谈商路、说商人、介绍商业城市的。再如佛教文化,既有对它的源头、传播问题的论述,也有对教派、僧人、石窟寺庙、佛教经典、佛教艺术等的介绍。就石窟而言,有对丝绸之路东段石窟的纵向研究,也有对某一历史时期石窟的横向研究;有对须弥山石窟、北石窟寺、南石窟寺、麦积山石窟、炳灵寺、天梯山石窟、马蹄寺、金塔寺、文殊山石窟、榆林窟、莫高窟中一处石窟的概述,也有对一窟一龛的介绍;有对雕塑、壁画的赏析,也有对石窟艺术美学意蕴的探讨。与丝绸之路有关的人物也是《丝绸之路》关注的对象,先后介绍的有五六十人,其中包括皇帝、使节、朝臣、地方官、僧人、文人、旅行家等,不仅有中国人,也有外国人。丝绸之路沿线古城多,它们不仅受到考古学家的青睐,也常为旅游者光顾,《丝绸之路》对诸如交河故城、高昌故城、北庭故城、楼兰故城、骊靬城、骆驼城、觚得城、黑城等,都有论述。新疆的塔克拉玛干沙漠、罗布泊和青藏高原等人们关注的热点和地区,《丝绸之路》也多次刊载有关探险和考察的文章。

《丝绸之路》的作者遍及全国,而以西北为主;也刊登过法国、美国、日本、加拿大和新西兰等国作者的著作。

《丝绸之路》突出西部风情和多民族色彩,注重文章内容的充实、深刻和文字表达的清新、生动,以求雅俗共赏;注重配发具有历史文化价值和艺术鉴赏价值的图片,以求图文并茂。刊物创办时间不长,已赢得读者好评。1994年在甘肃省社科类期刊评级中,《丝绸之路》被评为一级期刊。近年来,它数次被主管部门推荐参加全国新闻出版展和新加坡中国期刊展。

《丝绸之路诗选注》前言

　　丝绸之路简称"丝路"。丝绸之路开创于古代的东西交往,在公元前139年和前119年张骞先后两次出使西域后畅通。公元1877年,德国地理学家李希霍芬在《中国》一书里说,丝绸之路是"公元前114年到公元127年间,中国与河中地区以及中国与印度之间,以丝绸贸易为媒介的西域交通路线"。后来,一些考察队和学者考察并进一步研究了这条中西经济、文化交流之路的形成和发展。

　　关于丝路的起点,学术界大多认定为西汉都城长安,也有人认定为洛阳。由于学术界又提出草原丝路和海上丝路,并将原来的丝路定名为绿洲丝路,于是有了三条丝路干线,其起点只好笼统定为中国。

　　本书所说的丝路,指绿洲丝路和部分草原丝路,起点为长安。不过,这里扩点成面,将关中一带全囊括在内了。这条路由关中西行,经甘肃、宁夏、青海、新疆,出境后穿过许多亚洲国家,通向非洲和欧洲。本书选诗范围仅限于中国段,即陕西关中、甘肃、宁夏、青海和新疆五省区内。

一

　　中国西北五省区地域浩瀚辽阔,汇集了大山高峰、冰川雪岭、高原盆地、平原丘陵、台地绿洲、沟壑原坪、瀚海戈壁、丹霞石林、茫茫草原、莽莽森林、长河深湖、瀑布飞虹等多种自然景观。西北五省区历史文化悠久,积聚着众多文物古迹,如古代文化遗址、古代墓群、古代城址、帝王陵寝、名人墓祠、梵刹宝塔、佛教石窟、道教宫观、清真寺、古建筑、博物馆、岩画等,还有各地的民族风情。这些均属人文景观。不论自然景观还是人文景观,经过当今人们的策划和开发,丰富的旅游资源更加闪光诱人。

今天,人们依据景点(区)的内容或方位,设计出了几种不同的旅游。一种按景点的内容分为森林旅游、生态旅游、风景旅游、文物旅游等;另一种按一个省区省会的四方分为东线游、西线游、南线游、北线游;再一种是按景点内容划分的专线游,如古都文化游、丝绸之路访古游、唐蕃古道游、黄河探源游、黄河漂流游、塞外观光游、大漠戈壁游、草原风光游、石窟艺术游、万里长城游、世界屋脊游、登山探险游、民族风情游、藏传佛教朝圣游、革命史迹游等。不管哪种旅游,最终都要落脚到景点上。如甘肃推出的"精品旅游",即指重要景点的旅游。所谓"精品",主要指"甘肃王牌旅游景点"。

丝路景点很多,不能全部罗列,以下择要按省区略加编排。

(一)

陕西关中,北依北山,南界秦岭,属渭河平原,号称"八百里秦川"。它东接中原,西连陇东,是中华民族的发祥地之一,历史悠久,文化灿烂,旅游景点密布。

陕西的国家重点风景名胜区有华山、合阳洽川、黄河壶口瀑布、临潼骊山、黄帝陵和宝鸡天台山6处。其省级风景名胜区共21处,地处关中的有南五台、药王山、玉华宫、五丈原、周公庙、东湖、玉女潭、硒溪钓鱼台和吴山9处。

陕西的森林、地质公园有数十处,分别属国家级、省级、市级和县级。其中属国家级而地处关中的,有临潼骊山、王顺山、翠花山山崩、终南山、朱雀、楼观台、太白山、宝鸡天台山和通天河。其他森林公园尚多,如少华山、石鼓山、太兴山、沣峪、太平峪、红河谷和龙门洞等,

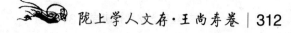

就是其中的一部分。

陕西有 20 余处自然保护区,其中属国家级的 8 处,即周至、太白山、牛背梁、佛坪、长青、汉中朱鹮、化龙山和子午岭。其他自然保护区有三门峡水禽、野河、大鲵、老县城、牛尾河、摩天岭、紫柏山、石门山、黄龙山等。

此外,还有莲湖公园、革命公园、兴庆宫公园、植物园、大兴善寺公园、大唐芙蓉园、高冠瀑布、渼陂、圭峰山、紫阁山等景点,也应列入风景名胜区。

关中最耀眼的是星罗棋布的文物古迹。先说古遗址。旧石器时代的遗址有 * 蓝田猿人遗址①、陈家窝遗址、涝池河遗址、* 甜水沟遗址、窑头沟和鸭儿沟遗址等;新石器时代的遗址有 * 半坡遗址、* 姜寨遗址、* 康家遗址、* 老牛坡遗址、* 元君庙—泉护村遗址、客省庄遗址、横陈遗址、浐西庄遗址、案板遗址、下孟村遗址、北首岭遗址、福临堡遗址等。此外,还有春秋以后的 * 郑国渠首遗址、* 魏长城遗址、* 栎阳城遗址、* 良周遗址、* 灞桥遗址、* 东渭桥遗址、潼关故城、十二连城等。

"秦中自古帝王都"。由于先后有十个王朝在关中兴邦建都,所以关中多兴邦建都的遗迹。这主要指都城、宫殿等遗址,如 * 周原遗址、* 丰镐遗址、* 秦雍城遗址、* 秦咸阳城遗址、* 汉长安城遗址、* 隋大兴唐长安城遗址、* 阿房宫遗址、鸿门宴遗址、* 甘泉宫遗址、* 京师仓遗址、* 隋仁寿宫遗址、* 大明宫遗址、兴庆宫遗址、* 华清宫遗址、* 玉华宫遗址、* 九成宫遗址等。

关中建都时间长,自然帝王陵墓也多,而且密集。* 黄帝陵虽在黄陵县,但接近关中。炎帝陵在宝鸡市。周文王、周武王陵在西安市。

①凡标注"*"者,为全国重点文物保护单位。

秦国 18 位国君陵墓在凤翔县。*秦始皇陵、秦二世墓在西安市。西汉 11 座帝陵中的 9 座在咸阳市北原，即*高祖长陵、*惠帝安陵、*景帝阳陵、*武帝茂陵、*昭帝平陵、*元帝渭陵、*成帝延陵、*哀帝义陵、*平帝康陵。另外两座在西安市，即*文帝霸陵、*宣帝杜陵。前秦苻坚墓在彬县。*西魏文帝永陵、北周文帝成陵在富平县。*隋文帝泰陵在咸阳市。唐代 20 座帝陵中的 18 座分别在关中蒲城县、富平县、三原县、泾阳县、礼泉县、乾县境内。这 18 座陵即*高祖献陵、*太宗昭陵、*高宗和武则天乾陵、*中宗定陵、*睿宗桥陵、*玄宗泰陵、*肃宗建陵、*代宗元陵、*德宗崇陵、顺宗丰陵、*宪宗景陵、*穆宗光陵、*敬宗庄陵、*文宗章陵、*武宗端陵、宣宗贞陵、*懿宗简陵、*僖宗靖陵。武则天母亲之墓称*顺陵，在咸阳市。*秦始皇陵及兵马俑，已被联合国教科文组织列入"世界文化遗产名录"。

关中名人墓和祠庙较多。如*仓颉墓与庙、*大禹庙、姜嫄墓、公刘墓、*公输堂、周公庙、王翦墓、萧何墓、陆贾墓、卫青墓、霍去病墓、霍光墓、苏武墓、*司马迁墓和祠、马援墓、班固墓、五丈原武侯祠、李靖墓、魏徵墓、孔颖达墓、房玄龄墓、尉迟恭墓、李勣墓、李光弼墓、杜公祠、杨贵妃墓、柳公权墓、寇準墓、张载墓和祠等。这些墓的主人，有些是葬在家乡，如王翦葬富平县，马援、班固葬扶风县，柳公权葬铜川市耀州区，寇準葬渭南市，张载葬眉县等。有些人是朝廷的文臣武将，死后陪葬帝陵。如萧何陪葬汉高祖长陵，卫青、霍去病、霍光陪葬汉武帝茂陵，李靖、魏徵、孔颖达、房玄龄、尉迟恭、李勣陪葬唐太宗昭陵。诸葛亮墓在陕南勉县定军山。他逝世于五丈原，故建祠纪念。在他经历过的四川成都和白帝城、甘肃礼县祁山等地也有武侯祠。

由丝路传入中国的佛教，沿途留下了大量遗迹，佛寺及塔即其中之一。古代关中佛寺很多，有些已被历史长河淹没，也有少数得以存留。佛寺如韩城普照寺，白水飞泉寺，蒲城北塔寺，*蓝田水陆庵，西安冈极寺、卧龙寺、广仁寺、荐福寺、大兴善寺、青龙寺、慈恩寺,西安市长安区兴教寺、华严寺、香积寺,户县草堂寺,咸阳安国寺,泾阳太壶寺,铜川香山寺,兴平双山寺,周至仙游寺,乾县兴国寺,淳化龙盘寺,扶风法门寺,＊长武昭仁寺,麟游卧龙寺,陇县青龙寺等。塔如合阳罗山寺塔,澄城精进寺塔,蒲城北塔和南塔,大荔金龙寺塔,渭南下饼塔,西安万寿寺塔、＊小雁塔、＊大雁塔,西安市长安区＊兴教寺塔、＊香积寺善导塔,＊户县鸠摩罗什舍利塔,咸阳千佛铁塔,高陵昭慧寺塔,＊泾阳崇文塔,三原中王堡木塔,富平法源寺塔,铜川宋塔,兴平北塔,武功报本寺塔,周至八云塔,仙游寺法王塔,礼泉金龟寺塔,＊旬邑泰塔,乾县香严寺塔,扶风法门寺真身宝塔,永寿武陵寺塔,＊彬县塔,岐山太平寺塔等。

陕西石窟,以陕北为多。关中一带主要有韩城七佛洞石窟,合阳梁山千佛洞,宜君福地石窟,白水暗门山石窟,淳化金川湾石窟,旬邑千佛洞、留石石窟、马家河石窟寺,＊彬县大佛寺石窟,＊麟游慈善寺石窟、石鼓峡石窟,太白鲁班桥石窟,凤翔金马山石窟,陇县佛爷崖石窟等。

关中的道教庙宇主要有＊韩城城隍庙,＊澄城城隍庙神楼,＊华阴西岳庙、玉泉观,渭南三清殿、关帝庙,＊西安城隍庙、八仙庵、东岳庙,＊三原城隍庙,铜川市耀州区药王山药王庙,户县重阳宫,周至楼观台,武功城隍庙,礼泉城隍庙,乾县城隍庙,扶风清真观玉清殿,彬县老君庙,麟游仙游观,宝鸡金台观,陇县龙门洞等。

关中最大的清真寺是＊西安化觉巷清真大寺和大学习巷清真寺。此外,各回族聚居区都有清真寺,无法一一列出。

文庙即孔庙。孔子是中国影响最大的历史人物之一,其庙曾遍布全国。沧海桑田,文庙今已所剩无多。关中现存文庙有＊韩城文庙、合阳文庙、蒲城文庙、咸阳文庙、泾阳文庙、铜川市＊耀州区文庙、户县文庙、兴乎文庙大成殿、礼泉文庙等。

其他古建筑和近现代重要史迹有 * 韩城党家村古建筑群、西安灞桥、* 西安城墙、* 西安钟楼与鼓楼、西安事变旧址、* 八路军西安办事处旧址等。

关中的博物馆主要有秦始皇兵马俑博物馆、临潼县博物馆、半坡遗址博物馆、陕西省历史博物馆、* 西安碑林博物馆、* 药王山博物馆、耀州瓷窑博物馆、咸阳市博物馆、茂陵博物馆、昭陵博物馆、乾陵博物馆、* 重阳宫祖庵碑林、法门寺博物馆、扶风县博物馆、西周青铜器博物馆、宝鸡市博物馆等。这些博物馆馆藏丰富,各有特点。

(二)

甘肃地域狭长,东南与陕西、四川交界,西北与新疆相接,境内高山、峡谷、高原、盆地、平原、丘陵、沙漠、戈壁等地貌兼备。其历史文化悠久,也是中华民族的发祥地之一,文物古迹众多。

甘肃的国家重点风景名胜区有崆峒山、麦积山、鸣沙山—月牙泉3处。云崖寺、兴隆山、郎木寺、马蹄寺等,属省级风景名胜区。市、州、县级风景名胜区较多,不再一一罗列。

甘肃的国家级森林公园有 21 处,即周祖陵、云崖寺、小陇山、麦积山、鸡峰山、天池、沙滩、大峡沟、官鹅沟、腊子口、贵清山、大峪、渭河源、冶力关、莲花山、松鸣岩、石佛沟、徐家山、吐鲁沟、天祝三峡和寿鹿山。国家级地质公园有 4 处,即崆峒山、刘家峡恐龙、黄河石林和敦煌雅丹。省级森林公园更多,如巴家嘴、五龙山、太统山、莲花台、老君山、仁寿山、铁木山、岳麓山、南阳山、南龙山、五一山、石头坪、焉支山、海潮坝、张掖等,即其中的一部分。

甘肃的自然保护区属国家级的有 13 处:太统—崆峒山、小陇山、白水江、莲花山、尕海—则岔、兴隆山、连城、连古城、祁连山、盐池湾、瓜州极旱荒漠、安南坝、敦煌西湖。属省级的有麦草沟、灵官峡、黑河、太子山、寿鹿山、长岭山、张掖东大山、干海子、苏干湖等。

甘肃的普通公园有西峰东湖公园,平凉柳湖公园、虎山公园,庄浪紫荆公园,天水人民公园、南郭寺公园、中山公园、植物园、龙园、马跑泉公园,陇西仁寿山公园,兰州兰山公园、五泉山公园、白塔山公园、雁滩公园、小西湖公园、仁寿山公园、西固公园,临夏红园、东郊公园、龙首山公园,白银金鱼公园,武威沙漠公园,民勤沙生植物园,永昌北海子公园,山丹南湖公园,张掖甘泉公园,酒泉西汉酒泉胜迹,嘉峪关人民公园、酒钢公园、雄关公园等。

甘肃也是一个文物古迹丰富的省份。甘肃省文物局原局长马文治曾将甘肃文物的优势归纳为石窟、简牍、长城、彩陶、古遗址五个方面,这是符合实际的。

作为甘肃优势文物之一的古遗址,已见介绍的即有260多处。旧石器时代的遗址有巨家塬遗址、楼房子遗址、刘家岔遗址、牛角沟遗址、"武山人"遗址等;新石器时代的遗址有 * 南佐遗址、* 大地湾遗址、* 马家窑遗址、* 齐家坪遗址、寺洼遗址、地巴坪遗址、半山遗址、林家遗址、娘娘台遗址、四坝滩遗址、东灰山遗址、火烧沟遗址等。西周以后的遗址有 * 骆驼城遗址、* 锁阳城遗址、* 大堡子山遗址及墓群、* 黑水国遗址、* 悬泉置遗址、* 许三湾城及墓群、* 白塔寺遗址等。

甘肃古墓葬也不少,如白草坡西周墓、放马滩战国秦汉墓群、北城滩汉唐墓群、兴泉汉墓群、* 雷台汉墓、王景寨墓群、汉滩坡墓群、磨嘴子汉墓群、五坝山墓群、乱墩子汉墓群、八卦营墓群、黑水国墓群、下河清汉墓群、丁家闸十六国墓、* 果园—新城墓群、佛爷庙—新店台墓群等。

甘肃的名人墓有周祖陵、扶苏墓、傅介子墓、李广墓、赵充国墓、王符墓、姜维衣冠墓、皇甫谧墓、李虎墓、李元谅墓、牛僧孺墓、吴玠墓、王吉墓、*汪氏家族墓地、彭泽墓、肃王墓、吾艾斯墓等。

长城是甘肃的又一优势文物。甘肃境内有长城3000多公里,包括战国秦长城、汉长城和明长城。秦长城起自临洮,经渭源、陇西、通渭、静宁入宁夏西吉,又经宁夏固原、彭阳入甘肃镇原,经环县、华池,与陕北长城相接,长800多公里。汉长城有两条:一条东起古居延,经金塔、玉门、安西入敦煌,以玉门关以西榆树泉沼泽地为其终点;另一条从永登县境河口起向西北行,经古浪、武威、民勤、永昌、山丹、张掖、临泽、高台到金塔,全长1000余公里。明长城西起嘉峪关,向东经酒泉、金塔、高台、临泽、张掖、山丹、永昌、民勤、武威、古浪、景泰、靖远而进入宁夏;另有一条复线从武威黄羊镇以东主干线分出,越乌鞘岭,经永登、兰州、靖远而进入宁夏,全长约1200公里。万里长城——嘉峪关、玉门关及长城烽燧遗址属全国重点文物保护单位。长城已被联合国教科文组织列入"世界文化遗产名录"。

甘肃的石窟,超过百处。其中*莫高窟(包括西千佛洞)享誉全球,是全国石窟中唯一被联合国教科文组织列入"世界文化遗产名录"的。其他著名石窟还有*榆林窟(包括东千佛洞)、*麦积山石窟、*炳灵寺石窟、*北石窟寺、*南石窟寺、*水帘洞—大像山石窟、*天梯山石窟、*马蹄寺石窟群、*文殊山石窟。此外,还有不少有参观价值的石窟,如保全寺石窟、张家沟门石窟、莲花寺石窟、万山寺石窟、石空寺石窟、玉山寺石窟、王母宫石窟、罗汉洞石窟、石拱寺石窟、陈家洞石窟、红崖寺石窟、云崖寺石窟、金莲洞、八峰崖石窟、法镜寺石窟、华盖寺石窟、木梯寺石窟、禅殿寺石窟、鲁班山石窟、铁笼山石窟、寺儿湾石窟、法泉寺石窟、接引寺石窟、沿寺石窟、昌马石窟、五个庙石窟等。

甘肃佛寺很多。有些曾经被毁,今又重修;有些仅存部分建筑,已无佛像。以下列举其中部分:崇信龙泉寺,平凉龙隐寺,张家川正觉寺,* 秦安兴国寺,天水南郭寺、瑞莲寺、槐花寺、渗金寺,西和象龟寺、白雀寺,甘谷蔡家寺、皇觉寺,定西西岩寺,武山官寺、东华寺,贵清山中峰寺,陇西大雄寺,通渭法海寺,临洮卧龙寺,康乐西峰窝寺,广河太子寺,和政普陀山寺,* 夏河拉卜楞寺、合作寺、沙沟寺,临夏宝觉寺、龙泉寺,兰州白衣寺、五泉山嘛呢寺、白塔山法雨寺、石佛沟灵岩寺,永靖罗家洞寺,永登妙因寺、海德寺、感恩寺,天祝天堂寺、祝贡寺、达隆寺、极乐寺、毛藏寺、华藏寺、夏玛寺,武威罗什寺、松涛寺、海藏寺、白塔寺,民勤圣容寺,民乐圣天寺,* 张掖大佛寺、西来寺,肃南文殊寺、沙沟寺。

甘肃的古塔主要有 * 宁县凝寿寺塔、湘乐砖塔,合水塔儿湾造像塔,华池双塔寺造像塔,* 东华池塔、白马万佛塔、脚扎川万佛塔,环县砖塔,西峰肖金砖塔,平凉宝塔、崆峒山凌空塔,甘谷李家沟土塔,陇西文峰塔,临洮文峰塔,兰州白衣寺塔、白塔山白塔,武威罗什寺塔、白塔寺塔、双城镇土塔,民勤镇国塔,* 永昌圣容寺塔、北海子塔,* 民乐圆通寺塔,张掖大佛寺金刚宝座塔、万寿寺木塔,金塔县金塔,敦煌白马塔、老君堂慈氏塔、成城湾华塔等。

甘肃的道教庙宇有环县兴隆山道观,西峰兴隆观,泾川王母宫、城隍庙,平凉崆峒山道观,秦安泰山庙,清水万紫山道观,天水玉泉观、城隍庙、老君庙、石门道观,成县泰山庙、鸡峰山道观,礼县赤土山泰山庙,武山西堡魁星阁、洛门关帝庙,陇西祖师庙、城隍庙、仁寿山道观,临洮岳麓山道观,临夏万寿观,榆中兴隆山道观,兰州白云观、金天观、城隍庙、药王洞,靖远祖师殿,古浪昌灵山道观、大靖财神殿、土门三义殿,武威雷台观、王城堡魁星阁、下双寨大庙,民勤东镇太庙,张掖老君庵,临泽仙姑庙,高台魁星楼,酒泉药正宫,玉门老君庙,敦煌西云观等。不少寺庙为佛道合一,这里不一一分列。

甘肃的清真寺(包括拱北)很多。平凉市崆峒区开放的清真寺有

296座,拱北两座,其中主要有北大寺、秦陇寺、西寺、杜沟寺和高平寺等。张家川回族自治县有清真寺420座,如西大寺、东大寺、后寺、龙山镇清真西大寺、宣化岗北山道堂寺。天水有后街清真寺、西关清真寺、红台清真寺等。临夏回族自治州有清真寺2500多座。临夏市的清真寺主要有清真老王寺、清真老华寺、南关清真大寺、清真韩家寺、清真前河沿寺;拱北有大拱北、榆巴巴拱北。兰州清真寺也不少,如西关清真寺、南关清真寺、新关清真寺、绣河沿清真寺、桥门清真寺等。酒泉有酒泉清真寺。清真寺建筑,有些为中国古代宫殿式,有些为阿拉伯式。

甘肃现存文庙主要有正宁罗川文庙大殿、镇原文庙大殿、秦安文庙大成殿、天水文庙、西和文庙大成殿、礼县文庙大成殿、甘谷文庙大成殿、巩昌府文庙、会宁文庙大成殿、兰州府文庙大成殿、皋兰文庙、*武威文庙等。

其他古建筑与近现代重要史迹有宁县狄梁公庙,庆城岐伯殿、慈云寺钟楼、"周旧邦"木坊、西峰赵氏石坊,*崇信武康王庙,秦安女娲庙,天水陕省会馆、*伏羲庙、*胡氏民居,,双玉兰堂、东柯杜甫草堂,陇西威远楼、河浦山保昌楼,哈达铺红军长征旧址,渭源灞陵桥、首阳山清圣祠、*会宁红军会师旧址,临夏镇边楼、东公馆、蝴蝶楼,兴隆山云龙桥,兰州中山桥、八路军办事处旧址,靖远钟鼓楼,*永登鲁土司衙门旧址,古浪罗汉楼,武威贾宅、大云寺钟楼,民勤瑞安堡,永昌钟鼓楼,山丹无量阁,张掖镇远楼、山西会馆、民勤会馆,酒泉鼓楼。

甘肃的博物馆有庆阳地区博物馆、庆阳民俗博物馆、平凉地区博物馆、天水市博物馆、定西地区博物馆、临洮县博物馆、甘肃省博物馆、兰州市博物馆、兰州碑林、临夏回族自治州博物馆、甘南藏族自治州博物馆、拉卜楞寺文物陈列馆、武威地区博物馆、武威市博物馆、张掖市博物馆、山丹艾黎捐赠文物陈列馆、酒泉市博物馆、嘉峪关长城博物馆、敦煌市博物馆、敦煌民俗博物馆等。

甘肃的岩画有玛曲国庆岩画，靖远吴家川岩画，永昌涝池沟岩画、北山岩画、红羊圈岩画、韩家峡岩画、花大门岩画、肃南榆木沟岩画，嘉峪关黑山岩画，玉门昌马岩画，肃北野牛沟岩画、灰湾子岩画、七个驴岩画等。

（三）

宁夏回族自治区面积仅 6.64 万平方公里，是西北五省区面积最小的，但其旅游资源也比较丰富。特别是这里的大漠风光、黄河风情、西夏和伊斯兰文化，别具一格，令人赞叹。

宁夏有国家重点风景名胜区西夏王陵，还有自治压重点风景名胜区六盘山、沙坡头、青铜峡和沙湖。宁夏的国家级森林公园有六盘山、花马寺和苏峪口 3 处，还有一处火石寨国家级地质公园。国家级自然保护区有 7 处，即六盘山、沙坡头、罗山、盐池滩羊、哈巴湖、白芨滩和贺兰山。其他自然保护区有凉殿峡、青铜峡等。

宁夏湖泊数量不少，但面积较小。其中最大的是惠安堡盐湖，面积 16.8 平方公里。最大的堰塞湖是西吉党家岔堰湖，面积 1.87 平方公里。最大的淡水湖是最负盛名的沙湖，面积 8.2 平方公里。此外，数得上的湖还有高墩湖、东湾湖、大湖、岛嘴湖、月牙湖、西大湖、明水湖、镇朔湖、高庙湖等。在银川平原上还有许多更小的湖，今知其名的有鹤泉湖、海子湖、华雁湖、银湖、北塔湖、宝湖、西滩湖、北大湖、饮马湖、窑湖、珍珠湖等。

宁夏还有一些值得一游的景点，如泾源的大雪山、二龙河、老龙潭、野荷谷、胭脂峡、秋千架，银川的滚钟口、华夏西部影视城等。宁夏的普通公园有固原的西湖公园，灵武的西湖公园、城市花园，银川的植物园、回族风情园、丽景湖公园、游乐园、中山公园、西夏公园、河滨公园，贺兰的贺兰山公园，石嘴山的绿园和青山公园等。

下面说宁夏的文物古迹。

宁夏旧石器时代的遗址有 * 水洞沟遗址、鸽子山遗址。新石器时代的遗址有页和广遗址、周家嘴头遗址、古城遗址、店河遗址、柴家梁遗址、铁家沟遗址、闵庄遗址、兴隆遗址、曹洼遗址、菜园遗址、红城水遗址、暖泉遗址、高仁镇遗址等。秦汉以后的遗址有彭阳故城、朝那古城遗址、阳晋川古城遗址、七营北嘴古城遗址、黄铎堡古城遗址、北十里秦汉遗址、瓦亭占城遗址、* 开城遗址、火家集古城遗址、陀昌古城遗址、西安州古城、韦州城遗址、清水营堡遗址、省嵬城遗址等。

宁夏境内的长城有秦长城和明长城。* 宁夏秦长城遗址在南部西吉、固原、彭阳三市县境内,东西走向,长 200 余公里。宁夏境内的明长城分三段,称西边墙、北边墙、东边墙。西边墙自中卫市向北,沿贺兰山经青铜峡、银川、平罗至石嘴山市惠农区,长 250 余公里。北边墙在石嘴山市和平罗县境,东西走向,长 90 公里。东边墙在银川市、水宁县、灵武市东界和盐池县东部,有"河东墙"与"深沟高垒"两道,长 320 多公里。

宁夏也有一些古墓葬,如中河西周墓、彭堡春秋战国墓、杨郎春秋战国墓、关马湖汉墓、新集北魏墓、固原南郊北魏墓、李贤夫妇合葬墓、* 西夏王陵等。西夏王陵规格最高,规模最大。

宁夏是中国最大的回族聚居区。回族信仰伊斯兰教,因而宁夏多伊斯兰教的寺院清真寺。宁夏有清真寺 3000 多座,其中主要有泾源北伍家清真寺、固原西关清真寺、固原南寺、固原三营清真大寺、西吉单明清真寺、西吉硝河清真寺、海源清真大寺、* 同心清真大寺、韦州清真大寺、灵武台子清真寺、永宁纳家户清真大寺、银川南关清真大寺、银川清真北寺、滚钟口清真寺、平罗通伏大寺、平罗县城清真寺、平罗灵沙清真寺、石嘴山中街清真寺等。宁夏的拱北有固原二十里铺拱北、西吉沙沟拱北、海原韭菜坪拱北、吴忠四旗梁子拱北等。

宁夏的石窟有泾源石窟湾石窟、彭阳无量山石窟、西吉扫竹岭石窟、西吉禅佛寺石窟、*固原须弥山石窟、海原天都山石窟、盐池灵应山石窟、中宁石空寺石窟等。其中最著名的是须弥山石窟。

宁夏的佛寺除上述石窟寺外，还有中卫高庙保安寺、中卫宣和堡羚羊寺、中卫香山寺、青铜峡牛首山万佛阁与净土寺、青铜峡瞿靖乡马站观音寺、灵武马鞍山甘露寺、永宁李俊正觉台寺、银川承天寺、银川海宝塔寺、贺兰插旗口磨盘寺、贺兰马兰口龙泉寺、平罗武当山寿福寺、平罗姚伏田州塔皇柢寺、石嘴山头闸观音寺等。

宁夏的佛塔有彭阳瓔珞宝塔、*青铜峡一百〇八塔、灵武镇河塔、银川承天寺塔、*银川海宝塔、贺兰宏佛塔、*拜寺口双塔等。

宁夏的道教庙宇有固原魁星楼，中卫高庙、老君台全真观，永宁雷祖庙，银川玉皇阁，平罗玉皇阁等。

宁夏的其他古建筑有董宫保府、银川南董门、银川鼓楼、平罗鼓楼等。

宁夏的博物馆有宁夏回族自治区博物馆、西夏博物馆、固原博物馆、西吉钱币馆等。银川植物园的沙海诗林为碑林。

宁夏的岩画主要集中在贺兰山，如青铜峡广武沟砂石梁岩画，贺兰回回沟岩画、苏峪口岩画、贺兰口岩画、插旗口岩画、小西佛沟岩画、大西佛沟岩画，平罗归德沟岩画，石嘴山小枣沟黑石峁岩画等。

（四）

青海省地处青藏高原西北部，境内高山绵亘，雪峰冰川银光闪耀，河流纵横，湖泊星罗棋布，风光雄奇壮阔。

阿尼玛卿山、年保玉则峰、格拉丹冬、布喀达坂峰、玉虚峰、玉珠峰等，以其神秘的色彩吸引着探险的勇士。柴达木盆地的海虾化石山、贝壳梁等，又为游人提供了高原罕见的海中动物化石奇观。

青海的风景名胜区还有民和七里寺药水泉、东沟瀑布，湟中莲花山、南朔山,互助下河风景区、青石岭风景区、五峰山和娘娘山,大通老爷山,门源狮子崖,湟源日月山,祁连山森林风景区,循化安岗瀑布,泽库麦秀林场,格尔木一步天险,玛多尕泽山等。

青海省湖多,据统计,面积1平方公里的湖有266个。其中青海湖为全国首屈一指的大湖,鸟岛有极为壮观的鸟类奇观,已被列入国家重点风景名胜区。此外,鄂陵湖、扎陵湖、孟达天池、可鲁克湖、托素湖等,无不令人神往。青海的天然湖泊中中继湖较少,大多为终端湖,一般为咸水湖。青海湖就是全国最大的终端湖。青海还有人工湖,这就是龙羊峡水库和李家峡水库,既是水电工程,又是旅游景点。

盐湖为青海的一大景观。格尔木北部的察尔汗盐湖是世界第二、中国第一大内陆盐湖。此外,还有茶卡盐湖、柯柯盐湖、昆特依盐湖、万丈盐桥等。这里是迷人的盐的世界,有五彩缤纷的盐田风光,能给人留下滋味深长的记忆。

青海的森林公园与盐田形成鲜明对照,一绿一白,相互映衬。这里有尖扎坎布拉、湟中群加、互助北山和门源仙米4个国家级森林公园。其他森林公园有察罕河、鹞子沟和麦秀等。

青海的国家级自然保护区有孟达、青海湖鸟岛、隆宝滩、三江源、可可西里5处。青海多有黑颈鹤栖息繁殖,故有几处黑颈鹤自然保护区,除上举隆宝滩外,在曲麻莱县、天峻县等地也有。

此外,还有人民公园、南山公园、文化公园、儿童公园、朝阳公园、动物园、植物园、西海公园、西海度假村等景点。

下面谈青海的文物古迹。

青海的古遗址较多,如 * 马厂塬遗址、* 喇家遗址、阳洼坡遗址、齐家文化遗址、卡约文化遗址、金巴台古城遗址、* 西海郡故城遗址、尕海城遗址、下塘台遗址、宋代三角城遗址、巴燕遗址、完谢遗址、拉毛遗址、马克唐遗址、东干木遗址、铁城山古城遗址、穆格滩南坎沿遗址、冬次多城遗址、兔儿滩遗址、斗后宗古城、羊曲遗址、希里沟古城遗址、香日德城遗址、＊塔温搭里哈遗址等。

青海的古墓葬有柳湾墓地、上滩墓地、大湾口墓群、八寺崖墓群、下西台墓群、＊热水墓群、囊谦王族墓等。

青海的佛寺主要是藏传佛教寺院，其中尤以格鲁派（黄教）寺院为多。湟中＊塔尔寺为最享盛名的格鲁派寺院。其他佛寺还有乐都＊瞿昙寺、西来寺，平安夏宗寺，化隆丹斗寺、夏琼寺，循化文都寺、古霄寺，互助五峰寺、佑宁寺、却藏寺，西宁大佛寺、金塔寺、南禅寺，湟源敦尔寺，大通广惠寺，尖扎阿琼南宗寺，同仁＊隆务寺、吾屯寺、琼贡寺、郭麻日寺，泽库和日寺，贵德罗汉堂寺、珍珠寺，同德石藏寺、赛拉亥寺，兴海赛宗寺，玛沁拉加寺，甘德夏日乎寺，班玛郎巴寺，玛多和科寺，门源仙米寺、珠固寺，海晏白佛寺、沙陀寺，刚察大寺，祁连夹道寺，乌兰都兰寺、茶卡寺，称多色航寺、尕藏寺、赛巴寺，玉树结古寺、＊藏娘佛塔及桑周寺、掸古寺，囊谦达那寺、嘎丁寺等。石窟有门源岗龙沟石窟寺。

青海的回族、撒拉族民众信仰伊斯兰教。青海的伊斯兰教清真寺主要有西宁东关清真大寺、平安洪水泉清真大寺、大通清真寺、循化街子清真寺等；青海的拱北有循化奄古禄拱北等。

青海的道教庙宇有西宁北禅寺、湟源城隍庙、贵德＊玉皇阁等。

其他古建筑和近现代重要史迹有＊贵德文庙、玉树文成公主庙、＊第一个核武器研制基地旧址等。

青海最大的博物馆是青海省博物馆。

青海的岩画主要有共和切吉岩画、湖里木沟岩画，刚察舍卜齐沟岩画，哈龙岩画，天峻鲁芒沟岩画、卢山岩画、都兰鲁森沟岩画、巴哈莫里沟岩画，德令哈怀头他拉岩画，格尔木野牛沟岩画，称多赛康岩画，玉树勒巴沟岩画等。

（五）

新疆是我国面积最大的省区,有166万平方公里,占全国国土总面积的1/6。境内有多种地貌,而且以大为特色,如大山系、大雪峰、大冰川、大盆地、大沙漠等。这里地势大起大落,有世界第二高峰乔戈里峰,海拔达8611米,有世界第二低地艾丁湖,低于海平面154米。

在新疆的阿尔泰山、天山、昆仑山、喀喇昆仑山、准噶尔盆地、塔里木盆地,自然景观各不相同,各有特点。特别是横亘新疆中部的天山,是众多资源汇聚之地,是新疆的象征,也是旅游的胜地。

新疆山大,其景壮观;山间多沟,其景优美。游过新疆的人大多知道葡萄沟、果子沟,那是令人流连忘返的地方。其他如庙儿沟、吐峪沟、白杨沟、水磨沟、松树沟等,也令人神往。

新疆湖泊多,有100多个。其中主要有巴里坤湖、艾丁湖、盐湖、柴窝堡湖、天池、乌伦古湖、白沙湖、喀纳斯湖、艾比湖、赛里木湖、博斯腾湖、天鹅湖、大小龙池、喀拉库勒湖、阿克赛钦湖、阿牙克库木湖、阿其克库勒湖等。

天山天池、库木塔格沙漠、博斯腾湖、赛里木湖为国家重点风景名胜区。自治区级风景名胜区主要有白石头、火焰山、葡萄沟、坎儿井、水磨沟、乌鲁木齐南山、白杨沟、菊花台、青格达湖、乌尔禾魔鬼城、艾比湖银沙滩、怪石峪、神木园等。风景区不论大小和级别,多是奇异独特的。

新疆建立自然保护区23个,其中国家级的9个:罗布泊野骆驼、阿尔金山、塔里木胡杨、巴音布鲁克、托木尔峰、西天山、艾比湖湿地、甘家湖和喀纳斯。其他自然保护区有雅丹地貌、卡拉麦里山、布尔根河狸、野巴旦杏林、五彩河、塔什库尔干、普鲁火山等。

新疆的国家级森林、地质公园有16处,如哈密天山、奇台南山、天池、照壁山、奇台硅化木—恐龙地质公园、可可托海湿地地质公园、贾登峪、白哈巴、巩乃斯、那拉提、唐布拉、乌苏佛山、恰西、科桑溶洞、金湖杨等。普通公园主要有哈密的人民公园,乌鲁木齐的人民公园、红山公园、水磨沟公园、鲤鱼公园,昌吉的民族风情园、揽翠公园,石河子的东公园、西公园,克拉玛依的人民公园、银河公园、朝阳公园、西苑公园,阿勒泰的桦林公园,伊宁的人民公园,喀什的东湖公园与和田的昆仑湖公园等。

再说新疆的文物古迹。

新疆的吉日尕勒遗址属旧石器时代;属新石器时代的有石人子乡遗址、奎屯遗址、木垒遗址、四道沟遗址等。此外,还有 * 白杨沟佛寺遗址、* 大河古城、* 台藏塔遗址、* 高昌故城、* 雅尔湖故城(包括交河故城)、* 北庭故城、* 乌拉泊古城、* 七个星佛寺遗址、* 孔雀柯烽燧群、* 苏巴什佛寺遗址、* 克孜尔尕哈烽燧、* 奴拉赛铜矿遗址、* 楼兰故城遗址、* 罗布泊南古城遗址、* 米兰遗址、* 尼雅遗址、* 安迪尔古城遗址、* 圆沙古城、* 热瓦克佛寺遗址、* 石头城遗址、* 托库孜萨来遗址、* 莫尔寺遗址等。

新疆的古墓葬有 * 焉不拉克古墓群、* 阿斯塔那古墓群、* 三海子墓葬及鹿石、* 切木尔切克石人及石棺墓群、* 察吾乎古墓群、* 吐虎鲁克·铁木尔汗麻扎、* 扎滚鲁克古墓群、* 山普拉古墓群、* 阿巴和加麻扎、五堡古墓群、盖斯麻扎、回王墓、苏巴什古墓、鲁克沁古墓群、艾丁湖古墓、阿拉沟古墓群、乌拉泊水库古墓群、默拉纳额什丁麻扎、买吾拉乃穆墓、乌孙土墩墓、古墓沟墓地、铁板河古墓、札洪鲁克古墓群、山普拉古墓地、巴克达特麻扎、玉素·哈斯·哈吉甫麻扎、马藉穆德·喀什噶里墓等。

佛教是公元前 1 世纪传入新疆的,3 世纪以后盛行于全新疆各地,15—16 世纪衰落。这就是新疆佛教遗迹较多的原因。新疆古代寺塔多已毁坏,现存不多的佛寺是后来建造的,如巴里坤地藏寺、乌鲁木齐水磨沟清泉寺,和靖巴仑台黄庙、*昭苏圣佑庙,伊宁靖远寺等。

新疆的千佛洞(石窟寺)主要有*克孜尔千佛洞、*库木吐喇千佛洞、*柏孜克里克千佛洞、*森木塞姆千佛洞、*克孜尔尕哈石窟、*雅尔湖石窟。此外,还有胜金口千佛洞、吐峪沟千佛洞、七个星千佛洞、玛扎伯哈石窟、托乎拉克埃肯石窟、阿克塔什石窟、玉开都维石窟、喀拉苏石窟、都干石窟、萨喀特喀石窟、英阿瓦提乡石窟、三仙洞、棋盘石窟等。可惜石窟塑像几乎全毁,仅存部分壁画。

伊斯兰教于10世纪中叶始传入新疆,后来得到很大发展。今有维吾尔、哈萨克、柯尔克孜、回、塔吉克、乌兹别克、塔塔尔、撒拉、东乡和保安等10个民族的民众信奉伊斯兰教。在信教民众聚居的城镇、乡村,一般都有清真寺,共有2.4万余座。新疆较大的清真寺有乌鲁木齐汗腾格里清真寺、陕西大寺、南大寺、塔塔尔寺,托克逊博斯坦买德日斯清真寺,库尔勒大清真寺,库车清真大寺,伊宁拜吐拉大寺、回族大寺,*喀什艾提尕尔清真寺,莎车阿力同清真寺等。

新疆的其他古建筑及近现代重要史迹有*苏公塔、*伊犁将军府、惠远钟楼、乌鲁木齐八路军驻新疆办事处旧址、中国工农红军总支队旧址、毛泽民烈士故址等。

新疆的博物馆主要有自治区博物馆、乌鲁木齐市博物馆、吐鲁番地区博物馆、鄯善县西域考古博物馆、哈密地区文物陈列馆、昌吉州博物馆、阿勒泰地区博物馆、和田地区文物管理所等。

新疆的岩画很多,遍及阿尔泰山、天山、昆仑山和阿尔金山。有岩画的县市有伊吾、巴里坤、木垒、奇台、吉木萨尔、青河、富蕴、福海、阿勒泰、布尔津、哈巴河、吉木乃、米泉、阜康、昌吉、呼图壁、玛纳斯、和布克赛尔、塔城、额敏、裕民、托里、温泉、尼勒克、霍城、伊宁、新源、巩留、特克斯、昭苏、哈密、鄯善、托克逊、尉犁、温宿、喀什、且末、于田、皮山等。如巴里坤八墙子岩画、木垒博斯塘岩画、阿勒泰多拉特岩画、额敏

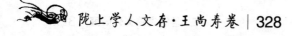

喀拉也木勒石岩画、温泉道兰图岩画、呼图壁康家石门子岩画、哈密白山岩画、米泉独山子岩画、尉犁库鲁克山岩画、皮山桑株岩画等。

二

写丝路景点的诗作不少。尤其关中,地近中原,又是十朝古都长安的所在地,名胜古迹荟萃,游人众多,在古代,特别是唐代,诗人云集,吟咏这一带的诗作成千上万。对西北其他各地,古代也不乏诗人吟咏。如果说古代写西北其他各地的诗作少于关中的话,今天则大为改观。20世纪80年代以来,旧体诗词勃兴,作品的发表、出版,与日俱增,个人或集体的诗词集不胜枚举。在这样的形势下,写丝路景点的诗作也所在多有。这从众多作者的诗集即可看出,也可从《陇上吟》《当代咏陇诗词选》《兰州南北两山绿化之歌》《丝路清韵》《宁夏旅游诗词精选》《中华当代边塞诗词精选》《丝绸之路诗词选集》《当代西域诗词选》《中国百年旅游诗词》等选本得到证实。

丝路一带的山,高擎苍穹,或奇险峻伟,或冰冻雪封,诚为一条雄伟博大的风景线。其中有些山向来为诗人所瞩目。

如华山,为自古有名的西岳,雄踞于由潼关通往长安的大道上。"华岳仙掌"早被列入关中八景。它是西北入诗最多的山,从西晋至清末,写它的诗逾千首。同一作者写几首的不用说,写十几首、几十首的也有,甚至有上百首的。"华山天下险",不少诗形象地展示了华山的这一特点。华山景点多,又有许多神话传说,这些都摄入了诗人的镜头。从总体看,诗作塑造了一座富有灵气的华山。又如太白山,这座秦岭主峰,终年积雪,望之皓然,故名。"太白积雪"也为关中八景之一。清人朱集义《关中八景》诗里就有《太白积雪》一首。自唐以来,历代有诗写及太白山,赞它的高峻,叹它的积雪和灵异等。

古代由关中西行,多经六盘山。这里山路盘绕崎岖,称为"六盘鸟道"。蒙古成吉思汗、宪宗蒙哥、世祖忽必烈曾驻跸此山,但无诗作。明代陈诚,清代邓廷桢、施补华,近代王树枏等经过此山,均有题咏。1935年10月,毛泽东率红军长征过此山后,写了《清平乐·六盘山》一词。今天,写六盘山的诗词更多,笔者见到的约有50首。贺兰山早在南宋岳飞的《满江红·写怀》里写到。此山最高峰常年积雪,"贺兰夏雪"已被列入宁夏八景。咏贺兰山的诗不仅描写它的积雪,也刻画它的雄姿、景点等。

甘肃的避暑胜地兴隆山,游人众多。古代写它的诗作较少,现代才多了起来。笔者所见写此山的诗词不下40首。古代作者描绘其自然风光外,总不忘那里是道士修炼之地。现代作者欣赏的是那里的自然风光,写它的山势、流泉、烟云,把它比作四川的青城山。甘肃河西走廊的祁连山,也多见于诗词。祁连山蒙古语称天山,因在河西走廊南侧,又称南山。平均海拔在4000米以上,多雪峰、冰川。永昌八景中的"天山积雪",山丹、东乐(今民乐)、张掖八景中的"祁连积雪",肃州八景中的"南山积雪",均指此山。在写上述各地八景的诗中,自然少不了它的身影。明代郭登、陈棐的《祁连山》和清代许孙荃的《天山》,都写到它的积雪。

天山,为新疆最著名的大山系。巴里坤早将"天山松雪"列入八景。近代将"天山积雪"列入新疆八景。自唐代以来,就有诗人描写天山,特别是天山雪。唐代诗人岑参两次到西域,有多首描写西域风光的诗,其中自然包括天山。如"四月犹自寒,天山雪蒙蒙""古塞千年空,阴山独崔嵬""天山雪云常不开,千峰万岭雪崔嵬"。此后,金、元、明、清各代,都有诗人描绘大山。今天颂天山者,人有人在,笔者所见今题咏天山的诗词不止40首。

说起山,鸣沙山则是西北沙漠地区的一大奇观。中国有四大鸣沙山,除内蒙古达拉特旗的一处外,其余三处都在西北地区。这三处鸣沙山,本书收宁夏中卫沙坡头和甘肃敦煌鸣沙山两处,新疆木垒的一处(巴里坤哈萨克自治县也有鸣沙山)因未见诗中写及而未收。沙坡头早有清人黄恩锡写过。自从这里被改造过后,面貌发生巨大变化,诗人为此留下首首颂歌,令人鼓舞。敦煌的鸣沙山,地处丝路大道,游人较多。写它的诗作不少,所写系自然形态的鸣沙山,令人称奇。

丝路还有一座奇山,这就是吐鲁番的火焰山。这也属荒漠奇观,过往行人无不流连瞻顾。唐代诗人岑参就在《经火山》《使交河郡,郡在火山脚,其地苦热无雨雪,献封大夫》《火山云歌送别》等诗里几次描绘。后代也多有诗人以《火焰山》为题写诗。诗中多能展现火焰山的独特风貌。有些诗里还把它与《西游记》里写的火焰山及孙悟空借芭蕉扇灭火的情节联系了起来,为它注入了文化内涵。

不少景点都是自然景观和人文景观的结合。华山如此,骊山也是这样。"骊山晚照"为关中八景之一。不过骊山主要是以人文景观名世的。古代帝王在此建离宫,尤以唐华清宫声名最著。此地向为诗人所关注;从南北朝至清末,仅笔者所见,作者即有110多人,诗作逾200首。其中唐代最多。这些诗多写唐玄宗宠幸杨贵妃,写安史之乱,或由华清宫的凋零、残破感慨唐代的衰亡。华清池作为今天的游览胜地,游人涌聚。今人写骊山,或指责周幽王"丧邦为宠姬",或批评唐玄宗"淫荡萌生安禄乱",都将矛头指向误国的君王。

崆峒山向以雄秀著称。"崆峒晓翠"或"崆峒玄鹤",早被列入平凉八景。今为列入国家重点风景名胜区的道教名山。从宋至今,写此山的诗词不知有多少,笔者已见者达百首。诗中记游,更描绘其雄奇秀丽的景色。传说轩辕黄帝在此山问道于广成子,不少作品即写到这一神话传说。兰州的五泉山和白塔山,是距市区较近的游览之地。五泉山固有泉水,游人颇多。自明代以来,历有诗作吟咏,近代特别是当代,又远胜前代。笔者所见写五泉山的诗词有180余首,诸如淙淙的洞泉、葱茏的山色、巍峨的古建筑等都得到形象的描绘。霍去病鞭击泉涌的传说，也为有些作者所乐道。白塔山经多年绿化，已满山苍翠。写白塔山的诗词不少于 130 余首，笔锋多汇聚于巍巍白塔，同时，对层林绮峦、亭台楼阁、铁桥黄河等，也多有点染。乌鲁木齐的红山，也是位居市区的一处景点。笔者看到的写红山的诗作，最早为清代纪昀的《乌鲁木齐杂诗》里的一首。清代写红山的诗作很少，而当代猛增，笔者已看到约 20 首，孙钢一人即写 4 首。这些诗写山上花草、古塔、亭阁等，更写远眺所见、所想和所感。作者想象的翅膀随着丝路展开，引人遐思。

写山色，自然不会冷落湖光。

关中湖不多，而且多为人工造就。唐长安城东南隅的曲江池，是一个小湖，但在当时是一处游览胜地，上自皇帝，下至百姓，都来这里。到这里的诗人很多，状景抒怀的诗作也多，笔者见到的在百首以上。唐代以后，曲江渐趋壅塞，以至干涸，受诗人冷淡是自然的。今在原址新建大唐芙蓉园，但时过境迁，千歌万曲唱曲江的情景恐难再现。距长安不远的渼陂，也是唐代的名胜之地，写它的作者有些为著名诗人，如杜甫、岑参、韦应物、韦庄等。风翔东湖也是一个著名风景区，因系苏轼任职时疏凿，更为诗人所乐道。

宁夏的沙湖，形成较晚，但它是沙漠奇观，有"塞上明珠"之称。这里，沙漠与湖泊相偎依，塞北与江南、壮美与秀美融为一体，令人称奇。写它的诗作是猛然多起来的，读之使人游兴油然而生。

青海的湖泊很多，由于地处高寒偏远之地，交通不便，问津者较少。青海湖是我国第一大咸水湖，风光也美，由于同样的原因，不要说古代，近代到过那里的诗人也少。今天则不同，游人多起来了，描述它的诗作也时有所见。

新疆的湖不如青海多，而有游人游览并有题咏者则远多于青海。

天池是很多人盼游的名胜。不过古代游人少,写诗的人更少。现在,是热游之地,写它的诗作日益增多,仅笔者所见,已不止60首。天池是神话传说中西王母的瑶池,有些诗即由此生发。巴里坤湖地处丝路大道,清代即为诗人注目。此湖古名蒲类海,诗便以此为题。喀纳斯湖远在边陲,20世纪80年代以来,游人渐多,并有诗作咏赞。星汉两次游览,有多首描写此湖的诗词作品,是到目前为止写此湖最多的作者。赛里木湖在通往伊犁河谷的大道上,过往行人较多。早在780多年前,丘处机就在《至阿里马城自金山至此以诗纪其行》一诗里写道:"天池海在山头上,百里镜空含万象。""天池海"是丘处机对赛里木湖的称谓。清代祁韵士除《行抵三台观海子》外,还有《赛里木海子》一首。现在写此湖的诗日渐增多。孙一峰两谒此湖,均有题咏。星汉三游此湖,写两诗一词。博斯腾湖未见古人题咏,写此湖的诗作均出自当代作者之手。

关中帝王陵墓是重要的人文景观,吸引着众多游人。诗人的目光主要集中在秦始皇陵、汉武帝茂陵、唐太宗昭陵、唐高宗和武则天乾陵。写帝陵主要是写陵主,对他进行评价,或褒或贬,因人而异。唐代已有李白、王维、白居易、杜牧、许浑等诗人写始皇陵。笔者所见古今写始皇陵和今人写兵马俑的诗词已逾50首。古代作者,或展现秦朝在暴政中的覆灭,或揭示秦始皇求不死药的虚妄,或指斥其厚葬奢侈,各有侧重。今人称颂他统一全国的功绩,也批评他的残暴无道,有褒有贬。兵马俑出土后,作者从兵马俑展开构思,赞叹兵马俑的文物、艺术和历史价值,其中仍包含着对秦始皇的褒贬。已见写茂陵的十多首诗作,对汉武帝的黩武、求仙、罢黜百家、劳民筑陵是批评的;而对他抗击匈奴、悔过轮台及其文采等,则是赞扬的。写昭陵的十多首诗称颂唐太宗的文治武功,表彰他的任贤纳谏和以人为镜的思想。赞昭陵六骏,既赞石雕,更为赞人。乾陵是高宗与武则天的合葬墓,而写乾陵的诗里却只写武则天。古代作者出于正统观念，对武则天大肆挞伐，痛加斥责。新中国成立后，郭沫若为她翻案，并写诗赞扬她。霍松林的《乾陵二首》似乎在批评武则天，其实是借古讽今。当代作者以无字碑为题的诗不少。何以无字？各有其说。"但看千古风流在，何须一字说是非"是较为普遍的观点。

写名人墓祠的诗，也以评人为主要内容。以司马迁墓祠为题的诗，对司马迁表示了极大的崇敬；对他的学问和《史记》给予了极高的评价；对他的不幸给予了深切的同情；对加害于他的最高统治者表现了极大的愤慨。写五丈原的诗自然是写在那里逝世的诸葛亮。诸葛亮是中国知名度很高的历史人物。诗人为他"出师未捷身先死"而惋惜。马嵬坡是杨贵妃玉殒香消之地。这个地方不知激发过多少作者的诗兴！笔者听见写马嵬坡的诗作约120余首，有批评"香粉误人"的，有指责杨贵妃不守妇道的，但大多同情杨贵妃而批评唐玄宗无情。杨玉环只不过是皇帝的一位妃子，却能激发众多诗人的诗兴，这是值得探究的。

佛教由丝路东传，丝路上多佛寺就是很自然的了。古代诗人多与佛寺有联系，故有不少写及佛寺的诗。长安的慈恩寺是唐代的皇家寺院，香火旺盛。写慈恩寺及其塔的诗不少，仅唐代就有上百首，后来寺虽然缩小，而塔长存，仍有人游览、写诗。今天写大雁塔的诗更多。1991年开始的雁塔题名活动，就吸引了不少作者写诗，从后来出版的《雁塔题名作品选集》《雁塔题名作品集》就可知其盛况。其他如青龙寺、荐福寺、兴善寺、香积寺、草堂寺、仙游寺、法门寺等，都有诗人命笔。以上所说，是关中的佛寺。对于地处西北其他各地的佛寺，如宁夏的承天寺、海宝塔寺，甘肃的拉卜楞寺、张掖大佛寺，青海的塔尔寺等，则写诗者不多。

作为佛寺表现形式之一的石窟寺，因地处偏远之地，写它的诗作更少。新疆最大的石窟克孜尔千佛洞,未见古人写它的诗作,见到的主要是当代作品。最享盛名的中国四大石窟之一的敦煌莫高窟,除唐代佚名作者的一首《莫高窟咏》外,仅见清代的几首诗作,更多的是当代作者的作品。马蹄寺石窟有明清作者写的几首诗作,今人的诗作也不多见。最受冷落的是天梯山石窟,写它的诗作寥寥。炳灵寺石窟,明清至近代均有游人吟咏,而当代较多。写水帘洞石窟、大像山石窟,须弥山石窟的诗作都不多。与上述石窟相比,麦积山石窟是幸运的,得到较多诗人的注目,唐、五代、宋、明、清都有。今人游麦积山的较多,写诗的也不少。诗中写它峭拔如农家麦垛的山态,写它烟雨迷蒙的景象,写它悬空盘曲的栈道;对其雕塑的形象生动、妩媚动人,更多赞赏。

古代遗址很多,但许多人并不把它列入游览对象。游览的人少,写诗的人自然就不会多。半坡村遗址地近西安,已建有博物馆,而笔者所见写它的诗作不过12首。这些诗作,主要描述遗址的内容和现状,赞叹先民的创造和智慧等。高昌故城、交河故城、北庭故城,都是著名古城遗址,笔者仅见写三处的诗作约20首。诗作中或记述其历史,或描摹其残破、荒凉的景象,感慨世事沧桑。

三

描写景点的诗是人们所需要的。

首先,它能给读者以美的享受,满足读者的审美需求。这是它的主要价值和功能。人有物质需求和精神需求,审美需求就是精神需求之一。爱美是人的天性,在他观赏审美对象时就会感到愉悦,产生审美的快乐。审美对象即审美客体,可以是自然景观或人文景观,也可以是文艺作品。作为文艺之一的诗歌即属审美客体。作为审美主体的人,可以从自然景观或人文景观获得审美享受,也可以从文艺作品获得审美享受,其中包括诗歌。

　　旅游者的主要目的是消遣、娱乐,进而获得美的享受,阅读描写自然景观和人文景观的诗作也可达到这一目的。古代有所谓卧游,本指观赏山水画以代游览,后来也包括读游记、看图片、欣赏诗词以代游览。这里并没有以卧游代替旅游的意思,只是说通过这种手段也可以达到旅游的目的,不能旅游的人可以用卧游来补偿。

　　白居易写杭州的诗《春题湖上》写道:"湖上春采似画图,乱峰围绕水平铺。"苏轼《念奴娇·赤壁怀古》描绘了赤壁的风景之后也说"江山如画"。林则徐称新疆的果子沟是"天然画景"。本书所选诗中,至少有 30 处赞叹风景如画。如"远山如画翠眉横""喜对蓬庐作画屏""天桥浑向画中排""米墨王图双画本""浓淡山色窗前画""一天霁景画图中""烟雨朝朝入画图""鸦噪秋林画有声""倒影平铺山水图""龙背人来人画屏"等。还有人说:"看山如看画,听水如听琴。"这种比喻有意无意在肯定风景画美于自然风景。闻一多在《诗的格律》里说:"我们常常称赞美的山水,讲它可以入画。的确中国人认为美的山水,是以像不像中国的山水画做标准的。"这里也包含着同样的意思。既然艺术作品美于描写对象,文学作品的审美价值就应是不容置疑的。描绘自然景观和人文景观的诗作的审美价值,也应作如是观。

　　德国大诗人歌德谈到荷兰画家吕邦斯的一幅风景画时说:"像这样完美的一幅画在自然中是从来见不到的,这种构图要归功于画家的精神。"这是说风景画不是临摹自然,而是作者"自己心智的果实",是"精神灌注生气的结果"。这结果就是"诗的精神"。描写自然景观和人文景观的诗作不是描写对象的临摹,而是作者的创造。当外物吸引了作者,拨动了他的心弦,他有了某种感受,情思涌动,情动于内,自然要形之于外,于是写出诗来。这诗中融注着作者的情感和审美情趣。当作者创造的情景交融的意境与读者契合时,就可引发读者的共鸣,从而使他得到精神上的满足。

其次,它能给读者提供一定的知识。观览自然景观或人文景观可使观览者获得知识、开阔眼界、增长见识,读描写自然景观或人文景观的诗也是如此。这类诗有一定的知识性,涉及面也广,诸如历史、地理、动物、植物、宗教、建筑、艺术、各地风俗等。《千家诗》和《唐诗三百首》是过去普及率很高的诗歌启蒙读物,不少人都读过。有些学童最早是从这两本书里知道黄鹤楼、岳阳楼、终南山、太白山、辋川、曲江、慈恩寺塔、香积寺、马嵬坡等的。写帝王陵墓的诗往往要写到帝王的作为,这对我们了解帝王也有一定的帮助。应该说明,提供知识不是这类诗作的主要功能,它提供的知识是有限的;它只形象地描绘对象,并不像科学著作那样用叙述性语言全面介绍它的有关知识。

再次,描写自然景观和人文景观的诗作也有一定的思想教育作用。人的思想、观念是在一定的社会环境中接受教育而形成的。文艺作品也有教育人的作用,只不过不同题材、体裁、思想倾向的作品有所差异而已。如描写祖国锦绣河山、赞颂自然美的诗作,就可激发读者热爱生活、热爱祖国的情感。描写文物古迹的诗也有同样的作用。文物古迹是祖先的创造,是中华民族对人类文明的贡献。写文物古迹的诗有助于民族自豪感和民族自信心的培养。当然,这类诗的思想教育作用是有限的。同时,这种教育不是说教,不是耳提面命,而是通过形象的描绘感染读者。

最后,描写自然景观和人文景观的诗有助于旅游事业的发展。旅游事业的发展,决定的因素是游人的增多。吸引游人的手段多种多样,宣传即其中之一。编写旅游指南、游览手册一类的书是重要的,做广告也很有效,而描写自然景观和人文景观的诗作的宣传作用也不应该忽视。宋孙仲益《枫桥修造记》"引唐人张继、张祜诗为证,以谓枫桥之名著天下者,由二公之诗"。从后来多首写及枫桥的诗看,说张继的《枫桥夜泊》使"枫桥之名著天下"是确当的。此诗选入《千家诗》和《唐诗三百首》后,知道枫桥和寒山寺的人就更多了。有些人去观赏枫桥,前往寒山寺敲钟,就与读《枫桥夜泊》有关。名人的作品,宣传景点的作用更大。如李白的《望庐山瀑布》、苏轼的《题西林壁》之于庐山,白居易的《春题湖上》、苏轼的《饮湖上初晴后雨》之于杭州西湖,杜甫的《蜀相》之于成都武侯祠,王维、李白、杜甫写华山的诗作之于华山,高适、杜甫、岑参写慈恩寺塔的诗作之于慈恩寺塔等。景得诗而增辉,诗借景而流传。柳宗元在《邕州柳中丞作马退山茅亭记》里说:"夫美不自美,因人而彰。兰亭也,不遭右军,则清湍修竹,芜没于空山矣。"兰亭因多人写诗,王羲之为它写了《兰亭集序》,才声名远播。景以美而诱人,景因人而名著。所以,有些景点的管理人员把写该景点的诗作,或编印成册,或书写在墙上,或刻之于碑,这是明智之举。

五

本书选诗,只限古体和近体。古体诗只要求押韵,不受近体诗格律的约束,可以看作古代的自由诗。近体诗包括律诗和绝句,要受格律约束。律诗和绝句都有五言和七言的区别。第一句可以押韵,也可以不押韵。而双句则都要押韵,而且仅限平声韵。同时,每句要按照规定调配平仄。绝句每首四句。律诗每首八句,两句一联,共四联:第一、二句称首联,第三、四句称颔联,第五、六句称颈联,第七、八句称尾联。中间两联要求对仗。格律问题关系到本书的选诗标准,故略作说明。

本书选古代诗歌,不存在格律问题,因为古代作者依照韵书调配平仄和押韵,同一韵书的规定是统一的。今天则不然,除了古声韵(如平水韵),还有今声韵。所谓今声韵就是按照普通话读音来调配平仄和押韵。今天,有人坚持古声韵,有人主张今声韵。本书对今人古声韵和今声韵的格律诗兼收并蓄。之所以收今人写的古声韵的诗作,一则,这是中国诗歌的传统形式,不能随意否定;二则,不论是出于特殊需要或习惯、爱好等而坚持古声韵,都应该是容许的,应当尊重作者的创作自由。之所以收今声韵的诗作,是因为它与普通话一致,与广大作者和读者的实际相结合。用今声韵写格律诗已成为许多人的共识。1941年已有中华新韵出现。后来,中华书局制定了中华新韵,出版了《诗韵新编》。今中华诗词学会又制定了《中华新韵(十四韵)简表》。现在,已有一些作者按新声韵写诗。时代在发展,语音在变化,诗的格律不应一成不变。

过去的格律诗,有完全符合格律的,也有不完全符合格律的。诗以意为主,不能因讲求格律而害意。所以,格律规定中就有可以变通的地方。拗句、拗体的出现,就与表意有关。在名家的诗作里也有失律的现象,如李白的《静夜思》、王维的《辛夷坞》、杜甫的《三绝句》、岑参的《春梦》、柳宗元的《江雪》、李绅的《悯农》等。这些诗被称为古绝,有人认为是古体诗的一种。我认为,既然称"绝",甚至标明"绝句",那就可视为失律的绝句。这些诗并没有因失律而影响它在诗歌中的地位。现代汉语多音节词多,调配平仄更不容易。对今天的格律诗,应当适当放宽尺度。至于放宽到什么程度为宜,有待讨论,有待在实践中解决。本书选诗,对其格律不严格要求。

另外,有人写字数、句数有如律诗、绝句,而不讲求平仄、对仗的诗,我认为应当容许。这也是诗的一种形式,就像有些民歌从字数、句数看是绝句,其实不是。我们不能指责这些诗不合格律。当然,这种形式的诗不能标上"律诗""绝句"字样。如今也有不讲求格律而标上"律诗""绝句"字样者,无论是作者不愿受格律束缚,还是对格律无知,都是欠妥的。

附录一

王尚寿古体诗十四首

悼洪毅然先生

探美一世多论辩，育人园丁久耕耘。

种草莳花显异趣，大众美学用力勤。

蜡尽烟灭光犹耀，桃李满园慰忠心。

为人不慕荣和贵，书生本色安清贫。

性本直来还直去，身自零来终化尘。

长歌代哭痛定后，一首悼词奠师魂。

游五泉山公园

山号五泉传说久，禅林耸峙初于元。

蒙惠龙口悬飞瀑，东西两涧水潺湲。

浓荫翳日槐柳茂，烟树雾花鸟争喧。

法像庄严大雄殿，万源阁峻顶飞檐。

金刚殿古佛接引，铁钟今将泰和传。

游旅多慕风光丽，遐迩结伴登层岑。

最是酷暑挥汗日，清凉徐徐沁心甜。

雨中游法门寺

野旷云低翠染山,秦川入望雨如烟。
千年古刹雄风再,万仞浮图伟势添。
瑰宝真身重焕彩,珍奇密曼更辉天。
灵光显现清平岁,暮鼓晨钟透戒坛。

游崆峒山

游览崆峒访道宫,仙翁鹤驾杳无踪。
茫茫怒浪翻云海,隐隐危峰望马鬃,
笼雾苍松色象翠,雕梁绮殿气魄雄。
登山岂忘亲临水,洗渺碧波映彩虹。

中秋登白塔山

胜日骋观上塔峰,蓝天雁阵布人形。
清辉遍洒神州地,一夜乡心处处同。

无　题(新声韵)

趁势扶摇上太空,金童玉女坐云宫。
僬侥睥睨龙伯小,泰岱驼峰岂等同!

乡　音

春雨潇潇小巷深,藤荫满院半扃门。
乡音娓娓飞逾户,唤起悠悠故土心。

寄荣生

少小萤窗苦,同舟浪上行。
春来花料漫,夏去果黄橙。
世泰思晨练,年耆爱晚晴。
凭书遥寄语,雨夜盼烛明。

春　城

蒙蒙细雨润山茶,滇池翠湖自可夸。
龙门魁星高举笔,点染春城多奇葩。

秦始皇陵

荒烟蔓草掩坟茔,不醒长眠是祖龙。
东山日出西山落,枉使徐福海上行。

山　歌

溪流哗哗枣吐芽,小园种菜又栽花。
棵棵青菜随人去,朵朵牡丹归谁家?

寄学友

水阻山隔四十春,同窗岁月绕梦魂。
遥寄心曲与祝福,湘西陇上月如轮。

八四届同学联谊感怀

2004 年 8 月 14 日,参加八四届同学毕业 20 周年联谊活动,夜久不寐,欣然成咏。

风华正茂话当年,往事萦回梦寐间。
展翼雄鹰千百态,前程万里正中天。

心喜欢调寄长相思

惜花荣,爱美情。处处时时藏吾胸,尊师更爱生。
天放晴,风又平。耀眼红霞水透明,花香鸟和鸣。

附录二

王尚寿先生论著要目

一、专著

1.《简明文学知识辞典》,甘肃人民出版社,1985 年 10 月第 1 版。此书由西北师范学院中文系文艺理论教研室教师集体编写。全书 64 万余字,王尚寿先生撰稿约 20 万字,并为统稿人之一。此书 1988 年获少数民族地区文艺读物优秀图书二等奖。

2.《西部风情与多民族色彩——甘肃文学四十年》,红旗出版社,1991 年 8 月第 1 版。此书由季成家主编,王尚寿先生除写稿外,并为副主编之一,改写过部分书稿。

3.《丝绸之路文化大辞典》,红旗出版社,1995 年 8 月第 1 版。此书由集体编写。王尚寿先生任主编,编辑全书,并撰稿 35 万余字。全书 273 万字。

4.《中国历代美学和文论研究资料索引》,敦煌文艺出版社,2001 年 12 月第 1 版。此书获甘肃省第二届精神文明建设“五个一工程”奖。

5.《丝绸之路诗选注》,甘肃文化出版社,2010 年 7 月第 1 版。此书由本人选注,王向晖协助,获第九届甘肃省优秀图书二等奖。

6.《张孟养遗稿辑存》,甘出准 001 字总 3059 号(2012)091 号,2012 年 10 月印。

7.《陇上学人文存·刘让言卷》,此书由王尚寿先生编选,甘肃人民出版社,2014 年 5 月第 1 版。

二、论文

1.《发展和繁荣社会主义文艺的正确方针》,《甘肃师大学报（哲学社会科学版）》1977 年第 4 期。

2.《为形象思维一辩》,《甘肃师大学报（哲学社会科学版）》1978年第 3 期。收入人大复印报刊资料。

3.《灵感·意识·理智》,《甘肃师大学报（哲学社会科学版）》1980年第 3 期。收入人大复印报刊资料。

4.《谈诗思》,《金城》1981 年第 1、2 期合刊。

5.《文不厌改》,《写作》1981 年第 3 期。

6.《"文艺必须有批评"——略谈鲁迅关于文艺批评的见解》,《阳关》1981 年第 4 期。

7.《"偶得"小议》,《金城》1981 年第 4 期。

8.《文艺不能脱离人民》,《毛泽东文艺思想研究(1)》,湖南人民出版社,1982 年版。

9.《谈"不可解"——读〈诗家直说〉一得》,《西北师院学报(哲学社会科学版)》1988 年第 4 期。

10.《洪毅然美学思想的特点》,《西北师大学报（社会科学版）》1990 年第 1 期。《文艺研究》1990 年第 3 期摘登大部分。

11.《关于以镜子比喻文艺的考索》,《西北师大学报（社会科学版）》1991 年第 6 期。

12.《读岑参〈敦煌太守后庭歌〉》,《丝绸之路》1992 年试刊号。

13.《应驮白练到安西》,《丝绸之路》1993 年第 3 期。

14.《洪毅然》(小传),《二十世纪中国哲学》第二卷《人物》,华夏出版社,1994 年 8 月第 1 版。

15.《〈新美学纲要〉述评》,《二十世纪中国哲学》第三卷,华夏出版社,1996年12月第1版。

16.《中国历代美学和文论研究资料索引·前言》,载该书。摘要以《80年来的中国历代美学和文论研究述论》刊《西北师大学报(社会科学版)》1996年第5期,收入人大复印报刊资料。

17.《丝绸之路研究概况述略》,《丝绸之路学术专辑》第一辑,1998年10月。

18.《〈丝绸之路诗选注〉前言》,见《丝绸之路诗选注》。

19.《〈陇上学人文存·刘让言卷〉前言》,见《陇上学人文存·刘让言卷》,甘肃人民出版社,2014年。

20.《〈阴平古今谚语选编〉序》,《甘肃高师学报》2016年第10期。

三、其他文章

1.《安息石榴中国红》,《丝绸之路》1993年第2期。

2.《洪毅然,生命有限 精神永存》,见《师范群英 光耀中华》第十六卷,陕西人民教育出版社,1994年8月第1版。

3.《丝绸之路上的大佛》,《丝绸之路》1996年第5期。

4.《渭源随想》,《丝绸之路》1997年第3期。

5.《雨中游法门寺》,《丝绸之路》1998年第6期。

6.《洪毅然逸事》,见《西北师大逸事》,辽宁出版社、辽海出版社,2001年3月第1版。

7.《美学家洪毅然的笔情墨趣》,《神州书画报》2003年6月28日。

8.《忆二姐夫》,见李三思著《终南集》,2008年印。

9.《〈终南集〉跋》,见李三思著《终南集》,2008年印。

10.《针灸医师张孟养》,《甘肃文史》2011年第2期。

11.《忆甘肃文史馆早期馆员韩定山先生》,《甘肃文史》2012年第

3 期。

12.《忆刘让言先生》,《甘肃文艺》2014 年第 6 期。

13.《忆洪毅然老师》,《甘肃文史》2015 年第 2 期。

14.《悼陈涌老师》,《文艺理论与批评》2015 年第 6 期,又载《甘肃文艺》2016 年第 1 期。

15.《就〈丝绸之路诗选注〉答读者问》,《甘肃文史》2016 年第 1 期。

16.《陈涌在兰州》,《新文学史料》2016 年第 2 期。

17.《照片上的老先生》,《甘肃日报》2016 年 10 月 25 日。

18.《〈物华咏〉序》,尚延龄著《物华咏》,2017 年 12 月印。

19. 发表古体诗和新声韵近体诗数十首。

《陇上学人文存》已出版书目

第一辑

《马　通卷》马亚萍编选　　《支克坚卷》刘春生编选
《王沂暖卷》张广裕编选　　《刘文英卷》孔　敏编选
《吴文翰卷》杨文德编选　　《段文杰卷》杜琪　赵声良编选
《赵俪生卷》王玉祥编选　　《赵逵夫卷》韩高年编选
《洪毅然卷》李　骅编选　　《颜廷亮卷》巨　虹编选

第二辑

《史苇湘卷》马　德编选　　《齐陈骏卷》买小英编选
《李秉德卷》李瑾瑜编选　　《杨建新卷》杨文炯编选
《金宝祥卷》杨秀清编选　　《郑　文卷》尹占华编选
《黄伯荣卷》马小萍编选　　《郭晋稀卷》赵逵夫编选
《喻博文卷》颜华东编选　　《穆纪光卷》孔　敏编选

第三辑

《刘让言卷》王尚寿编选　　《刘家声卷》何　苑编选
《刘瑞明卷》马步升编选　　《匡　扶卷》张　堡编选
《李鼎文卷》伏俊琏编选　　《林径一卷》颜华东编选
《胡德海卷》张永祥编选　　《彭　铎卷》韩高年编选
《樊锦诗卷》赵声良编选　　《郝苏民卷》马东平编选

第七辑

《常书鸿卷》杜　琪编选　　　《李焰平卷》杨光祖编选

《华　侃卷》看本加编选　　　《刘延寿卷》郝　军编选

《南国农卷》俞树煜编选　　　《王尚寿卷》杨小兰编选

《叶　萌卷》李敬国编选　　　《侯丕勋卷》黄正林　周　松编选

《周述实卷》常红军编选　　　《毕可生卷》沈冯娟　易　林编选